Breyer-Mayländer u. a.
Wirtschaftsunternehmen Verlag

Edition Buchhandel Band 5

Herausgegeben von Klaus-W. Bramann

Thomas Breyer-Mayländer, Ulrich Ernst Huse,
Michaela von Koenigsmarck, Roger Münch, Michael Vogel

Wirtschaftsunternehmen Verlag

Buch-, Zeitschriften- und Zeitungsverlage:
Distribution • Marketing •
Rechtsgrundlagen • Redaktion/Lektorat

In Anlehnung an die Lernfelder 3, 4, 6, 7 und 8
des Ausbildungsberufes
Verlagskauffrau/Verlagskaufmann

3., überarbeitete und ergänzte Auflage

Bramann

©	2005 Bramann Verlag, Frankfurt am Main
	Alle Rechte vorbehalten
Einbandgestaltung und Typographie	Hans-Heinrich Ruta nach einer Reihenkonzeption von Stefanie Langner
Herstellung	Verlagsproduktionen Hans-Heinrich Ruta, Stuttgart
Satz	auf Apple Macintosh G4 in QuarkXPress Passport 4.11
Schrift	gesetzt aus der 9,25/12 pt Concorde BE und der GST Polo 11
Papier	Gedruckt auf säurefreiem und chlorfrei gebleichtem Papier
Druck und Bindung	Kösel GmbH & Co. KG, Altusried-Krugzell (www.koeselbuch.de)
	Printed in Germany, 2005
ISBN	3-934054-21-8

Inhalt

Vorworte

Vorwort zur dritten Auflage

Aus der für den Herbst 2003 angekündigten Neuauflage ist nun doch Frühjahr 2005 geworden. Aber jetzt liegt sie vor: die dritte, überarbeitete Auflage dieses jungen Klassikers. Da mir in der Zwischenzeit keine Anregungen und Änderungswünsche mitgeteilt worden sind, bleibt die Konzeption des Werkes unverändert. Nur in einer Hinsicht habe ich aus methodisch-didaktischen Gründen eingegriffen: Fragen im Anschluss an jedes Kapitel ermöglichen nun das Selbststudium mit anschließender Lernkontrolle.

Ferner möchte ich auf drei Personalia hinweisen. Nach Thomas Breyer-Mayländer hat nun auch Ulrich Ernst Huse eine Professur erhalten, und zwar an der Hochschule der Medien in Stuttgart. Herzlichen Glückwunsch! Ein Glückwunsch geht auch an Roger Münch, der mittlerweile als Direktor die Geschicke des Deutschen Zeitungsmuseums in Wadgassen leitet. Abschließend darf ich einen neuen Autor begrüßen: Michael Vogel, Vorsitzender der Kommission Vertrieb der Deutschen Fachpresse, hat das Kapitel über den Vertrieb von Presseerzeugnissen überarbeitet. Herzlich Willkommen in unserem Team!

Frankfurt, im Januar 2005   Dr. Klaus-Wilhelm Bramann

Vorwort zur zweiten Auflage

Es passiert gewiss nicht alle Tage, dass die erste Auflage eines populär geschriebenen Fachbuches über unsere Medienbranche binnen eines Jahres vergriffen ist. Besonders erfreulich ist die Vielfältigkeit der Zustimmung. Denn nicht nur Fachlehrer, angehende Verlagskaufleute, Volontäre und Studenten finden Gefallen an der Art der Ausführungen, sondern auch Praktiker aus allen Verlagsabteilungen.

Die vorliegende zweite Auflage ist gegenüber der ersten nur an wenigen Stellen geringfügig geändert worden. Dies betrifft die Ermittlung der

Werbeträgerleistung (S. 164), die Media-Analyse (S. 165), die Bestimmungen der Pressedistribution Inland (S. 276) sowie die Kalkulation (S. 306f). Damit bleibt das Register unverändert, und beide Auflagen können im Unterricht parallel benutzt werden.

Zahlreiche offizielle Jahresumsatzstatistiken liegen erst im Sommer 2003 in der Währung Euro vor. Solange muss man noch in einigen Passagen mit DM-Beträgen Vorlieb nehmen. Im Herbst 2003 wird dann eine überarbeitete dritte Auflage erscheinen. Zeit genug also, mit Anregungen und Änderungswünschen an den Verlag heranzutreten. Denn nur im Wechselspiel mit seinen Lesern kann der Titel zu einem Buch werden, dem man das Attribut Standardwerk nicht verwehren darf.

Abschließend eine Gratulation aus aktuellem Anlass: Thomas Breyer-Mayländer erhielt im Mai 2001 eine Berufung an die FH Offenburg – für eine Professur im Fachbereich Medienmanagement. Herzlichen Glückwunsch.

Frankfurt, im Juni 2001   Dr. Klaus-Wilhelm Bramann

Vorwort zur ersten Auflage

Das Buch *Wirtschaftsunternehmen Verlag* ist in erster Linie für Auszubildende der Verlagsbranche und für an der Medienbranche interessierte Seitensteiger konzipiert. Den Ausführungen liegt der für die Fachklassen verfasste und 1998 verabschiedete Rahmenlehrplan zugrunde. Dabei handelt es sich in erster Linie um die fachspezifischen Lernfelder 3 (Die Programm- und Produktplanung vorbereiten), 4 (Bei Arbeiten aus den Bereichen Redaktion und Lektorat mitwirken), 6 (Absatzpolitische Entscheidungen vor dem Hintergrund der Medienmärkte bewerten), 7 (Maßnahmen des Anzeigenmarketings beurteilen) und 8 (Maßnahmen des Vertriebsmarketings beurteilen). Eine strenge Gliederung nach Lernfeldern wurde im Laufe der Ausarbeitungen jedoch fallengelassen, da sich an mehreren Stellen ein anderer Aufbau bei der Darstellung branchenspezifischer Zusammenhänge aufdrängte. Dennoch bieten die vorliegenden Ausführungen so viele ›Basisinformationen‹, dass einer handlungsorientierten Aufbereitung der Inhalte nichts im Wege steht, sodass Schüler wie Lehrer die Zielformulierungen der Lernfelder im Unterricht sachadäquat und praxisgerecht erschließen und umsetzen können.

Besonderer Dank gebührt den Autoren, die ungezählte Stunden in ihrer ›freien‹ Zeit (die in der Medienszene bekanntlich sehr knapp bemessen ist) damit verbrachten, zu recherchieren und zu schreiben, um anschließend mit meinen Korrekturvorschlägen an dem Gesamtwerk zu feilen. Dank vor allem Dr. Thomas Breyer-Mayländer, der einige Jahre beim Bundesverband der Deutschen Zeitungsverlage gearbeitet hat und seit Sommer 2000 Geschäftsführer der *Zeitungs Marketing Gesellschaft* (ZMG) ist. Er hat mit Abstand die meisten Kapitel verfasst und wird auf dem Umschlag zu Recht als Hauptautor hervorgehoben. Dies soll jedoch die Leistung der Miturheber nicht schmälern, sind sie doch auch auf ihren Gebieten unbestrittene Experten. Ulrich Ernst Huse ist seit 1996 Cheflektor des Dortmunder Harenberg Verlags und schrieb über die Arbeit im Lektorat. Dr. Roger Münch ist von Beruf Buchhistoriker und baut derzeit für die Stiftung Saarländischer Kulturbesitz das *Zentrum für Druck- und Buchkultur* im Haus der Druckmedien auf. Sein einleitender Beitrag über die Bedeutung des Verlagswesens stand bereits in der dritten Auflage des Standardwerks *Sortiments- und Verlagskunde* und ist für den vorliegenden Band überarbeitet und durch neue Branchenzahlen ergänzt worden. Michaela von Koenigsmarck schließlich arbeitet als selbstständige PR- und Kommunikations-Beraterin in Hanau, nachdem sie einige Jahre als Pressesprecherin verschiedener Verlage tätig war. Nebenberuflich unterrichtet sie – ebenso wie Dr. Roger Münch – Verlagskunde für angehende Verlagsbuchhändler und Sortimenter an den Schulen des Deutschen Buchhandels.

Aber ich möchte mich an dieser Stelle auch bei allen anderen bedanken, die dazu beigetragen haben, das Objekt *Wirtschaftsunternehmen Verlag* zu realisieren. An erster Stelle sei Prof. Hans-Heinrich Ruta von der Hochschule für Druck und Medien in Stuttgart genannt, durch den ich Dr. Thomas Breyer-Mayländer und Ulrich Ernst Huse kennenlernte.

Hinzu kommen alle, die bei Sachfragen und beim Korrekturlesen geholfen haben. Namentlich erwähnen möchte ich Dieter Wallenfels als Preisbindungstreuhänder für Verlage, Klaus Jost von der BAG und vor allem Katharina Merck, die das differenzierte Sachregister erstellte. Ein besonderer Dank gilt Stefanie Langner, Studentin des Studiengangs *Verlagswirtschaft und Verlagsherstellung* in Stuttgart. Sie ist nicht nur für Einbandgestaltung, Typografie und die Grafiken verantwortlich, sondern hat kurzfristig auch die Herstellung dieses Bandes übernommen.

Das Buch richtet sich an die Mitarbeiter aller Medienverlage. Somit stellt es den Versuch dar, den verschiedenen Verlagstypen – Zeitungs-, Zeitschriften- und Buchverlagen – gerecht zu werden. Trotz vieler Differenzen im Detail gibt es eine Grundgemeinsamkeit: Verlage wollen durch neue Titel, Objekte und Produkte innovative Akzente in der heutigen vielschichtigen Medienkultur setzen. Hiervon, von der Programmplanung und der Vermarktung ihrer Ideen, handeln die Ausführungen. Den mehrheitlich weiblichen Arbeitskräften in dieser Branche sei an dieser Stelle versichert, dass Worte wie Verleger, Sachbearbeiter und Media-Entscheider – zumindest gedacht – immer auch die grammatikalisch weiblichen Formen mit einschließen.

Wirtschaftsunternehmen Verlag ist ein programmatischer Titel – konzipiert für Mitarbeiter/innen in Medienberufen, die um die ökonomischen Komponenten aller Tätigkeiten und betrieblichen Entscheidungen wissen. Deshalb ist das Buch nicht nur für Azubis und Seiteneinsteiger geschrieben, sondern auch für die so genannten ›Entscheidungsträger‹, die sich als Chefs, Abteilungsleiter oder Verantwortliche für die betriebliche Ausbildung dem Strukturwandel der Zeit stellen müssen.

Das vorliegende Buch erscheint als Band 5 der Reihe *Edition Buchhandel*, die in Zeiten elektronischen Publizierens weiterhin auf das Medium Buch in der Wissensvermittlung setzt. Dahinter steht die Überzeugung, dass die komplexen Zusammenhänge der Medienlandschaft sachadäquater in geräteunabhängiger, ›sinnlich‹ aufbereiteter Form dem Benutzer zugänglich zu machen sind. Hierzu gehört auch ein hoher Anspruch an die Herstellung, die besonderen Wert auf lesegerechte Typografie und qualitative Ausstattung legt. 1998 habe ich die Rechte und Bestände der Reihe *Grundwissen Buchhandel – Verlage* erworben, um sie konzeptionell weiterzuentwickeln. Der Leser entscheidet, ob mir dies mit dem vorliegenden und dem zeitgleich veröffentlichten Titel *Wirtschaftsunternehmen Sortiment* gelungen ist. Kritik und Anregungen sind jederzeit willkommen.

Frankfurt, im September 2000 Dr. Klaus-Wilhelm Bramann

1
Bedeutung des Verlagswesens

Verlage sind Unternehmen, die dafür sorgen, dass die geistigen Produkte von Urhebern vervielfältigt und einem größeren Publikum zugänglich gemacht werden. Da sich Verlage im weitesten Sinne mit der technischen Herstellung eines Werkes beschäftigen, zählt man sie zu den Unternehmen des herstellenden Buchhandels. Die Begriffe *Verlag* und *Verleger* gehen zurück auf das spätmittelhochdeutsche *verlegen* im Sinne von *Geld auslegen, auf seine Rechnung nehmen*. Ein Verleger war demnach ein Unternehmer, der auf Grund seiner Marktkenntnisse und finanziellen Möglichkeiten Geld vorlegen konnte, um andere Handwerker mit der Herstellung von Waren beauftragen zu können. Ein Verleger wird natürlich nur dann Geld investieren, wenn er sich aus den Verkaufserlösen der Waren neben der Deckung der verauslagten Kosten auch einen Gewinn verspricht.

Beim Buchverlag kommt – im Unterschied zu einem ›Bierverlag‹ – neben der rein wirtschaftlichen Komponente noch eine weitere wichtige Funktion hinzu, bedingt durch die Besonderheit der Ware. Helmut Hiller spricht in diesem Zusammenhang in seiner Publikation *Der deutsche Buchhandel* von drei sehr wesensverschiedenen Aufgabenkreisen des Verlegens: »einen geistig fördernden und betreuenden im Hinblick auf den Autor und Leser, einen ästhetisch und technisch gestaltenden im Hinblick auf das Buch sowie einen wirtschaftlichen und öffentlichen im Hinblick auf Autor, Leser und Buch.« Vergleichbares gilt – selbstverständlich mit anderen Nuancen – für Zeitschriften- und Zeitungsverlage.

1.1
Gesellschaftlich-kulturelle Bedeutung der Verlagsbranche

Da Bücher und andere Verlagsprodukte auf Grund einer geistigen Schöpfung entstehen und damit ein Kulturgut darstellen, wird dem Verleger neben seiner kaufmännischen Funktion die Rolle eines Kulturvermittlers zugesprochen. Besondere kulturelle Bedeutung hat dabei ein literarischer Verleger, weil er mit viel Gespür ein herausragenden Werk eines

Urhebers erkennt und mit großem finanziellen Risiko die Inverlagnahme betreibt, obwohl möglicherweise die Kosten nicht erwirtschaftet werden können. Der Verleger wird sich also in diesen Fällen im Interesse der hohen geistigen Leistung des Autors einsetzen wollen, ohne vordergründig die betriebswirtschaftliche Seite des Vorhabens zu sehen. Dabei spielt es für viele Verleger gar keine entscheidende Rolle, ob sie auch persönlich hinter den Gedanken des Autors stehen, sondern sie sehen sich allein einem Mandat verpflichtet, als herausragend erkannte geistige Leistungen als solche zu publizieren. So zeichnet auch ein gewisser Pluralismus in den Gedanken die Werke von diesen Verlagen aus.

Ein Verleger wird die kulturelle Pionierfunktion aber nur dann übernehmen können, wenn sie sich langfristig für ihn auszahlt. Denn der Verlag ist eine Unternehmen, das an marktwirtschaftliche Gesetzmäßigkeiten gebunden ist. Eine dauerhafte verlegerische Tätigkeit ohne Gewinnerzielung vernichtet die Existenzgrundlage eines Verlages und somit auch die Möglichkeit der Wahrnehmung einer kulturellen Vermittlungstätigkeit.

Aus diesen Überlegungen einer kulturell-gesellschaftlichen Sonderstellung der Verlage (aber auch des verbreitenden Buchhandels) hat der Gesetzgeber ein Urheberrecht, Presserecht und Verlagsrecht geschaffen, dass von dem Gedanken der Förderung der geistigen Leistung geprägt ist. Auch die Preisbindung für Verlagserzeugnisse und die Anwendung eines ermäßigten Umsatzsteuersatzes für Verlagswerke sind gleichfalls auf Grund einer kulturpolitischen Begründung eingeführt worden.

Die gesellschaftliche Bedeutung der Verlage erfährt ihre besondere Erwähnung dadurch, dass eine Gesellschaft, die ja durch das Zusammenleben und -handeln der Individuen beschrieben werden kann, ohne irgendeine Kommunikation undenkbar ist. Die Gesellschaft lebt vom Informationsaustausch. Im Bücher-, Zeitschriften- und Zeitungsmarkt übernimmt der Verlag die Rolle des Vermittlers von Information zwischen dem Autor und dem Publikum. Aus dieser Vermittlungsfunktion heraus resultiert eine besondere Stellung der Verlage im gesellschaftlichen Kommunikationsfeld.

1.2
Die Medienbranche im Umbruch

Die Informationsvermittlung erfolgt aber zunehmend durch alle Spielarten moderner Online- und Offlinemedien, weshalb die ›alten‹ Printmedien in starker Konkurrenz zu den ›Neuen Medien‹ stehen. Doch noch ist *Das Ende der Gutenberg-Galaxis*, wie es Marshall McLuhan in seiner programmatischen Schrift bereits 1962 postulierte, längst nicht erreicht.

Trotzdem befindet sich die Medienbranche in einem großen Wandel. Die Karten werden neu gemischt. Nicht die Großen fressen die Kleinen, die Schnellen werden die Langsamen überholen. Doch auch wer zu früh kommt, kann unter Umständen bestraft werden. So haben sich beispielsweise auch einige Verlage im Hinblick auf ihr Engagement im Bereich des Electronic Publishing verkalkuliert.

Was hat sich nun in der Verlagsszene geändert bzw. welche Entwicklungen zeichnen sich für die kommenden Jahre ab? Die ›klassischen‹ Verlagsprobleme bestehen weiterhin: Neue Autoren und neue Themen werden gesucht, im Lektoratsbereich versucht man durch freie Mitarbeiter Kapazitätslücken zu schließen bzw. Fachwissen temporär anzuzapfen, zur Minimierung der Herstellungskosten werden Autoren verstärkt zu Setzern ›ausgebildet‹ und selbst Druckereien im fernen Indien produzieren Bücher für deutsche Verlage oder besser gesagt, für in Deutschland ansässige Verlage. Denn die Konzentration im Verlags- und Mediensektor nimmt weiter zu. So sind zahlreiche Verlage schon lange nicht mehr autark, sondern haben sich mehr oder minder freiwillig international operierenden Konzernen angeschlossen.

Der bereits im Zuge der Krönerschen Reformen 1888 eingeführte feste Ladenpreis war in regelmäßigen Abständen ein beliebtes Diskussionsthema zwischen Verlegern, Politikern, Kartellwächtern und EU-Bürokraten gewesen. Ein vorläufiger Schlusspunkt ist jedoch gesetzt: Am 1. Oktober 2002 wurde ohne größere Umstellungsprobleme für die Praxis das Buchpreisbindungsgesetz verabschiedet.

Durch den enormen Konkurrenzdruck innerhalb der Verlagsbranche entsteht fast zwangsläufig eine Überproduktion, die natürlich auch abgebaut werden muss. Hierbei bedienen sich Buchverlage des ›Modernen Antiquariats‹ – einer Warengruppe im Bereich des verbreitenden Bucheinzelhandels, die in den letzten drei Jahrzehnten ständige Zuwachsraten erzielen konnte. Doch vielleicht kann die Druck- und Kommunikationsindustrie den Verlagen zumindest in einigen Teilbereichen eine völlig neue Lösung bieten. Gemeint sind die Digitaldruckmaschinen und Hochleistungskopierer mit angeschlossener Bindestraße. Die Idee des Publishing-on-Demand begeisterte bereits seit den 90er Jahren die Buchbranche, doch erst langsam kommt die Technik an die gewünschte Qualität und Schnelligkeit heran. Und schon denken einige Wagemutige an die nächste Stufe der schönen neuen Medienwelt. Wie wäre es, wenn beispielsweise Verlagshäuser keine großen, teuren Druckmaschinen mehr kaufen würden, sondern mit dem eingesparten Geld ihren Abonnenten einen Laserdrucker in die Wohnung stellten und die Leser bzw. User bäten, sich ihre Wunschzeitung über das Netz zusammenzustellen. Sobald morgens die Kaffeemaschine eingestellt würde, käme automatisch eine Verbindung zur Verlagsdatenbank zustande, die ihre PN (personal newspaper) dem Laserdrucker übermittelte. Utopie oder schon bald Realität? Diese Frage stellte sich noch im Jahre 2000, als das vorliegende Fachbuch in der ersten Auflage erschien. Vier Jahre später muss die Frage wohl eher lauten: Welches Unternehmen bringt die erste personalisierte Zeitung auf den Markt? Denn im November 2004 stellte Prof. Detlev Schoder im Gutenberg Museum in Mainz, dem Weltmuseum für Druckkunst, erstmals Marktforschungsergebnisse zur Akzeptanz von individualisierten Zeitungen vor. Eine Befragung von über 2.100 repräsentativen Lesern in Deutschland durch das renommierte Allensbach-Institut ergab, dass mehr als 57 % der Befragten eine individualisierte Zeitung Probelesen und 25 % sie sofort abonnieren würden. Wohlgemerkt, es geht hier nicht um ein bereits von vielen Zeitungen angebotene E-Paper-Version, die am Bildschirm gelesen werden kann, sondern um eine gedruckte Zeitung. Der Sprecher des DigitaldruckForums (DDF) sieht eine Trendwende gekommen und prophezeite in Mainz: »Die Zeitung als monolithisches Massenmedium mit hoher Informationsfehlstreuung hat ihren Zenit überschritten. Leser wollen Interaktion und Individualität auf Basis innovativer Printmedien-Angebote.«

Prof. Schoder vom Seminar für Wirtschaftsinformatik und Informationsmanagement der Universität Köln konnte jedoch nicht nur die Ergebnisse seiner Studie vorlegen, sondern präsentierte auch unter dem Namen *Ihre individuelle Zeitung* einen ersten Prototyp. Damit unterschied er sich von den vielen Theoretikern, die in den letzten Jahren immer wieder von einer als *Daily-me* bezeichneten Zeitung gesprochen, aber keine Umsetzung vorgelegt haben. Auf den ersten Blick unterscheidet sich die patentrechtlich geschützte ›individuelle‹ Zeitung nicht von einer ›normalen‹ Zeitung. Doch schaut man sich die im Digitaldruck hergestellte Ausgabe genauer an, erkennt man einen hochindividuell auf spezifische Leserbedürfnisse zugeschnittenen Inhalt. Der Leser kann nun exakt bestimmen, welche Inhalte er wann haben möchte, denn sein hinterlegtes Profil ist jederzeit aktualisierbar. Und für solche Zwecke ist das auf dem Digitaldruck basierende PoD (Publishing on Demand) das optimale Medium. Daher stehen auch im Untertitel dieser neuen Zeitung die Begriffe *individuell, aktuell, maßgeschneidert.*

Bereits einmal in der Geschichte, vor rund 450 Jahren, begann in Mainz eine Medienrevolution, die die Zeitgenossen damals noch gar nicht überblicken konnten. Wie wird es wohl dieser Innovation ergehen? Befinden wir uns mit diesen Neuentwicklungen auf dem Holzweg oder liegt der Königsweg vor uns?

So bleibt abzuwarten, wie die Verlagsbranche auf diese neuen Geschäftsmodelle reagiert. Die Zeitungsverlage haben bekanntermaßen bei Innovationen meist die Nase vorn. Betrachtet man die technikgeschichtlich relevanten Neuerungen der letzten 200 Jahre, gehen fast alle auf die

Weitsicht und das Risikoverhalten der Zeitungsverlage zurück. Man denke hier nur an die Einführung der Schnellpresse und der Setzmaschine im 19. Jahrhundert oder an die Umstellung vom Blei- auf den Fotosatz im 20. Jahrhundert. Und zu Beginn des 21. Jahrhunderts sind die Zeitungen wieder gefordert, denn sie stecken in der massivsten Krise der letzten 50 Jahre. Die Flaute auf den Werbemärkten führte dazu, dass das Anzeigengeschäft in den Jahren 2001 bis 2003 massiv einbrach. Innerhalb dieser Zeit verloren die Zeitungsverlage insgesamt mehr als ein Achtel ihres Umsatzes. Die drohende Abwanderung wichtiger Anzeigenkategorien ins Internet belastet ebenfalls zunehmend die Zeitungsbranche. Daher ist es nicht verwunderlich, dass neue Geschäftsmodelle gesucht und ausprobiert werden. Ob es sich um den Relaunch (Neugestaltung) von Zeitungen handelt, die Einführung von kleineren und billigeren Zeitungsausgaben *(Welt kompakt, News, 20 Cent)*, Supplements und neue Produkte für bestimmte Zielgruppen (Jugendmagazine, regionale Sportmagazine) oder den Ausbau von Zusatznutzen für Leser und Abonnenten (Reiseangebote, Kundenkarten) handelt – überall wird experimentiert. Und die Buchverlage? Zwar bescheren die Audiobücher den Verlagen neue Verwertungsmöglichkeiten von Inhalten, doch haben sie es versäumt, Netzwerke aufzubauen. Hier zeigen die Zeitungsverlage den Kollegen im Buchbereich, was alles möglich ist und ›wildern‹ in derem ureigensten Revier.

Die Süddeutsche Zeitung setzt Bücher als Marketing-Instrument ein und bringt 2004 und 2005 wöchentlich einen neuen Titel ihrer *SZ-Bibliothek* auf den Markt. Zum Preis von 4,99 Euro und einer Handelsspanne von ca. 20 % geben die Münchner Zeitungsmacher den Takt vor. Die sensationellen Verkaufszahlen liegen bei über 10 Millionen. Auf den fahrenden Zug sind auch Bild und Weltbild aufgesprungen und offerieren zum gleichen Preis eine auf 25 Bände festgelegte Bestseller-Reihe. Seit Anfang November 2004 bietet die Wochenzeitung *Die Zeit* ein 20-bändiges Lexikon zum Abopreis von 12,90 Euro an. Das Zeit-Lexikon wirbt mit dem Slogan: »Das aktuellste Lexikon in deutscher Sprache (Stand August 2004)« und offeriert neben den klassischen Lexikoneinträgen im Anhang eine große Palette von Beiträgen aus der Feder von bekannten *Zeit*-Journalisten.

Daher erkennt man, dass die Verlage bereits über viele Möglichkeiten verfügen, die sie auf Bedarf schnell aus der Schublade ziehen können. Bei stark strukturierten und ständig zu aktualisierenden Publikation sind Verlag bereits in den 90er Jahren dazu übergegangen, eine Verlagsdatenbank aufzubauen. Aus den digitalisierten Daten für das gedruckte Produkt lassen sich aus einer Datenbank auch elektronische Angebotsformen ableiten (Database-publishing. Der Leitgedanke für diese Entwicklung lautet: *create once, – use many.*

Das Vordringen der neuen Technologien macht das Publizieren zu einem immer stärker technisch beeinflussten Prozess und aufgrund der vielen Unwägbarkeiten der technischen Entwicklung auch immer risikoreicher. Im Hinblick auf die Verschiebung der Kostenstrukturen bei den Verlagen, ihren hohen Vorlaufinvestitionen und Markteintrittskosten, haben die amerikanischen Autoren Campbell und Stern die Problematik wie folgt auf den Punkt gebracht: »Nur die Verleger haben die richtige Einstellung zum elektronischen Publizieren, die dazu bereit sind, sich an lange Entwicklungszeiten für ihre vielschichtige Produktion zu gewöhnen, und auch dann ihre Nerven und Ruhe behalten, wenn sie nur langsam ihre Marktstellung erreichen. Diese allerdings wird ihnen dann jahrelang die Investitionskosten mehr als einspielen.«

Es wird eine komplette Umstrukturierung der Verlags-, Medien-, Informations- und Kommunikationsbranche stattfinden. Die Veränderung innerhalb der Verlagsbranche könnte folgendermaßen aussehen. Auf der einen Seite finden wir den klassischen Verleger, den Pädagogen und so genannten *gatekeeper*, der weiterhin am Bring-Prinzip festhält. Auf der anderen Seite sehen wir den neuen Verleger, den Sammler und so genannten *information provider*, der das Hol-Prinzip favorisiert. Diese Unterscheidung erscheint zwar auf den ersten Blick sehr grob, doch eines steht fest: Die Rollen im Publikationsprozess werden neu definiert und verteilt, denn der Markt steht auch anderen Anbietern offen. Und so bieten sowohl professionelle als auch nicht profitorientierte Dienstleiter ihre (Datenbank-)Informationen am Markt an.

Doch wie sieht nun die Konkurrenz von Außen aus, welche neuen Mitspieler treten auf? Man erkennt sie an ›strategischen Allianzen‹. Beispielsweise haben die großen Unternehmen der Unterhaltungselektronik durch Tochterfirmen im Hinblick auf Rechtekauf bereits vorgearbeitet. Sony sicherte sich bereits umfangreiche Softwarerechte im Bereich der Unterhaltungselektronik. Microsoft erwarb Mitte 1991 Anteile am Londoner Buchverlag Dorling Kindersley (DK) mit dem Verlagsprofil: Ratgeberliteratur und Kinderbuch. Parallel hierzu erhielt die Microsoft Multimedia Publishing Group die Lizenzrechte an Buchtiteln, um deren Inhalte in Multimedia-Produktionen verwenden zu können.

Bill Gates, Präsident von Microsoft, kümmert sich intensiv um den Erwerb von Rechten für Kunstwerke und Fotografien. So kaufte er 1995 für eine Summe zwischen 25 und 45 Millionen Dollar das Bettmann-Archiv, das mit 15 Millionen Bildern größte Fotoarchiv der Welt. Damit gelang Gates der erste wirklich große Coup, denn aus diesem Archiv bedient sich die Welt: Zeitungen, Zeitschriften, Buchverlage, Werbeagenturen usw. Ausserdem besitzt Gates die Barnes Collection sowie die Verwertungsrechte am Gesamtbestand der Londoner Nationalgalerie, der US-Kongressbibliothek und des Kunstmuseums von Philadelphia.

Julie Schwerin, die für die Infotech Marktforschung in den USA arbeitet, brachte es auf den Punkt: »Die Leute, die wahrscheinlich die größte Macht in dieser Multimedia-Industrie haben, sind die Leute, die Urheberrechte besitzen; nicht nur die Verleger.«

Von den zukünftigen Führungskräften dieser neuen Branche, die zwar auf jeden Fall das technische Know-how besitzen müssen, sowohl im Printbereich als auch im Bereich der elektronischen Medien, wird jedoch vor allem konzeptionelles, wirtschaftlich orientiertes und innovatives Denken und Handeln erwartet. Es gibt keine Musterlösungen, die man bei Bedarf aus dem Hut ziehen kann und es fehlen immer noch ausreichende Erfahrungswerte.

So entstehen ganz neue Berufsbilder, denn das Multimediageschäft erfordert viel Know-how. Wenn etwas Professionelles herauskommen soll, bedarf es der Arbeit qualifizierter Fachkräfte, die noch stärker als bisher zusammenarbeiten müssen.

Doch sollte immer über dem technisch machbaren die inhaltliche Qualität stehen. Bei elektronischen Medien wird zwar richtigerweise auf die Möglichkeit hingewiesen, dass man sich nun aktueller und immer schneller informieren kann, doch Geschwindigkeit ist nicht alles! Mit dem folgenden Vergleich sprach ein amerikanischer Kollege eine zwar ironische, doch durchaus ernstgemeinte Warnung aus: »The real danger of this is that fast information may do to our mind what fast food has done to our body: at stake is the quality of being informed.« – »Die eigentliche Gefahr, die von schnell verfügbarer Information für unseren Geist ausgeht, ist dieselbe, die von Fast-Food-Gerichten für unseren Körper ausgeht: Jedes Mal steht die Qualität auf dem Spiel.«

Für den Pressesektor hat die Multimediaentwicklung einige neue Trends zur Folge. Die Vermarktung im Nutzer- und Werbemarkt hat dazu geführt, dass Crossmedia-Konzepte verstärkt eingesetzt werden, um aus der Kombination der Stärken unterschiedlicher Medien einen maximal positiven Effekt für die Werbekunden erzielen zu können. Im Zusammenhang mit den Online-Strategien der Presseverlage wird neben den Kommerzialisierungsmöglichkeiten der Presseverlage im Werbemarkt zunehmend auch das Selbstverständnis der Verlage in Frage gestellt.

Nachdem in der zweiten Hälfte der 90er Jahre nahezu alle Verlage begonnen hatten, kostenlose Informationen im Internet anzubieten, fingen nach einigen Jahren viele Verlage an, den strategischen Wert dieses Vorgehens zu hinterfragen. Schließlich war die geplante Werbevermarktung doch weit weniger einträglich als man das zu Beginn der einzelnen Online-Initiativen erwartet hatte. Die Leser hingegen hatten sich recht schnell dran gewöhnt, dass es viele Informationen kostenlos gibt und damit der Kauf der Printprodukte nicht unbedingt notwendig erscheint.

Folgerichtig versuchen die Presseverlage, insbesondere die Zeitschriften-verlage, seit dem Jahr 2001 ihre wichtigen Inhaltsbereiche auf den On-line-Plattformen kostenpflichtig anzubieten. Der Trend zu Paid-Content hat jedoch in den meisten Fällen noch nicht zu einem grundsätzlich neu-en Geschäftsmodell geführt, das eine Kostendeckung gewährleisten kann. Daher steht als nächste Aufgabe bei den Presseverlagen eine Sen-kung der Prozesskosten an, da mit einer niedrigeren Kostenstruktur auf-grund von Synergieeffekten zwischen dem Print- und Online-Geschäft auch leichter eine Kostendeckung erzielt werden kann. Hierfür werden unterschiedliche Redaktions- und Newsdesk-Konzepte getestet, mit de-nen plattformunabhängig Inhalte erstellt und vermarktet werden kön-nen.

1.3
Aktuelle Zahlen zur Verlagsbranche

Der Börsenverein des Deutschen Buchhandels stellt in der jährlich er-scheinenden Publikation *Buch und Buchhandel in Zahlen* die jeweils neuesten Eckdaten zur wirtschaftlichen Lage und Entwicklung der Bran-che zusammen. Darüber hinaus sind natürlich viele Angaben über die Adresse WWW.BOERSENVEREIN.DE online im Internet zu erhalten. Um Bran-chenstatistiken verdient macht sich auch der Harenberg Verlag. Seit 1990 veröffentlicht der Dortmunder Medienverlag ein Ranking der 100 größ-ten, sprich umsatzstärksten Verlage bzw. Verlagshäuser (zuletzt erschie-nen im *buchreport.magazin April 2004*).

2003 erschienen 80.971 Titel, davon 75 % Erstauflagen und 25 % Neu-auflagen. Die folgende Übersicht zeigt die Sachgruppen auf, in denen im Jahr 2003 mehr als 2.000 Titel erschienen sind.

Sachgruppen	Titelanzahl	
Belletristik	9321	
Kinder- und Jugendbücher	4862	
Wirtschaft	3711	
Recht	3668	
Christliche Religion	3096	Quelle: Deutsche National-
Schulbücher	2694	bibliografie, VLB 2003. Zitiert
Medizin	2636	nach: *Buch und Buchhandel*
Geschichte und historische Hilfswissenschaften	2203	*in Zahlen 2004*, Tab.35

Die Umsatzsteuerstatistik aus dem Jahr 2004 weist 2.657 steuerpflichtige Buch- und Adressbuchverlage ab einer Jahresumsatzgröße von 16.617 € aus, von denen rund 1.800 Mitgliedsfirmen im Börsenverein sind. Allerdings sagt diese Zahl nichts über die Größenstruktur der Unternehmen aus, denn es erwirtschaften – vereinfacht formuliert – rund 150 Unternehmen rund 85 % des Gesamtumsatzes. Auch in den nächsten Jahren wird sich diese Spaltung in wenige große und viele umsatzschwächere Verlage fortsetzen. Die Fusionen in der Verlags- und Medienbranche haben in den letzten Jahren dazu geführt, dass die Konzentration viel höher ausfällt, als das jährliche Ranking im *buchreport.magazin* veranschaulichen kann. Nicht aus der folgenden Tabelle geht hervor, dass die Verlagsgruppe Ullstein Heyne List am 24.11.2003 mit Beschluss des Bundeskartellamtes aufgelöst worden ist. Südwest und Heyne gehören seitdem zu Random House. Econ, Ullstein und List zu Bonnier Media Deutschland, dem deutschen Ableger eines schwedischen Unternehmens, zu dem so angesehene Verlage wie Carlsen, Piper, Ars Edition und Thienemann gehören.

Verlagshäuser	Umsatzvolumen in Mio. €
Springer Science + Business Media	530,0
Klett-Gruppe	329,4
Vogel-Medien-Gruppe	252
Süddeutscher Verlag Hüthig Fachinformationen	250,0
Westermann Verlagsgruppe	206,5
Cornelsen Verlagsholding	196,0
Weka Firmengruppe	193,3
Ullstein Heyne List	193,2
Wolters Kluwer Deutschland	185,0
Weltbild	161,9
Haufe Gruppe	151,0
Random House	139,0
C. H. Beck	126,0
Mair Gruppe	124,0
Deutscher Fachverlag	111,2
Rentrop Verlagsgruppe	111,0
Thieme	97,0
Langenscheidt	84,0
Wiley-VCH	76,8
Carlsen	71,0

Quelle: *buchreport.magazin* April 2004

Der Markt der Zeitschriften

Im Pressemarkt war in den letzten Jahren keine Entspannung im Vertriebs- und Anzeigenmarkt spürbar. Die Fachzeitschriften haben im Frühjahr 2003 eine eigene Befragung der Mitglieder der Deutschen Fachpresse durchgeführt, deren Ergebnisse die Entwicklung der Branche veranschaulicht. Im Jahr 2003 konnte ein Gesamtumsatz von 1,887 Mrd. Euro erzielt werden, was einem Rückgang von rund 5 % entsprach. Die Entwicklung der Netto-Werbeeinnahmen aller Zeitschriftenverlage belegt den Trend, der von dem Zentralverband der Deutschen Werbewirtschaft (ZAW) im Jahresvergleich erfasst wird:

Netto-Werbeeinnahmen in Mio. €

	1999	2000	2001	2002	2003
Publikumszeitschriften	2.006,51	2.247,32	2.092,45	1.934,00	1.861,50
Fachzeitschriften	1.189,00	1.267,00	1.057,00	966,00	880,00
Total	**3.195,51**	**3.514,32**	**3.149,45**	**2.900,00**	**2.741,50**

Das bedeutende wirtschaftliche Gewicht der Publikumszeitschriftenverlage lässt sich vorwiegend aus dem Anzeigengeschäft ableiten. Hier zeigt sich, dass die großen aktuell berichtenden Publikumszeitschriften, Frauen- und Programmzeitschriften das größte Gewicht besitzen. Trotz des Rückgangs der Werbeeinnahmen bleibt der Anzeigenerlös stärker als der Vertriebserlös.

Hinsichtlich des Vertriebs ist Folgendes zu konstatieren. Bei Fachzeitschriften wird der Absatz mit 90 % via Abonnement und 10 % via Einzelhandel und sonstiger Verkauf generiert (Quelle: Deutsche Fachpresse 2004). Bei Publikumszeitschriften teilen sich die Vertriebsanteile auf in: 47 % Abonnement, 41 % Einzelhandel, 4 % Lesezirkel und 8 % Sonstiger Verkauf (Quelle: IVW 2004).

Die Innovationsrate der Verlage lässt sich anhand der Neuerscheinungen und Titeleinstellungen beschreiben. Trotz der problematischen Situation in der Branche konnte in den letzten Jahren noch ein Wachstum im Saldo festgestellt werden. Dies wurde jedoch nur dadurch möglich, dass die steigende Zahl an Titeleinstellungen durch ein noch größeres Wachstum an Titelneuerscheinungen kompensiert wurde. Dieses Titelwachstum besitzt jedoch auch klar erkennbare Nachteile. So konnte in den meisten Themenbereichen keine reale Marktausdehnung geschaffen werden, sondern die Zahl der Nischenprodukte nahm zu. Dies bedeutet allerdings in letzter Konsequenz: Die wirtschaftlichen Bedingungen der einzelnen Verlage und Titel haben sich verschlechtert. Kombiniert mit den unterschiedlichen problematischen Entwicklungen im Werbemarkt führt dies zu einer erhöhten Krisenanfälligkeit. Daten über den Markt der Publikums- und Fachzeitschriften veröffentlichen der Verband Deutscher Zeitschriftenverleger (VDZ), sowie die Deutsche Fachpresse als Zusammenschluss von VDZ und der Arbeitsgemeinschaft der Zeitschriftenverlage im Börsenverein mit rund 550 Mitgliedsfirmen insgesamt. Die folgende Tabelle ist der Fachpresse-Statistik 2004 entnommen:

Anzahl der Titel insgesamt

	1999	2000	2001	2002	2003
Publikumszeitschriften	2.012	2.040	2.200	2.220	2.300
Fachzeitschriften	3.490	3.590	3.646	3.563	53.623
Total	**5.502**	**5.630**	**5.846**	**5.783**	**5.923**

Der Markt der Zeitschriften wird ebenfalls von wenigen großen Verlagshäusern geprägt, da die großen Verlage über die auflagenstärksten Publikationen verfügen. Durch die Fusionsbereitschaft auf internationaler Ebene ist ein Ende der Konzentrationstendenzen derzeit noch nicht in Sicht.

Die größten Zeitschriftenverlage

PUBLIKUMSZEITSCHRIFTEN	FACHZEITSCHRIFTEN
Gruner + Jahr	Springer Science + Business Media
Hubert Burda Media	Verlagsgruppe von Holtzbrinck
Axel Springer Verlag Fachinformationen	Süddeutscher Verlag Hüthig
Heinrich Bauer Verlag	Weka-Firmengruppe
SPIEGEL-Verlag	Wolters Kluwer Deutschland
Verlagsgruppe Milchstraße	Rudolf Haufe Verlag
Vereinigte Motor-Verlage	Vogel-Medien
Jahreszeiten Verlag	Deutscher Ärzteverlag
GWP	C. H. Beck
Condé Nast	Verlagsgruppe Deutscher Fachverlag
Quelle: Nielsen Media Research	Quelle: Fachpresse-Statistik 2002

Der Markt der Zeitungen

Die Daten über die Zeitungsbranche werden von der Spitzenorganisation, dem Bundesverband Deutscher Zeitungsverleger (BDZV) und dessen Marketingtochter ZMG Zeitungs Marketing Gesellschaft bekannt gegeben. Der BDZV veröffentlicht die Daten in seinem jährlich erscheinenden Jahrbuch *Zeitungen*, die ZMG im Rahmen von Marktforschungsstudien wie beispielsweise *Zeitungsqualitäten*.

Die deutsche Zeitungslandschaft wird durch eine große Zahl von lokalen und regionalen Zeitungstiteln geprägt. Entsprechend sind die Titel auch teilweise im kleinräumigen Markt angesiedelt. Die Kombination aus Kundenbeziehungen im Leser- und Anzeigenmarkt bildet vor den lokalen und regionalen Märkten den Hintergrund für die Entwicklung des Mediums. Hier zeigt sich auch eine Wechselwirkung zwischen gesellschaftlichen und politischen Strukturen und den in einem Land verankerten Medien. Während im Ausland teilweise parteipolitisch sehr stark geprägte Zeitungen oder reine Parteizeitungen etabliert sind, haben die deutschen Zeitungen häufig eine politische Grundprägung, die aber bei lokalen oder regionalen Abonnementzeitungen nicht dazu führt, dass die Zeitung innerhalb der Kernzielgruppe der Nutzer aus einer Region nicht mehr akzeptiert wird.

Im Zeitungsbereich haben die meisten Titel keinen Zuwachs an Auflage erzielen können. Stattdessen hat in der gesamten Branche ein leichter Rückgang der Auflage und Reichweite dazu geführt, dass sich die Erlössituation der Einzeltitel verschlechterte. Dies hat zu zahlreichen Konzentrationsschritten geführt, bei denen meist größere Häuser eine Reihe kleinerer Titel in das eigene Unternehmen integrieren konnten. Langfristig wird es entscheidend sein, ob es den Zeitungsverlagen gelingt, jüngere Zielgruppen anzusprechen. Eines der Probleme neben der Schwäche im Segment der jugendlichen Leser besteht in der zunehmenden Entwertung der Kernkompetenz. Eine der Hauptfunktionen der Zeitungen besteht im Bereich der politischen Willensbildung, die jedoch angesichts der zunehmenden Politikverdrossenheit jedoch nicht problemlos in positive Reichweiteneffekte umgesetzt werden können.

Die Erlösstruktur zeigt auch bei den Zeitungen eine Dominanz des Werbemarkts, der über die Beilagenwerbung mit rund 9 % und der Anzeigenwerbung mit rund 48 % der Gesamterlöse eine größere Bedeutung besitzt als der Vertriebserlös, der sich auf rund 42 % beläuft und durch Verkäufe im Abonnement oder per Einzelverkauf erreicht wird. Dies erklärt auch in diesem Marktsegment die Krisenanfälligkeit im Hinblick auf die allgemeine Wirtschaftskonjunktur, wie in den Jahren 2001 bis 2003 deutlich wurde. Besonders das Geschäft mit Prospektbeilagen ist gefährdet, künftig durch Direktwerbung oder andere Werbemaßnahmen und damit durch andere Werbeträger und Dienstleister ersetzt zu werden.

Der Markt der Anzeigenblätter

Als in den 80er Jahren des vorausgehenden Jahrhunderts die Anzeigenblätter als neues Medium aufkamen, konnten sie zunächst eine dynamische Wachstumsentwicklung verzeichnen. Seit dem Jahr 2000 zeigt sich hier bei allen Indikatoren, dass dieser Markt nicht nur in einer Sättigungsphase angelangt ist, sondern sich bereits in einer leichten Rückentwicklung befindet. Neue Anzeigenblattformate, die teilweise erfolgreich im Markt platziert werden, und Sonntagsausgaben der Anzeigenblätter konnten jedoch im Einzelfall für eine positive Marktdynamik sorgen. Die Daten über die Situation im Markt der Anzeigenblätter sind über den Bundesverband Deutscher Anzeigenblätter (BVDA) und über den Zentralverband der Werbewirtschaft (ZAW) verfügbar. Die folgende Übersicht fasst einzelne Tabellen auf der Website des BVDA zusammen. Stand ist jeweils der 1. Januar des angegebenen Jahres.

Entwicklung der Anzeigenblätter

	2000	2001	2002	2003	2004
Entwicklung der Titel	1.311	1.336	1.312	1.292	1.288
Entwicklung der Auflage in Mio. Exemplaren	88,6	90,8	88,9	86,8	85,1
Entwicklung des Netto-Anzeigenumsatzes in Mio. €	1.792	1.742	1.702	1.746	keine Angaben

Der Markt der Anzeigenblätter hängt in seiner Entwicklung stark von den Hauptwerbekunden, insbesondere dem Bereich lokaler Handel und Dienstleistungen ab. Daher ist der direkte Wettbewerb mit Direktverteilunternehmen im Beilagengeschäft und die Auseinandersetzung mit Konzentrationstendenzen im Handel bestimmend für die wirtschaftliche Entwicklung des Anzeigenblattsektors. Konzentrierte Nachfrage durch starke Zuwächse bei den Discountern können die Marktchancen und -preise ebenso beeinflussen, wie beispielsweise die Aufwertung des Samstags als Einkaufstag aufgrund der Ladenöffnungszeiten. Von Seiten der Deutschen Post AG wurden beispielsweise im Jahr 2003 zahlreiche Initiativen gestartet, um mit dem Produkt Einkauf aktuell, einem gemeinsam mit Werbeprospekten in Folie verpackten TV-Heft, Samstags Werbedirektverteilung in deutschen Ballungsräumen anbieten zu können. Die Anzeigenblattverlage hatten sich daraufhin bei der Politik wegen unzulässiger Quersubventionierung der Post auf Basis der Erlöse des Briefmonopols beklagt. Dies zeigt die Betroffenheit dieser Mediengattung von solchen Neuerungen und die problematische Positionierung als Werbemedium zwischen Direktverteilung und Zeitungswerbung.

Fragen zu Kapitel 1

1. Welchen Trend können Sie in den letzten Jahren im Markt der Publikumszeitschriften identifizieren und wie wirkt sich dies auf die Rentabilität der einzelnen Titel aus?
2. Weshalb kommt der Verlagsbranche eine größere Aufmerksamkeit im Rahmen der politischen Diskussion zu als vielen anderen Branchen vergleichbarer Umsatzbedeutung?
3. Nennen Sie die Spitzenorganisationen der Verlagsbranche, die Informationen bieten zu:

a) Fachzeitschriften,
b) Publikumszeitschriften,
c) Zeitungen,
d) Anzeigenblättern,
e) Büchern,
f) Werbeträgerleistung.

2
Arbeiten in der Redaktion

Die wirtschaftlich bedeutsamen Verlage sind in der Regel größere Unternehmen, in denen mehrere Mitarbeiter in unterschiedlichen Funktionsbereichen (Anzeigen, Vertrieb, Technik, Redaktion etc.) tätig sind. Da die Funktionsbereiche in der Aufbauorganisation des klassischen Buch-, Zeitschriften- oder Zeitungsverlags als eigene Abteilungen organisiert sind, herrscht häufig Unkenntnis über die Aufgaben und Funktionen der angrenzenden Bereiche. Dies betrifft vor allem die geistige Leistung von Lektorat und Redaktion.

In vielen Presseverlagen hat die vertikale Gliederung nach Funktionsbereichen zu tiefen Gräben im Selbstverständnis der einzelnen Abteilungen geführt. Für manchen Anzeigenprofi ist die Redaktion nur dazu da, die leeren Seiten zwischen den geld- und damit nutzbringenden Anzeigen zu füllen. Die immer schwierigere Situation der Presse- und Buchverlage in den wettbewerbsintensiven Märkten erfordert jedoch, dass sich die Mitarbeiter unterschiedlicher Abteilungen zusammenfinden, um in Projektgruppen neue Wege der Kundenorientierung zu beschreiten. So wird in Presseverlagen verstärkt im Rahmen integrierter Marketingkonzepte – beispielsweise mit Hilfe des Fachwissens von Anzeigenabteilung und Redaktion – versucht, neue Ressortbereiche oder Sonderveröffentlichungen zu erstellen, die sich aufgrund ihrer redaktionellen Inhalte (z. B. Wirtschaft) besonders gut für die Vermarktung als Werbeträger eignen. Auch in Buchverlagen ist es notwendig, im Sinne eines ganzheitlichen Produktmanagements die inhaltlichen und kaufmännischen Aspekte eines neuen Titels parallel zu betrachten. Um diesen Anforderungen gerecht zu werden ist es daher notwendig, dass Verlagskaufleute nicht nur über die kaufmännischen Kenntnisse ihres eigenen Aufgabengebiets verfügen, sondern auch ein Verständnis für die Arbeitsweise und Problemstellungen der redaktionellen Fachabteilungen gewinnen.

2.1
Grundfunktionen der Redaktion

Die Redaktion hat in allen Verlagstypen die Funktion, Produktinhalte zu organisieren und in eine Form zu bringen, die den Erwartungen der Leserschaft gerecht wird. Die konkrete Ausgestaltung von Büchern, Zeitschriften und Zeitungen erfolgt stets im Zusammenspiel zwischen Verleger/Herausgeber und Redaktion. Für den Zeitungsverlag hat Emil Dovifat, der Vater der Zeitungsforschung in Deutschland, diese Aufgabenstellung in einer kurzen Definition zusammengefasst: »Die Redaktion beschafft den geistigen Rohstoff. Sie gestaltet daraus nach ihrem publizistischen Ziel und der Art ihres Leserkreises die Zeitung als öffentliche Aufgabe. Sie trägt dafür die moralische, politische und rechtliche Verantwortung.« Es ist naheliegend, dass sich die konkrete Ausgestaltung dieser Arbeit von Verlag zu Verlag unterscheidet. Der Redakteur einer kleinen Lokalzeitung hat andere Aufgaben als ein Mitglied der Fachredaktion einer überregionalen Zeitung, und beide Aufgabenbereiche werden sich wiederum grundlegend von der Arbeit der Redakteure in Fachzeitschriften- oder Buchverlagen unterscheiden.

2.1.1
Redaktion in Buchverlagen

Im Buchverlag lässt sich der Begriff des Redakteurs am schwierigsten einordnen. Im klassischen Fall wird der Buchinhalt vom Autor erarbeitet, der in Zusammenarbeit mit dem Lektor die Verantwortung für den Produktinhalt trägt. In diesen Fällen konzentriert sich die Arbeit der Redakteure und Redaktionsassistenten auf die formale Korrektur und Überarbeitung des Manuskripts, bei der vor allem die Zeichensetzung und Rechtschreibung berücksichtigt wird. Ein Beispiel für die Bearbeitung von Textstellen und eine Übersicht über die gängigen Korrekturvorschriften nach DIN 16 511 zeigen die Seiten 36 und 37.

Abweichend von dieser formalen Arbeitsweise gibt es bei allen Buchprojekten, bei denen ein großer Teil der Buchinhalte von Verlagsangestellten erarbeitet wird, Buchredaktionen. Stellvertretend seien hier Lexikon- und Schulbuchverlage genannt, bei denen die festangestellten Redakteure der Buchverlage an Konzeption, Text und Gestaltung mit beteiligt sind und daher regelmäßig als Miturheber betrachtet werden.

2.1.2
Redaktionsarbeit in Presseverlagen

Zwischen den unterschiedlichen Typen von Presseverlagen gibt es mitunter erhebliche Abweichungen in den Bedingungen für die redaktionelle Arbeit. Deshalb wird zunächst die Produktpalette kurz dargestellt, wobei die in der folgenden Übersicht aufgeführten Pressetitel nur als Beispiele für die große Anzahl der Presseprodukte insgesamt stehen mögen.

Übersicht über Presseprodukte

ZEITUNGEN
Periodische Veröffentlichungen, die in ihrem redaktionellen Teil der kontinuierlichen, aktuellen und thematisch nicht auf bestimmte Stoff- oder Lebensgebiete begrenzten Nachrichtenübermittlung dienen, also in der Regel mindestens die Sparten Politik, Wirtschaft, Zeitgeschehen, Kultur, Unterhaltung sowie Sport umfassen und im Allgemeinen mindestens zweimal wöchentlich erscheinen. Zeitungen werden unterschieden nach:
- der Periodizität: Tages- (*Frankfurter Rundschau*), Wochen- (*Die Zeit*), Sonntagszeitungen (*Welt am Sonntag*)
- dem Verbreitungsgebiet: lokal (*Mühlacker Tagblatt*), regional (*Südkurier*), überregional (*Frankfurter Allgemeine Zeitung*)
- der Vertriebsform bzw. redaktioneller Orientierung: Abonnement- (*Süddeutsche Zeitung, Stuttgarter Zeitung*), Kauf- oder Boulevard-Zeitung (*Bild, Express*)

ZEITSCHRIFTEN
Periodische Druckwerke mit kontinuierlicher Stoffdarbietung, die mit der Absicht eines zeitlich unbegrenzten Erscheinens mindestens viermal jährlich herausgegeben werden. Zeitschriftentypen kann man unterscheiden nach:
- Publikumszeitschriften: klassische Illustrierte sowie alle General-Interest-Zeitschriften und Nachrichtenmagazine (*Spiegel, Stern, Bunte*).
- Fachzeitschriften: inhaltlich auf jeweilige Sachbereiche begrenzte Zeitschriften, die sich primär an (Berufs-)Spezialisten wenden (*Textilwirtschaft, Druckspiegel, Börsenblatt*).
- Special-Interest-Zeitschriften: sachbezogene Zeitschriften, die nicht nur für Spezialisten verfasst werden, sondern für alle Fachinteressierte (*Bike, Wild & Hund*).
- Verbands- und Vereinszeitschriften: Zeitschriften für Mitglieder von Organisationen sowie Pfarrblätter etc. (*ADAC-Motorwelt*).
- Kunden- und Betriebszeitschriften: Zeitschriften für Kunden und/oder Mitarbeiter von Unternehmen (*Lufthansa-Bordmagazin*).

• Amtspublizistik: alle periodischen Veröffentlichungen von (kommunalen) Behörden, amtliche Mitteilungen und kostenlose kommunale Amtsblätter.

ANZEIGENBLÄTTER
Periodisch erscheinende Werbedrucksachen, die unentgeltlich und unbestellt allen Haushalten eines lokal begrenzten Bezirks zugestellt werden. Neben einem Annoncenteil enthalten Sie häufig auch redaktionelle, meist jedoch ortsbezogene Beiträge (*Blitztipp, Singener Wochenblatt, Marktplatz*).

OFFERTENBLÄTTER
Periodische Druckwerke, die Werbung – überwiegend in Form von Kleinanzeigen – Inserenten kostenlos zur Verfügung stellen. Diese Werbebotschaften werden den Lesern als Information verkauft. Offertenblätter finanzieren sich aus dem Vertriebserlös durch den Verkauf der Exemplare am Kiosk und aus dem Anzeigenerlös, der durch den Verkauf gewerblicher Anzeigen erzielt wird (*Zweite Hand, Sperrmüll, Annonce*).

Die wesentlichen Grundfunktionen der Redaktionsarbeit in Presseverlagen lässt sich sehr leicht anhand der klassischen Redaktionstätigkeiten aufzeigen. In § 3 des *Ausbildungstarifvertrags für Redakteure* wird deutlich, welche Kernaufgaben alle Redakteure wahrnehmen müssen: Es sind die journalistischen Tätigkeiten Recherchieren, Schreiben, Redigieren, Auswählen und Bewerten.

Recherchieren

Recherchieren betrifft die Phase der Informationsbeschaffung. Der Redakteur stellt Nachforschungen zu einem Thema an, das sich aufgrund seiner Aktualität oder der besonderen Bedeutung für die Leserschaft als Beitrag eignen könnte. Mehr noch als die sprachlichen Fertigkeiten, d. h. eine ›gute Schreibe‹ zeichnet die kompetente und sachadäquate Informationsbeschaffung und Recherche einen guten Journalisten aus. Hierzu gehört, dass er sich an klassische Verhaltensregeln hält. So sollen beispielsweise bei Berichten über Konflikte stets beide Seiten befragt werden, um ein Höchstmaß an Objektivität zu gewährleisten.

Die elektronische Informationsbeschaffung aus Datenbanken und Online-Netzwerken gewinnt zunehmend an Bedeutung. Dies erklärt, weshalb vor allem große Verlage wie etwa der Spiegel-Verlag sehr aufwendige eigene Dokumentationsabteilungen und Archive betreiben, da die Qualität der Recherche zunehmend als Wettbewerbsfaktor betrachtet wird.

Anzeigenblätter haben früher in der Regel auf eigene redaktionelle Beiträge verzichtet und den Großteil der Informationen von speziellen Agenturen bezogen. Da der Wert eines Anzeigenblatts im Werbemarkt jedoch eng mit der Akzeptanz auf Seiten der Leser verbunden ist, haben viele Anzeigenblattverlage eigene Redaktionen aufgebaut, die meist eine wöchentliche Berichterstattung mit lokalem Interessenschwerpunkt leisten, was dem Produkt einen zeitungsähnlichen Charakter gibt.

Schreiben und Redigieren

Das Schreiben ist der Teil der Redaktionsarbeit, der auch von Außenstehenden als journalistische Tätigkeit erkannt wird. Kurze Informationen ohne Kommentierung werden in einer Nachricht dargestellt, während ein Bericht ausführlichere Informationen enthält. Mit Hilfe von Reportagen, Umfragen und Interviews können die Sachverhalte veranschaulicht werden, sodass sie meist leichter in die Lebenswelt der Leser eingeordnet werden können. Weitere Möglichkeiten der Vertiefung bietet das Feature (Dokumentarbericht, der sich aus Reportagen, Kommentaren und Dialogen zusammensetzen kann) bzw. die *Analyse*.

Während in allen bisher genannten Darstellungsformen die Meinung und Sichtweise des Redakteurs nur durch die Auswahl der Interviewpartner und die Fragetechnik zur Geltung kommt, rücken in Kommentaren, Glossen (Kurzkommentar mit z. T. polemischen, spöttischen oder ironischen Zügen) und Leitartikeln die Ansichten des Journalisten in den Vordergrund.

Beim Redigieren wird der Beitrag noch einmal auf Inhalt, Form, Rechtschreibung und Stil überprüft und gegebenenfalls mit Hilfe der Korrekturzeichen (Seite 36 und 37) bearbeitet – vor allem hinsichtlich der Länge der Artikel.

Während bei Tageszeitungen die Redakteure mit sehr hohem Zeitdruck Journalismus meist als Tagesschriftstellerei betreiben, haben die Kollegen aus den Zeitschriften- und Fachzeitschriftenredaktionen – bedingt durch eine andere Erscheinungsweise – tendenziell mehr Zeit zur Erarbeitung der Artikel. In größeren überregionalen Zeitungsverlagen werden die meisten Artikel selbst erarbeitet, was große Redaktionen in den klassischen Ressorts Politik, Wirtschaft, Kultur und Sport voraussetzt. Die Redakteure besitzen hier eine größere Spezialisierung als bei einer lokalen Zeitung, wo der Redakteur häufig höchst unterschiedliche Ereignisse vor Ort in der Berichterstattung berücksichtigen muss. Am stärksten spezialisiert sind die Redakteure von Special-Interest- oder gar Fachzeitschriften, da sie auf der Basis ihres anerkannten Fachwissens sehr detailliert für eine fachlich spezialisierte Zielgruppe schreiben.

Korrekturvorschriften

GRUNDREGEL

Markieren Sie jede Korrektur an zwei Stellen: im laufenden Text und
als Wiederholung am Rand. Verwenden Sie bei mehreren Fehlern
innerhalb einer Zeile verschiedene Korrekturzeichen (**I, L, ꓘ** etc.)
in der Reihenfolge der zu korrigierenden Zeichen. Setzen Sie die
erforderliche Änderung rechts neben das wiederholte Korrekturzeichen an den Rand.

SCHRIFTART UND AUSZEICHNUNG

Geben Sie eine andere |Schriftart oder Schriftgröße oder   *⌐Polo 9pt*
sonstige Auszeichnungen am Rand wörtlich an. Die zu ändernde
Textstelle wird unterstrichen oder bei einer gewünschten kursiven
Auszeichnung mit Wellenlinien gekennzeichnet.   *Kursiv*

FALSCHE BUCHSTABEN

Streichen Sie falsche Buchstaben durch und ersatzen Sie sie am   *I e*
Band durch die richtigen.   *ꓶ R*

TRENNUNGSFEHLER

Markieren Sie falsche Trennungen sowohl am Ende der Zeile als
auch zu Beginn der neuen Zeile. Achten Sie auf sinnentstel⌐   *⌐ꝯ*
ende Trennungen (Drucker-zeugnis statt Druck-erzeugnis), damit ein *I le*
müheloser Lesefluss gewährleistet wird.

ZUSAMMEN- UND GETRENNTSCHREIBUNG

Kennzeichnen Sie Wörter, die zusammengeschrieben werden, durch   ꙮ
einen Doppelbogen (ꙮ). Wörter, die getrenntgeschrieben werden,   ꙇ
erhalten das Sonderzeichen ꙇ.

FEHLENDE WÖRTER, SATZTEILE, BUCHSTABEN
ODER SATZZEICHEN

Kennzeichnen Sie Wörter oder Satzteile durch ein Winkelzeichen im   *⌐ fehlende*
Text (⌐). Am Rand stehen die Ergänzungen. Ergänzen Sie fehlende
Buchstaben oder Satzzeichen, indem Sie den angegangenen bzw.   *I vor*
nachfolgen Buchstaben durchstreichen und am Rand mit dem   *I Inden*
fehlenden Buchstaben oder Satzzeichen wiederholen ꙅ   *In. ꙅ*
  ⌐ Bei größeren fehlenden Textpassagen können Sie auf die
entsprechenden Manuskriptseiten verweisen.

ÜBERFLÜSSIGE WÖRTER, SATZTEILE, BUCHSTABEN ODER SATZZEICHEN

Streichen Sie überflüssige Wörter, Textpassagen, Absätze oder Satzzeichen durch und markieren Sie sie am Rand mit dem Zeichen ꝫ für deleatur (lat. = es werde getilgt).

FALSCHE REIHENFOLGE

Streichen Sie Buchstaben in falscher Reihenfolge durch und schreiben Sie sie am Rand in der richtigen Reihenfolge auf. Wörter oder Satzteile in Reihenfolge falscher erhalten das Umstellungszeichen (⌐‾⌐). Größere Umstellungen beziffern Sie in der richtigen Reihenfolge. Zahlen in falscher Reihenfolge streichen Sie prinzipiell komplett durch und wiederholen Sie sie am Rande in der richtigen Reihenfolge.

FEHLENDE ODER FALSCHE WORTZWISCHENRÄUME

Kennzeichnen Sie fehlende Wortzwischenräume mit dem Trennzeichen ⌐, zu weite Zwischenräume mit ⌐ und zu enge mit ⌄ .

FEHLENDER (ODER ZU ENGER) ZEILENABSTAND (DURCHSCHUSS)

Zeichnen Sie einen fehlenden (oder zu engen) Zeilenabstand durch einen Strich mit nach außen offenem Bogen (—ᘕ) und zu große Zeilenabstände durch einen Strich mit nach innen offenem Bogen (—→) an.

ABSATZLÖSUNGEN UND EINZÜGE

Fügen Sie einen neuen Absatz mit dem Absatzzeichen ⌐ ein. Soll kein separater Absatz erfolgen, so benutzen Sie eine verbindende Linie (⌐→). Kennzeichnen Sie einen fehlenden Einzug mit dem Zeichen ⌐ und eine Textstelle ohne Einzug mit dem Abschluss-Strich ⊢.

IRRTÜMLICHE KORREKTUREN

Sie machen Ihre irrtümliche Korrektur dadurch rückgängig, dass Sie das Korrekturzeichen am Rand durchstreichen und im Text die entsprechende Stelle punktieren.

Auswählen und Bewerten

Auswählen und Bewerten sind für alle Journalisten eine der Hauptaufgaben, da aus einer Fülle von Informationen (Agenturmeldungen etc.) das ausgewählt werden muss, was die Leser interessiert. Damit soll der Leser den Eindruck gewinnen, dass tatsächlich »jeden Tag gerade so viel passiert, wie in eine Zeitung passt« – so ein Bonmot im Zeitungsjargon. Da es jedoch schwer ist, in der ›Saueren-Gurken-Zeit‹ ohne Parlamentsdebatten – auch Sommerloch genannt – eine ausreichende Anzahl an Themen zu finden, tauchen sogar in nachrichtenorientierten Pressetiteln mitunter völlig absurde Statements wie ›Mallorca wird deutsches Bundesland‹ auf.

2.2
Hierarchiestufen in Presse-Redaktionen

Von den unterschiedlichen Funktionen innerhalb einer Redaktion seien die wichtigsten drei näher erläutert: der Verleger oder Herausgeber, der Chefredakteur sowie der Chef vom Dienst (CvD).

2.2.1
Verleger/Herausgeber

Der Verleger ist für die grundsätzliche publizistische Orientierung der Zeitung oder Zeitschrift verantwortlich. Er verfügt über die Grundsatzkompetenz, indem er die Richtlinien für die Redaktionsarbeit festlegt und im Rahmen des im Betriebsverfassungsgesetz garantierten Tendenzschutzes die führenden Mitglieder der Redaktion (Chefredakteur, Ressortleiter) selbstständig einstellt. Formal kann der Verleger auch die Detailkompetenz beanspruchen, d. h. den Redakteuren direkt Weisungen erteilen. Da dies jedoch nicht nur die führenden Redaktionsmitglieder in ihrer Stellung schwächen würde, sondern durch die Fülle der Aufgaben kaum praktikabel ist, wird dieses Recht in der Praxis kaum beansprucht. Der Verleger kann diese Aufgaben auch an einen Herausgeber delegieren.

2.2.2
Chefredakteur

Der Chefredakteur ist für die Umsetzung der publizistischen Leitlinie in der Praxis verantwortlich und bestimmt mit Hilfe der Ressortleiter die konkrete Ausgestaltung des Produkts. In diesem Sinne wird er vom Verleger/Herausgeber meist mit der Wahrnehmung der Detailkompetenz beauftragt. Aufgabe des Chefredakteurs ist somit weniger – obwohl renommierte Chefredakteure dafür durchaus bekannt sind – das Verfassen beispielhafter Leitartikel als die Organisation der Arbeit der Redaktion. In Zeitungsverlagen wird beispielsweise in der täglichen Redaktionskonferenz die Aufgabenverteilung unter Einbeziehung der Redaktionsleiter festgelegt. Der Chefredakteur nimmt darüber hinaus auch Repräsentationspflichten war, indem er die Redaktion bzw. die Zeitung oder Zeitschrift in der Öffentlichkeit vertritt.

2.2.3
Chef vom Dienst (CvD)

Der Chef vom Dienst ist Teil der Redaktion, die er z. T. nach innen organisiert. Entscheidender ist jedoch seine Aufgabe nach außen, denn dort ist seine Funktion die eines (Ver-)Mittlers. Einerseits vertritt er die Interessen der Redaktion gegenüber den Nachbarabteilungen (Technik, Anzeigen, Vertrieb). Andererseits hat er die Aufgabe, die begründeten Interessen jener Abteilungen den Kollegen in der Redaktion vermitteln. So muss er bei der Planung des Umfangvolumens einer Zeitung/einer Zeitschrift die Anforderung der Technik über die Produktionsmöglichkeiten genauso berücksichtigen wie die Vorgaben der Anzeigenabteilung über die geplanten Werbeumfänge. Am leichtesten lässt sich die Schwierigkeit dieser Vermittlungsposition anhand des Streitfalls ›Andruckzeit‹ darstellen.

Wenn bei regionalen Tageszeitungen ein redaktionell wichtiges Großereignis in den Abendstunden stattfindet, wird die Redaktion versuchen, zumindest die wichtigsten Informationen mit Hilfe einer eigenen Berichterstattung abzudecken. Im schlimmsten Fall bedeutet dies, dass der Andruck der Zeitung solange aufgeschoben werden muss, bis der Artikel zu diesem Thema steht und die Druckplatten erstellt sind. Dies hat wiederum Auswirkungen auf die Abteilungen Druck, Weiterverarbeitung und Versand. Da in der Regel keine Möglichkeit besteht, die verlorene Zeit während der Produktion aufzuholen, ist damit zu rechnen, dass sich die Zeit bis zum Abholen der Zeitungspakete von der Laderampe entsprechend nach hinten verschiebt.

Mag diese Verschiebung zwar problematisch, aber unvermeidbar erscheinen, so beginnen die großen Probleme einer solchen Verzögerung spätestens im Transport und Vertrieb. Die Fernauflage, die in der Regel aus der ersten Ausgabe besteht, muss innerhalb einer bestimmten Zeitspanne bei den kooperierenden Transportunternehmen angeliefert werden, da sie sonst erst nach 24 Stunden weiter transportiert wird. Aber auch die Verteilung der Auflage im Verbreitungsgebiet ist bei einer zu großen Zeitverzögerung gefährdet. Nebenberuflich tätige Zusteller, die zwischen 5:30 und 6:30 Uhr die Zeitung zustellen, können nur wenige Minuten Verzögerung in Kauf nehmen, denn ihr Hauptberuf beginnt vielleicht bereits um 7:30 Uhr. Da keinem geholfen ist, wenn die wichtigen Meldungen zwar im Produkt enthalten sind, die Zeitung aber erst am Folgetag ihre Leser erreicht, muss der Chef vom Dienst in Zusammenarbeit mit den Kollegen der Technik und des Vertriebs detaillierte (Notfall-)Zeitpläne erarbeiten. Dabei kann es durchaus sein, dass die Fernausgaben und die Ausgaben für wettbewerbsärmere Regionen mit weniger aktuellen Inhalten bestückt werden, als die Ausgabe des Kernverbreitungsgebiets oder die Ausgabe für Orte mit starken Konkurrenzmedien.

Natürlich ist es für die Praxis entscheidend, ob das redaktionelle Ereignis vorhersehbar ist oder nicht. Während bei einem Fußballspiel allenfalls die Frage einer Verlängerung zu Planungsproblemen führen kann, sind andere Ereignisse – in der Regel die mit negativen Schlagzeilen wie beispielsweise ein Großfeuer oder Kidnapping – nicht planbar.

2.3
Nachrichtenbeschaffung

Angesichts der Titelvielfalt stellt sich immer wieder die Frage, wie so viele verschiedene Blätter mit aktuellen Inhalten ausgestattet sein können, ohne dass die einzelnen Redaktionen voneinander abschreiben. Die Antwort ist schnell gegeben: Wie alle Felder der Redaktionsarbeit variiert auch die Art der Nachrichtenbeschaffung erheblich zwischen den unterschiedlichen Presseprodukten. Während Tageszeitungen aufgrund ihrer aktuellen Berichterstattung bei nationalen und internationalen Themen sehr stark auf Nachrichtenagenturen und Korrespondentenberichte angewiesen sind und vor allem die regionale und lokale Berichterstattung mit selbst recherchierten Themen und Eigenberichten abdecken, beruht die Berichterstattung der Publikumspresse auf eigenen Recherchen festangestellter oder freiberuflicher Text- und Bildreporter. Bei Fachzeitschriften ist die Nachrichtenbeschaffung geprägt durch den Kontakt zu den Experten des jeweiligen Fachgebiets. Berichterstattung findet allenfalls bei fachspezifischen Ereignissen wie Kongressen statt.

2.3.1
Nachrichtenagenturen

Jeder aufmerksame Zeitungsleser kennt die Kürzel der unterschiedlichen Nachrichtenagenturen, die als Quellennachweis meist am Anfang eines Artikels angegeben sind: »Wiesbaden (dpa); Wie das Statistische Bundesamt am vergangenen Freitag in Wiesbaden mitteilte...« In Deutschland sind drei Weltagenturen AP *(Associated Press)*, *Reuters* und AFP *(Agence France Press)* sowie zwei nationale Nachrichtenagenturen dpa *(Deutsche Presseagentur)* und ddp/ADN *(Deutscher Depeschendienst/ Allgemeiner Deutscher Nachrichtendienst)* auf dem Markt tätig. Das bedeutet: Selbst dann, wenn sich die Redaktion für eine externe Nachrichtenzulieferung entscheidet, besteht ein Wettbewerb unterschiedlicher Dienste, der durch themenspezifische Dienste wie beispielsweise die vwd *(Vereinigte Wirtschaftsdienste)* noch erweitert wird. Der Marktführer in Deutschland ist dpa, eine Nachrichtenagentur, die als Genossenschaft im Besitz der deutschen Medien, vor allem der Zeitungen und Zeitschriftenverlage, steht. Die dpa bietet eine Reihe von unterschiedlichen Diensten an, die sich an den Bedürfnissen der Zielmedien orientieren.

Durch die schlechte Branchenkonjunktur ab dem Jahr 2001 haben sich eine Reihe von Verlagen entschieden, auf die Nutzung der dpa-Berichterstattung – zumindest zeitweise – zu verzichten. Die Deutsche Presseagentur hat auf diese Kritik von Kundenseite reagiert, indem sie ihren Organisationsaufbau verändert und somit das Preismodell den Marktbedingungen angepasst hat. Weitere Veränderungen im Markt der Nachrichtenagenturen zeigten sich durch eine unterschiedliche Beurteilung des strategischen Werts von Nachrichtenagenturen. Die Pro-Sieben-Gruppe hatte durch den Aufkauf von ddp/ADN ursprünglich das Nachrichtengeschäft zu einer eigenen Kernkompetenz ausgebaut und in diesem Zusammenhang auch den Nachrichtensender N24 im Markt etabliert. Mit dem Verkauf der Nachrichtenagentur an das bisherige Management (ein so genannter Management-Buy-Out) wurde die Bedeutung des Nachrichtengeschäfts für den TV-Sender wieder relativiert. Mittlerweile musste die Agentur aufgrund der schwachen wirtschaftlichen Ergebnisse an eine Investorengruppe verkauft werden.

Die Meldungen sind in der Regel so aufgebaut, dass sie von den jeweiligen Redakteuren unproblematisch gekürzt und in das Gesamtprodukt der eigenen Zeitung integriert werden können. Am Beispiel des Falles der Gratiszeitung *20 Minuten Köln* sei diese Vorgehensweise auf den Seiten 42–44 dargestellt.

Übersicht über dpa-Text-Dienste (Stand 2004)

NAME DER DPA-DIENSTE	INHALT DES DIENSTES/ZIELGRUPPE
Basisdienst	Nationale und internationale Ereignisse
Landesdienst	Regionale Ereignisse
gms-Themendienst	Verbraucherinformationen, kurze Features
Kurznachrichtendienst	Basiert auf Basisdienst, Kurzmeldungen
dpa-Select	Kundenindividuelles Interessenprofil
dpa-Termine	Terminvorschau
dpa-Dossiers	Hintergrundberichte
dpa-Textdatenbank	Uneingeschränkter Zugang zu allen Meldungen seit Mitte 1983

Das Original ...

Bdt0345 3 vm 293 dpa 0309 Medien/Prozesse/Zeitungen/(Zusammenfassung 1345)

Kölner ›Zeitungskrieg‹: Gratisblatt darf weiter erscheinen = Köln (dpa)

Die Gratis-Tageszeitung *20 Minuten Köln* des norwegischen Schibsted-Konzerns darf nach einem höchstrichterlichen Urteil des Oberlandesgericht (OLG) Köln weiter erscheinen. Mit dieser Entscheidung wies der 6. Zivilsenat am Freitag in zweiter Instanz eine Klage des Kölner Verlags DuMont Schauberg auf Verbot von Gratiszeitungen wegen Wettbewerbswidrigkeit ab (Az: 6 U 40/2000). Bislang lasse sich keine konkrete Gefährdung der im Grundgesetz garantierten Institution der freien Presse feststellen, so das Gericht. Der Kölner Verlag kündigte an, er werde gegen diese Entscheidung »durch alle Instanzen, einschließlich des Bundesgerichtshofs« vorgehen.

Der Verlag DuMont Schauberg, der in Köln drei Tageszeitungen herausgibt, hatte vor dem Gericht wegen Wettbewerbswidrigkeit ein generelles Verbot von Gratiszeitungen in Deutschland verlangt. Nach Ansicht des Klägers ist das kostenlose Verteilen einer Tageszeitung wettbewerbswidrig und schädige damit der Pressefreiheit. Die Tageszeitung 20 Minuten Köln erscheint seit Mitte Dezember in einer Auflage von mehr als 100000 Exemplaren. DuMont Schauberg verteilt im Gegenzug das Gratisprodukt Kölner Morgen, der Axel Springer Verlag (Bild) bringt kostenlos Köln extra heraus.

»Dies ist nicht auszuschließen, ist aber bisher auch nicht absehbar«, sagte der Senatsvorsitzende Emil Schwippert zur Frage der Wettbewerbswidrigkeit. Der vor Gericht genannte Umsatzrückgang von 3,5

Prozent bei einer Boulevard-Zeitung seit Erscheinen des Gratisblatts reiche für eine solche Annahme nicht aus. »Möglicherweise wird es nur kleinere Verschiebungen auf dem Zeitungsmarkt geben«, so Schwippert.

Mit seinem Urteil stellte sich das OLG gegen eine gegenteilige Entscheidung des Bundesgerichtshofs, der in einem anders gelagerten Fall den kostenlosen Vertrieb von Tageszeitungen untersagt hatte. »Diese Argumentation des BGH ist für den Senat nicht besonders überzeugend«, hatte Schwippert bereit am ersten Prozesstag Mitte Mai erklärt. Auch das Berliner Kammergericht, vor dem der Springer Verlag klagte, hatte im Februar entgegen dem BGH-Urteil die Verbreitung der Kölner Gratis-Zeitung erlaubt. Dpa kp yynwk tm
091350 Jun 00

... und die Bearbeitungen

Süddeutsche Zeitung vom 10./11./12. 6. 2000:

Gratisblatt gefährdet freie Presse nicht
DuMont Schauberg verliert in zweiter Instanz

Die Gratis-Tageszeitung *20 Minuten Köln* des norwegischen Schibsted-Konzerns darf nach einem höchstrichterlichen Urteil des Oberlandesgericht (OLG) Köln weiter erscheinen. Mit dieser Entscheidung wies der 6. Zivilsenat am Freitag in zweiter Instanz eine Klage des Kölner Verlags DuMont Schauberg auf Verbot von Gratiszeitungen wegen Wettbewerbswidrigkeit ab (Az: 6 U 40/2000). Bislang lasse sich keine konkrete Gefährdung der im Grundgesetz garantierten Institution der freien Presse feststellen, erklärte das Gericht; DuMont kündigte an, gegen diese Entscheidung »durch alle Instanzen, einschließlich des Bundesgerichtshofs« vorgehen. Der Verlag, der in Köln drei Tageszeitungen herausgibt, hatte vor dem Gericht wegen Wettbewerbswidrigkeit ein generelles Verbot von Gratiszeitungen in Deutschland verlangt.

dpa

Die Welt vom 10. 6. 2000

ZEITUNGEN
Wieder Sieg für Gratiszeitung

Die Gratis-Tageszeitung *20 Minuten Köln* darf nach einem Urteil des Oberlandesgericht Köln weiter erscheinen. Mit dieser Entscheidung wies das Gericht gestern eine Klage des Kölner Verlags DuMont Schauberg auf Verbot von Gratiszeitungen wegen Wettbewerbswidrigkeit ab. Nach Auffassung der Kölner Richter gefährden kostenlose Tageszeitungen bislang nicht die im Grundgesetz garantierte Institution der freien Presse. Damit stellt sich das OLG gegen eine Entscheidung des Bundesgerichtshofs.

dpa

Frankfurter Rundschau vom 11./12. 6. 2000

KURZ NOTIERT

20 Minuten Köln, die Gratis-Tageszeitung des norwegischen Schibsted-Konzerns, darf nach einem Urteil des Oberlandesgericht (OLG) Köln weiter erscheinen. Mit dieser Entscheidung wies der 6. Zivilsenat am Freitag in zweiter Instanz eine Klage des Kölner Verlags DuMont Schauberg auf Verbot von Gratiszeitungen wegen Wettbewerbswidrigkeit ab. Bislang lasse sich keine konkrete Gefährdung der im Grundgesetz garantierten freien Presse feststellen, so das Gericht. Der Verlag, der in Köln drei Tageszeitungen herausgibt, kündigte an, er werde gegen diese Entscheidung »durch alle Instanzen, einschließlich des Bundesgerichtshofs« vorgehen. Mit seinem Urteil stellte sich das OLG gegen eine gegenteilige Entscheidung des Bundesgerichtshofs, der in einem anders gelagerten Fall den kostenlosen Vertrieb von Tageszeitungen untersagt hatte.   dpa

Die Aufgabe des Nachrichtenredakteurs besteht in erster Linie in der Auswahl geeigneter Themen und Meldungen aus der wahren Flut täglicher Meldungen – so gibt es allein im Basisdienst der dpa über 600 Meldungen pro Tag. Nach der Entscheidung, welche Meldung wichtig, interessant oder unterhaltsam genug erscheint, um sie dem Leser zu präsentieren, muss die Meldung gekürzt bzw. ergänzt werden. In besonderen Fällen kann die Agenturmeldung für den Zeitschriften- oder Zeitungsredakteur auch nur der Anlass sein, um mit Hilfe eigener Recherchen ein Thema detaillierter aufzubereiten. Nach einer nüchternen Meldung über den Konkurs eines Unternehmens können beispielsweise Interviews mit der Geschäftsleitung, den Lieferanten und Mitarbeitern sowie dem regionalen Arbeitsamt zusätzliche Hintergrundinformationen hinsichtlich der Bedeutung dieses Geschehens für die Region bieten und so ein höheres Maß an Lebensnähe sicherstellen.

2.3.2
Reporter/Korrespondenten

Der Einsatz von Reportern, die bei aktuellen Ereignissen – von der Fachmesse bis zum Krieg – vor Ort recherchieren und berichten, ist die klassische Art der Informationsbeschaffung. An Orten, wo die Wahrscheinlichkeit groß ist, dass berichtenswerte Ereignisse stattfinden, leisten sich die Verlage ständige Berichterstatter, die als Korrespondenten in das Netzwerk der formellen und informellen Beziehungen vor Ort integriert sind und mit Hilfe dieses Informationsvorsprungs Entwicklungen vorhersehen, um diese in den Gesamtzusammenhang besser einordnen zu können (»Wie aus gut informierten Kreisen zu erfahren war...«). Während kleinere Zeitungen sich die meist wenigen Korrespondenten in Berlin und in den Landeshauptstädten teilen, können große Nachrichtenmagazine und überregionale Zeitungen in der Regel ein großes Netz an Korrespondenten vorweisen, die teilweise exklusiv für nur einen Verlag arbeiten.

Besonders im Zeitalter der Konkurrenz zwischen unterschiedlichen Medienformen wie elektronischen Medien und gedruckten Medien müssen die Verlage im Bereich der Printmedien den Geschwindigkeitsnachteil im Bereich der Nachrichtenübermittlung durch einen hohen Anteil exklusiver Informationen kompensieren. Die Frankfurter Allgemeine Zeitung (FAZ) beschäftigt beispielsweise 45 fest angestellte Auslandskorrespondenten, die exklusiv aus 24 Ländern (28 Städten) über aktuelle Ereignisse berichten.

2.3.3
Bezug kompletter Themen

Eine weitere Variante der Beschaffung von Nachrichten ist der Ankauf komplett ausgearbeiteter Inhalte. Spezialisierte Nachrichtenbüros und Agenturen bieten komplett gestaltete Themenseiten, die z. B. für Sonderbeilagen der Zeitungen (*Mit dem Auto ins Frühjahr* o. Ä.) eingesetzt werden. Eine andere Form des Bezugs komplett ausgearbeiteter Themenseiten hat sich in der Zeitungsbranche etabliert. Kleinere, lokale Zeitungen haben kaum die Möglichkeit, die Berichterstattung überregionaler und internationaler Themen selbst abzuhandeln, sodass sie nahezu ausschließlich auf die Meldungen der Nachrichtenagenturen Bezug nehmen müssen. Weil dies jedoch sehr arbeits- und zeitintensiv ist, beziehen sie in der Regel einen *Mantel* mit überregionalen Meldungen von einem größeren Zeitungsverlag der Region, der für diesen Teil auch die publizistische und presserechtliche Verantwortung übernimmt. Neben diesen Formen der externen Zulieferung fertiger Artikel arbeiten nahezu alle Presseverlage mit einer Vielzahl von freien Mitarbeitern zusammen, die teils haupt-, teils nebenberuflich als Journalisten tätig sind. Die ganzen Formen der Übernahme redaktioneller Inhalte, die mittlerweile wie alle Spielarten des Fremdbezugs unter dem Begriff *Outsourcing* (outside resources = Hilfsmittel bzw. -quellen außerhalb des Unternehmens) zusammengefasst werden, geben den Presseverlagen mehr Flexibilität, da Redaktionskapazitäten einen hohen Fixkostenblock darstellen, der eine maximale Auslastung erfordert.

Gleichzeitig bietet der Verkauf kompletter Themenpakete an andere Unternehmen für Verlage die Möglichkeit, neben ihren traditionellen Geschäftsfeldern zusätzliche Märkte zu erschließen. Dieser Verkauf an Dritte, z. T. branchenfremde Firmen, wird bereits seit längerem betrieben. Durch das Internet bekam diese Vermarktung der inhaltlichen Kompetenz von Verlagen unter dem Stichwort ›Content-Syndication‹ eine steigende Bedeutung und große Medienkonzerne, wie beispielsweise die Holtzbrinck-Gruppe beteiligen daran sowohl die Buch- als auch die Pressesparte.

2.3.4
Externe Datenbanken

Immer größere Bedeutung nehmen bei der Recherche die Möglichkeiten der elektronischen Informations- und Nachrichtenbeschaffung ein. Seit den 70er Jahren wurden in Deutschland und im westeuropäischen Ausland Fachinformationsdatenbanken aufgebaut, mit deren Hilfe man weltweiten Zugriff auf Archive und Datenbestände bekam. Die Recherche war jedoch bis vor wenigen Jahren sehr aufwändig und erforderte Kenntnisse in speziellen Abfragesprachen (Retrieval-Sprachen), so dass diese Aufgabe nur von Recherchespezialisten in den Verlagshäusern vorgenommen wurde, die meist der Abteilung Dokumentation/Archiv angegliedert waren.

Als Mitte der 90er Jahre einfach bedienbare Benutzeroberflächen für diese Rechercheaufgaben eingeführt wurden, konnten immer mehr Mitarbeiter in den Redaktionen die weltweite Datenbeschaffung selbst vornehmen. Heute wird immer häufiger das World Wide Web, der Hypertextdienst des Internets, als Recherchemedium eingesetzt. Wichtiger als die richtige Art der Abfrage ist hier jedoch der kritische Umgang mit der gewonnenen Information. So ist das Internet als dezentrales Netzwerk zwar voll von Informationen, aber deren Wahrheitsgehalt deckt die ganze Bandbreite ab: von der offensichtlichen Lüge über das unbestätigte Gerücht bis hin zum klar reproduzierbaren Forschungsergebnis. Es ist Aufgabe der Redakteure im Rahmen ihrer journalistischen Sorgfaltspflicht, Online-Informationen zweifelhafter Herkunft durch einen Gegencheck auf ihren Wahrheitsgehalt zu überprüfen.

2.4
Beschaffung von Bildern und Illustrationen

Nahezu alle Printmedien leben mittlerweile nicht nur von der Qualität der Textinhalte, sondern vor allem von der Qualität der Gestaltung, die entscheidend auch von Fotos, Bilder und Illustrationen abhängt. Die meisten Zeitschriften und Zeitungen beschäftigen Fotojournalisten, die

Jürgen Tomicek,
Machtspiele in Asien.
Aus: Das wars dann
wohl! Die besten
Karikaturen von
Jürgen Tomicek 1998,
Aschendorff'sche
Verlagsbuchhand-
lung Münster. Ab-
druck mit freund-
licher Genehmigung
des Zeichners.

durch die Erstellung der Fotos, die Wahl der Motive und der Bildaus-
schnitte einen deutlichen Einfluss auf das optische Erscheinungsbild des
Titels nehmen (s. Abb. S. 43)

Einen immer breiteren Raum im Verlagswesen nimmt die Arbeit der
Grafiker ein. Die Gestaltung des Umschlags und die Illustration von
Büchern wurde bereits vor langer Zeit von externen oder verlagseigenen
Grafikern übernommen. Einen neuen Boom an grafischen Darstellungen
erlebt derzeit die Publikumspresse, da seit dem Erfolg des Nachrichtenmagazins *Focus* viele Zeitschriften und Zeitungen versuchen, verstärkt
sogenannte Infografiken im Produkt zu integrieren. Infografiken sollen
komplizierte Sachverhalte grafisch anschaulich machen und besitzen daher in hohem Maße redaktionelle Bedeutung. Auch in dem vorliegenden
Titel werden speziell angefertigte Infografiken von Stefanie Langner verwendet, die darüber hinaus auch für Einbandgestaltung und Typografie
verantwortlich ist.

Ebenfalls sehr stark durch journalistische Denk- und Arbeitsweise geprägt ist die Arbeit der Karikaturisten, die bei vielen Zeitungen und Zeitschriften schon zum festen Bestandteil des Markenbildes geworden sind.
Karikaturisten müssen nicht nur über eine ausgeprägte grafische Bega-
bung verfügen, sie müssen darüber hinaus in der Lage sein, politische Zusammenhänge zu erfassen und ironisch in einer Zeichnung zu verdichten.

2.5
Lizenzen

Lizenzen sind Entgelte für die Nutzung fremder Rechte. Für Verlage geht es in diesem Zusammenhang um die Nutzung von Urheber-, Titel- und Markenrechten. Dabei ist das Lizenzgeschäft in zweierlei Hinsicht bedeutsam: Verlage treten als Lizenznehmer beim Zukauf von Inhalten und als Lizenzgeber beim Verkauf von Inhalten auf. Die folgenden Ausführungen beschränken sich ausschließlich auf die Struktur der Rechtsbeziehungen im Lizenzhandel.

Sehr häufig wird – vor allem in Zeitschriftenverlagen – Bildmaterial benötigt, das nicht im eigenen Bildarchiv verfügbar ist. Mit Hilfe der Datenbanken von Nachrichten- und Bildagenturen werden die geeigneten Fotos und Bilder ermittelt. Die Nutzung wird entsprechend an die lizenzgebende Agentur vergütet. Adressen von Bildagenturen befinden sich in den einschlägigen Branchenadressbüchern. Der *Zimpel* aus dem Verlag Dieter Zimpel ist eines der bekanntesten dieser Verzeichnisse, das darüber hinaus auch Adressen der Vollredaktionen der Tageszeitungen und Zeitschriften sowie Adressen von Nachrichten- und Spezialagenturen enthält.

Unter dem Sammelbegriff *Titellizenz* verbirgt sich ein unterschiedliches Marktverhalten im Buch- und Pressesektor. Bei Buchverlagen geht es hierbei um die verlegerischen Rechte am Gesamtwerk (Text des Autors), die der häufig ausländische lizenzgebende Verlag für einen bestimmten Nutzungszweck (Hardcover- oder Taschenbuchausgabe im deutschen Markt) zur Verfügung stellt. Bei Presseverlagen hingegen geht es um die Nutzung eines eingeführten Titels und dessen inhaltlichen Konzepts in einem anderen Markt. Das bedeutet: Im Gegensatz zum Buchmarkt kommt es nicht darauf an, den kompletten Inhalt zu verkaufen, vielmehr werden meist wesentliche Teile des Titels bzw. das Gesamtkonzept dem neuen Markt angepasst. Verlage treten hier sowohl als Lizenznehmer als auch als Lizenzgeber auf. Der Verkauf von Inhalten und Heftkonzepten wird unter dem Begriff *Syndication* zusammengefasst und stellt für viele Zeitschriftenverlage eine bedeutende Erlösquelle dar.

Mittlerweile scheint sich auf dem Markt auch das Phänomen ›Lizenz für Einzelinhalte‹ zu etablieren. So bieten in Deutschland Zeitschriften- und auch Zeitungshäuser wie z. B. die *Süddeutsche Zeitung* Teile ihre redaktionellen Beiträge für andere Medienunternehmen zur Zweitverwertung an. Dieser zumindest für die Zeitungsbranche noch neue Zweig des Syndication gewinnt vor allem durch die starke Zunahme von Online-Medien an Bedeutung. Regionale Tageszeitungen wie die *Rheinische Post* bieten Teile ihrer redaktionellen Inhalte für den Online-Markt auch gewerblichen Kunden an, die auf diese Weise ihre elektronischen Kaufhäuser im Internet mit redaktionellen Beiträgen ausstatten.

Fragen zu Kapitel 2

4. Wodurch unterscheidet sich der Begriff ›Redaktion‹ im Buch- und Presseverlag?
5. Nach welchen drei Kriterien lassen sich Zeitungen segmentieren? Geben Sie Beispiele an.
6. Wodurch unterscheidet sich eine Fachzeitschrift von einer Special Interest-Zeitschrift?
7. Woher stammen die Erlöse von Offertenblättern?
   a) Vertriebspreis der Hefte
   b) Anzeigenpreis privater Inserate
   c) Anzeigenpreis gewerblicher Inserate
   d) Aufkauf von Teilauflagen durch gewerbliche Kunden (Handel)
8. Nennen Sie drei typische Aufgaben eines Redakteurs.
9. Wer ist in der Redaktion unter anderem als Mittler zwischen Redaktion, Technik und Verlag tätig?
   a) Herausgeber
   b) Chefredakteur
   c) Chef vom Dienst (CvD)
   d) Reporter/Chefreporter
   e) Volontär
   f) Auszubildender
10. Welche Aussagen zu den Korrekturschriften sind richtig?
    a) Für Fehler, die aufgrund falscher Buchstaben entstehen, darf nur ein einheitliches Korrekturzeichen pro Absatz verwendet werden.
    b) Trennungsfehler müssen sowohl am Ende als auch zu Beginn der neuen Zeile markiert werden.
    c) Die im Text eingefügten Korrekturzeichen müssen in der Reihenfolge der zu korrigierenden Zeichen/Textstellen am Rand wiederholt werden.
    d) Das Deleatur-Zeichen wird bei fehlenden Satzteilen verwendet.
    e) Irrtümliche Korrekturen werden dadurch rückgängig gemacht, dass das Korrekturzeichen am Rand durchgestrichen wird und die entsprechende Textstelle unterstrichen wird.

3
Arbeiten im Lektorat

In Buchverlagen ist für die Manuskriptbeschaffung und -bearbeitung das Lektorat zuständig. In Kleinverlagen wird diese Aufgabe oft vom Verleger selbst wahrgenommen; mit der Größe des Verlags wächst auch die Größe dieser Abteilung, vom einzelnen Lektor bis zu großen Einheiten mit Cheflektor, verantwortlichen Lektoren für einzelne Programmbereiche, Lektoren, Lektoratsassistenten sowie einer eigenständigen Abteilung für Rechte und Lizenzen. Gewöhnlich wird zwischen literarischem Lektor und Sachbuchlektor unterschieden (bzw. dessen weiblicher Kollegin, die im Folgenden stets mit gemeint ist, wenn der Kürze wegen nur von ›der Lektor‹ die Rede ist). Der Lektor berichtet dem Verleger oder dessen Programmgeschäftsführer (auch Verlagsleiter genannt) und muss seine Planung mit diesem abstimmen bzw. von diesem genehmigen lassen. Je nach Berufserfahrung und Stellung innerhalb des Verlags wird dem Lektor ein Handlungsspielraum eingeräumt, der von der Auswahl des geeigneten Übersetzers über die eigenständige Programmfestlegung bis zum Abschluss der notwendigen Verträge mit Autoren oder deren Agenten reichen kann.

Ebenso wie durch DTP (Desktop Publishing) die Arbeit des Herstellers revolutioniert wurde, hat sich in den letzten rund 30 Jahren auch die Tätigkeit des Lektors entscheidend gewandelt. Stand früher tatsächlich das Prüfen und Bearbeiten von Manuskripten im Mittelpunkt der Lektorentätigkeit, ist der Aufgabenbereich in den letzten Jahrzehnten erheblich größer geworden. Während Lektoren früher mit dem Brustton der Überzeugung erklären konnten, dass ökonomische Aspekte für ihre Arbeit keinerlei Rolle spielten, werden heute bei Stellenausschreibungen selbstverständlich betriebswirtschaftliches Denken und Grundkenntnisse der Buchkalkulation gefordert.

Mit dem veränderten Berufsprofil haben sich auch die Anforderungen an Lektoren gewandelt. War es in den 1960er Jahren noch gang und gäbe, dass Germanistikstudenten, denen der Universitätsalltag zu wissenschaftlich war, ihr Studium abbrachen und in das Lektorat eines Verlags eintraten (wo sie meist mit offenen Armen empfangen wurden, da die ›dienende‹, hinter den Glanz des Autors zurücktretende Arbeit des Lektors kein sonderlich hohes Image genoss), haben heute nur noch solche Bewerber eine Chance auf ein Volontariat in einem renommierten Verlag, die über einen überdurchschnittlich guten Hochschulabschluss sowie diverse Zusatzqualifikationen (Sprachkenntnisse, Praxiserfahrung durch Auslandsaufenthalte und Praktika, sonstige einschlägige Kenntnisse) verfügen. Angesichts von vielleicht 3.000 festen Lektorenstellen im deutschsprachigen Raum – eine Zahl, die immer wieder genannt wird, auch wenn sie nicht belegt ist – wird deutlich, wie eng das Öhr zum Einstieg in diesen Beruf ist. Und von diesen 3.000 Stellen erfüllen allenfalls 500 die Erwartungen, die Berufseinsteiger von ihrem Traumjob haben: Lektor zu sein in einem großen, angesehenen, international agierenden Verlagshaus mit Topautoren, die von den Medien wahrgenommen werden.

Lektor ist kein Lehrberuf – und trotzdem steht heute in den meisten Fällen ein Volontariat am Beginn der Berufslaufbahn. Volontäre sind im eigentlichen Wortsinn ›Freiwillige‹, die sich gegen eine nur geringe Vergütung in die Praxis eines journalistischen oder verlegerischen Berufs einarbeiten wollen. Wie viel Zeit für eine solche Einarbeitung aufgewendet werden muss, die sinnvollerweise in mehr als einer Verlagsabteilung stattfinden sollte, ist heute umstritten: So gibt es Verlage, die bereits längere Praktika von drei bis sechs Monaten als Volontariat bezeichnen, während andere aufgrund des umfangreicher gewordenen Tätigkeitsprofils eines Lektors auf einer Volontariatszeit von bis zu zwei Jahren bestehen. Junge, hoch motivierte ›Freiwillige‹ dienen nicht selten als billige Arbeitskräfte, die krankheitsbedingt oder wegen einer Schwangerschaft ausfallende Mitarbeiter/innen vertreten sollen; da heißt es dann ›Learning by doing‹, von Ausbildung ist kaum noch die Rede.

Ob strukturierter Ausbildungsplan oder Notnagel – in beiden Fällen garantiert das Volontariat aber nicht die Übernahme in eine Festanstellung, denn die Zahl der Volontäre übersteigt derzeit die der frei werdenden Stellen um ein Vielfaches. So arbeiten ehemalige Volontäre häufig als so genannte freie Lektoren, die aufgrund fehlender Stellen in die Selbstständigkeit gedrängt wurden und sich in hartem Konkurrenzkampf um (die im Rahmen des immer häufiger praktizierten Outsourcings wachsende Zahl der vergebenen) Aufträge bewerben.

Wer danach strebt, Lektor zu werden, sollte sich frühzeitig fragen, ob er neben den formalen (siehe oben) auch die persönlichen Voraussetzungen für diesen Beruf mitbringt. Das überholte Bild vom Lektor als Leser hat immer wieder dazu geführt, dass sich oft auch solche Charaktere um den Einstieg in diesen Beruf bemühen, die eher stille, sorgfältige und unermüdliche ›Textbearbeiter‹ sind, denen es aber an der notwendigen Portion Neugier, Kommunikationsdrang und ›Macherqualität‹ fehlt.

Die Tätigkeit des Lektors hat sich in den letzten Jahren immer stärker um die Funktion des Produktmanagers erweitert. Traditionell steht die

Suche nach neuen Buchideen, neuen Autoren und neuen, die Übersetzung lohnenden Lizenzen am Anfang der Lektoratsarbeit. Hier ist der Lektor Akquisiteur oder – wie es der Schweizer Verleger Gerd Haffmans als einer der ersten genannt hat – »Trüffelschwein«: ein unablässiger Sucher nach versteckten literarischen Schätzen, die es zu heben gilt. Mit dem Eintreffen des Manuskripts wird er zum Redakteur, der sich um eine Optimierung des Textes bemüht. Für diesen Teil seiner Arbeit bleibt dem Lektor immer weniger Zeit, sodass er sich zunehmend gezwungen sieht, die Textredaktion an freie Lektoren außer Haus zu vergeben. Die dadurch gewonnene Zeit wird er dem Produktmanagement widmen, also der Suche nach der optimalen Form und Vermarktungsmöglichkeit der »geheiligten Ware« Buch (Bertolt Brecht). Dies geschieht in enger Abstimmung mit Herstellung, Werbung, Vertrieb/Verkauf und Presse/Öffentlichkeitsarbeit. Dabei wird der Lektor zum Dienstleister für andere Verlagsabteilungen: Neben dem klassischen Klappentext liefert er dem Grafiker Anregungen für den Schutzumschlag, übermittelt der Werbung Ideen für die geplante Kampagne, versorgt die Presseabteilung mit geeigneten Infotexten, stellt die neuen Bücher auf den Vertreterkonferenzen vor und formuliert Verkaufsargumente für Innen- wie Außendienst des Verlags, nimmt an Buchpräsentatitionen teil und nutzt – allein oder mit den Autoren – jede Gelegenheit, *seine* Bücher innerhalb und außerhalb des Verlags ins Gespräch zu bringen.

Diese drei Funktionen des Lektors – Akquisiteur, Redakteur und Produktmanager – charakterisieren die Bandbreite der Lektorentätigkeit heute. Dazu kommt noch ein weiterer wichtiger Aspekt, denn der Lektor übt auch in seiner Beziehung zum Autor eine Doppelfunktion aus: Er vertritt ihm gegenüber die Interessen des Verlags und ist gleichzeitig der ›verlängerte Arm‹ des Autors im Verlag – gegenüber der Verlagsleitung ebenso wie im Verhältnis zu anderen Verlagsabteilungen. Wem ein solcher Rollenwechsel schwer fällt, dem wird es kaum gelingen, eine wesentliche Aufgabe des Lektors zu erfüllen: Vermittler zu sein zwischen Autor und ›anonymem‹ Verlag.

Zumindest in größeren Unternehmen ist es nicht der Verleger, sondern der Lektor, der Entscheidungen des Verlags an den Autor weitergeben, wirtschaftliche Überlegungen verständlich machen und Marketingentscheidungen begründen muss. Durch den Lektor erhält der Verlag sein Gesicht. Nur wenn er dem Autor das Gefühl vermitteln kann, dass er mit demselben Engagement, mit dem er sich ihm gegenüber als Repräsentant des Verlags darstellt, innerhalb des Verlags als Sprachrohr des Autors auftritt, wird dieser sich bei *seinem* Lektor und damit auch in *seinem* Verlag gut aufgehoben fühlen. Das kann in der Konsequenz dazu führen, dass Autoren ihren Lektoren folgen, wenn diese ihren Arbeitgeber (sprich: Verlag) wechseln.

3.1
Programm- und Titelplanung

Die entscheidende Aufgabe des (Chef-)Lektors ist die Programmplanung, die er mit dem Verleger abstimmen muss. Sie kann von der Auswahl einzelner Titel bis zur Festlegung der *Strategischen Geschäftseinheiten* (SGE) reichen.

Ein Lektor lebt in der Regel in drei Buchzyklen gleichzeitig. Er beobachtet, welchen Weg die von ihm gemachten und bereits erschienenen Bücher auf dem Markt nehmen, um daraus Rückschlüsse für seine künftige Programmplanung zu ziehen. Darüber hinaus steckt er mitten in der Manuskriptarbeit an jenen Titeln, die im Lauf der nächsten zwölf Monate erscheinen sollen. Und er muss in die Zukunft schauen und bereits nach neuen Manuskripten suchen, die in zwei oder drei Jahren seinem Programm Gestalt geben sollen. Der Lektor ist also immer Beobachter, Macher und Planer in einer Person und zur selben Zeit, und er darf keine dieser drei Aufgaben vernachlässigen, will er nicht einen Einbruch seines Verlagsprogramms in naher Zukunft riskieren.

Manuskripte stellen gewissermaßen die Rohstoffe dar, die im Verlag veredelt und dann über den Buchhandel zum Verkauf angeboten werden. So wie ein Stahlwerk kein Interesse an dem Rohstoff Silber hat, eignet sich auch nicht jedes Manuskript für jeden Verlag. Unzählige Bücher sind allein deshalb zu Flops geworden, weil sie im falschen Verlag erschienen, d. h. in einem Programmumfeld, in dem sie weder von der Kritik noch von den potenziellen Käufern registriert wurden.

Programmplanung bedeutet daher für den Lektor, möglichst gute Manuskripte für jene Programmbereiche zu finden, in denen sein Verlag stark ist. Ein anspruchsvoller, kunstvoll konstruierter Roman wird sich in einem auf Unterhaltungsliteratur spezialisierten Verlag ebenso schwer tun wie der flott geschriebene Unterhaltungsroman, der sich in das literarische Programm des Suhrkamp Verlags verirrt. Verlage haben Profile, die von der Kritik, dem Buchhandel und – wenn auch immer seltener – von den Lesern wahrgenommen werden und Erwartungshaltungen aufbauen. Für die Programmplanung des Lektors ist es daher wichtig, diese Erwartungen zu kennen und zu bedienen.

Im Gegensatz zur sonstigen Konsumgüterindustrie können sich die meisten Verlage aus Kostengründen keine systematische Marktforschung erlauben. Auch die so genannten Leseexemplare, die mit den Verlagsvorschauen an den Buchhandel und die Medien verschickt werden, haben nicht die Bedeutung eines Markttests, denn die Produktion der jeweiligen Titel ist bereits in vollem Gang und kann nicht mehr gestoppt werden. Allenfalls führt eine heftige Reaktion auf ein Leseexemplar dazu, dass die Startauflage noch nach oben oder unten korrigiert wird.

In den letzten Jahren haben aber vor allem Ratgeber- und Sachbuch-verlage verstärkt auf das Instrument Marktforschung gesetzt und vor der Einführung neuer Reihen Tests bei ausgewählten Zielgruppen oder in begrenzten Regionen in Auftrag gegeben. Trotz der nicht geringen Kosten kann sich der Aufwand rechnen, wenn dadurch Fehleinschätzungen bei der meist mit einer teuren Werbekampagne verbundenen Einführung einer neuen Reihe/eines neuen Programmsegments vermieden werden.

Für einen literarischen Verlag hingegen sind solche Markttests kein geeignetes Verfahren. Welche Möglichkeiten bleiben dann dessen Lektor, den Markt zu analysieren, um dadurch Rückschlüsse für seine eigene Programmplanung zu ziehen? – Neben der Beobachtung der Konkurrenzverlage auf dem heimischen Markt wird er sich insbesondere für die Entwicklungen in jenen Ländern interessieren, die mit dem deutschsprachigen Markt vergleichbar sind. Dies gilt vor allem für den angloamerikanischen Raum, der oft Trends vorwegnimmt, die mit einer gewissen Verzögerung auch nach Mitteleuropa gelangen. Der Lektor wird also versuchen, frühzeitig neue literarische Strömungen und junge, viel versprechende Autoren zu entdecken, neue In-Themen zu erkennen und junge Verlage aufzuspüren, die sich dieser Themen angenommen haben. Diese Marktbeobachtung erfolgt zum einen vom Schreibtisch aus durch die Lektüre ausländischer Branchenzeitschriften, zum anderen vor Ort, z.B. durch den Besuch der wichtigsten Buchmessen (und – bei wissenschaftlichen Verlagen – der großen Fachtagungen und Kongresse), aber auch bei branchenfremden Veranstaltungen wie z.B. der Jugendmesse YOU, die von vielen Jugendbuchverlagen als Trendspiegel genutzt wird.

Darüber hinaus ist der ständige Kontakt mit den wichtigen internationalen Agenten notwendig. Nur wer in das internationale Informationsnetzwerk über neue Bücher integriert ist, hat eine Chance, die Rechte an diesen Titeln zu erwerben. Um noch besser informiert zu sein, beschäftigen viele große Verlage zur Unterstützung ihrer Lektoren literarische Scouts – Branchenkenner, die in den für den jeweiligen Verlag interessanten Ländern leben und den dortigen Markt beobachten. Ihre Tipps sollen helfen, früher als die Konkurrenz auf neue Entwicklungen, Bücher und Autoren aufmerksam zu werden und so die Nase im Wettlauf um Lizenzen vorn zu haben.

In Deutschland fristeten literarische Agenten noch Mitte der 1990er Jahre ein Nischendasein; viele Verleger sahen in ihnen eher ein Hindernis für den langfristigen Aufbau eines Autors. Parallel zum Hype der New Economy setzte auf dem Buchmarkt ein Run auf neue deutschsprachige Autoren ein und führte zu einem Boom der Agenturszene: Im Jahr 2000 waren rund 200 Agenturen (oft Ein-Personen-Firmen) im Wettstreit um hoch dotierte Verträge für mehr oder weniger viel versprechende Jungautoren engagiert. Inzwischen bestimmen wieder Realismus und Sicherheitsdenken den Literaturbetrieb, in dem Agenten ihren festen Platz haben, wenngleich sich ihre Zahl mittelfristig auf ein überlebensfähiges Maß von 30 bis 40 ernst zu nehmenden Agenturen einpendeln dürfte.

3.2
Akquisition von Autoren und Übersetzern

Die Beschaffung (Akquisition) von Manuskripten erfolgt im Rahmen der vom Lektor gemeinsam mit dem Verleger festgelegten Programmstruktur (Verlagsprofil). Dabei sind die passive und die aktive Manuskriptakquisition zu unterscheiden.

Je stärker ein Verlag im allgemeinen Bewusstsein der Käufer, Leser und Autoren verankert ist, umso größer wird die Zahl der unaufgefordert eingehenden Manuskripte sein. Gerade junge oder noch nicht etablierte Autoren senden vollständig ausgearbeitete Manuskripte an das Verlagslektorat – in der Hoffnung, ›entdeckt‹ und gedruckt zu werden. Die Zahl solcher unaufgefordert eingehender Manuskripte kann sich in einem etablierten Publikumsverlag durchaus auf mehrere Tausend pro Jahr summieren. Dies bedeutet, dass in einem solchen Verlag an jedem regulären Arbeitstag zehn und mehr neue Manuskripte eingehen, von denen ihre Absender erwarten, dass sie gelesen, genauestens geprüft und – wenn schon nicht angenommen – so doch mit einer detaillierten Begründung zurückgeschickt werden. Dass dies die Arbeitskapazität eines normalen Verlagslektorats überfordert, ist leicht vorstellbar. Außerdem dämpfen Erfahrungswerte die Euphorie des Lektors gegenüber solchen Manuskripten: Allgemein wird davon ausgegangen, dass überhaupt nur ein bis zwei Prozent dieser Manuskripte für eine Veröffentlichung in Frage kommen; tatsächlich realisiert werden dann vielleicht drei oder vier – also eines von Tausend.

Angesichts einer solchen Relation wundert es nicht, dass einige Verlagslektorate unverlangt eingehende Texte ungelesen zurückschicken und nur noch solche Manuskripte einer genaueren Prüfung unterziehen, die mit einer aussagekräftigen Empfehlung (eines bereits bekannten Autors, eines Agenten oder eines Kollegen) auf den Schreibtisch kommen. Ein Lektor, der sich auf die passive Manuskriptakquisition verlassen würde, wäre zwar das gesamte Jahr über mit dem Abarbeiten von Manuskriptbergen beschäftigt, hätte am Ende aber kein Erfolg versprechendes Programm zusammen.

Entscheidende Bedeutung kommt daher der aktiven Manuskriptakquisition zu. Diese erfolgt entweder durch den direkten Kontakt mit deutschsprachigen Autoren oder auf dem internationalen Lizenzmarkt. Im literarischen Bereich ist der persönliche Kontakt zu Autoren das entscheidende Kapital des Lektors. Das besondere Vertrauensverhältnis, das zwischen ihm und dem Autor entsteht und das sich beim Redigieren der Manuskripte zu bewähren hat, bindet einen Autor mindestens ebenso stark an einen Verlag wie Honorarvereinbarungen, die sich von Verlag zu Verlag oft nur geringfügig unterscheiden.

Da jeder Autor nur einmal entdeckt werden kann und die Zahl derer, die es zu entdecken lohnt, begrenzt ist, wird aus dem Werben um einen Autor sehr schnell ein Abwerben – auch wenn dies mitunter gegen die ›guten Sitten‹ verstoßen mag. Dabei ist folgender Ablauf die (von vielen Verlegern kleinerer Verlage beklagte) Regel: Der Debütroman oder die erste deutschsprachige Übersetzung des Werks eines ausländischen Autors erscheint in einem kleineren, engagierten Verlag, der das Buch ohne eine horrende Garantiezahlung unter Vertrag nehmen konnte. Die meisten dieser Bücher werden kleine Erfolge oder kleine Flops und bringen insgesamt gerade so viel ein, dass der Verlag sein nächstes Programm finanzieren kann. Ab und an wird ein solcher Debütroman aber zu einem überraschenden Erfolg, und mit diesem Erfolg werden die Großen der Branche auf den neuen Autor aufmerksam und bemühen sich, ihn für ihr Programm zu gewinnen. Das geschieht fast immer durch ein hohes Vorschussangebot, bei dem der kleine Verlag nicht mithalten kann.

Ein Beispiel aus jüngerer Zeit soll den Mechanismus verdeutlichen: Im Berliner Wagenbach Verlag erschien 1998 der Debütroman *Ausweitung der Kampfzone* des französischen Autors Michel Houellebecq. Das Buch, dessen deutschsprachige Rechte Klaus Wagenbach für 5.000 DM erworben hatte, verkaufte sich über Erwarten gut (mehr als 40.000 Hardcover-Exemplare in weniger als zwei Jahren) und bescherte dem entdeckungsfreudigen Verleger ein dreißigprozentiges Umsatzplus. Doch als Wagenbach wie geplant den zweiten Roman Houellebecqs veröffentlichen wollte, machten ihm der französische Originalverlag und die deutsche Konkurrenz einen Strich durch die Rechnung: Die Rechte wurden an den Meistbietenden versteigert und gelangten so für die »spekulative Summe« (Wagenbach) von 130.000 DM an den Kölner DuMont Buchverlag, der für sein Vorhaben, sein Sachbuchprogramm um ein literarisches Segment zu erweitern, dringend Autoren brauchte.

Gerade im internationalen Lizenzgeschäft ist die Versteigerung von Rechten immer selbstverständlicher geworden. War es früher üblich, dass die deutschsprachigen Rechte verschiedenen Verlagen angeboten wurden, die darauf ein Gebot abgaben, und der Meistbietende zum Zuge kam, werden heute regelrechte Telefon-Auktionen abgehalten, bei denen sich die interessierten Verlage nach oben treiben, bis schließlich horrende Summen als Garantiezahlungen zustande kommen. In diesen Fällen ist nicht mehr der Lektor als ›Trüffelschwein‹ gefragt, der auf dem amerikanischen Markt eine unentdeckte Bestseller-Perle aufspürt, sondern

das kühl kalkulierende und oft fast alles auf eine Karte setzende Verlagsmanagement, das auf Bestseller spekuliert wie Broker an der Börse.

Immer wieder wird beklagt, dass bei einer solchen Entwicklung nicht
mehr die literarische Qualität, sondern ausschließlich der Name eine
Rolle spiele. Gekauft werde nicht mehr eine packende Story, sondern *der
neue Grisham* oder *der neue King* – ganz gleich, worum es in dem Buch
eigentlich geht. Gleichzeitig gab und gibt es aber auch immer wieder erfolgreiche Autoren, die sich gegen ihre Deformation zum Bestseller-Spe-
kulationsobjekt wehren und ihren ›wahren‹ Marktwert testen woll(t)en.
Dafür schick(t)en sie ihr neues Manuskript anonym ins Bestseller-Ver-
kaufsrennen. Die englische Starautorin Doris Lessing tat dies beispielsweise mit dem *Tagebuch der Jane Somers*, das 1983 über die Schreibtische
zahlloser deutscher Lektoren irrte, ohne dass sich einer von ihnen für
dieses Werk einer gänzlich unbekannten Autorin entscheiden mochte.
Erst als der Agent (gleichermaßen um die psychische Befindlichkeit wie
den künftigen Marktwert seiner renommierten Autorin besorgt) den de-
zenten Hinweis gab, dass es sich bei der Tagebuch-Schreiberin um das
Pseudonym einer bekannten Schriftstellerin handele, wurde die lang-
jährige Doris-Lessing-Lektorin (die den Text vorher schon gesehen und
abgelehnt hatte) hellhörig, identifizierte das *Tagebuch der Jane Somers*
als Werk ihrer Autorin und sicherte ihrem Verlag die Rechte.

Hat ein Verlag die Lizenz an einem fremdsprachigen Werk erworben,
kommt auf den Lektor eine zweite, in der Öffentlichkeit wenig beachtete, aber keineswegs unwichtige Aufgabe zu: die Wahl des Übersetzers.
Auch die besten Vertreter ihres Fachs sind keine Sprach-Chamäleons, die
sich mir nichts, dir nichts den Ton eines Autors zu Eigen machen und ihn
überzeugend ins Deutsche übertragen können. Jeder Übersetzer hat Stärken, die der Lektor kennen sollte, und Schwächen, die er kennen muss,
um ein Manuskript nicht an den falschen zu geben.

Wie es bei Film und Fernsehen Synchronsprecher gibt, die einem ausländischen Schauspieler in allen deutschen Produktionen ihre Stimme
leihen, so wird sich der Lektor auch bemühen, alle Romane eines fremdsprachigen Autors von demselben Übersetzer ins Deutsche übertragen zu
lassen. In den besten Fällen führt dies dazu, dass die deutschsprachigen
Ausgaben bestimmter Autoren untrennbar mit dem Namen ihrer Übersetzer verbunden erscheinen wie beispielsweise der sprachgewaltige Ire
Flann O'Brien mit Harry Rowohlt.

Erstaunlicherweise nehmen deutsche Leser die Tatsache, dass sie ein
literarisches Kunstwerk nicht im Original, sondern durch die Übersetzung vermittelt lesen, nur selten bewusst zur Kenntnis. Eine Diskussion
über die Qualität von Übersetzungen findet in der Öffentlichkeit selten
statt. Als die Journalistin Elke Schmitter, selbst einmal als Lektorin in
einem literarischen Verlag tätig, Anfang 2004 im *Spiegel* die »immer

schlechter werdenden Übersetzungen« amerikanischer Romane beklagte, sorgte sie für großes Aufsehen. Auch wenn ihre Kritik von vielen als zu pauschal und überzogen zurückgewiesen wurde, hatte sie den Finger doch auf eine offene Wunde gelegt: Wachsender Zeitdruck und unzureichende Honorierung sind abträglich für die Qualität der übersetzten Texte (vgl. 3.5.3 Übersetzerhonorare).

Wenn bislang die Rede davon war, dass der Lektor die Qualität eines Manuskripts beurteilt, um sich dafür oder dagegen zu entscheiden, so ist dies nur die halbe Wahrheit. In vielen Fällen, insbesondere bei ausländischen Lizenzen, steht dem Lektor nicht das vollständige Manuskript zur Verfügung. Immer dann, wenn ein renommierter Autor ein neues Buch plant, wird er durch seinen Agenten schon frühzeitig einen Verlag suchen, um das neue Buch über eine Garantiezahlung vorzufinanzieren bzw. das Risiko auszuschließen, dass er ein Manuskript erarbeitet, das nach Fertigstellung von niemandem eingekauft wird. Selbst Garantiezahlungen in Millionenhöhe werden in den letzten Jahren immer häufiger aufgrund einer puren Ankündigung im Stile von »Bill Clinton beabsichtigt, seine Memoiren zu schreiben« oder auf der Basis von nur wenige Seiten umfassenden Exposés geleistet. Bei Romanen versteht man darunter eine grobe Skizze der Handlung, des so genannten Plots, zu der es vielleicht noch ein ausgearbeitetes Musterkapitel zur Verdeutlichung der Erzählweise gibt. Bei wissenschaftlichen Werken oder Sachbüchern enthält das Exposé die kurze Darstellung des Themas und eine Inhaltsübersicht des geplanten Buchs.

Exposés können bei literarischen Werken dann eine ausreichende Entscheidungsgrundlage sein, wenn dem beurteilenden Lektor der Stil des Autors aufgrund vorausgehender Werke bekannt ist und er erwarten darf, dass das ihm angebotene neue Manuskript von ähnlicher Qualität sein wird – ›erwarten‹ oder treffender: ›hoffen‹ kann; Gewissheit hat er nicht. Bei den absoluten Bestsellerautoren fehlen allerdings selbst solche Exposés. Dann müssen Lektor und Verlagsleitung entscheiden, ob sie für ›die nächsten Romane‹ (worum auch immer es darin gehen mag) ›blind‹ bieten wollen: Der ehemalige Ullstein-Verleger Christian Strasser scheute vor solchen Deals selten zurück und erwarb beispielsweise Anfang 2000 die deutschsprachigen Rechte an drei damals noch ungeschriebenen Stephen-King-Titeln für einen zweistelligen Millionenbetrag. Dass auch deutschsprachige Autoren für hohe Vorschusszahlungen gut sind, bewies unter anderem Kiepenheuer & Witsch: Der Kölner Verlag soll seinem damals gerade 19-jährigen Jungstar Benjamin Lebert, Autor des modernen Adoleszenzromans *Crazy* (Ende 2000 bereits annähernd 400.000 verkaufte Exemplare), laut Angaben des *Spiegels* für die nächsten drei Romane zwischen 1,8 und 2 Mio. Euro bezahlt haben. Eine Garantie, dass sich solche Investitionen später auch auszahlen, gibt es natürlich nicht.

Für den Anstieg der Vorschusszahlungen in den letzten Jahren ist aber nicht allein die Konkurrenz der Verlage um hoffnungsvolle Autoren verantwortlich. Auch die Tatsache, dass sich inzwischen immer mehr deutsche Autoren von Agenten vertreten lassen, hat die Preise in die Höhe getrieben. Denn (literarische) Agenten kennen den Markt und seine Preise und sind bestrebt, möglichst gut dotierte Verträge für ›ihre‹ Autoren auszuhandeln – schließlich leben sie von der Provision (meist 15 bis 20 %), die auf diese Vertragsabschlüsse fällig wird. Trotzdem schätzen Verlagslektorate die Arbeit qualifizierter Agenten, übernehmen sie doch die Vorselektion, indem sie nur solche Manuskripte anbieten, die thematisch wie vom Niveau her zum jeweiligen Verlagsprogramm passen. So wundert es nicht, dass viele Verlage heute bereits mehr als die Hälfte ihrer Novitäten über Agenten einkaufen.

3.3
Manuskripte redigieren

Im Zentrum der Lektorentätigkeit stand früher unbestritten das Redigieren der Manuskripte, also deren inhaltliche und formale Bearbeitung. Diese Arbeit unterscheidet sich je nach Textart erheblich. Ein literarischer Text erfordert eine weitaus größere Sensibilität als ein Sachbuch-/ Lexikontext, bei einer Übersetzung kommt eine weitere Dimension hinzu. Die scheinbar geringste Arbeit hat ein Lektor mit einem literarischen Text, da der Autor enge Grenzen setzt. Natürlich muss jedes Manuskript auf die richtige Orthographie, Zeichensetzung und Grammatik überprüft werden – aber was heißt bei einem literarischen Text schon ›richtig‹? Welcher Autor wird es sich gefallen lassen, wenn ein Lektor ihm sprachliche Eigenwilligkeiten in Allerweltsformulierungen glättet, die vielleicht einem auf Information ausgerichteten Zeitungsbericht angemessen sind, aber jede literarische Brillanz vermissen lassen. Noch schwieriger wird es bei inhaltlichen Korrekturen, denn viele Autoren sind bei Ablieferung ihres Manuskripts an den Verlag hundertprozentig davon überzeugt, dass jedes ihrer Worte sitzt, kein Satz überflüssig und keine Formulierung unklar ist oder ungewollt komisch wirkt. Doch leider ist dem nur selten so.

Der literarische Lektor wird deshalb in einen intensiven Dialog mit seinem Autor treten. Er wird Formulierungen, Halbsätze, ja ganze Abschnitte hinterfragen, eventuell ihre Streichung anregen oder das Einfügen eines erklärenden Satzes vorschlagen. Auch literarische Meisterwerke haben einen solchen Diskussionsprozess hinter sich, der dann besonders fruchtbar ist, wenn Autor und Lektor ein Vertrauensverhältnis aufgebaut haben, sodass der Autor Kritik an seinem Text nicht als Angriff, sondern als für ihn förderliche Hilfestellung versteht. Der Schweizer

Schriftsteller Peter Stamm (*Ungefähre Landschaft*, 2001) beispielsweise lobt an seiner Verlegerin und Lektorin Elisabeth Raabe (Arche Verlag), dass sie nie aus seinen Texten ihre Texte machen wolle. Stattdessen zeige sie ihm, »an welcher Stelle ich noch nicht ganz bei mir bin oder der Text durch Nachlässigkeit, Ungeschicklichkeit oder Unvermögen unter seinem Niveau« bleibt.

Für diesen Teil seiner Tätigkeit benötigt der Lektor ein möglichst breites literarisches Wissen, ein ausgeprägtes Sprachgefühl und ein besonderes Einfühlungsvermögen in einen oft hoch sensiblen Charakter. Nachfolgend ein klassisches Beispiel, wie eine der großen Lektorengestalten des 20. Jahrhunderts, Moritz Heimann aus dem S. Fischer Verlag, seinem Autor, dem heute vergessenen Martin Beradt, die Korrektur einer Textstelle ans Herz legte. Heimann schrieb: »Ich finde, dass der zweite Satz: *Ihr grauer Bauch hing schwanger über dem meergrünen See* von einer so unvermittelten und nicht notwendigen Brutalität ist, dass ich ihn für wahrhaft gefährlich halte. Da obendrein das in den Worten enthaltene Bild gar nicht als solches gefühlt und geführt ist, würde ich Ihnen raten, mit dieser anstößigen Stelle zu gleicher Zeit einen stilistischen Fehler zu verbessern, was der Wirkung Ihres Buchs sehr zu Gute kommen wird.« Der Autor nahm die wohl formulierte Kritik an, und so hieß es in der Erstausgabe des 1909 erschienenen Romans *Go: Der Tag war schwül, und die Regenwolke* [denn darum handelte es sich] *wollte sich nicht lösen. Sie hing breit und schwer über dem meergrünen See, dass die Ränder die Ufer überspannten.*

Ein Lektor kann allerdings nicht diktieren, sondern nur Vorschläge machen. Er muss deshalb den Autor davon überzeugen, dass es für den Text förderlich ist, diese Ratschläge auch anzunehmen. Das letzte Wort hat der Autor als Urheber des Textes. Dies gilt natürlich auch für Sachbuch- oder Lexikonartikel, und trotzdem wird der Lektor hier – wenn notwendig – stärker in den Text eingreifen, da an die Stelle von literarischen Qualitäten die Forderung nach Verständlichkeit, Kompaktheit und Lesbarkeit tritt. Der Lektor kann also Wiederholungen streichen, weil sie kein rhetorisches Mittel darstellen, sondern nur Lesezeit und Platz kosten. Er kann schwierige Fremdwörter durch allgemein verständliche deutsche Begriffe ersetzen, eine weitschweifige Formulierung insgesamt knapper fassen und auch Ergänzungen vornehmen (oder dem Autor vorschlagen), die er für sachdienlich hält.

Da es sich bei den Autoren solcher Non-Fiction-Texte nicht selten um Kapazitäten auf ihrem Gebiet handelt, wird auch hier vom Lektor ein großes Geschick erwartet, da er dem Autor verdeutlichen muss, dass die Änderungen/Streichungen/Ergänzungen für den Leser und den Text ein Gewinn sind. Bei komplizierten Themen muss der Verlagslektor die Hilfe eines Außenlektors in Anspruch nehmen, der Fachmann auf dem jeweiligen Gebiet (etwa der Architektur, Musik oder Zoologie) ist und dem Autor als fachlich kompetenter Gesprächspartner gegenübertreten kann. In solchen Fällen wird der Verlagslektor dem Urteil seines externen Kollegen vertrauen, dessen Arbeit stichprobenartig überprüfen und sich ansonsten auf die Kontrolle der formalen Kriterien beschränken.

Einen weiteren Sonderfall stellen ausländische Manuskripte dar, bei denen der Lektor den Übersetzer als Gesprächspartner hat. Ein guter Übersetzer wird bei seiner Arbeit auch bereits gewisse Lektoratsarbeiten übernehmen, d. h. Unklarheiten des Originals soweit möglich in direktem Kontakt mit dem Autor beseitigen, eventuell vorhandene Stilblüten vermeiden, Wiederholungen streichen usw. Natürlich kann er dies bei literarischen Texten nicht eigenmächtig, sondern nur mit Genehmigung des Autors tun. Dem Lektor kommt bei Übersetzungen eine doppelte Aufgabe zu: Einerseits muss er überprüfen, ob der Übersetzer das Manuskript *ohne Kürzungen, Zusätze und sonstige Veränderungen gegenüber dem Original in angemessener Weise* ins Deutsche übertragen hat, wie es in § 2.2 des Übersetzer-Normvertrags heißt, andererseits hat er – wie bei einem deutschsprachigen Originalmanuskript – auf die literarische Qualität zu achten. Die Arbeit an einer Übersetzung unterscheidet sich aber auch sonst erheblich von der an einem Originalmanuskript, weil das fremdsprachige Buch in der Regel schon von einem Lektor des Originalverlags bearbeitet wurde. Allerdings mehren sich die Fälle, in denen Originalausgabe und deutsche Erstausgabe zeitgleich erscheinen, sodass der Übersetzer bereits mit seiner Arbeit beginnt, während der Autor und sein Lektor noch am Text feilen.

Dass die Arbeit des Lektors an einer deutschsprachigen Übersetzung nicht überflüssig ist, sollen zwei kleine Beispiele belegen: Eine erfolgreiche Unterhaltungsschriftstellerin ließ im amerikanischen Original eines Bestsellerromans, der im alten Rom spielt, das jugendliche Liebespaar verträumt an der *cloaca maxima* entlangschlendern. Sie hatte diesen ›Fluss‹ auf einer römischen Karte entdeckt und ihn zum Handlungsort erwählt. Was weder ihr noch ihrem amerikanischen Lektor auffiel (beide besaßen offensichtlich keine Lateinkenntnisse), war die Tatsache, dass es sich bei der *cloaca maxima* um den Hauptabwasserkanal des alten Rom handelte, an dem vermutlich ein so bestialischer Gestank herrschte, dass ihn jeder riechende Römer mit Sicherheit gemieden hätte. Der deutsche Übersetzer verlegte den Spaziergang des Liebespaars folglich in Absprache mit seinem Lektor an einen angenehmeren Ort in der ›ewigen Stadt‹. Das zweite Beispiel: Die US-amerikanische Fantasy-Autorin Marion Zimmer Bradley lässt in ihrem Erfolgsroman *Die Feuer von Troja* entgegen der historischen Überlieferung und wider die innere Logik des Buchs am Schluss Troja nicht untergehen, weil sie dem amerikanischen Publikum ein Happyend ihrer Geschichte bieten wollte. Da den deutschen

Lesern nach vielen hundert Seiten mit lauten Kassandra-Untergangs-
rufen die Rettung Trojas höchst unglaubwürdig vorgekommen wäre, setzte sich der lizenznehmende Verlag mit der Autorin in Verbindung, erläu-
terte ihr seine Bedenken – und ließ in enger Zusammenarbeit zwischen
Autorin und Übersetzern für die deutsche Ausgabe einen neuen, der an-
tiken Überlieferung entsprechenden Schluss schreiben (worauf im Impressum der deutschsprachigen Ausgabe hingewiesen wird). – Natürlich
ist eine solch gravierende Veränderung bei der Übersetzung eines literarischen Werks von Rang kaum denkbar, doch zeigt dieses Beispiel, wie
weit die Arbeit eines Lektors gehen kann, wenn er sich als erster Leser,
Berater und Vertrauter des Autors versteht.

Die Autorenbetreuung beginnt für den Lektor aber nicht erst mit dem
Eingang des Manuskripts. Schon vorher wird er den Autor aufmuntern,
bestätigen und auf vielfältige Weise bei der erfolgreichen Fertigstellung
des Manuskripts unterstützen. Ungezählt sind die Geschichten, in denen
besorgte Verleger dem kein Ende findenden oder mit einer akuten
Schreibhemmung kämpfenden Autor den Lektor ins Haus schickten
oder – oft noch wirkungsvoller – Autor und Lektor an einem abgelege-
nen Ort zusammenschlossen, um im direkten Austausch das Werk zum
Abschluss zu bringen. Nicht wenige Autoren-Lektoren-Freundschaften
haben ihren Ursprung in einem solchen ›Kraftakt‹.

Das Lektorieren eines Manuskripts kann je nach Umfang und Schwie-
rigkeitsgrad Wochen dauern, in denen der Lektor den Kontakt mit dem
Autor hält, um Fragen zu klären, ihn über den Fortgang der Arbeit zu informieren und ihm ganz allgemein das Gefühl zu geben, dass das, was am
Ende des Lektorats auf dem Papier steht, noch immer sein Werk ist. Vermag der Lektor dies zu vermitteln, wird es am Schluss nicht dazu kommen, dass ein Autor sämtliche Korrekturen seines Lektors ablehnt und
(den Vertrag in der Tasche) darauf pocht, dass sein Text ohne Änderungen in Druck zu gehen habe. Nicht selten ist in solchen Fällen eines
gestörten oder besser gesagt: zerstörten Vertrauensverhältnisses die Auf-
lösung des Vertrags und der Wechsel des Autors zu einem anderen Verlag der letzte Ausweg.

3.4
Terminplanung

Als demjenigen, der im Verlag am Anfang der Wertschöpfungskette Buch
steht, kommt dem Lektor auch die Aufgabe zu, den Ablaufplan für das
jeweilige Projekt aufzustellen. Er wird dies in enger Abstimmung mit der
Herstellung tun, in deren Hände das Projekt nach Freigabe durch den
Lektor übergeht.

Ablaufplan eines Buchprojekts

EINGANG DES MANUSKRIPTS

ERSTE ALLGEMEINE BEGUTACHTUNG
Der Lektor kontrolliert, ob die im Verlagsvertrag vereinbarten Rahmenbedingungen wie Umfang und Form eingehalten wurden und der Text dem vereinbarten Qualitätsstandard entspricht.

ANNAHME DES MANUSKRIPTS
Ist die erste Begutachtung positiv verlaufen, veranlasst der Lektor, dass die
zumeist mit der Ablieferung und Annahme des Manuskripts verbundene erste
oder zweite Honorarrate angewiesen wird. Oder:

ABLEHNUNG DES MANUSKRIPTS
Weist der Text eklatante Mängel auf oder entspricht er nicht den vereinbarten
Normen, wird der Lektor den Autor darüber detailliert informieren und ihm zur
Nachbesserung schriftlich eine angemessene Frist (meist vier bis acht Wochen)
setzen. – Liegt das Manuskript in der vereinbarten Form vor, beginnt das ...

REDIGIEREN DES MANUSKRIPTS

ÜBERGABE DES MANUSKRIPTS AN DIE HERSTELLUNG
Der Lektor informiert den Hersteller über Besonderheiten des Textes, erläutert
ihm die Struktur und bespricht mit ihm die optimale Präsentationsform.

TEXTERFASSUNG UND LAYOUT
In Zeiten, in denen fast jeder Autor und jeder Übersetzer über einen PC mit
Textverarbeitungsprogramm verfügt, erreichen die Manuskripte den Verlag in
der Regel als Textdateien, sodass sich eine Texterfassung in einem Satzbetrieb
erübrigt. Dadurch hat sich der Zeitraum zwischen Ablieferung des Manuskripts
an die Herstellung und Rückkehr desselben auf den Schreibtisch des Lektors
zur Erstkorrektur (Korrektur des Vorumbruchs) erheblich verkürzt. Allerdings ist
häufig eine umfangreiche Bearbeitung der EDV-Daten eforderlich, bevor diese
technisch für den Umbruch in Setzerei oder Verlag nutzbar sind.

ERSTKORREKTUR
Sie erfolgt heute immer häufiger direkt am Bildschirm, insbesondere dann,
wenn es sich um Bücher mit komplizierteren Layouts handelt, bei denen das
Ausgleichen von Über- bzw. Untersatz einen wesentlichen Teil des Lektorats
ausmacht. Bei einem Roman in gewöhnlichem Fließtext wird der Lektor seine
Korrekturen auch weiterhin vorwiegend auf dem Papier machen.

KOLLATIONIEREN

Unter Kollationieren versteht man den Arbeitsgang des Zusammentragens aller Korrekturen in einem Manuskript. Da in der Regel außer dem Lektor auch der Autor bzw. Übersetzer sowie ein Korrektor einen Korrekturabzug erhalten, insgesamt also drei Exemplare des gesetzten/layouteten Manuskripts mit teilweise voneinander abweichenden oder sich gar widersprechenden Korrekturen vorliegen, gehört es zu den Aufgaben des Lektors, diese in einem Exemplar zusammenzufassen und dabei auftretende Widersprüche sowie die Kostenverantwortung für die Korrekturen (Haus- oder Autorkorrektur) zu klären, sodass der Hersteller ein einziges Korrekturexemplar mit eindeutigen Korrekturanweisungen zurückerhält.

SCHLUSSKORREKTUR UND IMPRIMATUR

Nach dem zweiten/letzten Korrekturgang, bei dem überprüft wird, ob alle Korrekturen der vorausgegangenen Korrektur vollständig und richtig ausgeführt wurden, erteilt der Verlag (Lektorat oder Herstellung) die Druckfreigabe: das Imprimatur (latein. = es möge gedruckt werden).

DRUCKVORBEREITUNG

Die Herstellung eines Digitalproofs/Plotterprints durch die Druckerei bietet eine allerletzte Kontrollmöglichkeit. Kein guter Lektor wird es sich nehmen lassen, selbst noch einen genauen Blick auf das zu werfen, was in Kürze in Druck geht. Selbstverständlich darf in diesem Stadium nicht nachgeholt werden, was in den Korrekturphasen versäumt wurde, doch wird so mancher gravierende Fehler erst in dieser allerletzten Kontrollstufe entdeckt und kann – wenn auch unter zum Teil erheblichen Kosten – noch korrigiert werden.

DRUCK- UND BUCHBINDERISCHE VERARBEITUNG

Für die Überwachung dieses Produktionsschritts ist die Herstellungsabteilung verantwortlich.

AUSLIEFERUNG

Der Ablaufplan verdeutlicht, dass spätestens ab dem Punkt, an dem der Lektor das Manuskript der Herstellung übergibt, keine der beiden Abteilungen mehr ohne Abstimmung mit der anderen agieren kann. Selbstverständlich ist die Festlegung der Terminabläufe mit den technischen Betrieben Aufgabe der Herstellung, doch muss sie bei der Terminierung Rücksicht auf Lektor, Autor/Übersetzer und Korrektor nehmen und die für die Erstkorrektur benötigte Zeitspanne mit ihnen planen. Nur wenn Lektor und Hersteller Hand in Hand arbeiten, ist eine reibungslose Abwicklung der Buchproduktion gewährleistet.

Da Bücher aber nicht irgendwann einfach ausgeliefert werden, sondern in ein Vertriebs- und Marketingkonzept eingepasst werden müssen, beginnt die Notwendigkeit der Abstimmung für den Lektor bereits in dem Augenblick, in dem er das Manuskript in Händen hält bzw. zuverlässig absehen kann, wann er es vom Autor/Übersetzer erhalten wird. Zu diesem Zeitpunkt, der meist sechs bis zwölf Monate vor Erscheinen des Buchs liegt, wird der detaillierte Ablaufplan aufgestellt. So steht der Lektor zwar am Anfang der Produktionskette Buch, begibt sich aber sogleich in die Verpflichtung, den mit der Herstellung erarbeiteten und mit Werbung- und Vertriebsabteilung abgestimmten Marketingplan unbedingt auch einzuhalten. Mit der Vorstellung des Buchs auf der Vertreterkonferenz (ca. vier Monate vor Erscheinen des Buchs) und der Aufnahme des Titels in die Verlagsvorschau (etwa drei Monate vor Erscheinen) ist der ›Point of no Return‹ erreicht: Von da an gilt, dass jede Verschiebung das komplizierte Gebilde des bereits auf den Weg gebrachten Buchmarketings zerstören und damit die Chancen des Buchs am Markt wesentlich beeinträchtigen würde.

Der Lektor entscheidet also nicht nur durch die Qualität seiner Arbeit, sondern auch durch deren Terminorientiertheit und -treue ganz wesentlich über Erfolg oder Misserfolg eines Buchprojekts. Zur realistischen Terminsetzung gehört, dass er von den Möglichkeiten des Autors ausgeht und dazu noch eine ›Zeitreserve‹ einplant, damit nicht schon bei einer geringfügigen Überziehung des Abgabetermins gleich das gesamte Termingerüst in sich zusammenfällt.

3.5
Honorare, Provisionen und Lizenzgebühren

Als Mittler zwischen Autor und Verlagsleitung kommt dem Lektor in mittleren und größeren Verlagen in der Regel auch die Aufgabe zu, die Honorarverhandlungen zu führen. Dies geschieht entweder direkt mit dem Autor oder mit dessen Agenten. Aber auch die Honorare von Übersetzern, Herausgebern, Illustratoren, Bildlieferanten (sofern es im Verlag keine eigene Bildredaktion gibt, die diese Aufgabe übernimmt) und allen anderen Personen, die etwas zum Entstehen des jeweiligen Werks beisteuern, werden vom Lektor ausgehandelt. Meist wird er sich dabei auf relativ fest stehende Honorarsätze beziehen können, die durch vergleichbare Verlagsverträge oder interne Regelungen vorgegeben sind. Trotzdem gibt es finanzielle Spielräume und verschiedene Möglichkeiten der Honorarvereinbarung, sodass ein guter Lektor über Verhandlungsgeschick, Überzeugungskraft und natürlich Verständnis für die wirtschaftliche Seite seines Tuns verfügen muss.

3.5.1
Autorenhonorare

In den 1920er Jahren, die in dieser Hinsicht in der Tat die ›goldenen Zwanziger‹ waren, lagen Autorenhonorare durchschnittlich zwischen 20 % und 30 % des Ladenpreises. Dem jungen Thomas Mann bot Verleger Samuel Fischer 1901 für den ersten Roman 20 % Honorar – ein Angebot, das der spätere Literaturnobelpreisträger mit »beinahe glänzend« kommentierte. Renommierte Autoren wie Gerhart Hauptmann durften damals sogar 30 % von jedem verkauften Buch auf ihrem Konto verbuchen.

Von solchen Honorarsätzen können heutige Autoren nur träumen. In den vergangenen 75 Jahren haben sich die Autorenhonorare mehr als halbiert. 10 % vom Nettoverkaufspreis sind heute für eine Originalausgabe im Hardcover die Orientierungsmarke, aber keineswegs mehr die Regel; bei einem Taschenbuch muss sich der Autor mit deutlich weniger (meist 5 % bis 7 %) begnügen. Hauptgrund für diesen gravierenden Rückgang ist die Umverteilung der Verlagskosten zu Lasten des schwächsten Glieds, des Autors. Gegenüber den 20er Jahren hat sich der durchschnittliche Buchhandelsrabatt um gut 10 % erhöht, und auch die allgemeinen Verlagskosten sind gestiegen, was sich vor allem durch erhöhte Aufwändungen für Vertrieb und Werbung erklärt.

Dennoch gibt es beim Autorenhonorar keinen verbindlichen Satz, den der Autor unwidersprochen hinzunehmen hätte. Er kann versuchen, seine Bezüge durch Sondervereinbarungen zu verbessern. So ist es üblich, dass der Autor am Erfolg seines Buchs beteiligt wird, indem sein Honorarsatz mit der Verkaufsauflage steigt (sog. Staffelhonorar). Der Verlagsvertrag kann zum Beispiel vorsehen, dass das Autorenhonorar ab dem 10 001. verkauften Exemplar auf 11 %, ab dem 25 001. sogar auf 12 % steigt. Natürlich sind solchen Honorarsatzverbesserungen nach oben hin keine Grenzen gesetzt, aber es darf auch nicht unerwähnt bleiben, dass viele Verlage den Spieß umdrehen und noch nicht etablierte Autoren drängen, zu einem niedrigeren Honorarsatz von z. B. 8 % abzuschließen.

Ein weiterer wichtiger Bestandteil des Autorenhonorars ist der Vorschuss. Dabei handelt es sich um ein garantiertes Mindesthonorar, das der Autor zumeist in drei Raten – bei Vertragsabschluss, bei Ablieferung des vollständigen Manuskripts und bei Erscheinen des Werks – erhält. Gelegentlich wird der Vorschuss aber auch über einen zu vereinbarenden Zeitraum (z. B. ein Jahr) in monatlichen Zahlungen geleistet, um dem Autor das wirtschaftliche Auskommen während der Arbeit am Manuskript zu sichern. Der Vorschuss wird mit den fälligen Honorarzahlungen verrechnet, muss allerdings auch dann nicht vom Autor zurückgezahlt werden, wenn die Verkäufe so schlecht sind, dass die sich daraus errechnende tatsächliche Honorarsumme unter dem Vorschuss bleibt.

Ein Beispiel: Einem Autor stehen aufgrund seiner Honorarvereinbarung 2,30€ von jedem verkauften Exemplar seines Buchs zu. Der Verlag plant eine Startauflage von 10.000 Exemplaren. Da Pflicht-, Prüf-, Werbe- und Rezensionsexemplare vom Verlag nicht honoriert werden müssen, kann der Autor bei einem Abverkauf der gesamten Auflage mit etwa 9.700 x 2,25€ = 21.825€ Honorar für sein Buch rechnen. Der Verlag wird den Vorschuss bei etwa 50% bis 60% der für die Erstauflage zu erwartenden Honorarsumme ansetzen, um auch bei einem überraschend schlechten Abverkauf des Buchs dem Autor nicht zu viel Honorar bezahlt zu haben. Der Verlag bietet dem Autor in unserem Beispiel also 11.000€ an; mit Verhandlungsgeschick und einem guten Manuskripts in der Hand wird es dem Autor vielleicht gelingen, den Vorschuss auf 15.000€ hoch zu drücken. Dabei spielt der (nicht immer ganz unberechtigte) Glaube vieler Autoren eine Rolle, dass sich die Verlage umso engagierter für ein Buch einsetzen und damit dessen Erfolg fördern, je mehr sie vorher für den Erwerb der Rechte bezahlen mussten. Angenommen, Autor und Verlag haben sich auf einen Vorschuss von 13.500€ geeinigt, dann kann der Autor diesen Betrag auch dann behalten, wenn der Verlag weniger als 6.000 Exemplare verkauf en sollte (6.000 x 2,25€ = 13.500€). Erst ab dem 6.001. verkauften Exemplar steht dem Autor über die geleistete Vorschusszahlung hinaus Honorar zu, das nach den Vereinbarungen des Verlagsvertrags (ein- oder zweimal jährlich) abgerechnet wird.

Zu diesem hier beschriebenen Standardfall gibt es unzählige Varianten, die sich entweder für den Autor oder für den Verlag als vorteilhaft erweisen können. Der Agent der seinerzeit noch völlig unbekannten chilenischen Autorin Isabel Allende musste sich zwar mit einem niedrigen Honorarsatz zufrieden geben, rang dem deutschen Lizenzverlag allerdings ab, einen bestimmten Prozentsatz aus dem Verkauf von *Das Geisterhaus* in die Werbung für das Buch zu reinvestieren. Der Hintergedanke war klar: Der Agent setzte darauf, dass der Verlag durch eine nicht nachlassende Werbung für einen langfristigen Abverkauf des Titels sorgen und damit die Honorarsumme vergrößern würde. Inwieweit diese Regelung zum großen Erfolg von *Das Geisterhaus* beigetragen hat, vermag niemand zu sagen. Sie führte aber zu der kuriosen Situation, dass der Suhrkamp Verlag, in dem der Roman 1984 erschien, zu einem Zeitpunkt, als das Allende-Buch bereits in aller Munde und zu einem Selbstläufer geworden war, seine Werbemaßnahmen für diesen Titel aufgrund der hohen Verkaufszahlen ständig steigern musste.

Neben dem prozentualen Autorenhonorar gibt es auch das von der Verkaufsauflage unabhängige Festhonorar, das mit Vertragsabschluss ausgehandelt und in mehreren Raten bis zum Erscheinen des Buchs komplett bezahlt wird. Während diese Regelung im belletristischen Bereich eher unüblich ist, kommt sie im Non-Fiction-Bereich häufiger vor.

Hier lässt sich der Arbeitsaufwand eines Sachbuchautors in vielen Fällen sehr genau vorauskalkulieren, sodass hochgerechnet werden kann, wie viel Honorar der Autor benötigt, um ein bestimmtes Buch oder Teile davon realisieren zu können. Wenn er also für ein Projekt, für das er vier Monate Arbeitszeit einplant, ein Festhonorar von 20.000 € vereinbart, so weiß er genau, dass er ein monatliches Einkommen von 5.000 € sicher hat. Schließt er das Manuskript früher ab, ist dies zu seinem Vorteil, benötigt er mehr Zeit, verringert sich sein Monatseinkommen. Im Vergleich zu dem fiktiven Autor des Beispiels auf Seite 68 stellt sich der Sachbuchautor also zunächst besser, denn Ersterer hatte ja nur einen Vorschuss von 13.500 € ausgehandelt. Sollte sich sein Buch allerdings gut verkaufen, kippt die Rechnung schon sehr bald zu Gunsten des prozentual beteiligten Autors: Mit dem 8.889. verkauften Exemplar überschreitet er nämlich die Honorarsumme von 20.000 € (8.889 x 2,25 € = 20.000,25 €). Darüber hinaus ist er selbstverständlich auch noch an anderen Verwertungsstufen seines Buchs prozentual beteiligt.

Damit ist ein zweiter wichtiger Punkt der Honorarvereinbarungen für den Autor angesprochen. Neben einer prozentualen Beteiligung an der Originalausgabe seines Buchs wird er im Verlagsvertrag auch Regelungen über das Honorar für weitere Verwertungsstufen treffen. Damit sind vor allem Taschenbuch-, Buchclub- und fremdsprachige Ausgaben, aber auch Lizenzen für Hörbücher und Verfilmung gemeint. Für diese wird im Vertrag eine prozentuale Aufteilung der Erlöse aus der Verwertung der Nebenrechte getroffen, und zwar in der Regel im Verhältnis 50:50 oder 60:40 (zugunsten des Autors).

Fast jeder achte in Deutschland erstmals verlegte Titel erscheint als Taschenbuch. Für dessen Autor ist ein Honorarsatz von 10 % ein absoluter Ausnahmefall, in der Regel wird er sich mit 5 % bis 7 % begnügen müssen. Die Verlage begründen dies vor allem damit, dass aufgrund der geringeren Ladenpreise – im Durchschnitt 42 % eines gebundenen Buchs – die Erlöse niedriger sind und sie ihre Kosten folglich viel langsamer einspielen. Aus Sicht des Autors ist der verringerte Honorarsatz bei Taschenbüchern in doppelter Hinsicht ärgerlich: Er muss sich mit einem geringeren Prozentsatz bei einem niedrigeren Ladenpreis zufrieden geben, obwohl seine Autorenleistung dieselbe ist. Außerdem kommt noch hinzu, dass sich die weiteren Verwertungsstufen (und damit Verdienstmöglichkeiten) für ihn drastisch verringern: Eine Taschenbuch-Originalausgabe wird von einem Buchclub fast nie berücksichtigt, da der Ladenpreis zu niedrig ist und dem Club damit die Möglichkeit fehlt, seinen Mitgliedern einen spürbaren Preisvorteil zu verschaffen. Auch hier bestätigt die Ausnahme die Regel: Wird eine Taschenbuch-Originalausgabe zu einem medienbeherrschenden Bestsellertitel, kann es durchaus passieren, dass auf die Taschenbuch-Ausgabe eine Hardcover-Version folgt – meist mit der Begründung, den Kunden die Möglichkeit geben zu wollen, den von ihnen so begehrten Bestseller auch in einer hochwertigeren (gebundenen) Geschenkausgabe zu erwerben. So geschehen z. B. bei Gaby Hauptmanns Erfolgsbuch *Suche impotenten Mann fürs Leben*. Kommt es einmal so weit, wird für eine Taschenbuch-Originalausgabe sogar noch der Schritt in den Buchclub möglich, weil der Club nun den Preisabstand zur Hardcover-Ausgabe als Preisvorteil für seine Mitglieder bewerben kann.

Während der literarisch anspruchsvolle Autor also stets bemüht sein wird, sein Buch zunächst als Hardcover zu veröffentlichen, um angesichts eines begrenzten Käuferkreises ein möglichst hohes Honorar zu erzielen, kann es sich für einen Unterhaltungsschriftsteller durchaus rechnen, seine Bücher als Taschenbuch-Originalausgaben auf den Markt zu bringen. Hier wird aus dem Preisvorteil ein Kaufargument, sodass über die hohe Auflage auch bei verringertem Honorarsatz möglicherweise ein absolut gesehen höheres Endhonorar zu erzielen ist.

In der Diskussion um Autorenhonorare gibt es seit Ende der 1990er Jahre ein neues Thema: die Rechte für die elektronische Vermarktung von Texten (die so genannten E-Rights). Nach einem Vorschlag der Arbeitsgemeinschaft Publikumsverlage aus dem Jahr 2000 sollen sich die Autorenhonorare für elektronische Rechte an der jeweils am weitesten verbreiteten Buchausgabe orientieren. Bei gebundenen Neuerscheinungen würde also der höhere Hardcover-Prozentsatz als Berechnungsgrundlage dienen, während bei einer Taschenbuchausgabe der niedrigere Prozentsatz dieser meist höher auflagigen Verwertungsstufe zum Tragen käme. Diesem Vorschlag hat Peter S. Fritz, Inhaber der traditionsreichen literarischen Agentur Paul & Peter Fritz in Zürich, entschieden widersprochen und den Verlagen vorgeworfen, sich heimlich auf Kosten der Autoren bereichern zu wollen. Die Einsparungen, die sich bei der elektronischen Verwertung durch den Wegfall bestimmter Kostenfaktoren wie Druck, Lagerung und Transport ergeben, müssten auch den Autoren zugute kommen. Fritz schlug daher ein Profitsharing vor, bei dem sich Autor und Verlag den Erlös abzüglich Steuern hälftig teilen, was auf einen Honorarsatz von etwa 20 % hinauslaufen würde. Eine verbindliche Einigung in dieser Frage steht noch aus.

Bei allen Rechnungen gilt, dass es für den Autor in den meisten Fällen vorteilhafter ist, einen Verlag zu finden, in dem sein Buch das richtige Programmumfeld hat, der sich auch werblich engagiert und über eine gute Vertriebsstruktur verfügt. Dies ist wichtiger, als um den letzten Prozentpunkt hinter dem Komma zu streiten. Erfolgreiche Autoren oder Persönlichkeiten des öffentlichen Lebens haben naturgemäß eine bessere Verhandlungsposition als ein junger Schriftsteller mit seinem Romanerstling. Aber auch dieser kann natürlich Erfolg haben – wie das Beispiel des bereits erwähnten Thomas Mann zeigt, bei dessen Debütroman es sich um die *Buddenbrooks* handelte. Samuel Fischer hatte in seinen Vertrag mit dem jungen Autor allerdings die Klausel aufgenommen, dass alles, was dieser in den folgenden sechs Jahren schreiben würde, zu denselben Konditionen vergütet werden solle. So erklärt sich auch die zitierte Einschätzung Thomas Manns, das Vertragsangebot sei »beinahe glänzend« zu nennen, denn angesichts des Erfolgs der *Buddenbrooks* hätte der Autor für seine folgenden Bücher sicherlich einen noch höheren Honorarsatz aushandeln können.

3.5.2
Herausgeberhonorare

Ein Herausgeber stellt in der Regel Beiträge anderer Autoren für ein Sammelwerk zusammen, für das er auch selbst Beiträge schreiben kann. Für diese eigenen Beiträge wird er einen normalen Autorenvertrag erhalten, während seine Herausgeberleistung mit einem Herausgebervertrag rechtlich abgesichert wird. Auch wenn er selbst keine Beiträge verfassen sollte, kann er doch als geistiger Schöpfer eines selbstständigen Werks eingestuft werden, wenn er das Konzept für ein Buchprojekt erstellt und die vollständige Planung dafür vorgenommen, die notwendigen Mitarbeiter angeworben und für sein Projekt einen Verlag gesucht hat. In diesem Fall wird er in der Regel mit einem prozentualen Honorar je verkauftem Exemplar am Erfolg des Buchs beteiligt. Dieser Prozentsatz ist selbstverständlich wesentlich niedriger als der gewöhnliche Honorarsatz eines Autors, denn er wird üblicherweise aus demselben ›Topf‹ kommen, aus dem die Autorenhonorare bezahlt werden. Übernimmt der Herausgeber darüber hinaus noch Lektoratsaufgaben (indem er zum Beispiel die Texte der einzelnen Autoren redigiert, notwendige Vereinheitlichungen oder Kürzungen vornimmt oder die Beiträge aufeinander abstimmt), sodass der Arbeitsaufwand für den Verlagslektor deutlich geringer wird, kann das Herausgeberhonorar in der Verlagkalkulation auch auf die üblichen 10 % Autorenhonorar aufgeschlagen werden.

In jedem Fall bemisst sich das Herausgeberhonorar nach Arbeitsaufwand und Bedeutung des Herausgebers. Gibt dieser nur seinen Namen für ein Buchprojekt und steuert allenfalls noch ein Vorwort bei, so wird er sich zumeist mit einem einmaligen Pauschalhonorar zufrieden geben müssen (das allerdings fürstlich bemessen sein kann). Eine solche ›Gallionsfigur‹, deren Wert und Preis letztlich eine Frage des Marketings ist, kann für den Erfolg eines Titels ausschlaggebend sein. Ihre Rolle im Entstehungsprozess des Buchs ist aber nicht zu vergleichen mit der eines aktiven Herausgebers, der als *spiritus rector* (lat. = treibende Kraft) tätig wird und persönlich die oben beschriebenen Aufgaben erfüllt.

3.5.3
Übersetzerhonorare

Wenn im Folgenden von Übersetzern die Rede ist, so geht es ausschließlich um literarische Übersetzer, da für hoch spezialisierte Fachübersetzer gänzlich andere (= höhere) Honorarsätze gelten. Literarische Übersetzer werden nicht nach Zeit, sondern nach Zeilen bezahlt. Üblich ist eine Honorarvereinbarung pro Normseite, einer Maßeinheit, die noch aus Schreibmaschinenzeiten stammt. Sie entspricht 30 Zeilen à 60 Anschlägen (= 1.800 Zeichen).

Das Honorar pro Normseite differiert stark und ist nur teilweise vom Arbeitsaufwand abhängig. Zwar wird für besonders schwierige und anspruchsvolle literarische Übersetzungen mehr bezahlt als für einfachere Unterhaltungsromane, auch erhalten renommierte Übersetzer und solche aus ›kleinen‹ Sprachen mehr Honorar als Übersetzer aus dem Englischen oder Französischen (allerdings gibt es für sie auch seltener Aufträge), doch gilt wie bei den Autoren, dass Übersetzungen für Taschenbuch-Originalausgaben deutlich schlechter honoriert werden als solche für Hardcover-Titel.

Der Übersetzer eines Romans erhält heute zwischen 10 und 23 € pro Normseite, wobei die Mehrheit eher in der unteren Hälfte dieser weiten Honorarspanne anzutreffen ist. Preismindernd hat sich die starke Konkurrenzsituation im Übersetzerbereich ausgewirkt. Viele arbeitslose Akademiker, die ein Sprachstudium absolviert haben, drängen mit Dumpingpreisen auf den Markt – in der vagen Hoffnung, sich einen Namen zu machen und später auch Aufträge zu besseren Konditionen zu erhalten.

Dass aber auch ein guter Übersetzer bei einem durchschnittlichen Seitenhonorar von 16 € keine Reichtümer anhäufen kann, macht eine Beispielrechnung deutlich: Will er sich als Selbstständiger ein monatliches Bruttoeinkommen von 3.200 € sichern, so muss er dafür 200 Normseiten übersetzen. Möchte er sich wie andere Arbeitnehmer auch ein freies Wochenende gönnen (was aufgrund des allgemein herrschenden Termindrucks für viele Übersetzer ein Fremdwort ist), bedeutet dies, pro Werktag zehn Seiten fertigzustellen. Bei einem schlichten Text mag dies kein Problem darstellen, doch bei einem anspruchsvollen Werk mit unterschiedlichen Sprachebenen oder einem Fachvokabular, das den Übersetzer zu Recherchen zwingt, wird die Rechnung ›mehr als eine Seite je Stunde‹ oft nicht aufgehen. Außerdem hat der Übersetzer als Selbstständiger noch einigen Verwaltungsaufwand zu leisten und muss sich um die Akquisition neuer Aufträge kümmern. Der Unmut der literarischen Übersetzer über ihre Bezahlung mit einem Pauschalhonorar per Druckseite ist also verständlich, zumal der Erfolg einer Lizenzausgabe wesentlich von der Qualität ihrer Arbeit abhängt.

3.5.4
Der Streit um »angemessene« Vergütung

Mit dem neuen Urhebervertragsrecht (in Kraft seit dem 1. Juli 2002) hat der Gesetzgeber die Verlage verpflichtet, Autoren und Übersetzern eine »angemessene« Vergütung zu gewährleisten. Seither ringen beide Seiten um eine entsprechende Vereinbarung. Aus Verlagssicht soll es nur darum gehen, den vorhandenen ›Kuchen‹, also die bisherige Honorarsumme *um*zuverteilen, während die Urheberseite eine Vergrößerung des Kuchens zu Lasten der Verlagsgewinne anstrebt.

Die Autoren, vertreten vom Verband deutscher Schriftsteller (VS) in der Vereinigten Dienstleistungsgewerkschaft (ver.di), kämpfen darum, die Empfehlungen des so genannten Normvertrags als Mindestkonditionen festzuschreiben. Danach sollen künftig Staffelhonorare vereinbart werden, die bei mindestens 10% vom Nettoladenpreis beginnen und auf 13% ab 50.000 verkauften Exemplaren ansteigen. Außerdem soll die Honorierung auf Basis der Verlagsabgabepreise, mit der die Autoren am Rabattrisiko der Verlage beteiligt werden, untersagt, der Anteil an den Nebenrechtserlösen auf 60 bis 70% erhöht und das Garantiehonorar auf 70% der Erstauflage festgesetzt werden.

Die Verleger halten dagegen, dass es für Autoren unterschiedlicher Verlagsbereiche auch weiterhin verschiedene Vergütungsregeln geben und ein Abweichen vom Normvertrag im Einzelfall auch nach unten, also zu Lasten der Urheber erlaubt sein müsse.

Erschwert wird die Einigung mit den Autoren durch die Forderungen der Übersetzer, die seit geraumer Zeit neben der Grundvergütung durch ein Pauschalhonorar ebenfalls eine prozentuale Beteiligung am Verkaufserlös verlangen. Erklärtes Ziel ist die reale Verdreifachung der Übersetzerhonorare. Das neue Honorierungsmodell besteht aus zwei Teilen: Zu einem garantierten Mindesthonorar, das sich wie bisher pro übersetzter Normseite errechnet, wobei die Seitenpreise je nach Schwierigkeit der Übersetzung auf 22 bis 34 Euro angehoben werden sollen, tritt eine prozentuale Beteiligung von 3% vom Erlös jedes verkauften Exemplars – und dies nicht nur bei der deutschen Erstausgabe, sondern auch bei allen weiteren Verwertungsstufen.

Der Kompromissvorschlag der Verleger, die Übersetzer mit 1% vom Nettoladenpreis am Erfolg zu beteiligen, würde nur bei hochauflagigen Büchern zu einer tatsächlichen Honorarverbesserung führen. Doch allein bei Bestsellern sind die Verlage zu Zugeständnissen bereit; ansonsten lehnen sie eine Verringerung ihrer Marge ab und halten eine Anhebung der Übersetzervergütung nur unter der Voraussetzung für realisierbar, dass andere Honorarbezieher – also die Autoren – Abstriche machen. Darauf besteht allerdings, siehe oben, keine Aussicht.

Die jetzt erhobenen Forderungen der Übersetzer laufen letztlich auf eine annähernde Gleichstellung mit den Autoren fremdsprachiger Werke hinaus. Dass die Übersetzer mit ihrem Ansinnen bei den Verlagen auf wenig Gegenliebe stoßen, ist verständlich, denn diese haben kaum Möglichkeiten, die von den Übersetzern geforderten zusätzlichen Honorare anderswo einzusparen. Bisher ist es so, dass die lizenznehmenden Verlage bei fremdsprachigen Titeln in der Regel einen geringeren Honorarsatz (z. B. 6 bis 8 % statt 10 %) aushandeln, um mit der eingesparten Differenz von zwei bis vier Prozentpunkten die Übersetzung zu finanzieren. Die Agenten ausländischer Autoren achten aber genauestens darauf, dass diese Regel nicht langfristig zum Nachteil ihrer Autoren wird, und vereinbaren daher einen gestaffelten Honorarsatz, der bei Erreichen einer bestimmten Anzahl von verkauften Büchern deutlich ansteigt – nämlich dann, wenn der Verlag durch den verringerten Autorenhonorarsatz das zu erwartende Übersetzer-Pauschalhonorar eingespielt hat. Erhalten die Übersetzer ebenfalls eine prozentuale Beteiligung, geht diese Rechnung nicht mehr auf: Der Verlag wäre schnell mit deutlich über 10 % Honorarsatz belastet und hätte mit der Titelkalkulation große Probleme.

Inzwischen haben einzelne Übersetzer die Gerichte bemüht, um ihren Anspruch auf »angemessene Vergütung« durchzusetzen. Dabei wurden mehr Fragen aufgeworfen als geklärt, denn was im vielfältigen Verlagsgeschäft »angemessen« ist, lässt sich kaum in eine allgemein gültige Formel fassen. So hofft das Gros der Verleger, dass die Vernunft und nicht die Justiz die künftige Regelung der Übersetzerhonorare bestimmen wird.

3.5.5
Lizenzgebühren

Jeder Verlag kann als Lizenznehmer und Lizenzgeber agieren. Als Lizenznehmer wird er entweder im Ausland aktiv oder erwirbt die Taschenbuchrechte bei einem Fremdverlag. Kauft er die Rechte an Büchern ausländischer Autoren für die Veröffentlichung in deutscher Sprache, geschieht dies meist über Literaturagenten. Die finanziellen Vereinbarungen eines Lizenzvertrags ähneln in ihren Strukturen denen eines Autorenvertrags: Der ausländische Autor erhält eine prozentuale Beteiligung an jedem verkauften Exemplar der deutschsprachigen Ausgabe sowie eine Garantiezahlung, die wie der Vorschuss eines Autors ein garantiertes Mindesthonorar darstellt, das auch bei einem Misserfolg der Übersetzung nicht zurückgezahlt werden muss. Der Honorarsatz eines ausländischen Autors liegt traditionell niedriger als der eines deutschen, da der lizenznehmende Verlag auch noch die Kosten der Übersetzung zu bezahlen hat (vgl. Kapitel 3.5.4).

Natürlich wird ein Agent versuchen, einen möglichst starken Partnerverlag zu finden, dem er zutraut, die Übersetzung optimal zu vermarkten. Um seinem Autor aber einen möglichst risikolosen Verdienst zu verschaffen, kämpft er vor allem um eine hohe Garantiezahlung – die auch ihm eine schnelle und hohe Provision sichert.

Der Mangel an bestsellerverdächtigen deutschen Autoren sowie die einseitige Ausrichtung auf den angloamerikanischen Markt haben in den vergangenen 25 Jahren die Garantiesummen immer weiter nach oben getrieben. Heute sind selbst Millionenvorauszahlungen keine Seltenheit mehr. Solche Summen setzen den lizenznehmenden Verlag unter einen ungeheuren Erfolgsdruck, denn sie erfordern noch einmal hohe Marketinginvestitionen, um den Titel in Deutschland entsprechend zu bewerben. Nicht selten müssen dann mehrere Hunderttausend Bücher verkauft werden, bevor der Verlag ›schwarze Zahlen‹ schreibt – ein Vabanquespiel, auf das sich nur die großen Verlagsgruppen einlassen können.

Dass solche Auflagen nicht nur mit Trendtiteln wie *Harry Potter* möglich sind, hat beispielsweise der Luchterhand Verlag mit den 1996 erschienenen Kindheitserinnerungen *Die Asche meiner Mutter* des irischen Autors Frank McCourt bewiesen: Von dem Roman wurden allein in den ersten drei Jahren im Buchhandel 300.000 Exemplare, im Buchclub weitere 200.000 und als Taschenbuch noch einmal 800.000 Exemplare verkauft – und das bei einer Garantiezahlung von weniger als 50.000 €.

Weil solche Erfolgsgeschichten aber die Ausnahme sind, werden von den lizenznehmenden Verlagen weitere Faktoren in die Kalkulation einbezogen: So wird versucht, einen Teil der Vorauszahlung durch einen Vorabdruck in einer der großen Publikumszeitschriften zu finanzieren. Oder man trifft bereits frühzeitig eine Vereinbarung mit einem Taschenbuch-Verlag, der durch einen Vorschuss für die Taschenbuchrechte dem Hardcover-Verlag den Rechteerwerb erleichtert. (Dies ist natürlich nur möglich, wenn der Hardcover-Verlag die Taschenbuch-Rechte nicht im eigenen Haus verwerten will.) Außerdem wird auf die Werbewirkung eines Bestsellers gesetzt, in dessen Windschatten weitere Titel aus dem Verlagsprogramm zu Verkaufserfolgen werden sollen. Darüber hinaus stärkt der Verlag sein Profil als *Big Player* auf dem internationalen Lizenzmarkt und wird von den Agenten leichter auch solche Autoren einkaufen können, die aufgrund ihres geringeren Bekanntheitsgrades noch nicht die immensen Vorauszahlungen ihrer Bestsellerkollegen erwarten können, von denen sich aber hoffen lässt, dass sie sich zu solchen Erfolgsautoren entwickeln.

Dies ist allerdings nur die Spitze eines meist unspektakulären und alltäglichen Geschäfts, bei dem ausländische Lizenzen für den deutschsprachigen Markt zu vertretbaren Preisen eingekauft werden. Allerdings hat sich das Lizenzgeschäft in den letzten Jahren verstärkt auf zuvor kaum beachtete Lizenzmärkte in Europa wie Skandinavien und die Niederlande verlagert. Hier lassen sich noch Autoren entdecken, für deren Bücher sehr viel niedrigere Garantiehonorare verlangt werden, deren Verkaufschancen in Deutschland aber nicht geringer sein müssen als die ihrer amerikanischen Kollegen – wofür Namen wie die des Norwegers Jostein Gaarder, der Schwedin Marianne Fredriksson oder des Niederländers Maarten t'Hart exemplarisch genannt sein sollen. Die wachsende Zahl von Büchern aus ›kleineren‹ Ländern erklärt sich also auch aus dem Bemühen vieler Verlage, ihre einseitige Ausrichtung auf den (überteuerten) angloamerikanischen Lizenzmarkt aufzugeben, auf dem heute schon für mittelmäßige Autoren Garantiehonorare von 100.000 Euro und mehr üblich sind.

Zu den Lizenzentgelten gehören aber auch die Einnahmen, die ein Verlag aus dem Verkauf der bei ihm liegenden Rechte erzielen kann. Das Verhältnis der Lizenznahmen und Lizenzvergaben ist in Deutschland allerdings nicht ausgewogen. Deutsche Verlage nehmen rund 50 % mehr Titel in Lizenz, als sie selbst eigene Substanzen ins Ausland vergeben können. Jede achte in Deutschland veröffentlichte Erstausgabe ist aus einer anderen Sprache übersetzt, davon fast die Hälfte aus dem Englischen bzw. Amerikanischen, wie die unten abgedruckte Statistik verdeutlicht. Dabei spielt die Belletristik traditionell die größte Rolle, gefolgt von der Kinder- und Jugendliteratur: 31 % aller Romane sind aus einer Fremdsprache übersetzt worden, das entspricht 38 % aller 2003 ins Deutsche übersetzten Titel.

Bei der Lizenzvergabe ins Ausland ergibt sich ein gänzlich anderes Bild: Die Weltsprache Englisch spielt dabei eine untergeordnete Rolle; deutsche Lizenzen gehen vor allem nach Ostasien sowie in Richtung osteuropäische Staaten (vgl. die Statistik auf Seite 77).

Herkunfts-sprache	Anzahl der Übersetzungen	Anteil in %	Belletristik-Übersetzungen	Anteil in %
Englisch	3 732	49,3	1 702	48,6
Französisch	586	7,7	227	6,5
Russisch	229	3,0	93	2,7
Italienisch	211	2,8	104	3,0
Schwedisch	155	2,0	76	2,2
Niederländisch	150	2,0	52	1,5
Spanisch	137	1,8	86	2,5
Übrige Sprachen	2 374	31,4	1 078	33,0
Insgesamt	7 574	100,0	3 504	100,0

Lizenznahme aus dem Ausland
Quelle: Wöchentliches Verzeichnis der Deutschen Nationalbibliografie, VLB 2003. Berechnungen: Börsenverein des Deutschen Buchhandels. Zit. nach *Buch und Buchhandel in Zahlen 2004*

Sprachen	Lizenzvergabe ins Ausland
Chinesisch	9,4
Koreanisch	9,0
Polnisch	6,7
Spanisch	6,6
Tschechisch	6,4
Englisch	6,0
Italienisch	5,8
Niederländisch	5,2
Französisch	5,1
Russisch	5,0
Japanisch	3,5
Übrige Sprachen	34,8

Quelle: Lizenzumfrage des Börsenvereins
des Deutschen Buchhandels
Zit. nach *Buch und Buchhandel in Zahlen 2004*

Eine weitere Möglichkeit, Lizenzentgelte zu erzielen, bietet sich für die Verlage durch den Verkauf der Nebenrechte, deren Vermarktung heute nicht selten mehr Geld einspielt als die Verwertung des Hauptrechts. Die größte Bedeutung kommt dabei traditionell der Taschenbuchverwertung zu. Für die Taschenbuchrechte erhält der Verlag ein Garantiehonorar, dessen Höhe sich am Erfolg des Hardcovers orientiert. Darüber hinaus ist er am Abverkauf des Taschenbuchs mit in der Regel mindestens 5 % vom Nettoverkaufspreis prozentual beteiligt.

In den vergangenen Jahren hat sich die Situation allerdings dadurch verändert, dass viele Verlage und Verlagsgruppen die Taschenbuchrechte im eigenen Haus vermarkten. Dafür haben zahlreiche Hardcover-Verlage wie beispielsweise der literarische Berlin Verlag oder der Kinder- und Jugendbuchverlag Beltz & Gelberg in jüngster Vergangenheit eine eigene Taschenbuch-Verwertungsschiene geschaffen. Es gibt aber auch die umgekehrte Entwicklung, dass ein traditioneller Taschenbuchverlag wie Heyne nach ›oben‹ expandierte und sich ein eigenes Hardcover-Programm zulegte, um im Kampf um ausländische Lizenzen nicht mehr auf inländische Partner angewiesen zu sein, mit denen eine Einigung über die Erstverwertung einer teuer einzukaufenden Lizenz im Hardcover erzielt werden muss.

Lizenzgebühren stellen also insbesondere bei literarischen Verlagen eine beträchtliche Einnahmequelle dar, sind umgekehrt aber auch ein erheblicher Kostenfaktor, wenn das eigene Programm vor allem auf ausländische Autoren setzt. Bei wissenschaftlichen Verlagen sind die Einnahmen (und Ausgaben) durch (für) Lizenzen erheblich geringer, da sie sich im Wesentlichen auf den Verkauf (Einkauf) der Übersetzungsrechte beschränken und dieser Handel mit ›Content‹ nicht den spekulativen Charakter eines Bestseller-Pokers besitzt.

Fragen zu Kapitel 3

11. Welches sind die drei Hauptaufgaben/Funktionen eines Lektors?

12. Kreuzen Sie an, welche Vorteile Verlage in der Regel dadurch haben, dass ihnen ein Literaturagent ein Manuskript vermittelt:

❏ Günstigere Vertragsbedingungen

❏ Professionelle Präsentation

❏ Übernahme der Vorselektion

❏ Ungewöhnlichere Themen

13. Ordnen Sie die folgenden Arbeiten aus dem Ablaufplan eines Buchprojekts nach ihrer zeitlichen Reihenfolge (1. = erster Schritt usw.)

__ Annahme oder Ablehnung   __ Erstkorrektur

__ Imprimatur   __ Kollationieren

__ Layout   __ Redigieren

14. Gegenüber den 20er Jahren des letzten Jahrhunderts ist das Autorenhonorar (= prozentuale Beteiligung am Ladenpreis) im Schnitt ...

❏ deutlich gestiegen,

❏ deutlich gesunken,

❏ unverändert geblieben.

15. Kreuzen Sie an, welche der nachfolgenden Bedingungen üblicherweise an Vorschusszahlungen geknüpft ist:

❏ Vorschüsse entbinden den Verlag von weiteren Honorarzahlungen.

❏ Vorschüsse müssen vom Autor keinesfalls zurückgezahlt werden.

❏ Vorschüsse verpflichten den Autor zur Teilnahme an Werbeveranstaltungen des Verlags.

16. Mit welcher Begründung zahlen Verlage für Taschenbücher geringere Honorarsätze als für Hardcoverausgaben?

❏ Taschenbücher enthalten üblicherweise weniger gute Texte.

❏ Taschenbücher erzielen wegen der niedrigeren Ladenpreise geringere Erlöse.

❏ Taschenbücher verkaufen sich im Allgemeinen schlechter.

17. Wie viele Zeichen entsprechen einer Normseite?

❏ 1.200

❏ 1.800

❏ 2.400

❏ 3.200

18. In welchem Verhältnis werden Nebenrechtserlöse bisher üblicherweise zwischen Autor und Verlag geteilt?

❏ 2 : 1 zugunsten des Autors

❏ hälftig

❏ 2 : 1 zugunsten des Verlags

4
Rechtliche Grundlagen: Urheber-, Verlags- und Presserecht

Das Verlegen findet natürlich nicht in einem rechtsfreien Raum statt – und so ist jeder Verlag daran gehalten, innerhalb des vorgegebenen Rechtssystems zu arbeiten. Der wohl wichtigste Rechtsbereich für Buchverlage ist ohne Zweifel das Urheber- und Verlagsrecht. Hieraus ergeben sich in vielerlei Hinsicht Verpflichtungen sowohl für Verleger als auch für Autoren. Hinzu kommen weitere rechtliche Bestimmungen der Buch- und Medienbranche wie etwa das Recht am eigenen Bilde oder die Pflichtstückverordnung. Der letzte Abschnitt dieses Kapitels widmet sich ausschließlich den Besonderheiten des Presserechts.

4.1
Urheberrecht

§ 1 des deutschen *Urheberrechtsgesetzes* führt aus: »Die Urheber von Werken der Literatur, Wissenschaft und Kunst genießen für ihre Werke Schutz nach Maßgabe dieses Gesetzes.« Das Urheberrecht ist demnach das Recht, das einem Urheber bestimmter Werke zusteht. Man spricht in diesem Zusammenhang auch vom Urheberrecht im subjektiven Sinne, weil nur der Urheber die ausschließliche Verfügungsgewalt über sein Werk ausüben kann. Er ist sowohl geschützt gegen die unerlaubte wirtschaftliche Auswertung seiner persönlich-geistigen Schöpfung als auch gegen jegliche Verletzung seiner ideellen Belange an diesem Werk. Das Urheberrecht entsteht automatisch immer dann, wenn einer künstlerischen Idee – beispielsweise in Form einer Zeichnung, Skizze oder eines Textes – Ausdruck verliehen wird. Geschützt ist also nicht die Idee, sondern immer nur die besondere Ausdrucksform, das konkrete Werk. Um den Schutz geltend zu machen, ist es nicht notwendig, irgendwelche Formalitäten wie Anmeldung, Registrierung oder Hinterlegung von Werkexemplaren zu erfüllen.

Mitunter spricht man auch vom Urheberrecht im objektiven Sinne. Hiermit ist die *Urheberrechtsordnung* gemeint, die sämtliche Gesetze, Verträge und Vereinbarungen in diesem Rechtsbereich umfasst. Im juristischen Verständnis zählt der gewerbliche Rechtsschutz, der dem Schutz des technischen und gewerblichen Schaffens dient, nicht zum Urheberrecht. Es gehören also weder das *Patentrecht* noch das *Musterrecht*, das *Markenrecht* oder das *Gesetz gegen unlauteren Wettbewerb* zum Urheberrecht. Auch das *Gesetz über das Urheberrecht an Mustern und Modellen*, auch Geschmacksmustergesetz genannt, wird nicht dem Urheberrecht im engeren Sinne zugeordnet.

4.1.1
Geschichtliche Entwicklung

Geschichtlich betrachtet ist der urheberrechtliche Schutz von Werken der Literatur, Wissenschaft und Kunst noch recht jung. Weder in der Antike noch im Mittelalter gab es ein Verständnis im Sinne unseres heutigen Schutzgedankens. Es war üblich, Werke in Klöstern und später auch an Universitäten abzuschreiben. Der Künstler selbst war uninteressant. Seine schöpferische Leistung galt als Verwirklichung des göttlichen Willens und nicht als persönliche Leistung. Erst die verbesserten Produktionsmöglichkeiten durch den Buchdruck und die Entwicklung des Verlagswesens brachten interessante gewerbliche Verwertungsmöglichkeiten. Im ausgehenden Mittelalter entstand auf Druck der Gewerbetreibenden das so genannte *Privilegienwesen*. Zunächst vergaben die jeweiligen Landesherren an die ihnen genehmen Drucker und Verleger entsprechende Privilegien, die diese vor Nachahmung schützen sollten. Wenn es auch später vereinzelt Künstler- und Autorenprivilegien gab, so kann man doch nicht von einem Schutz in unserem heutigen Sinne sprechen. Denn dahinter stand immer noch der Gewerbeschutz-Gedanke. Dieser wurde nur langsam durch die Theorie vom *Schutz des geistigen Eigentums* verdrängt. Erstmals begann man zwischen dem Sacheigentum am Buch und dem geistigen Eigentum am Inhalt zu unterscheiden.

Vorreiter war England: Schon 1709 gab es hier ein Autorenschutzgesetz, welches erstmals nicht die Verleger, sondern die Autoren schützte. Heute gilt dort der *Copyright, Designs and Patents Act*. In Frankreich schaffte man nach 1789 das Privilegienwesen ab und entwickelte entsprechende gesetzliche Regelungen. Zur Zeit hat der *Code de la Propriété Intellectuelle* aus dem Jahre 1992 Gültigkeit. Ganz anders verlief die Entwicklung in den USA. Hier waren ausländische Urheber zunächst völlig schutzlos und inländische wurden nur nach Erfüllung entsprechender Formalitäten in ihren Rechten geschützt. Erst durch den 1976 verabschiedeten *Copyright Act* ergaben sich zahlreiche Veränderungen. Auch der Beitritt zur internationalen *Revidierten Berner Übereinkunft* (RBÜ) verbesserte die Rechtsposition von Urhebern. So genießen nun ausländische Urheber in den USA einen gewissen Mindestschutz und müssen keine Formalitäten mehr erfüllen, um ihre Ansprüche geltend zu machen.

In Deutschland entwickelte sich die Gesetzgebung zum Schutze der Urheber durch die territoriale Aufsplitterung nur sehr langsam. Der Wiener Kongress beschloss 1815 eine einführende Beschäftigung mit der Thematik. 1837 erließ Preußen mit dem *Gesetz zum Schutz des Eigentums an Werken der Wissenschaft und Kunst* das erste moderne deutsche Urheberrechtsgesetz. 1870 folgte der Deutsche Bund und 1901 dann das Deutsche Reich dieser Gesetzesvorlage. Das 1901 erlassene *Gesetz betreffend das Urheberrecht an Werken der Literatur und Tonkunst*, häufig als *Literatur-Urheber-Gesetz* (LUG) bezeichnet, wurde 1907 ergänzt durch das *Gesetz betreffend das Urheberrecht an Werken der bildenden Künste und der Photographie*, kurz *Kunst-Urheber-Gesetz* (KUG) genannt. Allerdings waren durch diese Gesetze Werke nur bis zu 30 Jahren nach dem Tod des Urhebers geschützt – heute sind es nach dem nunmehr seit 1965 geltenden *Urheberrechtsgesetz* 70 Jahre.

4.1.2
Quellen des Urheberrechts

Die Generalversammlung der Vereinten Nationen forderte in ihrer 1948 verkündeten *Allgemeinen Erklärung der Menschenrechte* eine grundlegende Gewährleistung des Urheberrechtsschutzes. Danach hat jeder Mensch das Recht auf Schutz seiner ideellen und materiellen Interessen, die sich aus der wissenschaftlichen, literarischen und künstlerischen Produktion ergeben, deren Urheber er ist.

Auf nationaler Ebene gibt es neben dem eigentlichen Urheberrecht auch einen verfassungsrechtlich garantierten Schutz: Die Artikel 1 (Schutz der Menschenwürde) und 2 (Recht auf freie Entfaltung der Persönlichkeit) des Grundgesetzes bilden die Grundlage für einen Schutz der ideellen Interessen. Ferner thematisiert der Artikel 14 (Gewährleistung des Eigentums) auch die materiellen Interessen von Urhebern. Dieses verfassungsrechtliche Verständnis des Urheberrechts als Eigentum eines Urhebers hat zur Folge, dass diesem grundsätzlich der wirtschaftliche Wert eines geschützten Werkes zuzuordnen ist und er allein frei ist, in eigener Verantwortung darüber zu verfügen. Seit 1965 gilt in der Bundesrepublik Deutschland das *Gesetz über Urheberrechte und verwandte Schutzrechte*.

Es wurde seitdem mehrmals aktualisiert und gilt jeweils in der aktuellen Fassung (aktuell vom September 2003, siehe dazu auch die Internetseiten des Instituts für Urheber- und Medienrecht unter www.urheberrecht.org). In den vergangenen Jahren wurde es durch die europäische und weltweite Entwicklung stark beeinflusst, so beispielsweise 2003: Hier führte die Umsetzung der EU-Richtlinie zur Informationsgesellschaft zu zahlreichen Änderungen, um künftig auch den neueren technischen Entwicklungen und Möglichkeiten Rechnung zu tragen. Auch das Urhebervertragsrecht wurde grundlegend fortentwickelt, insbesondere durch das im Sommer 2002 in Kraft getretene *Gesetz zur Stärkung der vertraglichen Stellung von Urhebern und ausübenden Künstlern.*

4.1.3
Internationale Übereinkünfte

Gerade vor dem Hintergrund des Internets ist die Frage nach einem internationalen Urheberrechtsschutz von erheblicher Bedeutung. Ein weltweit einheitliches Urheberrecht gibt es nicht – dafür aber ein System internationaler Abkommen, das die Urheber der Mitgliedsländer entsprechend ihrer jeweils nationalen Rechtsordnung wechselseitig schützt.

Wichtige internationale Abkommen

- Revidierte Berner Übereinkunft (RBÜ) von 1886, revidiert 1971
  (ergänzt durch den WIPO-Urheberrechtsvertrag, WCT, und den
  WIPO-Vertrag über Darbietungen und Tonträger, WPPT)
- Welturheberrechtsabkommen (WUA) von 1952
- Rom-Abkommen von 1961, gültig in der BRD seit 1966
- TRIPS-Abkommen von 1994

Wohl von größter Bedeutung ist die *Revidierte Berner Übereinkunft*: Erstmals 1886 als so genannte *Berner Übereinkunft* ins Leben gerufen und seit 1971 in der revidierten Version gültig, gehören ihr inzwischen weitestgehend alle für deutsche Verlage wichtigen Staaten an. Eine genaue Liste der beigetretenen Nationen findet man auf der Internetseite der WIPO World Intellectual Property Organization (www.wipo.int). Ziel ist der Schutz von Werken der Literatur und Kunst. Wichtigster Aspekt dieses internationalen Abkommens ist die Garantie der Inländerbehandlung, nach der jeder ausländische Urheber in jedem Mitgliedsland so geschützt wird wie die eigenen Staatsangehörigen. Ein französischer Urheber wird demnach in den USA nach amerikanischem Urheberrecht und ein amerikanischer Urheber in Frankreich nach französischem Urheberrecht geschützt. Dieser Schutz gilt unabhängig von irgendwelchen Formalitäten. Erst 1989 trat die USA der RBÜ bei. Zuvor hatte man sich wegen abweichender Gepflogenheiten im eigenen Rechtssystem geweigert.

Vor 1989 spielte das *Welturheberrechtsabkommen* (WUA) eine wichtige Rolle, durch das man sich – auch mit Zustimmung der USA – auf einige Mindeststandards im internationalen Urheberrecht geeinigt hatte. So wurde beispielsweise verlangt, jedes Werkexemplar mit dem Copyright-Kennzeichen © in Verbindung mit dem Namen des Inhabers der Urheberrechte und dem Jahr der Erstveröffentlichung zu kennzeichnen. In der heutigen Praxis findet das WUA kaum noch Anwendung, da der größte Teil der Staaten inzwischen gleichzeitig die RBÜ unterzeichnet hat und somit deren Regelungen Anwendung finden. Trotzdem findet man in zahlreichen, auch deutschen Büchern noch immer den Copyright-Vermerk. Dieser ist zwar aus rechtlichen Gründen nicht mehr erforderlich, hilft aber durchaus in Streitfällen, die Urheberrechtsvermutung zu sichern.

Als Rom-Abkommen bezeichnet man das seit 1961 existierende *Internationale Abkommen über den Schutz der ausübenden Künstler, der Hersteller von Tonträgern und Sendeunternehmen*. Es regelt den Bereich der Leistungsschutzrechte. Für die Bundesrepublik Deutschland gilt es seit 1966. Aus dem Jahr 1994 stammt eine Vereinbarung der World Trade Organisation (WTO): Das *Agreement on Trade-related Aspects of Intellectual Property Rights*, so die vollständige Bezeichnung des *TRIPS-Abkommens*, gehört zu den wichtigen Regelwerken des Welthandels. Die Mitgliedsstaaten verpflichten sich, den Schutz des geistigen Eigentums sowie der gewerblichen Schutzrechte zum weltweit akzeptierten Handelsstandard zu machen. Die kommerzielle Verwertung von Urheberrechten steht hierbei im Mittelpunkt und wird durch starke Sanktionsmöglichkeiten im Rahmen der WTO geschützt. Zu den Mitgliedsstaaten zählen inzwischen auch die ehemaligen Ostblockländer sowie zahlreiche Entwicklungsländer. Ihnen wurde allerdings eine mehrjährige Übergangsphase gestattet, in denen sie ihre nationalen Rechtsordnungen anpassen können.

Auch Bemühungen auf europäischer Ebene sind in diesem Zusammenhang zu nennen. Die Umsetzung zahlreicher Richtlinien der EU hat inzwischen zu einer weitgehenden Harmonisierung der nationalen Urheberrechts-Systeme in Europa geführt. Als Beispiel seien folgende Teilbereiche genannt: der Rechtsschutz von Computerprogrammen, das Vermiet- und Verleihrecht, die Koordinierung bestimmter Vorschriften betreffend Satellitenrundfunk und Kabelweiterverbreitung sowie der Schutz von Datenbanken und die Harmonisierung der Schutzdauer des Urheberrechts und bestimmter verwandter Schutzrechte. Aktuell stehen mit der *Richtlinie zur Harmonisierung bestimmter Aspekte des Urheberrechts und der verwandten Schutzrechte in der Informationsgesellschaft* die Auswirkungen der neueren Technologien im Mittelpunkt der Diskussion.

4.2
Das deutsche Urheberrechtsgesetz

Zunächst einmal gilt es, die Begrifflichkeiten des *Urheberrechtsgesetzes* (UrhG) aus dem Jahr 1965 zu klären. Schließlich kann der Geltungsbereich eines Gesetzes nur dann sinnvoll in die Praxis umgesetzt werden, wenn alle Beteiligten eine gemeinsame sprachliche Basis finden.

4.2.1
Das Werk

Der Gesetzgeber erläutert sehr ausführlich den Begriff des Werkes und fügt gleichzeitig zahlreiche Beispiele an:

§ 2 [Geschützte Werke]
(1) Zu den geschützten Werken der Literatur, Wissenschaft und Kunst gehören insbesondere:
• Sprachwerke wie Schriftwerke, Reden und Computerprogramme,
• Werke der Musik,
• pantomimische Werke einschließlich der Werke der Tanzkunst,
• Werke der bildenden Künste einschließlich der Werke der Baukunst und der angewandten Kunst und Entwürfe solcher Werke,
• Lichtbildwerke einschließlich der Werke, die ähnlich wie Lichtbildwerke geschaffen werden,
• Filmwerke einschließlich der Werke, die ähnlich wie Filmwerke geschaffen werden,
• Darstellungen wissenschaftlicher oder technischer Art wie Zeichnungen, Pläne, Karten, Skizzen, Tabellen und plastische Darstellungen.

(2) Werke im Sinne dieses Gesetzes sind nur persönliche geistige Schöpfungen.

Beim genauen Lesen stellt man fest, dass die Aufzählung der Werke nicht abschließend ist, sondern auch neue Formen und Werkarten nachträglich erfasst werden können. Trotz allem gibt es in der Praxis häufig Streit um die Frage der Schutzwürdigkeit eines konkreten Werkes. Im Zweifel muss dies vor Gericht eine Klärung finden, wobei dem im zweiten Absatz genannten Kriterium entscheidende Bedeutung zukommt: Werke im Sinne des Gesetzes sind nur persönliche geistige Schöpfungen. Geschützt ist ein Werk also immer dann, wenn als Ergebnis eines individuellen, geistigen Schaffens einem Inhalt in einer bestimmten Form Ausdruck verliehen wird. Die Idee, der Einfall allein sind nicht geschützt. Man wäre beispielsweise frei, Christos Verhüllungsideen am Kölner Dom umzusetzen. Aber man wäre nicht berechtigt, die bereits formgewordenen Ergebnisse seiner Idee zu nutzen, also die Planskizzen oder die Fotos vom verhüllten Reichstag als Postkarte ohne seine Einwilligung zu verkaufen.

Wird nun ein solches geschütztes Werk mit Erlaubnis des Urhebers bearbeitet, also beispielsweise übersetzt, verfilmt oder auch vertont, so sind diese neu entstandenen Bearbeitungen als persönliche geistige Schöpfungen wie selbstständige Werke geschützt. Dies trifft auch für Sammelwerke zu, die aufgrund der Auswahl oder Anordnung der einzelnen Elemente persönliche geistige Schöpfungen sind − unbeschadet der gegebenenfalls bestehenden Urheberrechte an den einzelnen Bestandteilen.

Bei so vielen schutzfähigen Werken stellt sich fast zwangsläufig die Frage, ob es denn auch Werke gibt, die laut Gesetz keinen entsprechenden Schutz genießen. Die gibt es: Nach § 5 des UrhRG genießen amtliche Werke, also Gesetze, Verordnungen, amtliche Erlasse und Bekanntmachungen sowie amtlich verfasste Leitsätze zu Entscheidungen keinen urheberrechtlichen Schutz. Das gleiche gilt für andere amtliche Werke, die im amtlichen Interesse zur allgemeinen Kenntnisnahme veröffentlicht worden sind. Allerdings sind hier streng das Änderungsverbot sowie das Prinzip der Quellenangabe einzuhalten.

Übrigens wird im Gesetz (§ 6) unterschieden zwischen veröffentlichten und erschienenen Werken. »Veröffentlicht ist ein Werk dann, wenn es mit Zustimmung des Berechtigten der Öffentlichkeit zugänglich gemacht worden ist.« Hierzu würde auch bereits eine Veröffentlichung in der Verlagsvorschau zählen. »Ein Werk ist erschienen, wenn mit Zustimmung des Berechtigten Vervielfältigungsstücke des Werkes nach ihrer Herstellung in genügender Anzahl der Öffentlichkeit angeboten oder in Verkehr gebracht worden sind.« Bei Kunstwerken genügt hierzu bereits ein Exemplar, das bleibend der Öffentlichkeit zugänglich gemacht worden ist.

Abschließend nun noch eine interessante Frage zum Themenbereich ›Werk‹: Sind Graffiti eigentlich auch Werke im Sinne des Gesetzes? Die Antwort ist inzwischen klar: Als Werke der bildenden Kunst genießen sie sehr wohl urheberrechtlichen Schutz. Trotzdem kann man juristische Probleme bekommen, denn dem Recht auf Kunstfreiheit steht hier das Eigentumsrecht (Artikel 14 GG) gegenüber − normalerweise gehören eben einem Graffiti-Künstler weder die Häuserwand noch die Eisenbahnunterführung.

4.2.2
Der Urheber

Der Urheber ist der Schöpfer eines Werkes – so einfach bestimmt es das Gesetz. Folglich können nur natürliche, jedoch keine juristischen Personen Urheber sein. Hinter dem Begriff natürliche Person verbirgt sich nichts anderes als ein Mensch. (Im Unterschied dazu versteht man juristische Personen als Zusammenschlüsse auf Personen- oder Kapitalbasis mit eigener Rechtspersönlichkeit.) Das Urheberrecht kann nicht auf andere Personen übertragen werden. Selbst in einem Dienst- oder Arbeitsverhältnis geschaffene Werke sind rechtlich immer dem Urheber zuzuordnen. Allerdings werden hier meist vertraglich dem Arbeitgeber die Nutzungsrechte eingeräumt. Aber dazu später mehr.

Haben mehrere Personen an einem Werk gearbeitet, ohne dass sich ihre Anteile gesondert verwerten lassen, so gelten sie als *Miturheber* wie im folgenden Fall. Drei Freunde arbeiten gemeinsam in einer Berghütte an einem Krimi und werfen sich die Einfälle und Formulierungen gegenseitig zu. Sie notieren alles, ohne dass der konkrete Beitrag des Einzelnen ersichtlich wird. Das Recht zur Veröffentlichung und zur Verwertung des Werkes steht ihnen nur gemeinsam zu, Änderungen können nur mit Einwilligung aller Beteiligten ausgeführt werden, und auch die potenziellen Erträge gehören allen.

Haben sich mehrere Urheber mit ihren einzelnen Werken zusammengetan, um diese gemeinsam zu verwerten, spricht man von *Urhebern verbundener Werke*. So könnte man beispielsweise bei einer Oper sowohl das Musikwerk als auch das Libretto als Schriftwerk einzeln verwerten, aber sie sind hier sinnvollerweise verbunden. Jeder kann vom anderen die Einwilligung zur Veröffentlichung, Verwertung und Änderung verlangen, wenn dies zumutbar ist.

Abschließend sei noch auf die so genannte *Vermutung der Urheberschaft* eingegangen. Wer auf den Vervielfältigungsstücken oder auf dem Original eines Werkes in der üblichen Weise als Urheber gekennzeichnet ist, gilt so lange als Urheber, bis unter Umständen das Gegenteil bewiesen wird. Dies hat auch für Deck- oder Künstlernamen Gültigkeit. Übrigens kann ein Urheber bei anonym oder unter Pseudonym erschienenen Werken einen Eintrag in die beim *Deutschen Patentamt* in München liegende *Urheberrolle* vornehmen und somit seine Urheberschaft belegen. Allerdings wird dies in der Praxis selten gemacht, da jedem die Einsicht in die Urheberrolle gestattet ist.

4.2.3
Inhalt des Urheberrechts

Das Urheberrecht schützt den Urheber in seinen geistigen und persönlichen Beziehungen zum Werk und in der Nutzung des Werkes. Dieser Schutz erstreckt sich sowohl auf die eher ideell ausgerichteten Interessen des Urhebers als auch auf seine materiellen Belange in Bezug auf das von ihm geschaffene Werk. Folglich unterteilt der Gesetzgeber in Urheberpersönlichkeitsrechte und Verwertungsrechte. Hinzu kommen einige weitere, die als sonstige Rechte bezeichnet werden.

Urheberpersönlichkeitsrechte

Zu den Urheberpersönlichkeitsrechten zählen das Veröffentlichungsrecht, das Recht auf Anerkennung der Urheberschaft sowie das Recht, eine Entstellung oder eine andere Beeinträchtigung des Werkes zu verbieten. Allein der Urheber hat demnach das Recht zu bestimmen, ob und

Inhalt des Urheberrechts im Überblick

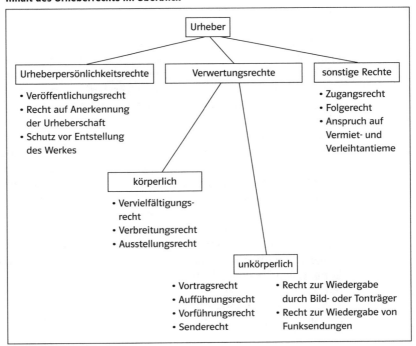

wie sein Werk zu veröffentlichen ist. Solange sein Werk noch nicht veröffentlicht wurde, ist es ihm vorbehalten, den Inhalt seines Werkes öffentlich mitzuteilen oder zu beschreiben. Das Recht auf Anerkennung der Urheberschaft schützt den Urheber gegen jede Form des Plagiats. Darüber hinaus kann er sich dagegen wehren, wenn irgendjemand seine Urheberschaft bestreiten sollte. Ferner kann er bestimmen, ob und wie sein Werk mit einer Urheberbezeichnung versehen wird.

Der Schutz vor Entstellung des Werkes hat in der Verlagsbranche gerade in der Zusammenarbeit zwischen Lektor und Autor eine große Bedeutung: Um seine geistigen und persönlichen Interessen am Werk nicht zu gefährden, dürfen Veränderungen nur mit Zustimmung des Urhebers vorgenommen werden. Auch der Inhaber von Nutzungsrechten an einem Werk, in unserem Beispiel der Verlag, darf dieses nicht ohne Zustimmung des Urhebers verändern. Nur Änderungen, zu denen der Urheber seine Einwilligung nach Treu und Glauben nicht versagen kann, sind zulässig. Hierzu gehören beispielsweise grammatikalische, orthographische oder grobe sachliche Fehler.

Verwertungsrechte

Zur Wahrung seiner materiellen Interessen stehen dem Urheber so genannte Verwertungsrechte zu. Der Gesetzgeber unterscheidet hier zwischen körperlichen und unkörperlichen Verwertungsmöglichkeiten. Allein dem Urheber steht das ausschließliche Recht zu, sein Werk in körperlicher Form zu verwerten. Hierzu zählt zunächst einmal das *Vervielfältigungsrecht*. Nach ihm dürfen Vervielfältigungsstücke hergestellt werden, egal in welchem Verfahren und in welcher Anzahl. Auch die Übertragung auf Vorrichtungen zur wiederholbaren Wiedergabe, wie Bild- oder Tonträger, gilt als Vervielfältigung. Ferner das *Verbreitungsrecht*, welches besagt, dass das Original oder die Vervielfältigungsstücke eines Werkes der Öffentlichkeit angeboten und in Verkehr gebracht werden dürfen. Dieses Recht steht dem Urheber zu. Das Verbreitungs- und das Vervielfältigungsrecht werden gemeinsam oft als Verlags- oder Hauptrecht bezeichnet. Daneben gibt es noch das *Ausstellungsrecht*. Dem Schöpfer eines noch unveröffentlichten Werkes der bildenden Künste oder eines unveröffentlichten Lichtbildwerkes steht das Recht zu, das Original oder Vervielfältigungsstücke öffentlich zur Schau zu stellen. Der Urheber muss aber auch an jeder weiteren Verwertung seines Werkes Anteil haben. So für alle Arten der öffentlichen Wiedergabe, die im Gesetz als sogenannte *unkörperliche Verwertungsrechte* genannt sind und die der Grafik entnommen werden können.

Bearbeitung und freie Benutzung

Die im Gesetzestext vorgenommene Unterscheidung zwischen Bearbeitungen oder Umgestaltungen auf der einen und der freien Benutzung eines Werkes auf der anderen Seite, führt in der Praxis sehr häufig zu Streit und meist zu Prozessen. Denn jede Bearbeitung oder Umgestaltung eines Werkes wie beispielsweise die Übersetzung, Dramatisierung, Verfilmung, Vertonung oder die Nachbildung bei Werken der bildenden Kunst, muss vom Urheber des jeweiligen Originals erlaubt werden – vorausgesetzt, das so neu entstandene Werk soll veröffentlicht und verwertet werden. Diese Einwilligung in Form von Lizenzen oder Nebenrechten wird dem Urheber natürlich vergütet. Allerdings hat auch der Bearbeiter nun seinerseits ebenfalls Urheberrechte an dem neuen Werk, die er geltend machen kann.

Dagegen darf ein Werk, das in *freier Benutzung* aus einem anderen entstanden ist, ohne die Zustimmung des ursprünglichen Urhebers genutzt werden. Wann aber kann man von einer freien Benutzung sprechen? Laut Gesetz nur, wenn das neue Werk wiederum als ›selbstständig‹ charakterisiert werden kann. Genauer ausgeführt wird dies in zahlreichen Urteilen. Eine freie Benutzung ist demnach nur gegeben, wenn unter Verwendung von Idee und Motiv des Originals ein wirklich eigenständiges Werk mit eigenem Charakter geschaffen wurde, hinter dem die Eigenart der benutzten Vorlage deutlich zurücktritt. Beispielsweise ist es nicht zulässig, Fotos berühmter Fotografen detailgetreu nachzuschaffen, um sie als preiswerte Variante für die teuren Originalrechte in einer Werbekampagne einzusetzen. Dies wäre eine unrechtmäßige Nachahmung – ein Plagiat.

Sonstige Rechte des Urhebers

Neben den Urheberpersönlichkeits- und den Verwertungsrechten gibt es weitere im Gesetzestext aufgeführte Rechte. An erster Stelle ist das Recht auf *Zugang zu Werkstücken* zu nennen. Wenn zur Herstellung von Vervielfältigungsstücken oder Bearbeitungen das Original eines Werkes erforderlich ist, kann der Urheber vom Besitzer des Originals verlangen, dass er ihm dieses zugänglich macht. An zweiter Stelle das *Folgerecht*: Für den Fall der Veräußerung des Originals eines Werkes der bildenden Künste über einen Kunsthändler oder einen Versteigerer hat der Urheber einen Anspruch auf 5 % des Erlöses. Und zuletzt sei sein Anspruch auf *Vergütung für Vermietung und Verleihen* genannt.

4.2.4
Rechtsverkehr im Urheberrecht

Dieser Gesetzesabschnitt enthält zahlreiche wichtige Regelungen: die Fragen nach einer möglichen Rechtsnachfolge, die Einräumung von Nutzungsrechten, Rückrufsrechte des Urhebers sowie die Rechte von Urhebern in Dienst- oder Anstellungsverhältnissen. Im letztgenannten Fall verbleiben alle Urheberrechte beim Urheber. Wenn der Urheber allerdings das Werk in Erfüllung seiner Pflichten aus einem Arbeits- oder Dienstverhältnis geschaffen hat, wie z. B. ein Journalist, so hat er in der Regel per Vertrag die Nutzungsrechte an seinen Arbeitgeber übertragen.

Übertragung und Vererbung

Das Urheberrecht ist prinzipiell nicht übertragbar. Es kann lediglich im Todesfalle vom Urheber auf den Rechtsnachfolger vererbt werden. Den Nachkommen eines Urhebers oder auch seinen testamentarisch eingesetzten Erben fallen dann sämtliche Urheberrechte zu, also die Urheberpersönlichkeits- wie auch die Verwertungsrechte.

Überblick über den Rechtsverkehr im Urheberrecht

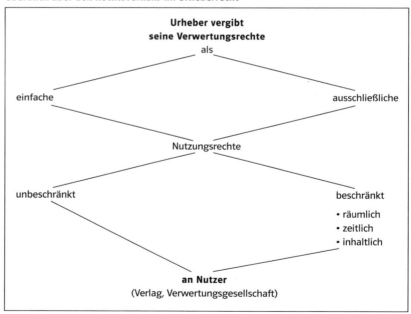

Nutzungsrechte

Das Urheberrecht kann auch auf einen Verleger nicht übertragen werden. Allerdings darf ein Urheber anderen Personen – und zu diesen gehören auch die Verleger – so genannte *Nutzungsrechte* einräumen, wobei diese räumlich, zeitlich oder inhaltlich beschränkt werden können.

Der Inhaber eines *einfachen Nutzungsrechtes* ist berechtigt, das Werk neben dem Inhaber oder anderen Berechtigten auf die ihm erlaubte Weise zu nutzen. Ein Beispiel: Eine Verlags-Pressesprecherin schreibt einen Artikel über eine Autorenlesung und schickt diesen Bericht an drei Redaktionen, die jeweils nur ein einfaches Nutzungsrecht erhalten. Der Bericht kann in allen drei Publikationen erscheinen.

Vergibt ein Urheber jedoch *ausschließliche Nutzungsrechte*, so berechtigt das den Inhaber dieser Rechte, das Werk unter Ausschluss aller anderen Personen – übrigens auch des Urhebers – auf die ihm erlaubte Weise zu nutzen und selbst wiederum einfache Nutzungsrechte zu vergeben. Dies geschieht normalerweise immer beim Abschluss eines Verlagsvertrags. Der Autor überträgt einem Verlag also das ausschließliche Recht zur Vervielfältigung und Verbreitung eines Werkes. Dadurch ist allein dieser Verlag dazu berechtigt, das Buch zu drucken und zu verbreiten – und hat dadurch eine rechtliche Absicherung seines finanziellen Risikos.

Rückrufsrechte

Unter gewissen Umständen hat ein Urheber rechtliche Möglichkeiten, einmal vergebene Nutzungsrechte wieder zurückzufordern. So steht im Urheberrecht folgender Passus:

> § 41 [Rückrufsrecht wegen Nichtausübung]
> (1) Übt der Inhaber eines ausschließlichen Nutzungsrechts das Recht nicht oder nur unzureichend aus und werden dadurch die Interessen des Urhebers erheblich verletzt, so kann dieser das Nutzungsrecht zurückrufen.

Allerdings kann dieses Recht erst nach Ablauf von zwei Jahren geltend gemacht werden. Bei einem Beitrag zu einer Zeitung ist diese Frist mit nur drei Monaten erheblich kürzer. Natürlich muss der Urheber entsprechende Nachfristen setzen und so dem Inhaber des Nutzungsrechts noch eine Chance geben.

Eine weitere Möglichkeit zum Rückruf findet sich unter dem Stichwort *Rückrufsrecht wegen gewandelter Überzeugung*. Wenn ein Werk nicht mehr der Überzeugung des Urhebers entspricht und ihm deshalb die Verwertung nicht mehr zugemutet werden kann, darf er das ursprünglich vergebene Nutzungsrecht zurückrufen. In einem solchen Fall hat er den Inhaber des Nutzungsrechtes jedoch angemessen zu entschädigen. Hat ein Autor beispielsweise eine Sammlung von Reden veröffentlicht, die nicht mehr seinen wissenschaftlichen, politischen, religiösen oder sonst weltanschaulichen Vorstellungen entsprechen, darf er das Werk zurückrufen. Übrigens kann auf dieses Rückrufsrecht nicht im Voraus verzichtet werden. Eine entsprechende Klausel in einem Verlagsvertrag wäre rechtswidrig.

4.2.5
Schranken des Urheberrechts

Aus dem bisher Vorgestellten wird deutlich, welch starken Rechtsschutz ein Urheber in unserem Rechtssystem genießt. Aber das Urheberrecht ist – wie viele andere Gesetze unseres Landes – ein sozial gebundenes Recht. Das bedeutet: Es muss immer auch eine Abwägung gegenüber anderen Rechtsgütern stattfinden. Zugunsten der Allgemeinheit und beispielsweise zugunsten der Medien gibt es also durchaus inhaltliche Einschränkungen.

Einschränkungen des Urheberrechts (in Auswahl)

EINSCHRÄNKUNGEN ZUGUNSTEN DER MEDIEN
Öffentliche Reden über Tagesfragen dürfen in Zeitungen, Zeitschriften oder anderen Informationsblättern und Medien, die im Wesentlichen den Tagesinteressen Rechnung tragen, vervielfältigt und verbreitet werden. Diese Reden dürften nicht in dieser Form genutzt werden, wenn es beispielsweise darum ginge, sie in einer Sammlung zu veröffentlichen. Hierzu ist die Einwilligung des Urhebers unumgänglich. Übertragbar ist der Inhalt dieser Schranke übrigens auch auf Zeitungsartikel, Rundfunkkommentare sowie auf die Bild- und Tonberichterstattung durch Funk und Fernsehen, sofern sie politische, wirtschaftliche oder religiöse Fragen betreffen.

ÖFFENTLICHE WIEDERGABE
Die öffentliche Wiedergabe eines erschienenen Werkes ist zulässig, wenn die Wiedergabe keinem Erwerbszweck des Veranstalters dient, wenn die Teilnehmer keinen Eintritt zahlen und wenn die Akteure keine Bezahlung erhalten. Diese Veranstaltungen sind zwar ohne Erlaubnis des Urhebers möglich, aber sie müssen ihm trotz allem vergütet werden. Ausnahmen bilden hierbei Veranstal-

tungen, die der Jugend- oder Sozialhilfe, der Alten- oder Wohlfahrtspflege sowie der Gefangenenbetreuung oder schulischen Zwecken dienen.

VERVIELFÄLTIGUNGEN ZUM PRIVATEN UND SONSTIGEN GEBRAUCH

Seit 1985 sind derartige Vervielfältigungen gestattet. Allerdings dürfen sie nicht verbreitet und kommerziell oder zu öffentlichen Wiedergaben genutzt werden. Erlaubt sind u. a. Vervielfältigungsstücke zum eigenen wissenschaftlichen Gebrauch, zur Aufnahme in ein eigenes Archiv oder zur Unterrichtung über Tagesfragen. Unter sonstigem eigenen Gebrauch versteht der Gesetzgeber die Vervielfältigung kleinerer Teile eines Werkes oder auch einzelner Beiträge aus Zeitungen oder Zeitschriften. Auch von Werken, die mindestens seit zwei Jahren vergriffen sind, dürfen Kopien hergestellt werden. Die Nutzung zu Unterrichtszwecken ist ebenfalls – sogar in Klassenstärke – erlaubt. Es ist allerdings nicht gestattet, ganze Bücher, ganze Zeitschriften oder Musiknoten zu kopieren. Übrigens haben die Urheber von Werken trotzdem einen gewissen finanziellen Nutzen von dem Kopierwesen, denn es gibt im Gesetzestext detailliert festgelegte Vergütungssätze, die beispielsweise ein Copyshopbetreiber oder der Hersteller von Leer-Cassetten etc. direkt an entsprechende Verwertungsgesellschaften abführen muss. Zu heftiger Kritik von Seiten der Verleger führte die neue Regelung durch § 52 a aus dem Jahr 2003: Danach dürfen unter bestimmten Voraussetzungen Werke auch ohne Erlaubnis der Rechteinhaber beispielsweise digitalisiert und in das Intranet einer Universität eingestellt und somit zugänglich gemacht werden.

RECHTSPFLEGE UND ÖFFENTLICHE SICHERHEIT

Zur Verwendung in Verfahren vor einem Gericht, Schiedsgericht oder einer Behörde ist es zulässig, einzelne Vervielfältigungsstücke von Werken – auch von Bildnissen – herzustellen und zu verbreiten.

SAMMLUNGEN FÜR KIRCHEN-, SCHUL- ODER UNTERRICHTSGEBRAUCH

Zur Produktion von Sammlungen dieser Art gibt es eine im UrhG verankerte Entlehnungsfreiheit. Kleinere Teile von bereits erschienenen Werken können aufgenommen werden, wenn dies dem Urheber bzw. dem Inhaber der ausschließlichen Nutzungsrechte mindestens zwei Wochen vor Produktionsbeginn mitgeteilt worden ist – allerdings muss das Werk noch seiner Überzeugung entsprechen. Ihm ist eine angemessene Vergütung zu zahlen.

SCHULFUNKSENDUNGEN

Schulen sowie Einrichtungen der Lehrerbildung und -fortbildung dürfen einzelne, im Rahmen von Schulfunksendungen gesendete Werke aufzeichnen und bis zum Ende des laufenden Schuljahres für den Unterricht verwenden. Die Aufzeichnungen müssen dann wieder gelöscht werden, wenn dem Urheber keine angemessene Vergütung gezahlt wird.

ZITATE

Stellen eines erschienenen Werkes dürfen in anderen selbstständigen Werken zitiert werden, wenn dies in einem dem Zweck gebotenen Umfang geschieht. Es muss immer eine genaue Quellenangabe erfolgen und die Werkstellen dürfen nicht verändert werden. Werden Zitate beispielsweise in einer Zitatsammlung oder als ›schmückendes Beiwerk‹ aufgenommen, greift das Zitatrecht nicht und man braucht eine Genehmigung.

WERKE AN ÖFFENTLICHEN PLÄTZEN

Werke, die sich bleibend an öffentlichen Wegen, Straßen oder Plätzen befinden, dürfen mit Mitteln der Malerei oder beispielsweise auch Fotografie vervielfältigt und verbreitet werden. Es besteht also kein Konflikt mit dem UrhG, wenn man beispielsweise das Hundertwasser-Haus in Wien oder einen künstlerisch gestalteten Brunnen fotografiert und entsprechend nutzt.

Trotz all dieser Einschränkungen gibt es zwei den Urheber schützende Bedingungen: zum einen das *Änderungsverbot* und zum anderen die Verpflichtung zur Wiedergabe der genauen *Quellenangabe*. Im Klartext: Bei keiner Vervielfältigung dürfen Änderungen vorgenommen und stets muss die Quelle deutlich angegeben werden. Bei der Vervielfältigung ganzer Sprachwerke wie beispielsweise Gedichte oder Essays sowie ganzer Musikwerke, ist neben dem Urheber immer auch der Verlag anzugeben, in dem das Stück erschienen ist. Hier ist es darüber hinaus notwendig, Kürzungen oder andere Änderungen kenntlich zu machen. Auch bei der Nutzung von Artikeln aus Zeitungen oder anderen Medien, ist neben dem eigentlichen Urheber immer auch das Medium als Quelle zu nennen. Auf diesem Wege soll die Position des Urhebers trotz der erfahrenen Einschränkung seiner Rechte gesichert werden.

4.2.6
Verwertungsgesellschaften

Da die Inhaber von Urheber- und Leistungsschutzrechten eine Vielzahl von Rechten nicht selbst wahrnehmen können, beauftragen sie Verwertungsgesellschaften, die diese Rechte kollektiv wahrnehmen. Im Auftrag der Rechteinhaber – also nicht automatisch – schließen die Verwertungsgesellschaften dann Einzel- oder Pauschalverträge zur Nutzung bestimmter Werke in einer bestimmten Nutzungsart ab. Sie überwachen die Werknutzung und ziehen die vertraglich vereinbarten Entgelte ein. Hierzu gehören beispielsweise die pauschal vereinbarten Abgaben für Tonträger, Kopien und Kopiergeräte oder das Abspielen von Musik in Verkaufsräumen. Die Verteilung der eingenommenen Beträge erfolgt nach einem genau definierten System: Zunächst werden die Verwaltungskosten abgezogen und meist ein festgelegter Prozentsatz für soziale oder kulturelle Zwecke bereitgestellt. Die danach verbleibende Restsumme wird an die Rechteinhaber nach einem in den Verteilungsplänen festgelegten Abrechnungssytem ausgeschüttet und gegebenenfalls nach Quoten verteilt, wenn es mehrere Rechteinhaber wie Textdichter, Komponisten oder Verleger gibt. Die Hauptaufgabe der Verwertungsgesellschaften besteht also darin, die Rechte ihrer Auftraggeber wirksam gegenüber Dritten wahrzunehmen.

Grundsätzlich sind Verwertungsgesellschaften nicht an eine bestimmte Rechtsform gebunden. Meist sind sie als wirtschaftliche Vereine oder als GmbH organisiert. Gesetzliche Grundlage ist das *Gesetz über die Wahrnehmung von Urheberrechten und verwandten Schutzrechten* (WahrnG) vom 9. September 1965, zuletzt geändert im September 2003. Es regelt alle wichtigen Aspekte der Verwertungsgesellschaften wie beispielsweise auch die Staatsaufsicht. Danach unterstehen alle, zur Zeit elf deutschen Verwertungsgesellschaften einer weitgehenden Aufsicht durch das Patent- und Markenamt. Da sie in Deutschland faktisch eine Monopolstellung innehaben, gibt es eine Missbrauchsaufsicht durch das Bundeskartellamt nach den Vorschriften des GWB.

Darüber hinaus haben die Gesellschaften eine umfassende Unterrichtungspflicht, so dass sie jährlich im *Bundesanzeiger* neben ihren Tarifen auch ihre Lageberichte veröffentlichen müssen. Sie unterliegen sowohl einem *Wahrnehmungs-* als auch einem *Abschlusszwang*. Das heißt, sie sind verpflichtet, die zu ihrem Aufgabenbereich gehörenden Rechte und Ansprüche auf Verlangen der Berechtigten zu angemessenen Bedingungen auszuüben. Ebenso müssen sie auf Verlangen Nutzungsrechte einräumen oder die entsprechenden Genehmigungen zur Werknutzung erteilen.

Verwertungsgesellschaften in der Bundesrepublik Deutschland
(in Auswahl – mit jeweils ausgewählten Zuständigkeitsbereichen)

GEMA (WWW.GEMA.DE)   Gesellschaft für musikalische Aufführungs- und mechanische Vervielfältigungsrechte, Berlin/München. Zuständig für Komponisten, Textdichter und Musikverleger.

VG WORT (WWW.VGWORT.DE)   Verwertungsgesellschaft Wort, München. Zuständig für Autoren, Übersetzer, Journalisten und Verleger.

VG BILD-KUNST (WWW.BILD-KUNST.DE)   Verwertungsgesellschaft Bild-Kunst,

Bonn. Zuständig für bildende Künstler, Fotografen, Bildjournalisten, Bildagenturen, Grafikdesigner und Fotodesigner.

GVL (WWW.GVL.DE)   Gesellschaft zur Verwertung von Leistungsschutzrechten, Berlin. Zuständig für ausübende Künstler und Tonträgerhersteller.

VG MUSIKEDITION (WWW.VG-MUSIKEDITION.DE)   Verwertungsgesellschaft zur Wahrnehmung von Nutzungsrechten an Editionen (Ausgaben) von Musikwerken e.V., Kassel. Zuständig für Verfasser, Herausgeber und Verleger von Musikwerken und Ausgaben nachgelassener Werke.

Um den besonderen Anforderungen der Informationsgesellschaft auch in diesem Bereich gerecht zu werden, haben einige Verwertungsgesellschaften die *Clearingstelle Multimedia für Verwertungsgesellschaften von Urheber- und Leistungsschutzrechten* (CMMV) gegründet. Sie versteht sich als Vermittler zwischen Herstellern oder Anbietern von Multimediaprodukten und den Rechteinhabern. Darüber hinaus gibt es auf internationaler Ebene einige Dachorganisationen der Verwertungsgesellschaften, welche die Zusammenarbeit fördern sollen. Prinzipiell arbeiten die einzelnen national organisierten Verwertungsgesellschaften weltweit auf der Basis von Gegenseitigkeitsverträgen zusammen und garantieren so eine weitreichende Wahrnehmung der Urheber- und Leistungsschutzrechte ihrer Auftraggeber.

4.2.7
Dauer des urheberrechtlichen Schutzes

Das Urheberrecht erlischt in der Bundesrepublik Deutschland 70 Jahre nach dem Tode des Urhebers, wobei dem Kalenderjahr entscheidende Bedeutung zukommt. Die Fristenberechnung beginnt immer mit dem Ablauf des Jahres. Zur Verdeutlichung ein Beispiel: Heinrich Böll verstarb am 16. Juli 1985, seine Werke sind geschützt bis zum 31. Dezember 2055 und werden demnach ab dem 1. Januar 2056 gemeinfrei. Erst dann kann sie jeder – ohne eine Erlaubnis einholen zu müssen – benutzen, nachdrucken und verbreiten, das heißt, Nutzungs- oder Lizenzgebühren sind dann nicht mehr zu entrichten.

Haben mehrere Urheber gemeinsam an einem Werk gearbeitet und es als Miturheber geschaffen, erlischt das Urheberrecht 70 Jahre nach dem Tod des längstlebenden Urhebers. So werden übrigens auch die Fristen von Filmwerken berechnet: Als Miturheber gelten hier laut UrhG der

Hauptregisseur, der Urheber des Drehbuchs, der Urheber der Dialoge sowie der Komponist der betreffenden Filmmusik.

Eine Besonderheit findet man bei anonym oder unter Pseudonym erschienenen Werken. Die Berechnung der Schutzfristen ist in diesen Fällen nicht vom Todesjahr des Urhebers, sondern vom Jahr der Veröffentlichung abhängig. Sollte aber innerhalb dieser Zeit der wahre Name des Urhebers bekannt werden oder das vom Urheber angenommene Pseudonym keinen Zweifel an seiner Identität zulassen, so gilt selbstverständlich die ›klassische‹ Fristenberechnung nach dem Todesjahr. Eine weitere Möglichkeit hierzu eröffnet sich mit einem Eintrag in der bereits erwähnten Urheberrolle. Findet hier ein Eintrag statt und ist somit der Urheber eines anonym oder unter Pseudonym erschienenen Werkes eindeutig identifizierbar, gilt ebenfalls nicht die Berechnung schon ab Erscheinungstermin, sondern die für den Urheber und seine Erben günstigere Berechnung nach dem Todesjahr.

4.2.8
Die verwandten Schutzrechte

Unter der Überschrift *Verwandte Schutzrechte* finden sich weitere erwähnenswerte Aspekte zum Thema Urheberrecht. Denn bisher wurden nur die persönlich-geistigen Schöpfungen betrachtet, die der Gesetzgeber als Werke definiert. Im Folgenden geht es jedoch um geistig-künstlerische Leistungen. Die dem Urheberrecht verwandten Schutzrechte bezeichnet man daher auch als so genannte *Leistungsschutzrechte*. Was ist darunter zu verstehen? Welche Leistungen gelten in diesem Zusammenhang als schützenswert?

Beispielsweise geht es um den Schutz *wissenschaftlicher Ausgaben*. Als wissenschaftliche Ausgabe definiert der Gesetzgeber die Ausgaben nicht geschützter Werke oder Texte, wenn sie das Ergebnis wissenschaftlich sichtender Tätigkeit sind und sich wesentlich von den bisher bekannten Werken unterscheiden. Gemeint sind vor allem die Ergebnisse von Auswertungen vorhandener Quellen oder der Überarbeitung sowie Rekonstruktion von Texten, wie man sie von den historisch-kritischen Ausgaben kennt. 25 Jahre nach Erscheinen kann der Verfasser bzw. der Herausgeber dieser Ausgabe Leistungsschutz beanspruchen.

Die erstmalige Herausgabe eines nicht mehr unter den Urheberrechtsschutz fallenden Werkes ist ebenfalls bis zu 25 Jahren geschützt: Wer ein solches Werk legal erscheinen lässt, hat das ausschließliche Verwertungsrecht. Dies gilt für alle *nachgelassenen Werke* – auch wenn der Urheber des Werkes selbst niemals geschützt war, aber schon länger als 70 Jahre tot ist. Wenn jemand also eine bisher völlig unbekannte Original-Lutherbibel mit handschriftlichen Anmerkungen Martin Luthers entdecken würde, so wäre er durch das Urheberrecht geschützt. Geschützt sind ferner die Herausgeber von alten Märchen, Sagen oder Volksliedern, wenn sie nur mündlich überliefert wurden. Das Aufspüren der Werke und das Erkennen ihrer Bedeutung soll damit ebenso belohnt werden wie das Erscheinenlassen.

Im Zusammenhang mit den Leistungsschutzrechten gilt es, eine Werkart genauer zu betrachten. Das Urheberrecht unterscheidet zwischen *Lichtbildwerken* und *Lichtbildern*: zwei Begriffe mit zwei unterschiedlichen Schutzfristen. Unter Lichtbildwerken werden solche Fotografien und vergleichbare Werke verstanden, die als Ergebnis eines individuellen Schaffens, gewissermaßen als bewusst komponiertes Werk im engeren Sinne, bewertet werden können. Sie sind nach § 2 UrhG als persönlich-geistige Schöpfung bis zu 70 Jahren nach dem Tod des künstlerischen Fotografen geschützt. Die so genannten Lichtbilder dagegen genießen im Rahmen der Leistungsschutzrechte nur eine Schutzfrist von bis zu 50 Jahren nach ihrem Erscheinen. Alle Fotografien also, die keinen künstlerischen Werkcharakter ausweisen wie Dokumente der Zeitgeschichte (Pressefotos, Fotos von Veranstaltungen etc.) oder Urlaubsfotos gelten als einfache Lichtbilder, die im genannten geringen Umfang geschützt werden. Natürlich gibt es in der Praxis häufig Streitigkeiten, wenn es um die Abgrenzung und Definition des Werkcharakters geht.

Wichtigste Schutzfristen im Überblick

70 Jahre nach Tod des Urhebers – Alle nach § 2 des UrhG geschützte Werke
70 Jahre nach Erscheinen – Anonym oder unter Pseudonym erschienene Werke
25 Jahre nach Erscheinen – Wissenschaftliche Ausgaben
25 Jahre nach Erscheinen – Nachgelassene Werke
50 Jahre nach Erscheinen – Lichtbilder
70 Jahre nach Tod des Urhebers – Lichtbildwerke
15 Jahre nach Veröffentlichung – Datenbanken

Auch *ausübende Künstler* wie Sänger, Schauspieler, Tänzer oder Musiker, die Werke interpretieren, sie aber nicht selbst schaffen, profitieren von den Vergünstigungen der Leistungsschutzrechte. Geschützt ist der Künstler allerdings nicht gegen ein Nachschaffen, sondern vor einer Vervielfältigung mit technischen Mitteln. In der Praxis bedeutet dies: Wer ein Werk vorträgt, aufführt oder bei dem Vortrag oder der Aufführung eines Werkes künstlerisch mitwirkt, genießt einen Schutz von bis zu 50 Jahren nach der Darbietung. Beispielsweise darf seine Darbietung nur mit seiner

Einwilligung außerhalb des Raumes, in dem sie stattfindet, übertragen werden. Eine Aufzeichnung auf Bild- oder Tonträger darf nur mit seiner Erlaubnis und gegen eine entsprechende Vergütung geschehen.

Der Vollständigkeit halber seien an dieser Stelle abschließend genannt: der Schutz des Herstellers von Tonträgern, der Schutz des Sendeunternehmens sowie des Datenbankherstellers, der übrigens 15 Jahre nach Veröffentlichung der Datenbank erlischt.

4.3
Verlagsgesetz

Das Verlagsrecht ist Grundlage aller verlegerischen Aktivitäten, regelt das Umgehen von Verlagen und ihren Urhebern miteinander und schützt beide Seiten in ihren Rechten. Zu seinen gesetzlichen Grundlagen zählt das bereits seit 1901 existierende *Verlagsgesetz*. Es wird immer dann angewendet, wenn zwischen Verlag und Autor kein schriftlicher Vertrag geschlossen wurde, oder aber wenn ein konkreter Vertrag lückenhaft ist und im Zweifelsfall Klärungsbedarf besteht. Dies kann mitunter notwendig sein, da in der Bundesrepublik Deutschland Verträge und damit auch Verlagsverträge prinzipiell nicht an eine bestimmte Form gebunden sind. Es besteht eine so genannte Vertragsfreiheit.

Das Verlagsgesetz regelt den Verlagsvertrag und somit die Rechte und Pflichten der Verleger und Autoren. Es stellt eine Art Mindestschutz dar. Die meisten Bestimmungen des Verlagsgesetzes sind abdingbar, d. h. sie können durch anders lautende Vereinbarungen zwischen Verleger und Urheber ausgetauscht werden. Eine allerdings darf sachlich natürlich in keinem Vertrag fehlen – stellt sie doch gewissermaßen den Kern des Vertragszwecks dar. Gemeint ist die Übertragung der Nutzungsrechte, welche die Basis der Rechte und Pflichten beider Vertragspartner ist und mit der Ablieferung des Werkes beginnt.

§ 1 [Inhalt des Verlagsvertrags]
Durch den Verlagsvertrag über ein Werk der Literatur oder der Tonkunst wird der Verfasser verpflichtet, dem Verleger das Werk zur Vervielfältigung und Verbreitung für eigene Rechnung zu überlassen. Der Verleger ist verpflichtet, das Werk zu vervielfältigen und zu verbreiten.

Dass ein Autor sein Manuskript in einem für die Vervielfältigung geeigneten Zustand – heute meist als Diskette – abgibt, scheint selbstverständlich. Auch seine Verpflichtung, das Werk vollständig und fristgerecht abzuliefern, bedarf keiner weiteren Erläuterung. Übrigens darf der Autor

nachdem sein Werk vervielfältigt worden ist, die Rückgabe des Original-
manuskriptes fordern. Unabhängig davon hat der Autor ein Recht auf
Freiexemplare von seinem Werk für den eigenen Bedarf. Gibt es im Vertrag keine anders lautende Einigung, so erhält er auf je hundert Abzüge
ein Freiexemplar, jedoch im Ganzen nicht weniger als fünf und nicht
mehr als fünfzehn. Darüber hinaus kann er weitere Exemplare seines
Werkes zu einem Vorzugspreis erhalten. Dieser oft so genannte *Autoren-
rabatt* liegt je nach Verlagsgewohnheit und Großzügigkeit zwischen 30
und 50 Prozent. Meistens gilt er auch für die Werke anderer Autoren des
Verlags.

Dem Verleger steht das Recht zur Bestimmung des Ladenpreises zu.
Laut *Normvertrag für den Abschluss von Verlagsverträgen* schließt dies
auch dessen spätere Herauf- oder Herabsetzung ein. Vor einer Herabsetzung des Ladenpreises muss er den Autoren allerdings benachrichtigen.
Über die vertraglich vereinbarte Auflage hinaus darf der Verleger Zu-
schussexemplare drucken, die beispielsweise als Rezensions- oder Werbeexemplare genutzt werden und als solche nicht in die Absatzhonorar-
berechnung mit einfließen. Dieselbe Regelung gilt übrigens auch für ab-
zuführende Pflichtexemplare im Rahmen der Prüfstückverordnungen sowie für Lehrerprüfexemplare der Titel, die im Schulunterricht eingesetzt
werden sollen. Partie- oder Portoersatzstücke hingegen sind honorarpflichtig. Ferner auch die Exemplare, die der Verlag für eigene Werbezwecke benutzt – unabhängig vom Werk des Vertrags.

4.4
Verlagsvertrag

Gemäß dem Prinzip der Vertragsfreiheit können Verträge, sofern sie nicht
gegen geltende Gesetze verstoßen oder sittenwidrige Bestimmungen enthalten, frei ausgehandelt und gestaltet werden. Dementsprechend fallen
die Verträge zwischen Verlagen und ihren Autoren mitunter sehr unterschiedlich aus. Nahezu jeder Verlag hat da so seine eigenen Vorstellungen. Ein wichtiger und in der Praxis häufig genutzter Anhaltspunkt ist der
Normvertrag für den Abschluss von Verlagsverträgen. Ausgehandelt wurde er bereits 1978 zwischen dem Verband deutscher Schriftsteller (VS) in
der IG Medien (heute ver.di) und dem Verleger-Ausschuss des Börsenvereins des Deutschen Buchhandels und berücksichtigt demnach die Interessen beider Seiten: die der Autoren wie auch die der Verleger. Die aktuell gültige Fassung des Rahmenvertrags stammt aus dem Jahr 1999 und
steht ebenso wie andere Musterverträge auf den Internetseiten des Börsenvereins (WWW.BOERSENVEREIN.DE) zum Download zur Verfügung. In der
Praxis wird er häufig als Verhandlungsgrundlage und Muster genutzt.

Wichtigster Aspekt eines jeden Verlagsvertrags ist die Übertragung der Rechte, ein Werk zu vervielfältigen und zu verbreiten. Der Autor überträgt dies dem Verlag. Er verpflichtet sich, das Manuskript fristgemäß und in druckreifem Zustand abzuliefern. Der Verlag ist somit berechtigt und verpflichtet, das Werk des Autoren in der genannten Weise zu nutzen.

Darüber hinaus werden normalerweise in allen Verlagsverträgen auch die Vereinbarungen über die Verwertung von Nebenrechten und die Vergabe von Lizenzen schriftlich geregelt. Sollte es zwischen Autor und Verlag einmal Unklarheit über den Umfang eingeräumter Nutzungsrechte geben, weil diese vertraglich nicht eindeutig festgelegt waren, so findet hier die so genannte *Zweckübertragungstheorie* als Auslegungsregel Anwendung. Demnach bestimmt sich im Falle nicht genau definierter und eindeutig benannter Nutzungsrechte deren Umfang immer nach dem mit der Rechtseinräumung verfolgten Zweck. Die Erreichung des Vertragszwecks ist also die Entscheidungsgrundlage und soll sichergestellt werden. Ein Urheber muss demnach in einem ungeklärten, nicht genau definierten Fall nicht mehr Nutzungsrechte einräumen als unbedingt nötig. Ein Beispiel aus der gerichtlichen Praxis: Der Bundesgerichtshof entschied bereits vor Jahren, dass das Recht der Verbreitung einer Buchgemeinschaftsausgabe nicht zwingend Bestandteil einer Verlagslizenz über die Veröffentlichung der Volksausgabe eines Romans ist und somit gesondert vergütet werden müsste.

Um spätere Auslegungsschwierigkeiten zu vermeiden, empfiehlt es sich unbedingt, bereits im Verlagsvertrag alle möglichen Nutzungsarten detailliert zu klären, die im bereits angesprochenen *Normvertrag* ausführlich aufgelistet sind. Selbstverständlich ist es sinnvoll, im Verlagsvertrag auch alle weiteren relevanten Absprachen festzuhalten, so die Vereinbarungen über die Auflagenhöhe – anderenfalls gilt lediglich die im Verlagsgesetz erlaubte und das sind nur 1 000 Exemplare. Die Honorarvereinbarungen gehören ebenso in den Vertrag wie Regelungen über Rechte und Pflichten der Vertragsparteien bei Neuauflagen von Werken. Dies ist insbesondere bei wissenschaftlichen Werken von großer Bedeutung. Auch hierzu gibt es seit Anfang 2000 aktuelle Vertragsnormen und Musterverträge, die zwischen dem Börsenverein und dem Deutschen Hochschulverband ausgehandelt wurden.

Übrigens gibt es in zahlreichen Verlagsverträgen eine Bestimmung über das so genannte *Konkurrenzverbot des Autors*. Ein Autor darf während der Gültigkeit eines Verlagsvertrages kein ähnliches und insoweit konkurrierendes Werk in einem anderen Verlag herausbringen. Zwingend ist dieser Passus nicht, da bereits die Rechtsprechung ein solches Konkurrenzverbot festgelegt hat. Allerdings kann eine entsprechende Formulierung im Vertrag durchaus ein Problembewusstsein beim Autoren bilden.

4.4.1
Vertragsarten

Die Vielgestaltigkeit der Zusammenarbeit innerhalb der Verlagsbranche zeigt sich in den verschiedenartigen Möglichkeiten, die entsprechenden Vereinbarungen vertraglich zu regeln. Im Folgenden werden einige Vertragsarten näher vorgestellt, wobei auf den *Normvertrag* – auch Standard-Verlagsvertrag genannt – nicht noch einmal eingegangen wird.

Optionsvertrag

Die gesetzliche Grundlage zum Optionsvertrag findet sich u. a. im Urheberrechtsgesetz. Es gibt dort eine Bestimmung zu Verträgen über künftige Werke. Ein Urheber verpflichtet sich gegenüber einem Verlag, ihm seine künftigen, nicht notwendig näher bestimmten Werke zuerst anzubieten. Der Verlag hat somit eine Option, die Nutzungsrechte für diese Werke zu erwerben, ist aber nicht dazu gezwungen. Diese Art von Vorkaufsrecht wird dem Autoren vergütet. Ein solcher Vertrag bedarf der Schriftform und darf erst nach Ablauf von mindestens fünf Jahren gekündigt werden. Übrigens kann auf das Kündigungsrecht vorab nicht verzichtet werden – etwaige Klauseln sind ungültig.

Herausgebervertrag

Ein Herausgeber sammelt Beiträge unterschiedlicher Autoren, stellt sie nach gewissen inhaltlichen und ordnenden Kriterien in einem Werk zusammen und bearbeitet sie eventuell auch redaktionell. Die Herausgeber von Sammelwerken genießen laut § 4 UrhG ein eigenes Herausgeberurheberrecht. Die vertraglichen Regelungen müssen dann mit dem Verlag entsprechend erfolgen. Die Rechtsbeziehungen zwischen den Akteuren sind sehr unterschiedlich ausgestaltet und werden im Einzelfall geregelt. Beispielsweise muss die Frage nach dem Abschluss der Nutzungsverträge mit den einzelnen Beitragsautoren eindeutig beantwortet sein. Häufig werden mit ihnen Mitarbeiterverträge geschlossen – meist in Form von Werk- oder Dienstverträgen. Beim Verleger-Ausschuss des Börsenvereins erhält man auch hierzu Musterverträge, die sinnvolle Anhaltspunkte liefern.

Lizenzvertrag

Unter Lizenzvergabe wird in der Verlagsbranche die Einräumung von Nebenrechten durch den nutzungsberechtigten (Original-)Verleger an Dritte verstanden. Ein Werknutzer erhält demnach mit dem Lizenzvertrag die Erlaubnis, das Werk eines Urhebers in einer bestimmten Art zu nutzen. Besondere Bedeutung haben die Taschenbuch-, Buchgemeinschafts- und die Übersetzungslizenzen. Sie werden in entsprechenden Lizenzverträgen geregelt. Auch die Vergabe einfacher Abdrucklizenzen gehören zu diesem Themenumfeld – ebenso die weiteren Nutzungsarten im Bereich der elektronischen Medien.

Allerdings muss der Verleger vom Urheber neben dem Recht zur Vervielfältigung und Verbreitung des Werkes zuvor auch das Recht zur Vergabe von Nebenrechten (Lizenzen etc.) erhalten haben. Nur dann ist er berechtigt, Lizenzverträge abzuschließen. Kommt er seiner Verpflichtung nicht nach, sich um die Verwertung der Nebenrechte zu kümmern, darf ein Autor einzelne Nebenrechte wieder zurückrufen, ohne dass der Verlagsvertrag selbst dadurch irgendwie beeinträchtigt würde.

Der Lizenzvertrag wird in der Regel individuell ausgehandelt. Lizenzgeber und Lizenznehmer sollten sinnvollerweise die Höhe der Lizenzgebühr schriftlich fixieren und darüber hinaus eventuell auch eine Verwertungspflicht des Lizenznehmers festhalten. Die Vergabe des Nutzungsrechts kann als einfache oder als ausschließliche Lizenz erfolgen. Durch das wirtschaftlich hohe Risiko einer Verwertung werden meist ausschließliche Lizenzen vergeben, die allein den Inhaber der Lizenz unter Ausschluss aller anderen Personen, auch der des Urhebers und des Lizenzgebers, zur vereinbarten Werknutzung berechtigen. Auch Lizenzen können räumlich, zeitlich oder inhaltlich begrenzt werden – sogar auf eine bestimmte Nutzungsart wie im Fall eines Lizenzvertrags für ein Taschenbuch.

Übersetzungsvertrag

Übersetzungen genießen als eine spezielle Form der Bearbeitung einen eigenen Urheberschutz. Dieser entsteht unabhängig davon, ob der Originalautor der Übersetzung zugestimmt hat oder nicht. Allerdings ist die Zustimmung des Originalautors oder -verlags zwingende Voraussetzung, wenn man die Übersetzung veröffentlichen und verwerten will. Dazu wird in der Regel ein Übersetzungslizenzvertrag abgeschlossen. Möchte nun ein Verlag ein fremdsprachiges Werk herausbringen, muss er neben dieser Lizenz auch die Erlaubnis des entsprechenden Übersetzers einholen, der für das neu entstandene Werk Urheberrechte genießen wird.

Auch für die sprachliche Fixierung der Rechte und Pflichten von Übersetzer und Verlag gibt es einen Vorschlag, der zwischen dem *Verband deutscher Schriftsteller* und dem *Börsenverein des Deutschen Buchhandels* vereinbart wurde: den so genannten *Normvertrag für den Abschluss von Übersetzungsverträgen* (Download unter www.boersenverein.de).

Zahlreiche Verlagsverträge – egal welchen Typs – werden mit ausländischen Partnern abgeschlossen. Bei solchen internationalen Verträgen können die Parteien frei entscheiden, welches Recht welchen Staates als Grundlage dienen soll. Für deutsche Verlage wird es meist am günstigsten sein, sich mit dem internationalen Partner auf deutsches Recht zu einigen, da das bundesrepublikanische Urheber- und Verlagsrecht im Vergleich mit anderen Ländern den umfangreichsten Schutz bietet.

4.4.2
Honorare

Laut § 22 des Verlagsgesetzes ist der Verleger verpflichtet, dem Verfasser eine Vergütung zu zahlen. Über Höhe und Zahlungsmodalitäten entscheiden allerdings allein die Vertragspartner und legen dies in der Regel schriftlich im Verlagsvertrag fest. Als mögliche Varianten kommen insbesondere Pauschal- oder Absatzhonorare in Frage. Kombinationen sind hierbei natürlich auch immer möglich. Übrigens gibt es häufig im Bereich wissenschaftlicher Werke, die sich nur schwer verwerten lassen, ganz andere Absprachen zwischen Verlag und Autor. Mitunter verzichtet dieser nämlich auf ein Honorar und beteiligt sich darüber hinaus noch mit einem Druckkostenzuschuss an den Herstellungskosten des Verlags. Solche besonderen Regelungen sind erlaubt, müssen aber im angemessenen Verhältnis zueinander stehen. Für Zeitungs- und Zeitschriftenbeiträge wird üblicherweise ein pauschales Seiten-, Zeilen- oder gar Bogenhonorar bezahlt.

Honorare und Provisionen sind bereits im Kapitel 3 thematisiert worden. An dieser Stelle sollen nur der Anspruch auf angemessene Vergütung und der so genannte Bestseller-Paragraf angesprochen werden. Diesem Anspruch wurde in der Neufassung des UrhG ein besonderer Stellenwert eingeräumt. Nach § 32 kann ein Urheber eine nachträgliche Vertragsänderung verlangen, wenn die vertraglich vereinbarte Vergütung bei Vertragsabschluss unangemessen niedrig war. Als angemessen gilt im Allgemeinen, was branchenüblich und redlich ist. In Verhandlungen zwischen einzelnen Verlegervertretern und Übersetzern sowie dem Schriftstellerverband sollten gemeinsame Vergütungsregelungen für die Verlagsbranche aufgestellt werden. Diese Verhandlungen dauern an, die Umsetzung gemeinsamer Vereinbarungen ist daher zur Zeit noch offen.

Klar geregelt ist allerdings der Anspruch auf weitere Beteiligung eines Urhebers. Diese in § 32 a UrhG festgelegte Bestimmung entspricht dem bereits früher rechtlich verankerten *Bestseller-Paragrafen*. Danach kann ein Urheber eine weitere angemessene Beteiligung verlangen, wenn es zu einem auffälligen Missverhältnis zwischen dem vereinbarten Honarar – oder in juristischer Terminologie ausgedrückt: der vereinbarten Gegenleistung zur Einräumung des Nutzungsrechts – und den tatsächlichen Erträgen aus der Nutzung kommen sollte. Dabei ist völlig unerheblich, ob die Höhe der erzielten Erträge vorhersehbar waren oder hätten sein können. Diese Formulierung stärkt die Rechtsposition der Urheber eindeutig.

Vor diesem Hintergrund scheint die Praxis einer prozentualen Beteiligung des Autoren an den Erfolgen seines Werkes um so sinnvoller. Lebhaft diskutiert wird dies augenblicklich vor allem für die Arbeit von Übersetzern, die bisher überwiegend mit einer ausschließlich pauschalen Honorierung vergütet werden.

4.4.3
Beendigung des Verlagsvertrags

Verträge sind von ihrer Funktion her immer für beide Vertragspartner bindend, d. h. sie können nicht einfach durch einseitige Erklärungen beendet werden. So verhält es sich selbstverständlich auch mit Verlagsverträgen. Allerdings gibt es einige Gründe, die es einem Autoren oder einem Verleger möglich machen, sich durch die Ausübung von Rückruf- oder Rücktrittsrechten aus einem bestehenden Vertrag zu lösen.

Autoren können insbesondere dann von ihrem Rücktrittsrecht Gebrauch machen, wenn ihre Werke nicht in zweckentsprechender und üblicher Weise vom Verlag vervielfältigt und verbreitet werden. Aber auch wenn sich der Verlag nicht ausreichend um die Verwertung der eingeräumten Nebenrechte kümmert. In diesem Fall können dann einzelne Nebenrechte zurückgerufen werden – allerdings erst nach Ablauf von zwei Jahren und Setzen einer angemessenen Nachfrist. Ferner können sich Umstände ergeben, die beim Abschluss des Vertrags nicht vorauszusehen waren – wie beispielsweise völlig neue wissenschaftliche Forschungsergebnisse – und die den Verfasser bei Kenntnis der neuen Sachlage von einer Herausgabe des Werkes abgehalten hätten. Hier steht dem Autor oder dem Herausgeber das Rücktrittsrecht bis zu Beginn der Vervielfältigung zu. Darüber hinaus gibt es die bereits im Abschnitt über das Urheberrecht ausgeführten Rückrufsrechte wegen Nichtausübung und gewandelter Überzeugung.

Doch nicht nur Autoren haben die Möglichkeit, von einem Verlagsvertrag zurücktreten. Auch ein Verleger hat das Recht dazu, und zwar wenn das Manuskript des Autors – auch nach Ablauf entsprechender Nachfristen – nicht rechtzeitig abgeliefert wird, oder aber das Manuskript nicht der vereinbarten Beschaffenheit entspricht. Gemeint sind hiermit allerdings keine einfachen Qualitätsmängel, sondern offenkundige Fehler wie beispielsweise ein nicht vereinbarter Umfang oder ein weites Verfehlen des vereinbarten Themas.

Natürlich ist die Beendigung eines Verlagsvertrags auf diese Weise immer nur der äußerste Schritt. In der Praxis werden beide Vertragspartner versuchen, sich gütlich zu einigen und eine Lösung zu beiderseitiger Zufriedenheit anstreben. Daher ist die Verpflichtung durchaus sinnvoll, dem anderen Vertragspartner jeweils entsprechende Nachfristen zu setzen. Auch die Möglichkeiten zur Kündigung eines Verlagsvertrages werden nur aus wichtigen Gründen wie einem schwer erschütterten Vertrauensverhältnis greifen.

Abschließend sei noch auf eine weitere Beendigung von Vertragsverhältnissen hingewiesen. Ist der Verlagsvertrag auf eine bestimmte Auflagenzahl begrenzt, so endet der Vertrag, wenn diese vergriffen ist. Das gleiche gilt für die zeitliche Begrenzung: Wird ein Vertrag für eine bestimmte Zeit abgeschlossen, so darf der Verleger nach Ablauf des Zeitraums kein weiteres Exemplar mehr verkaufen.

4.5
Weitere rechtliche Bestimmungen

Abschließend gilt es noch einige gesetzliche Bestimmungen anzusprechen, die speziell für die Verlagsbranche von Bedeutung sind. Dies sind die Möglichkeit des Titelschutzes, das Recht am eigenen Bild sowie die Pflichtstückverordnung(en).

4.5.1
Titelschutz

Im *Börsenblatt* sieht man ab und zu eine von zwei Verlagen geschaltete Anzeige mit der Headline: »Bitte nicht verwechseln!«. Beide Verlage haben ein Buch auf dem Markt gebracht, aber ärgerlicherweise mit dem gleichen Titel. Wäre das zu vermeiden gewesen? Die gesetzlichen Grundlagen zur Beantwortung dieser Frage stehen im *Gesetz über den Schutz von Marken und sonstigen Kennzeichen*, dem so genannten Markengesetz. Die §§ 5 und 15 sind für die Verlagsbranche von besonderer Bedeutung:

Aus dem *Börsenblatt 25* vom
30. 3. 1999:
**Eine Anzeige, die für sich
spricht.**
Abdruck mit freundlicher
Genehmigung der beteiligten
Verlage.

Bitte nicht verwechseln!

Ein Titel – zwei Bücher

Jørn Riel	Wilhelm Scharrelmann
Das Haus meiner Väter	*Das Haus meiner Väter*
Roman	Geschichten aus meiner Kindheit
Aus dem Dänischen von Friedrich Waschnitius	Ab 12 Jahren
460 Seiten, gebunden	88 Seiten
DM/sFr. 39.80, öS 291.–	DM/sFr. 16.50, öS 120.–
ISBN 3-293-00261-7	
Auslieferung:	Im Eigenverlag:
Verlegerdienst München	Frau Anka Hüchting
Fax: 08105 388 259	Scharrelmann
	Gut Dohren, D - 27616 Heerstedt
Unionsverlag	Tel./Fax: 04747 1067

§ 5 [Geschäftliche Bezeichnungen]
(1) Als geschäftliche Bezeichnung werden Unternehmenskennzeichen und Werktitel geschützt.
(2) [...]
(3) Werktitel sind die Namen oder besonderen Bezeichnungen von Druckschriften, Filmwerken, Tonwerken, Bühnenwerken oder sonstigen vergleichbaren Werken.

§ 15 [Ausschließliches Recht des Inhabers einer geschäftlichen Bezeichnung; Unterlassungsanspruch; Schadenersatzanspruch]
(1) Der Erwerb des Schutzes einer geschäftlichen Bezeichnung gewährt ihrem Inhaber ein ausschließliches Recht.
(2) Dritten ist es untersagt, die geschäftliche Bezeichnung oder ein ähnliches Zeichen im geschäftlichen Verkehr unbefugt in einer Weise zu benutzen, die geeignet ist, Verwechslungen mit der geschützten Bezeichnung hervorzurufen.

Ein von der Rechtsabteilung des Börsenvereins herausgegebenes *Merkblatt für Titelschutzfragen* führt zur Gesetzeslage aus: »Anders als Marken oder Patente, deren Schutz im Regelfall eine entsprechende Eintragung beim Deutschen Patentamt voraussetzt, ist für das Entstehen des Titelschutzes nur erforderlich, dass ein kennzeichnungskräftiger Titel berechtigterweise benutzt wird. Mit seiner tatsächlichen Ingebrauchnahme ist der Titel geschützt, ohne dass es einer Registrierung oder sonstigen Formalität bedarf. Das Titelrecht gewährt Schutz vor Verwechslung (§ 15 Abs. 2). Deshalb kann der Inhaber des Titelrechtes denjenigen, der einen identischen oder ähnlichen Titel in einer Weise benutzt, die geeignet ist, Verwechslungen mit der geschützten Bezeichnung hervorzurufen, auf Unterlassung und – im Falle schuldhaften Handelns – auf Schadenersatz in Anspruch nehmen.«

Bereits das Schalten einer gebührenpflichtigen Titelschutzanzeige im *Börsenblatt* erfüllt das Kriterium der Inanspruchnahme. Allerdings muss das Werk zum Zeitpunkt des Erscheinens der Anzeige bereits im Endstadium der Vorbereitung sein und innerhalb einer angemessenen Frist, die auf sechs Monate festgesetzt worden ist, auf den Markt kommen. Verstreicht die Frist, wird der Titel im Zweifel wieder frei. Demjenigen, der also zuerst einen Titel angekündigt und dann tatsächlich in Gebrauch genommen hat, steht der Schutz und die damit verbundenen potenziellen Unterlassungs- oder Schadenersatzansprüche zu. Dies kann bei der unterlegenen Partei zum ›Einstampfen‹ der gesamten Auflage führen – es sei denn, man einigt sich gütlich.

Vor der endgültigen Entscheidung über einen Titel muss sorgfältig recherchiert werden, ob der gewünschte Werktitel nicht bereits schon genutzt wird. Die Prüfung erfolgt in der Regel anhand des *Verzeichnis Lieferbarer Bücher* (VLB). Bibliografische Titelschutzauskünfte geben aber auch die Abteilungen *Der Deutschen Bibliothek* (WWW.DDB.DE) in Frankfurt und Leipzig. Ferner gibt es eine spezialisierte Auskunftei, die gebührenpflichtige Auskünfte erteilt und für einige Verlagshäuser den Titelschutz professionell organisiert. Die Rede ist von der bibliografischen Agentur O. Gracklauer in Berlin (WWW.GRACKLAUER.DE). Dieses Unternehmen überprüft nicht nur Printausgaben, sondern pflegt und aktualisiert auch Datenbanken für Fernseh-, Video- und Filmtitel, Softwareproduktionen und Tonträger.

Der Titelschutz muss und kann nur für kennzeichnungskräftige Titel – man spricht auch von ›starken‹ Titeln – organisiert werden. Informationen hierüber kann man dem Passus aus dem *Merkblatt für Titelschutzfragen* entnehmen, der an dieser Stelle wörtlich zitiert ist.

Die Kennzeichnungskraft des Titels

Titelschutz setzt das Vorliegen einer kennzeichnungskräftigen Bezeichnung voraus. Titel, denen eine solche Kennzeichnungskraft fehlt, sind keinem originären Titelschutz zugänglich. An die Unterscheidungskraft- und Kennzeichnungskraft von Titeln stellen die Gerichte relativ geringe Anforderungen. Deshalb sind nicht nur einprägsame — so genannte starke — Titel wie *Die Liebe in den Zeiten der Cholera* oder *Und Jimmy ging zum Regenbogen* geschützt, sondern auch relativ farblose, ›schwache‹ Titel wie *Im Garten zu Hause* als Bezeichnung für ein Gartenbuch oder *Pizza & Pasta* als Titel eines Kochbuchs.

Ergibt sich der Titel zwangsläufig aus dem Inhalt des Werkes, ist er also durch den behandelten Stoff vorbestimmt, so kann für eine solche Bezeichnung kein Titelschutz in Anspruch genommen werden. Denn die Allgemeinheit hat ein Interesse daran, dass solche Bezeichnungen zur Verwendung durch jedermann frei gehalten werden. Das gilt für geografische Angaben *(Norderney)* oder Hinweise auf historische Persönlichkeiten *(Napoleon)* ebenso wie für sonstige rein inhaltsbeschreibende Titel *(Die besten Kochrezepte)*. Auch allgemeine Begriffe und Wendungen der Umgangssprache *(Auto)* sind von Hause aus nicht schutzfähig. Etwas anderes kann gelten, wenn der Begriff nicht in seiner unmittelbaren Bedeutung, sondern in einem übertragenen Sinn verwandt wird *(Capital* als Titel einer Fachzeitschrift).

Reine Gattungsbezeichnungen wie *Lehrbuch* oder *Grundriss* sind als solche ebenfalls nicht schutzfähig, können aber durch charakteristische Zusätze *(Beck'scher Kurzkommentar, Baedecker's Reiseführer)* originäre Schutzfähigkeit erlangen. Dem Titelschutz zugänglich sind im Übrigen alle Werkbezeichnungen, die im Verlagswesen vorkommen können. Neben den Haupttiteln sind dies vor allem Unter- und Nebentitel, Reihentitel sowie die Namen von Kolumnen und Beilagen. Schließlich beschränkt sich der Titelschutz nicht auf die Bezeichnungen von Druckerzeugnissen wie Bücher, Zeitschriften oder Zeitungen, sondern erstreckt sich – medienübergreifend – auch auf die Titel von Filmwerken, Tonwerken, Bühnenwerken oder sonstigen vergleichbaren Werken wie z. B. Computerprogrammen oder CD-ROM.

4.5.2
Markenschutz

Bei den Rechten, die ein Verlag erwirbt, gibt es regelmäßig die parallele Entwicklung von formellen Rechten, die einer Anmeldung bzw. Eintragung bedürfen, und materiellen Rechten wie beispielsweise dem Urheberrecht. Die im Verlag aufgebauten Marken sollten entsprechend den Möglichkeiten des Markenschutzrechts abgesichert werden. Um zu verhindern, dass Kollisionen beim Auf- und Ausbau von Marken erfolgen, empfiehlt sich die Beauftragung geeigneter Fachanwälte, die die erforderlichen Recherchen und Vorklärungen durchführen. Das Beispiel der Rechtsauseinandersetzung zwischen Ford und dem Burda Verlag über die im Hause Burda entwickelte und geschützte Marke *Focus* zeigte, dass Angriffe auf bestehende Rechte auch von außerhalb der eigenen Branche erfolgen können.

Neben dem Titelschutz kann es daher sinnvoll sein, das 1995 in Kraft getretene *Markengesetz* zum erweiterten Schutz der eigenen Ansprüche zu nutzen. Hierfür ist ein förmliches kostenpflichtiges Verfahren beim Patent- und Markenamt Voraussetzung. Dies bewirkt nach § 14 Abs. 2

MarkenG folgenden Schutz: „Dritten ist es untersagt, ohne Zustimmung des Inhabers der Marke im geschäftlichen Verkehr [...] ein Zeichen zu benutzen, wenn wegen der Identität oder Ähnlichkeit des Zeichens mit der Marke und der Identität oder Ähnlichkeit der durch die Marke und das Zeichen erfassten Waren oder Dienstleistungen für das Publikum die Gefahr der Verwechslung besteht [...].« Der Markenschutz ist in bestimmte Kategorien aufgeteilt und kann beim Deutschen Patent- und Markenamt beantragt werden (WWW.DPMA.DE). Für die erforderliche Vorabklärung, ob gegebenenfalls bereits Markenrechte für die gewünschte Eintragung bestehen, sowie für die Beschleunigung des eigenen Schutzverfahrens empfiehlt es sich, einen in diesem Themenbereich versierten Dienstleister (Agentur oder Fachanwalt) heranzuziehen.

Besonders problematisch ist die Sicherung der eigenen Rechte, wenn es um den Schutz im Internet geht. Besonderes Augenmerk gilt der Benutzung von Namen oder Marken als Internet-Adresse der so genannten Second-Level-Domain. Eigentlich handelt es sich hierbei lediglich um eine technische Adresse, nämlich darum, unter welcher Buchstabenkombination mit dem Abschluss durch die Top-Leveldomain .DE, .COM etc. die Website erreichbar ist. In der Praxis hat sich jedoch herausgestellt, dass diesen Buchstabenkombinationen im realen Leben durchaus die Funktion von Namen zukommt. Unter WWW.BURDA.DE oder WWW.ROWOHLT.DE werden von Seiten der Verbraucher die entsprechenden Unternehmen erwartet. Dem wird durch die Rechtsprechung auch Rechnung getragen. Die Domainnamen werden zwar von der deutschen Vergabe-Zentrale DENIC (Deutsches Network Information Center; WWW.DENIC.DE) ohne Prüfung eines Rechtsanspruchs vergeben, dies bedeutet jedoch nicht, dass derjenige, der zuerst kommt, auch nach einer rechtlichen Überprüfung derjenige sein wird, der letztendlich diesen Domainnamen nutzen darf. Zunächst müssen hier die Namensschutzrechte aus dem Bürgerlichen Gesetzbuch (BGB) berücksichtigt werden, die natürliche Personen vor Namensleugnung und Namensanmaßung schützen. In der Rechtssprechung wurde dieser Schutzbereich des Privatrechts jedoch auch auf Unternehmen als juristische Personen und Personenvereinigungen ausgedehnt. Da man auch den Second-Level-Domains eine Namenseigenschaft zuspricht, bedeutet dies, dass grundsätzlich der Träger eines Namens Vorrang bei der Domainnutzung hat. Voraussetzung hierfür ist jedoch – ähnlich wie im Markenrecht –, dass es sich nicht nur um einen allgemeinen Gattungsbegriff handelt. Um also sicherzugehen, dass der Schutz von wichtigen Namen im Internet auch gewährleistet ist, empfiehlt sich der Erwerb eines formellen Schutzes, wie beispielsweise des Markenschutzes. Hier besteht für den Inhaber dieses Sonderrechtsschutzes ein Schutz vor der Benutzung durch Fremde, da die eigentlich technische Adresse ein Unternehmenskennzeichen darstellt.

Auch eine Verwechslungsgefahr hinsichtlich fremder Markenbestandteile ist zu überprüfen. Hier kann jedoch ein Mitbewerber ähnliche Domainnamen nutzen. Schwierig wird es beim Schutz im Sinne des Markenrechts bei Gattungsbegriffen wie dem Begriff ›Messe‹, wo wegen fehlender Unterscheidungskraft kein gesonderter Schutz erfolgen kann.

Ein weiterer Bereich, für den der Schutz von Namen und Marken im Internet gilt, ist der Einsatz so genannter Meta-Tags. Dies sind Namenskombinationen, die als Schlagworte die Arbeit bestimmter Suchmaschinen beeinflusst, die Seiteninhalte nach diesen Stichworten bestimmten Inhalten zuordnen. Da es natürlich für den Wettbewerber interessant ist, auch bei den Suchen gefunden zu werden, bei denen die Namen eines Konkurrenten eingegeben werden und der Nutzer offensichtlich nach der Website des Konkurrenten forscht, besteht hier eine Missbrauchsgefahr. Die Rechtsprechung hat aber festgestellt, dass ein solches Nutzen von Meta-Tags nicht zulässig ist.

4.5.3
Recht am eigenen Bild

Im historischen Abschnitt zum Urheberrecht wurde das *Kunst-Urheber-Gesetz* (KUG) aus dem Jahr 1907 erwähnt. Dieses war bis 1965 relevant für alle Urheberrechtsfragen in Bezug auf Werke der bildenden Künste und der Fotografie. Danach wurde es von unserem aktuell gültigen *Urheberrechtsgesetz* abgelöst. Mit einer Ausnahme: Noch heute wird das *Recht am eigenen Bild* über einige Paragrafen des KUG geregelt.

In § 22 des KUG heißt es, dass Bildnisse nur mit Einwilligung des Abgebildeten verbreitet und öffentlich zur Schau gestellt werden dürfen. Will man also eine Fotografie mit einem darauf abgebildeten Menschen für eine Broschüre oder einen Buchumschlag nutzen, so sind zwei Aspekte zu beachten: zum einen die Frage nach dem Urheberrecht des Fotografen und zum anderen die Frage nach dem Recht am eigenen Bild. Dieses steht dem Abgebildeten auf der Fotografie zu. Er muss seine Erlaubnis zur Veröffentlichung erteilen. Nach seinem Tod haben übrigens seine Angehörigen noch zehn weitere Jahre lang dieses Recht. Das Recht am eigenen Bild ist Bestandteil des allgemeinen Persönlichkeitsrechts.

Natürlich gibt es auch hier Ausnahmen, die in den §§ 23 und 24 geregelt werden. Hierzu zählen vor allem ›Bildnisse aus dem Bereich der Zeitgeschichte‹. Hiermit sind Personen gemeint, die in besonderem Interesse der Öffentlichkeit stehen, wie Politiker, Staatsoberhäupter oder auch Künstler. Nicht zuletzt durch die Prinzessinnen Diana und Caroline sind die so genannten Paparazzi ins Gerede gekommen. Die eben genannten Damen gehören zwar zu den absoluten Personen der Zeitgeschichte und eine Veröffentlichung ihrer Bildnisse bedarf nach deutschem Recht keiner Einwilligung. Aber auch hier gilt es eben wieder zwischen unterschiedlichen Rechtsansprüchen abzuwägen, denn dem Informationswunsch der Öffentlichkeit steht natürlich das Persönlichkeitsrecht der Betroffenen entgegen. In einem Urteil des Bundesverfassungsgerichts wurde einmal mehr festgelegt, dass Personen der Zeitgeschichte mit dieser Einschränkung zu leben hätten. Allerdings solle deren Kindern ein besonderer Schutz zugestanden werden. Dieser Auffassung widerspricht das so genannte Caroline-Urteil des Europäischen Gerichtshofs für Menschenrechte (WWW.EGMR.ORG) aus dem Jahr 2004. Danach verstößt die Veröffentlichung von Fotografien aus Prinzessin Carolines Privatleben gegen die Europäische Menschenrechtskonvention, da die Öffentlichkeit kein legitimes Interesse an deren Privatleben habe. Die gelebte Praxis – nicht nur der Regenbogenpresse – sieht da natürlich anders aus und die Zukunft wird zeigen, wie die deutschen Gerichte künftig mit dieser europäischen Vorgabe zur Abbildungen aus dem Privatleben von absoluten Personen der Zeitgeschichte umgehen werden.

Eine weitere Ausnahmeregelung betrifft Bilder, auf denen die Personen nur als Beiwerk neben einer Landschaft oder sonstigen Örtlichkeiten erscheinen. Möchte man also für einen Bildkalender einen schönen Brunnen, eine Brücke oder einen See fotografieren, so muss man nicht jeden einzelnen der Menschen, die sich zufällig dort aufhalten, um Erlaubnis fragen. Ähnliches gilt für Bilder von Versammlungen, Aufzügen oder vergleichbaren Vorgängen, an denen die dargestellten Personen teilgenommen haben.

Auch zum Zwecke der Rechtspflege und öffentlichen Sicherheit bedarf es selbstverständlich keiner Einwilligung. Man stelle sich nur den steckbrieflich Gesuchten vor, der seine Einwilligung zur Verbreitung seines Bildnisses hätte geben sollen.

4.5.4
Pflichtstückverordnungen

Jeder Verleger ist aufgrund gesetzlicher Vorschriften verpflichtet, Pflichtexemplare seiner Verlagserzeugnisse an bestimmte Institutionen zu schicken. Für die Bundesrepublik Deutschland besteht seit 1969 eine Pflichtstückverordnung. Sie ist vom Gesetzgeber initiiert worden, um die nationale Literaturproduktion lückenlos zu sammeln und zu sichten. Als zentrale Sammelstelle dient *Die Deutsche Bibliothek* (WWW.DDB.DE). Im Gegenzug wird *Die Deutsche Bibliothek* dazu verpflichtet, alle Druckwerke – das heißt alle Darstellungen in Schrift, Bild und Ton, die im Vervielfältigungsverfahren hergestellt und zur Verbreitung bestimmt sind – in den entsprechenden Reihen der *Deutschen Nationalbibliografie* (D N B) zu erfassen, um sie so der Forschung, den Bibliotheken und anderen interessierten Kreisen zugänglich zu machen. Periodika sind nur verzeichnet bei Neuerscheinungen und wesentlichen bibliografischen Änderungen. Veränderte Neuauflagen werden immer angezeigt, unveränderte nur, wenn sie aus verschiedenen Jahrgängen stammen.

Verlagsrelevante Reihen der Deutschen Nationalbibliografie (Stand 2004)

Reihe A   Monografien und Periodika des Verlagsbuchhandels (wöchentlich)
Reihe B   Monografien und Periodika außerhalb des Verlagsbuchhandels
          (wöchentlich)
Reihe C   Karten (vierteljährlich)
Reihe H   Hochschulschriften (monatlich), nur als HTML- oder PDF-Version
Reihe M   Musikalien und Musikschriften (monatlich), nur als HTML-
          oder PDF-Version
Reihe T   Musiktonträger (monatlich)

Die formale und inhaltliche Titelerschließung erfolgt *in allen Reihen* anhand des vorliegenden Objekts, was in der Fachsprache durch den Begriff Autopsie (gr. auto = selbst; optik = Licht, in Augenschein nehmen) ausgedrückt wird. Nach dem *Gesetz über die Deutsche Bibliothek* ist jedoch nicht nur ein Exemplar, sondern es sind zwei Exemplare kostenlos abzuführen: eines an die *Deutsche Bücherei* in Leipzig und das zweite an die *Deutsche Bibliothek* in Frankfurt am Main – beides Abteilungen *Der Deutschen Bibliothek*. In der Praxis sieht dies so aus: Die Verleger in Berlin, Brandenburg, Mecklenburg-Vorpommern, Nordrhein-Westfalen, Sachsen, Sachsen-Anhalt und Thüringen senden ihre Exemplare nach Leipzig und die Verleger aller übrigen Bundesländer übermitteln ihre Pflichtstücke nach Frankfurt. In den jeweiligen Häusern wird eine einheitliche Signatur vergeben und das Duplikat anschließend im Austausch an die andere Sammelstelle gebracht. Tonträger werden in der dritten Abteilung *Der Deutschen Bibliothek* erschlossen, dem *Deutschen Musikarchiv* in Berlin.

Allerdings gibt es auch Grenzen der Sammelbestimmungen. So ist die Pflichtstückverordnung nicht wirksam für Filmwerke, Patentschriften, Veröffentlichungen mit einer geringeren Auflage als 10 Exemplare, gedruckte Publikationen von bis zu vier Seiten Umfang, Originalkunstmappen ohne Titelblatt und Text, Plakate, Wandzeitungen, Flugblätter, Akzidenzschriften und Tageszeitungen, soweit sie nicht als Microfiche o. Ä. verfilmt werden.

Neben dieser bundeseinheitlichen Pflichtstückverordnung regeln die verschiedenen Pressegesetze der Bundesländer gleichfalls Abgaben für ihre zentralen Landesbibliotheken.

4.6
Grundlagen des Presserechts

Ausgangspunkt des deutschen Presserechts sind die verfassungsrechtlichen Grundlagen. In Artikel 5 Grundgesetz wird das Recht auf freie Meinungsäußerung und -verbreitung sowie die Informations- und Pressefreiheit geregelt.

> **Art. 5** [Recht der freien Meinungsäußerung]
> (1) Jeder hat das Recht, seine Meinung in Wort, Schrift und Bild frei zu äußern und zu verbreiten und sich aus allgemein zugänglichen Quellen ungehindert zu unterrichten. Die Pressefreiheit und die Freiheit der Berichterstattung durch Rundfunk und Film werden gewährleistet. Eine Zensur findet nicht statt.
> (2) Diese Rechte finden ihre Schranken in den Vorschriften der allgemeinen Gesetze, den gesetzlichen Bestimmungen zum Schutz der Jugend und in dem Recht der persönlichen Ehre.

Die große Bedeutung dieser Festlegung wird bereits an der Stellung innerhalb der Verfassung deutlich. Denn der Artikel 5 gehört zu den Grundrechten, die durch keine Gesetzgebung eingeschränkt werden können. Die vielzitierten Mütter und Väter des Grundgesetzes hatten dabei die Erfahrungen aus der Nazizeit im Hinterkopf, wo eine gleichgeschaltete Presse unmittelbar im Dienst der Diktatur stand. In der Weimarer Reichsverfassung war der Passus über die Meinungsfreiheit als Grundrecht in Artikel 118 festgeschrieben.

Welche Bedeutung hat diese Regelung nun für das Pressewesen? Zunächst einmal stellt die Pressefreiheit in der Tradition der liberalen Rechtstheorie ein Abwehrrecht gegenüber Einmischungen des Staates dar. Personen und Unternehmen, die individuelle Meinungsäußerungen vervielfältigen und verbreiten, dürfen nicht vom Staat behindert werden. Das bedeutet: Der Beruf des Verlegers ist genauso frei wie der Zugang zum Beruf des Journalisten. Im Gegensatz zu Berufen mit staatlichen Examina (z. B. Ärzte, Rechtsanwälte) kann sich jeder als Journalist bezeichnen, der diese Tätigkeit ausübt. Mit dieser Freiheit des Zugangs zum Presseberuf wollte man verhindern, dass über den Umweg eines staatlichen Lizenzierungssystems die Regierung das Entstehen der Presselandschaft beeinflussen und in ihrem Sinne steuern kann. In der Praxis wird ein Arbeitgeber die Einstellung eines Redakteurs zwar an gewisse Voraussetzungen knüpfen (abgeschlossenes Hochschulstudium, Volontariat etc.), doch sind dies jeweils individuelle Anforderungen des Verlags. Formal ist der Zugang zum Beruf des Journalisten ebenso wenig an Voraussetzungen der Ausbildung etc. geknüpft wie der Zugang zum Beruf des Politikers.

Neben dieser Sicht der Pressefreiheit als subjektives Abwehrrecht gegenüber staatlichem Einfluss hat das Bundesverfassungsgericht auch eine objektiv-rechtliche Sichtweise aus Art. 5 GG abgeleitet. So muss der Staat in seiner gestaltenden Rechtspolitik die Pressefreiheit berücksichtigen und garantieren, dass die Einrichtung ›freie Presse‹ weiterhin Bestand hat. Der Staat übernimmt damit eine Garantie für »frei zugängliche Quellen«. Diese Grundrechtsgarantie erfasst die komplette Wertschöpfungskette der Presseunternehmen (von der Nachrichtenagentur über den Druck bis hin zum Vertrieb) und alle im Pressebereich tätigen Personen.

Die vollständige Freiheit aller Bürger, ihre Meinung frei und ohne Einschränkungen verbreiten zu können, ist ein erstrebenswertes Ziel, das jedoch auch einige Nachteile mit sich bringen kann. Wie bei jedem Recht, so gibt es auch bei dem Recht auf Meinungsfreiheit durchaus Möglichkeiten, es zum Nachteil anderer zu missbrauchen. Der einfachste Fall wäre beispielsweise eine öffentliche Verleumdung durch ein Presseorgan. Da sich die Macher des Grundgesetzes dieser Problematik durchaus bewusst waren, haben sie gleich die Grenzen der Pressefreiheit mitgeliefert und im zweiten Absatz des Art. 5 GG formuliert. Aus der Forderung nach dem ›Schutz der Jugend‹ entwickelte sich sogar ein eigenes Gesetz: das *Jugendschutzgesetz* (JuSchG).

4.6.1
Landespressegesetze

Pressefragen liegen – wie viele Fragen des kulturellen Lebens in der Bundesrepublik Deutschland – im Hoheitsbereich der Bundesländer. Deshalb gibt es länderspezifische Pressegesetze, die die allgemeinen Bestimmungen teils aufgreifen und teils detailliert ausführen. Die Freiheit der Presse wird in § 1 der Landespressegesetze zugesichert und § 2 führt den Aspekt der Zulassungsfreiheit näher aus.

Eine wichtige Beschränkung der Pressefreiheit findet sich im Rechtsanspruch auf Gegendarstellung. Der Gegendarstellungsanspruch soll Personen schützen, über die in einer Zeitung oder Zeitschrift berichtet wurde. Wenn sich jemand durch eine Tatsachenbehauptung in einem Presseorgan betroffen fühlt, kann er unter Einhaltung bestimmter Formvorschriften – die Gegendarstellung darf u. a. nicht länger als der Artikel sein, auf den sich die Gegendarstellung bezieht – eine berichtigende Gegendarstellung an den Verlag senden, die die Sichtweise des Betroffenen wiedergibt. Die Gegendarstellung muss dann in dem jeweiligen Presseorgan an derselben Stelle veröffentlicht werden wie der Artikel, der der Auslöser des Protestes war. Als beispielsweise ein deutsche Zeitschrift einer Prinzessin aus Monaco eine Heirat andichtete, die überhaupt nicht geplant war, erstritt der Anwalt des monegassischen Fürstenhauses eine Gegendarstellung auf der Titelseite der Zeitschrift, da die angebliche Hochzeit ebenfalls auf der Titelseite der Illustrierten angekündigt war. Darüber hinaus gibt es bei einer Verletzung des Persönlichkeitsrechts Ansprüche auf Unterlassung, Widerruf und finanziellen Schadenersatz, sofern es sich bei dem beanstandeten Artikel um Tatsachenbehauptungen oder ehrverletzende Werturteile (Schmähkritik) handelt.

Wichtige Bestimmungen der Landespressegesetze

(aufgrund des Kulturföderalismus in der Bundesrepublik Deutschland variiert die Zählweise der Paragrafen je nach Bundesland)

INFORMATIONSRECHT DER PRESSE

Da Presseverlage eine öffentliche Aufgabe erfüllen, sind Behörden verpflichtet, den Vertretern der Presse Auskünfte zu erteilen.

SORGFALTSPFLICHT DER PRESSE

Die Presse hat nicht nur darauf zu achten, dass keine strafbaren Inhalte verbreitet werden, sie hat auch die Pflicht, alle Nachrichten mit »gebotener Sorgfalt auf Wahrheit, Inhalt und Herkunft« zu prüfen.

IMPRESSUMSPFLICHT

Die Verlage sind dazu verpflichtet, Angaben über Name und Firma des Druckers, Verlags, der verantwortlichen Redakteure etc. in ihre Zeitungen und Zeitschriften aufzunehmen. Der im Impressum aufgeführte Personenkreis trägt auch die presserechtliche Verantwortung für Straftaten, strafbare Verletzungen der Presseordnung und Ordnungswidrigkeiten.

KENNZEICHNUNG ENTGELTLICHER VERÖFFENTLICHUNGEN

Damit für den Leser immer klar erkennbar ist, ob er mit Informationen der Redaktion oder der Anzeigenkunden konfrontiert wird, sind die Verlage dazu verpflichtet, Werbeanzeigen im Zweifel durch das Wort ›Anzeige‹ kenntlich zu machen.

RECHT AUF GEGENDARSTELLUNG
Werden Tatsachen über Personen behauptet, die nicht der Wahrheit entsprechen, so haben diese Personen Anspruch auf eine Gegendarstellung.

ZEUGNISVERWEIGERUNGSRECHT UND BESCHLAGNAHMEVERBOT
Um die Informanten von Presseverlagen zu schützen, besitzen alle bei der Herstellung und Verbreitung eines periodischen Druckwerks Beschäftigten das Recht, die Aussage bei Nachforschungen der Strafverfolgungsbehörden zu verweigern. Damit soll verhindert werden, dass staatliche Organe den Zustrom von Informationen stören können.

VERJÄHRUNG
Für Straftaten und Ordnungswidrigkeiten in Zusammenhang mit der Veröffentlichung von Presseartikeln sind kürzere Fristen festgelegt.

4.6.2
Tendenzschutz

Während das Betriebsverfassungsgesetz den Mitarbeitern teilweise umfangreiche Mitbestimmungs- und Informationsrechte zugesteht, ist in § 118, Abs. 2 des *Betriebsverfassungsgesetzes* eine umfangreiche Ausnahmeregelung festgelegt. Sie betrifft so genannte *Tendenzbetriebe*: Unternehmen und Betriebe, die überwiegend den Zwecken der Berichterstattung oder Meinungsäußerung im Sinne der Presse- und Meinungsfreiheit dienen. Hier darf der Verleger die Tendenz des Unternehmens, das heißt, die politische und publizistische Grundausrichtung, bestimmen und ist bei wichtigen Fragen – und dies können mitunter auch personalpolitische Entscheidungen sein – nicht auf die Zustimmung der Mitarbeiter angewiesen.

4.6.3
Fusionskontrolle

Da Presseunternehmen in ihrer Funktion als Plattform für diskussionswürdige politische Themen eine wichtige Rolle bei der politischen Willensbildung innehaben, strebt der Gesetzgeber eine maximale Vielfalt unterschiedlicher Pressetitel an. Um nun zu verhindern, dass lediglich einige wenige Großkonzerne die deutsche Presselandschaft kontrollieren und im Sinne einer einzigen politischen oder gesellschaftlichen Strömung Einfluss nehmen, wird in dem § 35 des *Gesetzes gegen Wettbewerbsbeschränkungen* (GWB) – kurz Kartellgesetz genannt – festgelegt, dass Presseverlage bereits bei kleineren Firmenzusammenschlüssen eine Genehmigung des Bundeskartellamtes benötigen. Damit soll dem Staat die Gelegenheit gegeben werden, auf eine möglichst große Vielfalt in der Presselandschaft zu achten.

Die Fusionskontrolle wirkte sich in den vergangen Jahren zum Teil anders auf die Marktentwicklung aus als dies ursprünglich geplant war. Für kleinere Zeitungsverlage, die aufgrund der Marktentwicklung Probleme hatten, ihre Fixkosten für Redaktion, Technik etc. mit einer nur geringen Auflagenbasis im Markt zu refinanzieren, blieb oft als einzige Möglichkeit der Verkauf des Unternehmens. Nun hat natürlich jeder potenzielle Käufer eines Verlags die selben Probleme wie der Verkäufer, es sei denn, es ist ein (größerer) Verlag, der beispielsweise in Hauptredaktion und Technik investiert und dies auf einer größeren Titel- bzw. Auflagenbasis refinanzieren kann. Hier wurde bereits in der Vergangenheit das Prinzip verfolgt, durch die Trennung von ökonomischer Konzentration und publizistischer Konzentration nach Lösungen zu suchen. So konnte beispielsweise das Kölner Zeitungshaus M. DuMont Schauberg (*Kölner Stadtanzeiger, Express*) Anzeigen, Vertrieb und Druck des Wettbewerbers *Kölnische Rundschau* übernehmen, der ursprüngliche Eigentümer Heinen-Verlag blieb aber für die redaktionelle Unabhängigkeit verantwortlich. Leider war eine derartige Lösung, mit der der publizistische Wettbewerb und damit die Meinungs- und Informationsvielfalt erhalten bleibt, nicht in allen Fällen möglich, wo es um Zusammenschlüsse und Verkäufe ging. Durch die seit 2001 bestehende krisenhafte Konjunkturentwicklung im Zeitungsbereich ist der Druck auf die Politik gewachsen, hier Reformen des Rechtsrahmens vorzunehmen. Das Meinungsbild seitens Verleger und Medienexperten über dieses Thema ist jedoch keineswegs einheitlich.

Im Bereich der Buchverlage trat das Kartellamt in jüngster Zeit in einem Fall spektakulär in Erscheinung. Random House, sprich die Bertelsmann-Publikumsverlage, wollte die Verlagsgruppe Ullstein Heyne List übernehmen und hätte damit mit über 40 % Marktanteil eine marktbeherrschende Stellung im Taschenbuchmarkt erreicht. Letzten Endes wurde die Verlagsgruppe Ullstein Heyne List am 24. November 2003 mit Beschluss des Bundeskartellamtes aufgelöst, nachdem sich Bertelsmann zuvor vom Berlin Verlag getrennt hatte. Im Rahmen dieser Entscheidung kamen dann Südwest und Heyne an Random House, während Econ Ullstein List an Bonnier Media Deutschland veräußert wurde.

4.6.4
Selbstkontrolle in der Medienlandschaft

Für eine funktionsfähige Demokratie ist es unerlässlich, dass die Medien ohne Einmischung des Staates arbeiten können. Da der Staat also keine unmittelbare Kontrolle über die Medien ausüben darf, die Medien jedoch selbst immer wieder mit Fehlentwicklungen der eigenen Branche konfrontiert werden, haben sich die Verantwortlichen für das Instrument der Selbstkontrolle entschieden. Selbstkontrolle bedeutet, dass sich alle Marktpartner über ihre Interessenverbände zusammenschließen, um Fehlentwicklungen zu beobachten, zu rügen und zu ahnden.

Für das Pressewesen hat sich hier der Deutsche Presserat einen Namen gemacht, der von den beiden Verlegerverbänden Bundesverband Deutscher Zeitungsverleger (BDZV) und Verband Deutscher Zeitschriftenverleger (VDZ) sowie den Journalistengewerkschaften Deutscher Journalisten Verband (DJV) und ver.di Fachbereich Medien getragen wird. Er sorgt dafür, dass sich die deutschen Presseverlage an das Gebot der journalistischen Sorgfalt halten.

Für den Bereich der neuen Medien wurde die Freiwillige Selbstkontrolle Multimedia (FSM) etabliert, die für Beschwerden gegen alle Inhalte von Online-Angeboten zuständig ist, sofern die Inhalte nicht zeitungs- und zeitschriftenidentisch sind.

Auch der Bereich der Werbung unterliegt immer wieder der öffentlichen Kritik. Während in den 70er Jahren Kritiker der Werbewirtschaft befürchteten, dass der Verbraucher durch die Flut an Werbung zu sinnlosem Konsum verführt wird, beschäftigt sich der Deutsche Werberat als Selbstkontrollorgan aller Marktpartner der Werbewirtschaft heute vorwiegend mit konkreten Beschwerden. Häufiger Stein des Anstoßes: die Rolle der Frau in der Werbung. Weitere Informationen hierzu unter WWW.PRESSERAT.DE und WWW.WERBERAT.DE.

Fragen zu Kapitel 4

19. Welches der genannten Werke wird nach dem UrhG nicht geschützt?
    a) Fotokalender *Wüstenbilder*
    b) *BGB Bürgerliches Gesetzbuch*
    c) Kinofilm *Harry Potter 3*
    d) Beatles Song *Yellow Submarine*
20. Erläutern Sie kurz, weshalb im deutschen Urheberrecht keine Anmeldung von Werken erforderlich ist.
21. Nennen Sie drei Verwertungsgesellschaften, die für die Verlagsbranche von Bedeutung sind.

22. Welche Bedeutung haben die Verwertungsrechte im Verlagsalltag?
23. Bitte ordnen Sie die angegebenen Schutzfristen zu.
    a) Lichtbild   __70 Jahre nach Erscheinen
    b) Roman   __50 Jahre nach Erscheinen
    c) Anonym erschienene Werke   __25 Jahre nach Erscheinen
    d) Nachgelassene Werke   __70 Jahre nach Tod des Urhebers
24. Wann gilt ein Werk als veröffentlicht, wann gilt es als erschienen?
25. Welche der genannten Rechte sind Urheberpersönlichkeitsrechte?
    a) Veröffentlichungsrecht
    b) Ausstellungsrecht
    c) Vervielfältigungsrecht
    d) Schutz vor Entstellung des Werkes.
26. Wann kann ein Urheber vergebene Nutzungsrechte zurückfordern?
27. Was ist bei den im UrhG genannten Schranken des Urheberrechts zu beachten?
28. Was ist der Normvertrag?
29. Welcher der genannten Verträge bedarf zwingend der Schriftform?
    a) Herausgebervertrag
    b) Lizenzvertrag
    c) Optionsvertrag
    d) Übersetzungsvertrag
30. Bitte streichen Sie Nichtzutreffendes: Partie- und Portoersatzstücke gelten laut Normvertrag bei einem absatzorientierten Honorar als *honorarfrei/honorarpflichtig.*
31. Bei welcher Abbildung müssen Sie für den Abdruck in einem von Ihnen geplanten Frankfurt-Bildband das Recht am eigenen Bild beachten und eine Einwilligung der abgebildeten Person einholen?
    a) Ex-Bundespräsident Johannes Rau beim Besuch der Deutschen Buchhändlerschule
    b) Porträtfoto einer lesenden Besucherin auf der Frankfurter Buchmesse
    c) Passanten auf dem Eisernen Steg in Frankfurt
32. Wie viele Exemplare seiner Verlagserzeugnisse muss ein Verleger an Die Deutsche Bibliothek kostenlos abführen?
33. Welche Bestimmung findet sich nicht in den Pressegesetzen der Länder?
    a) Informationsrecht der Presse
    b) Kennzeichnung entgeltlicher Veröffentlichungen
    c) Zeugnisverweigerungsrecht und Beschlagnahmeverbot
    d) Mitbestimmungs- und Informationsrechte in Tendenzbetrieben
34. Welche Angaben sind im Impressum einer Zeitung erforderlich?
35. Wer trägt den Deutschen Presserat?

5
Absatzpolitik für Medienmärkte

Verlage sind wie alle Wirtschaftsunternehmen darauf ausgerichtet, die Bedürfnisse von Außenstehenden zu erfüllen (Fremdbedarfsdeckung). So versuchen Zeitungsverlage das Bedürfnis nach Information zu decken, während Comics in der Regel eher der Unterhaltung dienen. In der betriebswirtschaftlichen Theorie ist es Ziel des Absatzes, die produzierten Leistungen (z. B. Zeitungen, Zeitschriften und Bücher als Lesestoff oder Zeitungen, Zeitschriften, Anzeigenblätter als Werbeträger) dem Kunden – Leser oder inserierendem Unternehmen, dem sogenannten Werbungtreibenden – zur richtigen Zeit, am richtigen Ort und in der geeigneten Menge zur Verfügung zu stellen. Das heißt: Der Absatz umfasst alle Elemente der physischen Distribution und nicht nur den Vertrieb als letzte Stufe des betrieblichen Leistungsprozesses.

Früher ging man davon aus, dass ein Unternehmen umso besser funktioniert, je mehr die einzelnen Funktionsbereiche voneinander getrennt organisiert sind. Demnach wurde ein Produkt in der Regel wie in der unten dargestellten Abbildung hergestellt.

Bei dieser Betrachtungsweise kann jedoch allzu leicht Folgendes passieren. Ein Verlag erstellt mit viel Mühe eine Zeitschrift, indem er zuerst

Herkömmlicher Prozess der betrieblichen Leistungserstellung
Quelle: Kotler u. a.: *Marketing-Management*, S. 130

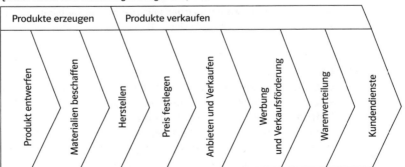

die Autoren und Redakteure für die Inhalte bezahlt. Anschließend wird die Zeitschrift in der Druckerei sorgfältig gedruckt und in einem zweiten Arbeitsgang mit einem Umschlag versehen. Die für den Absatz zuständige Vertriebsabteilung überlegt sich daraufhin, an welche Händler das Produkt ausgeliefert werden soll und beliefert mit Hilfe eines Transportdienstleisters eine große Zahl an Bahnhofsbuchhandlungen und Grossisten. Am Kiosk stellt sich jedoch heraus, dass sich kaum jemand für die sorgfältig erstellte Zeitschrift interessiert. Das teuer bedruckte Papier findet kaum Käufer. – Ein derartiges Ergebnis kann und darf nicht das Resultat verlegerischer Bemühungen sein.

Abhilfe bei diesem Problem schafft eine Unternehmensorganisation, bei der alle Abteilungen des Verlags sich an den Bedürfnissen der Kunden orientieren. Das Konzept der Unternehmensführung, bei dem alle betrieblichen Aktivitäten konsequent auf die gegenwärtigen und künftigen Erfordernisse der Märkte ausgerichtet werden, wird im Allgemeinen unter dem Begriff *Marketing* zusammengefasst. Das bedeutet für ein marketingorientiertes Unternehmen: Von Anfang an wird analysiert, welche Produkte im Markt überhaupt eine Chance haben, bevor am Ende nach Abschluss der Produktion der Vertrieb die unlösbare Aufgabe bekommt, ein nicht verkäufliches Produkt verkaufen zu müssen.

Wertorientierter Prozess unter Einbeziehung der Marktbedürfnisse
Quelle: Kotler u. a.: *Marketing-Management*, S. 130

Eigentlich ist diese Marktorientierung nur in solchen Märkten notwendig, wo aufgrund eines großen Angebots ähnlicher Produkte der Käufer die Wahl hat, sich zwischen vergleichbaren Alternativangeboten zu entscheiden (Käufermarkt). Diese Situation gilt jedoch mittlerweile für alle Märkte des Verlagswesens. Waren nach dem Zweiten Weltkrieg z.B. Zeitungen noch rare Möglichkeiten der Information (Papier war zu dieser Zeit rationiert und es gab nur wenige Zeitungslizenzen), so gibt es heute selbst in Orten mit nur einer lokalen bzw. regionalen Zeitung eine Fülle von regionalen Konkurrenzmedien (Lokalfunk, Anzeigenblatt etc.), die sich um die Gunst der Leser bemühen. Eine gut bestückte Verkaufsstelle (Vollsortiment) bietet ihren Kunden über 1.000 Titel an. Im Buchmarkt werden gar pro Jahr rund 80.000 Titel produziert. Allein die Angebotsfülle zeigt, dass es für den Erfolg eines Verlags entscheidend ist, sich von Anfang an darüber klar zu werden, welche Produkte tatsächlich im Markt gefragt sind.

Gehen wir also davon aus, dass sich der Großteil der Verlagsaktivitäten im Käufermarkt abspielen. Dies gilt für Boulevardzeitungen (*Express*, *Bild* etc.) und Zeitschriften am Kiosk genauso wie im Buchhandel, wo sich die einzelnen Titel am Point of Sale dem direkten Vergleich mit der Konkurrenz stellen müssen. Bei abonnierten Pressetiteln dagegen reagieren die Käufer langsamer. Das Abonnement ist häufig Gewohnheit und wird nicht bei jeder Ausgabe in Frage gestellt. So positiv das einerseits für den Verlag ist, dass der Absatz keinen starken Schwankungen unterliegt, so gefährlich ist dies andererseits, wenn aufgrund einer gewissen ›Trägheit‹ des Marktes die in den Verlagen notwendigen Maßnahmen zur Produktverbesserung und Kundenorientierung unterbleiben. Auflagenprobleme regionaler Tageszeitungen beispielsweise lassen sich zum Teil darauf zurückführen, dass Fehlentwicklungen bei der Konzeption der Zeitungen aufgrund der Trägheit des Abonnementverhaltens zu spät berücksichtigt wurden.

Somit ist auch im Verlagswesen der Engpassfaktor nicht mehr – wie in den Nachkriegsjahren – die Produktion (Wie bekomme ich Papier und Lizenzen, um Bücher, Zeitschriften und Zeitungen zu produzieren?), sondern der Absatz (Wie kann ich eine ausreichende Käuferschaft finden?). Dies erfordert aber nicht nur eine Kundenorientierung, die die Kunden der eigenen Produkte im Blickfeld hat, sondern auch eine Kundenorientierung, die innerhalb des strategischen Marketings die Entwicklung bei Absatzmittlern und Marktpartnern (z. B. Buchhandel, Presse-Grosso, Druckereien), Konkurrenten sowie die weiteren Entwicklungen des Umfelds berücksichtigt. Dabei müssen die Verlage – da sie im weitesten Sinne Teil des Freizeitmarktes sind – verschiedenen Fragen nachgehen: Wie verbringt der Konsument seine Freizeit, wie viel Geld hat der Durchschnittsbürger generell zur Verfügung und wie viel davon wird für den eigenen Produktbereich aufgewendet.

Entscheidend für alle Marketingüberlegungen jedoch ist eine korrekte Definition des Ausgangsmarktes. Beispielsweise sind Fachzeitschriften und Fachbücher zur Aus- und Weiterbildung sicherlich nicht in erster Linie als Teil des Unterhaltungsmarktes zu sehen. Hier stehen die Verlagsprodukte in Konkurrenz oder in Verbindung mit Schulen, Kursen, Seminaren und dem gesamten Bedürfnis der Aus- und Weiterbildung.

Die Ausgaben, die die privaten Haushalte aufwenden, hängen nicht

Mehrmals in der Woche ...	Personen ab 14 Jahre			Alter in Jahren						
	Gesamt	Mann	Frau	14–19	20–29	30–39	40–49	50–59	60–69	70 +
Zeitungen lesen	81,7	82,5	80,9	54,8	68,7	77,8	85,8	90,4	90,4	88,4
Zeitschriften, Illustrierte lesen	38,5	37,8	39,1	34,7	30,0	33,7	38,4	40,4	43,9	45,8
Bücher lesen	36,9	27,7	45,5	32,6	35,2	35,6	37,2	35,5	38,0	42,4
Fernsehen	89,9	88,9	90,9	90,1	82,9	85,1	87,6	91,9	95,9	96,2
Radio hören	82,5	81,9	83,0	77,0	76,7	83,5	85,7	84,9	86,1	78,9
Schallplatten/CD/ Kassetten hören	43,0	44,8	41,3	78,2	65,9	52,0	43,5	34,6	26,1	19,7
Videokassetten ansehen	7,5	8,4	6,7	13,3	11,2	7,6	6,7	6,1	5,9	5,5
ins Kino gehen	0,4	0,5	0,3	1,6	0,9	0,4	0,1	0,2	0,1	0,1
Theater/Konzert	0,3	0,3	0,3	0,4	0,6	0,3	0,3	0,2	0,2	0,4
Handarbeiten, basteln, heimwerken	21,4	21,7	21,1	9,0	14,1	20,0	21,0	22,8	30,7	24,9
Sport treiben, trimmen	38,1	40,2	36,2	65,5	43,4	36,1	34,2	33,9	39,4	29,3
Ausgehen (Kneipe, Disco)	10,3	13,2	7,7	30,2	25,5	8,1	6,6	5,9	5,1	4,5

Mediennutzung und Freizeitbeschäftigung 2003 in Prozent
Quelle: *Media Analyse 2003 Radio II*. Nach Media Perspektiven Basisdaten 2003, S. 69

nur vom Lese- und Unterhaltungsinteresse ab, sondern natürlich auch von Faktoren wie der allgemeinen konjunkturellen Wirtschaftslage, der Arbeitslosigkeit und dem frei verfügbaren Nettoeinkommen. Darüber hinaus verschärft die Globalisierung der Wirtschaft den Wettbewerb im Medienmarkt. Zwar sind Medien in erster Linie sprachgebunden (auch unsere Ausführungen beschränken sich auf den deutschsprachigen Markt), aber mehr und mehr werden deutsche Produkte ins Ausland übertragen oder ausländische Produkte für den deutschen Markt adaptiert, sodass auch im Medienmarkt der Wettbewerb aufgrund der engeren Verflechtungen der Weltwirtschaft zunimmt.

5.1
Marktforschung

Marketing dient dazu, das Unternehmen an den Bedürfnissen der Kundschaft auszurichten. Woher weiß jedoch der Anzeigenleiter im Zeitungsverlag welche Bedürfnisse seine Werbekunden haben? Oder wie kann ein Redakteur einer Modezeitschrift oder der Lektor eines belletristischen Verlages sich an den Bedürfnissen seiner Leserschaft orientieren? Die Lösung dieser Probleme liefert zunächst die *Marketingforschung*. Unter diesem Oberbegriff wird die systematische und objektive Gewinnung und Analyse von Informationen zusammengefasst. Diese Informationen dienen zur Erkennung und Lösung von Problemen im Marketingbereich. Hierzu ein Beispiel.

Ein Fachverlag für PC-Zeitschriften stellt fest, dass immer mehr private Haushalte sich in Supermärkten wie Norma oder Aldi einen PC zulegen, aber nur unzureichend über die Nutzungsmöglichkeiten informiert sind. Dies kann der Anlass sein, über einen neuen Zeitschriftentitel nachzudenken. Hier liefert also die Forschung einen Hinweis auf ein Problem im Marketing (das unerfüllte Informationsbedürfnis technikferner PC-Einsteiger) und gleichzeitig erste Hinweise für eine Lösung. Eine nähere Untersuchung des Informationsdefizits der PC-Einsteiger kann jedoch ergeben, dass die Erstkäufer nach einmaliger Hilfestellung durchaus in der Lage sind, die Alltagsprobleme eines PC-Nutzers selbst zu bewältigen. Für den Verlag kann dieses zweite Ergebnis bedeuten, dass von einem eigenständigen Zeitschriftentitel für diese Zielgruppe abgesehen und statt dessen im Rahmen einer eingeführten PC-Zeitschrift eine Sondernummer für PC-Einsteiger auf den Markt gebracht wird. An diesem Beispiel zeigt sich, dass die Marketingforschung als übergreifende Aufgabenstellung nicht primär dem Absatz dient, sondern Informationen für den gesamten Marketingprozess (hier z. B. die Produktentwicklung) liefert.

Im Unterschied zu den übergreifenden Themen der Marketingforschung konzentriert sich die Marktforschung auf die Beschaffung und Analyse der Daten, die für das Absatz-Marketing maßgeblich sind. Marketingentscheidungen beruhen – so banal das vielleicht klingen mag – immer auf der Auswahl zwischen zwei Alternativen, wobei auch das Nicht-Handeln eine Entscheidung ist (z. B. ein neuer Titel wird nicht im Markt eingeführt), auch wenn dies von vielen Praktikern nicht erkannt wird. Marktforschung soll den Entscheidungsbefugten die Konsequenzen solcher Entscheidungen aufzeigen und dient somit der Entscheidungsvorbereitung.

So vielfältig wie die Aufgabenstellungen der Marktforschung, so unterschiedlich sind die organisatorischen Lösungen beschaffen, wie die betriebliche Funktion der Marktforschung in Buch- und Presseverlage integriert wird. Bei kleineren Verlagen handelt es sich bei den Verantwortlichen für den Marktforschungsbereich um Spezialisten innerhalb der Funktionsbereiche Marketing oder Absatz. Alternativ dazu wird die Marktforschung in vielen Fällen bei kleineren Verlagen auch als Stabsstelle geführt, die direkt der Geschäftsführung unterstellt ist. Entsprechend der Grunddefinition von Stabsstellen haben die Marktforscher in

Marktforschung in kleineren Verlagen

einer solchen Organisation die Aufgabe, die Geschäftsführung zu entlasten. Das bedeutet, dass marketingstrategische Fragen durch die Spezialisten im Hause abgeklärt werden und damit die Vorbereitung für die Entscheidungsfindung nicht im Aufgabenbereich der Führung liegt. Große Verlage der Pressebranche haben innerhalb der Marktforschungsfunktion eigenständige Spezialisierungen. Es handelt sich dabei um große Fachabteilungen, die mit den jeweiligen Fachfunktionen im Vertriebs- und Anzeigensektor eng zusammen arbeiten.

Bei den Großverlagen ergeben sich die Unterschiede bei der organisatorischen Einbettung der Marktforschungsfunktion anhand der unterschiedlichen Beziehungen zwischen Marktforschung und den einzelnen Geschäftsfeldern. Einige Verlage bevorzugen hier Lösungen, wonach die eigenständige Abteilung Marktforschung sowohl den Vertrieb als auch den Anzeigensektor aller Produktbereiche und Titel neutral berät. Andere Verlage haben sich für eine Doppelung der Marktforschungsfunktion

Eingliederung der Marktforschung in Großverlagen

entschlossen, die jedoch in Produktbereiche direkt eingegliedert ist. Der Nachteil dieser Lösung liegt in der Parallelität ähnlicher Funktionsbereiche. Der Vorteil liegt darin, dass die Marktforschung dann besonders eng in die Problemstellungen der jeweiligen Produktbereiche bzw. Geschäftsfelder einbezogen ist.

Wesentlich für die unterschiedliche Umsetzung der Marktforschung sind auch die heterogenen Zielsetzungen, die im Verlagsbereich mit Marktforschung verbunden sind.

Zielsetzungen der Marktforschung

AKZEPTANZ VON THEMEN UND PRODUKTEN   Eine typische Aufgabe für die Entwicklung neuer Produkte im Konsumentenmarkt ist die Identifikation und Bewertung neuer Themen zur Einführung neuer Bücher und Presseprodukte. Hierzu gehören beispielsweise explorativen Untersuchungen, mit denen Zielgruppen auf ihre Einstellung gegenüber unterschiedlichen Themen und Produkteigenschaften untersucht werden. Als weitere Variante gehören hierzu auch Pretests, mit denen bereits entwickelte Produkte vor der Markteinführung auf deren Eignung getestet werden.

WETTBEWERBSSITUATION   Um die Marketingstrategie auf die aktuelle Marktsituation abstimmen zu können, muss für Buch- und Presseverlage eine Transparenz über Planungen und Aktivitäten der Wettbewerber bestehen. Diese Daten werden nicht im Rahmen der klassischen Marktforschung erhoben, sondern die Aktivitäten der konkurrierenden Verlage werden identifiziert und katalogisiert.

NUTZUNG VON PRESSEPRODUKTEN   Ein wesentliches Ziel der Marktforschung ist es, die Nutzung von Pressemedien zu dokumentieren. Dies erfolgt einerseits im Rahmen der Reichweitenstudien, indem die Nutzungsfrequenz unterschiedlicher Medien und Titel erfasst wird. Eine vertiefte Analyse welche Bereiche der Presseprodukte genutzt werden, lässt sich durch so genannte Copytests erheben. Dabei steht beim Anzeigen-Copytest (ACT) die Nutzung der Werbung im Vordergrund, während im Rahmen der redaktionellen Copytests (RCT) ermittelt wird, welche inhaltlichen Bestandteile genutzt werde. Diese Informationen, wie viele Leser beispielsweise den Leitartikel oder den Fortsetzungsroman lesen, können anschließend wieder für die Produktoptimierung genutzt werden.

ZIELGRUPPENMERKMALE FÜR WERBEKUNDEN   Da die Nutzbarkeit von Pressetiteln für Werbekunden davon abhängt, ob die mit den Anzeigenblättern, Zeitschriften und Zeitungen erreichten Zielgruppen den Vorstellungen der Werbewirtschaft entsprechen, muss hier eine Analyse und Dokumentation stattfinden. Dabei werden in den gängigen Markt-Media-Studien neben den soziodemografischen Daten auch die Konsuminteressen der Zielgruppen erhoben und dokumentiert.

5.1.1
Datenquellen für die Marktforschung

Bei der Informationsgewinnung für die Marktforschung unterscheidet man zwischen Daten, die eigens für ein gesetztes Untersuchungsziel erhoben wurden (Primärdaten) und Informationen, die aus bereits durchgeführten Untersuchungen abgeleitet werden, auch wenn diese vielleicht ursprünglich anderen Zwecken dienten (Sekundärdaten). Des weiteren lassen sich die Daten trennen in intern aus dem verlagseigenen Management-Informationssystem gewonnene Daten und externe Informationen, die aus unternehmensfremden Quellen stammen. In der Regel ergänzen sich die unterschiedlichen Datenquellen und ergeben erst in der Kombination ein Abbild der gegenwärtigen bzw. künftigen Marketingumwelt. Die in der Grafik aufgeführte Studie EHASTRA ist eine Strukturanalyse des Einzelhandels, die vom *Bundesverband Presse-Grosso* durchgeführt wird und sowohl vom Pressegroßhandel als auch von Presseverlagen als Marketinghilfe genutzt wird.

	Primär	Sekundär
Intern	• Spezielle Berichte des Außendienstes • Befragungen/Ausarbeitungen der eigenen Mitarbeiter (z. B. Erfassung von Nicht-Leser-Haushalten im Neubaugebiet durch Zeitungsvertriebs-Mitarbeiter)	• Umsatzstatistiken (Anzeigen, Vertrieb), ggf. gegliedert nach Kundengruppen • Auflagenstatistik (Remissionen) • Außendienstbericht (Buchhandelsvertreter, Anzeigenverkauf)
Extern	• Befragungen und Experimente durch externe Marktforschungsinstitute	• Studien der Marktforschungs-Institute (Markt-Media-Studien) • Amtliche Statistiken • IVW-Auflagenstatistik • Branchenstatistiken (Zeitungsqualitäten, EHASTRA)

Datenquellen für Marktforschung

5.1.2
Methoden der Marktforschung

Unabhängig von der Art der Datenherkunft lassen sich die Marktforschungsansätze in drei Grundtypen einteilen: die explorative, die deskriptive und die kausal-analytische Marktforschung.

Besonders dann, wenn ein Verlag Neuland betritt (z. B. Einstieg in einen völlig fremden Inhaltsbereich oder Einstieg in ein neues Medium), fällt es den verantwortlichen Marketingleitern schwer, den Markt und die damit verbundenen Probleme richtig zu strukturieren. Die *explorative Forschung* soll in solchen Situationen eine Grobanalyse des Problems ermöglichen, damit anschließend die richtigen Fragen an den Markt und das neue Objekt gestellt werden können. Schwerwiegende Fehleinschätzung der Situation lassen sich so bereits im Vorfeld vermeiden.

Die *deskriptive Marktforschung* liefert strukturierte Daten über tatsächliche Marktverhältnisse und Marktbewegungen. So geben die klassischen Markt-Media-Studien Auskunft darüber, welcher Personenkreis beispielsweise die Zeitschrift *Focus* abonniert hat. In der Praxis muss allerdings darauf geachtet werden, dass die Informationen über Vertriebsstrukturen, Marktanteile etc. nicht vorschnell in Verbindung mit eigenen Hypothesen in einem Ursache-Wirkungs-Zusammenhang (Kausalzusammenhang) betrachtet werden.

Die explorativen und deskriptiven Forschungsansätze liefern häufig Indizien für bestimmte Kausalzusammenhänge. Beispielsweise liegt es nahe, bei einer kurzfristigen Preissenkung einer TV-Programmzeitschrift (Ursache) und einem gleichzeitigen Ansteigen des Einzelverkaufsumsatzes am Kiosk (Wirkung) einen solchen Zusammenhang zu vermuten. Auch im Bereich der Werbewirkungsforschung stellt sich häufig die Frage nach solchen Zusammenhängen. Haben sich viele Befragte an die Werbung erinnert, weil die Gestaltung der Anzeige sehr professionell war oder weil die Platzierung in der Zeitschrift XY besonders günstig war? Um solche Fragestellungen besser klären zu können, wird in der *kausalanalytischen Forschung* durch Experimente versucht, weitere Indizien für eine Ursachen-Wirkungs-Kette zu finden.

5.1.3
Methoden der Datengewinnung

Zur Gewinnung von Primärdaten der Marktforschung stehen unterschiedliche Methoden zur Verfügung, wobei vor allem Befragung, Beobachtung, Experiment und Panelforschung unterschieden werden. Von großer Bedeutung für die Qualität von Forschungsergebnissen ist das

Verfahren der Stichprobenbildung. Da es im Normalfall nicht möglich ist, alle potenziellen Käufer eines Produktes oder alle Leser einer Zeitschrift zu befragen, muss der Forscher eine Auswahl treffen. Hierfür gibt es zum einen unterschiedliche Verfahren der Zufallsauswahl (Random-Verfahren), die durch die zufällige Auswahl sicherstellen sollen, dass sich die Befragten nicht von der Grundgesamtheit der Zielgruppe der Forschung unterscheiden. Zum anderen wird in weiteres preiswertes und gängiges Verfahren praktiziert: die Quotenstichprobe. Hier wird dem Interviewer vorgegeben, nach welchen Personenmerkmalen er seine Stichprobe zu bilden hat. Dabei werden bestimmte Quoten an soziodemografischen Merkmalen (Einkommen, Geschlecht, Alter etc.) vorgegeben.

Befragung

Die einfachste Form der Befragung ist die *Gruppendiskussion*, die in der Regel bei der explorativen Marktforschung zum Einsatz kommt. Hierbei können mehrere Experten oder mögliche Leser unter Anleitung eines Diskussionsleiters vorgegebene Probleme diskutieren. Natürlich werden die Ergebnisse solcher Gruppendiskussionen durch gruppendynamische Effekte, wie zum Beispiel besonders wortgewaltige Meinungsführer innerhalb der Gruppe beeinflusst. Deshalb kann als Ergebnis keinesfalls eine repräsentative Aussage erwartet werden. Auf die Frage, ob ein Heft für Einsteiger erfolgreich im Markt etabliert werden kann, kann eine Gruppendiskussion keine verbindliche Aussage liefern. Eine Diskussion mit 8 PC-Einsteigern liefert jedoch Aussagen über die Probleme der Zielgruppe und über das Informationsverhalten. So kann eine solche Diskussion durchaus zu den Erkenntnis führen, dass gegenwärtig der Bekanntenkreis der Computerneulinge die Funktion übernimmt, diese in die PC-Benutzung einzuführen.

Eine weitere Befragungsmöglichkeit ist das *Interview*, dessen Ergebnisse (beim mündlichen Interview) ebenfalls wie die Gruppendiskussion unter gewissen Verzerrungen leiden, da Fragesteller und Befragter in direktem Kontakt stehen (Face-to-Face-Interaktion). Interviews können unterschiedliche Ansätze verfolgen. Tiefenpsychologische Einzelinterviews liefern beispielsweise im Rahmen der explorativen Marktforschung interessante Aussagen über die Motive der Zielgruppe. Auf diesem Weg wird unter anderem auch die Einstellung Jugendlicher gegenüber Zeitungen und Medien erforscht. Eine Untersuchung Mitte der 90er Jahre stellte fest, dass für die meisten Jugendlichen Zeitungen zwar aufgrund des Informationsgehalts anerkannt werden, der Spaßfaktor des Zeitunglesens jedoch begrenzt ist. Zeitungen gehörten – nach Ansicht der Befragten – zur Welt der Erwachsenen.

Neben tiefenpsychologischen Interviews, die nicht-repräsentative Aussagen liefern, gibt es auch strukturierte Interviews, die in direkter Befragung oder als Telefonbefragung durchgeführt werden. Entscheidend für den Erfolg dieser Marktforschungsmethode sind die Formulierung der Fragen und gegebenenfalls die Methode der Stichprobenziehung. Bei entsprechender Durchführung solcher Formen der Feldforschung können repräsentative Aussagen gewonnen werden, die als Grundlage für Marketingentscheidungen herangezogen werden können.

Bei der schriftlichen Befragung wird der Interviewer-Effekt (Verzerrung der Ergebnisse durch Einflussnahme des Interviewers) zwar vermieden, jedoch ist die Beteiligung an dieser Art der Befragung meist geringer als bei anderen Befragungsvarianten. Die geringe Rücklaufquote ist nicht unkritisch, da stets die Gefahr besteht, dass sich die Teilnehmer gegenüber den Nicht-Teilnehmern gerade in ihrem Verhältnis zum Untersuchungsgegenstand unterscheiden. Wegen der preisgünstigen Durchführung werden die schriftlichen Befragungen sehr häufig eingesetzt, obwohl sie eine Reihe von Nachteilen aufweisen. So sind die Umwelteinflüsse während der Befragung ebenso wenig kontrollierbar wie die Reihenfolge, in der die Fragen beantwortet werden. Kontrollfragen können daher nicht eingebracht werden.

Beobachtung

Die Beobachtung lässt sich entweder im Labor mit Wissen der Versuchspersonen oder im so genannten Feld, das heißt in natürlicher Situation durchführen. So gibt es beispielsweise Methoden der Blickaufzeichnung, mit denen festgestellt werden kann, welche Elemente einer Zeitungsseite der Testleser als erste ansieht. Ein solches Experiment lässt sich natürlich nur im Versuchsraum (Labor) durchführen. Dadurch wird es sehr schwer, den Leser in seinem natürlichen Verhalten zu erleben.

Varianten der *Feldbeobachtung* werden häufig am Point-of-Sale (POS) durchgeführt, wenn zum Beispiel beobachtet wird, wie sich Käufer bei Neuplatzierung im Buchhandel oder am Pressekiosk verhalten. Mit solchen Tests vor Start des Produkts (Pretest) kann zum Beispiel die grafische Gestaltung (Cover, Werbeplakate etc.) auf ihre Markttauglichkeit hin untersucht werden.

Experiment

Unter dem Oberbegriff Experiment werden alle Verfahren zusammengefasst, bei denen das Verhalten der Zielgruppe getestet wird. Die Akzeptanz einer Zeitschrift kann beispielsweise vor (Pretest) oder nach (Post-test) der Markteinführung getestet werden. Je nach Art der eingesetzten Erhebungsmethode kann auch zwischen Befragungs- und Beobachtungstest unterschieden werden.

Eine mit der Weiterentwicklung der eingesetzten Technologie zunehmend populäre Forschungsmethode ist die Blickaufzeichnung (Eye-tracking). Bei dieser Forschungsmethode werden die Versuchspersonen mit Hilfe von Spezialkameras beobachtet, sodass der Blickverlauf während des Lesevorgangs analysiert werden kann. Mit Hilfe dieser Methode können sowohl Pre-Tests im redaktionellen Bereich – Wie reagieren die Leser auf unser geplantes neues Layout beim Relaunch? – als auch im Bereich der Werbung – Worauf achten die Leser bei diesem Anzeigenmotiv? – durchgeführt werden.

Panel

Panel ist eine Wiederholungsbefragung, bei der im Rahmen von Langzeituntersuchungen an derselben Personengruppe die gleichen Merkmale zu unterschiedlichen Zeitpunkten erhoben werden. So wird z. B. zur Ermittlung der Marktanteile einzelner TV-Sender der Fernsehkonsum von ca. 4.500 ausgewählten deutschen Haushalten von der *Gesellschaft für Konsumforschung* (GfK) mit Sitz in Nürnberg aufgezeichnet. Dies ermöglicht u. a. die Ermittlung von TV-Quoten einzelner Sender und Sendungen (so haben am Sonntag, den 25. 7. 1999, 20,8 % der Deutschen die Sendung *Tatort* gesehen).

Neben diesen Haushaltspanels, bei denen auch Konsumgewohnheiten wöchentlich per Fragebogen erhoben werden, gibt es noch die Handelspanels, die den Abverkauf von Produkten und Produktkombinationen in einer Verkaufsstelle erfassen. Vor allem der Einsatz von Scannerkassen ermöglicht die einfache Erfassung von Verkaufsdaten. Ein amerikanisches Handelsunternehmen stellte bei der Auswertung dieser Daten beispielsweise fest, dass abends häufig Einwegwindeln und Bierbüchsen zusammen eingekauft wurden. Väter, die auf dem Weg nach Hause waren, erledigten hier offenbar ihre ›Noteinkäufe‹. Daraufhin wurden – um diesen Kunden gerecht zu werden – beide Produktgruppen entsprechend strategisch platziert.

Inhaltsanalyse

Mit Hilfe der Inhaltsanalyse können inhaltliche Aussagetendenzen bei unterschiedlichen Medien untersucht werden. Wurde das Verfahren früher meist aus publizistischer Perspektive auf gedruckte Verlagsprodukte angewandt, um zum Beispiel die Haltung einzelner Pressetitel zu bestimmten gesellschaftlichen Themen zu untersuchen, so gibt es seit Ende der 90er Jahre zunehmend Untersuchungen, die diese Methode bei neuen Medien einsetzen. Besonders die Navigationsstruktur, der Aufbau und die inhaltliche Struktur von Internetauftritten lassen sich mit dieser Methode erfolgreich analysieren.

Copytests

Ein typisches Verfahren zur Ermittlung der Mediennutzung bei Presseprodukten ist der Copytest. Hierbei werden Leser mit Hilfe des vorgelegten Produkts (Zeitung oder Zeitschrift) dazu befragt, welche Bestandteile genutzt werden. Diese Befragungsmethode liefert Informationen über die Anzeigennutzung und die Wertigkeit unterschiedlicher redaktioneller Bestandteile.

Werbemonitoring

Eine Kombination unterschiedlicher Marktforschungsmethoden, die für Pressemedien, wie auch für alle anderen im Werbemarkt aktiven Massenmedien in jüngster Zeit zunehmend an Bedeutung gewonnen hat, ist das so genannte Werbetracking bzw. -monitoring. Um den großen Aufwand nachvollziehen zu können, der hier von Medienseite erbracht wird, ist es zunächst notwenig, sich die Ausgangslage im Markt zu vergegenwärtigen.

Mediainvestitionen sind für den Werbungtreibenden Investitionen, die sich nach betriebswirtschaftlichen Gesichtspunkten rechnen sollen. Auch im Rahmen der Werbewirkungsforschung möchte er bei seinen Ausgaben für die Werbeträger (Mediaspendings) einen Return-On-Investment (ROI) ermitteln können. Hierzu ist es jedoch notwendig, einen Zusammenhang zwischen den Mediaausgaben und den hoffentlich positiven Werbeeffekten im Markt darzustellen. Das führt zur Frage der Erfolgskontrolle von Werbung generell. Zwar ist es in den meisten Werbesituationen ein Endziel, einen Mehrverkauf oder eine andere Art der Absatzsteigerung auszulösen, jedoch ist es in den meisten Fällen nicht problemlos möglich, zwischen tatsächlichem Abverkauf und Werbeeinsatz eine Korrelation herzustellen. Je komplexer ein Produkt ist, beispielsweise bei Business-to-Business-Werbung in Fachzeitschriften, desto schwieriger ist diese Zuordnung. Selten wird der werbliche Impuls eines neuen Automodells dazu führen, dass Sie sich abends nach der Arbeit auf dem

Heimweg noch »schnell eins mitnehmen«. Als dem Konsum vorgelagerte Größen, die durch die Marketingarbeit beeinflusst werden, werden daher Anbieterimage, Produktimage, Aktivierungsgrad der Werbebotschaften, empfundene Preiswürdigkeit der Angebote etc. erhoben. Hier ist es für die Werbeträger wiederum entscheidend, ihre Leistung den Werbekunden darzustellen. Um das zu erzielen, wird der Mediaeinsatz – Welche Werbeträger wurden in welchem Umfang belegt? – anhand bestehender Datensammlungen (beispielsweise Nielsen S+P) in Verbindung mit den Kampagnenaussagen mit den damit in diesem Zeitraum erreichten Aufmerksamkeits- und Imagewerten in Beziehung gesetzt. Eine solche Analyse liefert beispielsweise bei Mediamix-Kampagnen Antworten auf die Frage, wie sich die Werte des Kunden verändert hätten, wenn statt einer verstärkten Belegung des Werbeträgers TV eine zusätzliche Belegung im Bereich Publikumszeitschriften, Zeitungen oder Anzeigenblätter erfolgt wäre.

Dies wird nur dann möglich, wenn das Werbemonitoring kontinuierlich durchgeführt wird. Methodisch ist es eine Befragung, die in hoher Frequenz wiederholt wird und durch die Kumulation der Daten sowie die Veränderungen im Zeitvergleich Aussagen gestattet. Durchgeführt werden diese Untersuchungen von Seiten der Medien selbst zur Beratung der Werbekunden, von Werbeagenturen zur Kontrolle der eigenen Arbeit und Dokumentation ihrer Leistung im Sinne einer Kundenberatung, von den Werbekunden zum Zweck des Werbecontrollings und von Marktforschungsinstituten zur Vermarktung ihrer Kompetenz im Bereich der Datensammlung und -analyse.

5.1.4
Einsatz der Marktforschung im Verlag

Im Verlagsbereich findet Marktforschung auf unterschiedlichen Ebenen statt. Vor, während und nach der Einführung neuer Produkte (Bücher, Zeitschriften, neue Zeitungssegmente) wird mit unterschiedlichen Forschungsmethoden das Interesse des Publikums am Produkt ermittelt. Diese Informationen dienen der verlagseigenen Produktentwicklung und Redaktionskonzeption. Beispielhaft hierfür ist der *Copytest*, bei dem die Nutzung einer Zeitschrift bzw. Zeitungsausgabe erforscht wird.

Die zweite Stoßrichtung der Marktforschung im Zeitschriften- und Zeitungsverlag ist der Werbemarkt. Werbekunden möchten natürlich wissen, wie viel Prozent der Leserschaft zur Zielgruppe ihres beworbenen Produkts gehören. So ist es beispielsweise für Werbende im Kosmetikbereich wichtig, den Frauenanteil und die Altersstruktur der Leserschaft zu kennen. Daher werden in den Markt- und Mediastudien nicht nur Lesegewohnheiten, sondern auch soziodemografische Daten (Geschlecht, Alter, Familienstand, Schulbildung) sowie Freizeit- und Konsumgewohnheiten erhoben.

Am Beispiel des *Focus* soll kurz die Bedeutung der Marktforschung für das Marketing erläutert werden. Nachdem im Burda Verlag die publizistische Idee geboren war, ein zweites Nachrichtenmagazin im Wettbewerb zu *Der Spiegel* zu positionieren, wurde nach Nutzung aller sekundärstatistischen Materialien eine Zielgruppenbefragung unter 200 ehemaligen *Spiegel*-Lesern, 200 Nichtlesern und 200 Kernlesern durchgeführt, bei der vor allem Fragen zum optimalen Aufbau eines Nachrichtenmagazins gestellt wurden. Der Name *Focus* ist das Ergebnis von 100 tiefenpsychologischen Interviews, bei denen vor allem die Assoziationen mit mehr als 30 potenziellen Namen abgeprüft wurden. Nach dem ersten Erscheinen der Zeitschrift wurden Leser, Grossisten und Journalisten über ihre Einschätzung befragt, damit kontrolliert werden konnte, ob die Zeitschrift sich planmäßig entwickelt. Parallel dazu wurden die werbemarktorientierten Untersuchungen der Leserschaft vorgenommen, um die Zielgruppe *Infoelite* dem Werbekunden schmackhaft zu machen. Mit dem eigens kreierten Schlagwort *Infoelite* versuchte der Burda Verlag bereits in der Zielgruppenbenennung deutlich zu machen, dass es sich bei der anvisierten Leserschaft um die besser gebildeten handelt, die privat und beruflich Verantwortung übernehmen und vorrangig an kurzer und präziser Information interessiert sind.

5.1.5
Datenbanken

Wie im gesamten Bereich des unternehmensinternen Berichtswesens hat die Einführung der Computertechnik auch im Marketingbereich das Informationswesen verändert. Im Rahmen eines Marketing-Informationssystems wird versucht, die marketingrelevanten internen und externen Informationen zu speichern und mit Hilfe eines Entscheidungsunterstützungs-Systems in möglichst praxisgerechter Form aufzubereiten. Eine Studie der Hochschule Offenburg unter den deutschen Presseverlagen ergab jedoch, dass eine ganze Reihe marktbezogener Daten, die in den Verlagen vorliegen, unter anderem Daten bezüglich der Konzentrationsprozesse bei Anzeigenkunden und bei Reklamationen, bei einigen Verlagen nicht in vollem Umfang zur Unternehmenssteuerung herangezogen werden.

Neben diesen zum Teil in firmeninternen Netzen (z. B. Intranets) verfügbaren Datenbanken spielen jedoch online zugängliche externe Datenbanken eine immer größere Rolle bei der Beschaffung marketingrelevanter Sekundärdaten. Hierzu ein fiktives Beispiel: Ein Schulbuchverlag plant die Einführung eines Titels, mit dem Lehrer vorbereitet werden sol-

Themenbereich	Name und URL	Inhalt
Fachzeitschriften Medien und Werbung	Horizont www.horizont.net	Entwicklung der Medien- und Werbelandschaft, Verweis auf neue Trends und Untersuchungen
	Werben & Verkaufen www.wuv.de	Neues aus dem Medien- und Werbebereich, Hintergrundberichterstattung
	Kress report www.kress.de	Aktuelle Nachrichten aus dem Medien- und Werbesektor
	Textintern www.textintern.de	Kurznachrichten aus den Bereichen Medien und Werbekommunikation
Fachzeitschriften für Buchverlage	Buchreport www.buchreport.de	Verbandsunabhängige Zeitschrift zu aktuellen Themen mit unterschiedlichen Ranking- und Sellerlisten
	BuchMarkt www.buchmarkt.de	Praxisorientiertes Ideenmagazin mit vielen thematischen Schwerpunkten
	Börsenblatt www.mvb-boersenblatt.net	Offizielles Verbandsorgan des Börsenvereins
Verbände	Börsenverein des Deutschen Buchhandels www.boersenverein.de	Informationen über Buchhandel und Buchverlage, Links zu eigenen Wirtschaftsunternehmen
	Bundesverband Deutscher Anzeigenblätter (BVDA) www.bvda.de	Informationen über die Verbandspolitik, aktuelle Infos, Mediadaten der Anzeigenblätter
	Bundesverband Deutscher Zeitungsverleger (BDZV) www.bdzv.de	Informationen über die Verbandspolitik, aktuelle Infos, Links zu *Zeitungen Online*
	Deutsche Fachpresse www.fachpresse.de	Informationen über den Verband der Fachzeitschriften, Mediadaten
	IFRA (Zeitungstechnik) www.ifra.com	Informationen über technische und marktpolitische Entwicklungen
	forum corporate publishing www.forum-corporate-publishing.de	Informationen über die unterschiedlichen Formen von Kundenzeitschriften und Firmenmedien
	Verband Deutscher Zeitschriftenverleger (VDZ) www.vdz.de	Kurze Informationen über die Zeitschriftenbranche
Auflagen und Mediadaten	Zeitungen Online www.tz-online.de	Angebot der BDZV-Tochter Zeitungs Marketing Gesellschaft (ZMG), Mediadaten der Zeitungen
	Publikumszeitschriften www.pz-online.de	Mediadaten der Publikumszeitschriften, allerdings unvollständig, da der Eintrag der Zeitschriften kostenpflichtig ist
	Informationsgemeinschaft zur Feststellung der Verbreitung von Werbeträgern (IVW) www.ivw.de	Allgemeine Informationen über die IVW, Daten über die Abrufzahlen der deutschen Online-Werbeträger
	Zentralverband der Werbewirtschaft (ZAW) www.zaw.de	Daten über die Entwicklung des Werbemarktes sowie einzelner Werbeträger

Themenbereich	Name und URL	Inhalt
Auflagen und Me-diadaten (Forts.)	Media-Daten-Verlag www.media-daten.de	Kommerziell recherchierte Media-daten
Markt-Media-Studien	Typologie der Wünsche (TdWI) www.tdwi.de	Recherchefähige Daten der Studie
	Institut für Demoskopie, Allensbach www.ifd-allensbach.de	Aktuelle Infos zu neuen Studien (AWA, ACTA etc.)
	Media.Analyse (MA) www.agma-mmc.de	Informationen über Aufbau und Inhalt der Studie
	Gesellschaft für Konsum-forschung (GfK) www.gfk.de	Infos zu neuen Studien
	Media-Infopool des Spiegel-Verlages www.media-spiegel.de	Informationen zu verschiedenen Studien (AWA, LAE etc.)
	Arbeitsgemeinschaft Online-Forschung www.agof.de	Informationen zur Internetforschung, Daten über die Struktur der Online-Nutzerschaft
Amtliche Statistiken	Statistisches Bundesamt www.statistik-bund.de	

Ausgewählte externe Datenquellen für das Verlagsmarketing

len, verstärkt Projektarbeit in den Unterricht zu integrieren. Um diese Produktentscheidung absichern zu können, ist es sicherlich hilfreich, nicht nur den Absatzmarkt zu kennen, sondern darüber hinaus auch über die künftigen Perspektiven der Projektarbeit informiert zu sein. Im verlagseigenen Marketing-Archiv liegen vielleicht bereits einzelne Artikel zu diesem Thema vor, für eine professionelle Absicherung der Marketing-entscheidung ist jedoch neben den Gesprächen mit Experten eine umfangreiche, systematische Recherche notwendig. Dabei kann auf elektronische Archive und Fachdatenbanken zurückgegriffen werden.

Fachinformations-Hosts bieten thematisch unterschiedlich strukturierte Datenbanken an. Diese Datenbanken werden entweder von öffentlichen Forschungseinrichtungen oder Privatunternehmen (z. B. Verlagsgruppe Handelsblatt, Hoppenstedt Verlag) produziert. Ein Host verfügt über ca. 30 bis 250 Datenbanken. Dabei gibt es Hosts mit einer sehr breiten Themenstreuung, wie z. B. DIALOG (USA) und fachlich sehr spezialisierte Hosts wie zum Beispiel in Deutschland DIMDI (Medizin, Pharmazie, Sozial- und Verwaltungswissenschaften) und FIZ Technik (Technik, Naturwissenschaften) sowie GBI und GENIOS (Wirtschaft). Die Datenbanken ihrerseits enthalten entweder statistisch numerische Informationen, Volltexte, Literaturangaben sowie Firmenangaben. Die Nutzung solcher Fachinformations-Datenbanken ist in der Regel kostenpflichtig. Allerdings muss bei der Beurteilung der Kosten berücksichtigt werden, dass dadurch in der Regel interner Arbeitsaufwand verringert und die Qualität der Entscheidung verbessert wird. Da die Recherche in Fachinformations-Datenbanken trotz zunehmend bedienungsfreundlicher Benutzeroberflächen mitunter sehr komplex sein kann, gibt es *Informations-Broker*, die im Kundenauftrag Recherchen durchführen und die Ergebnisse kundengerecht aufbereiten. Eine Möglichkeit der Nutzung externer Archive ist zum Beispiel das *Monitoring*, bei dem sich beispielsweise ein Verlag von mehreren Fachzeitschriften monatlich ein Dossier fertigen lässt, in dem alle Berichte über das eigene Unternehmen sowie über Aktivitäten der Konkurrenz dokumentiert sind. Dadurch kann die Gefahr verringert werden, dass die Verantwortlichen zu spät über neue Marktentwicklungen informiert werden.

Neben Fachinformations-Datenbanken gewinnt das *Internet* als Datenquelle zunehmend an Bedeutung. Hier kann ebenfalls auf sehr effektive Weise Konkurrenzbeobachtung durchgeführt werden. Für Buchverlage sind insbesondere Besuche anderer Verlagsstände auf den großen Buchmessen sowie eine Recherche im *Verzeichnis Lieferbarer Bücher* (VLB) oder *Books in Print* bzw. *Livres Disponibles* von Interesse, um die bereits bestehende Marktabdeckung bei einzelnen Themenbereichen abzuklären. Wichtige Marktinformationen bieten darüber hinaus Kammern und Verbände, das Statistische Bundesamt in Wiesbaden sowie die statistischen Landesämter. Für die Analyse von Konsuminteressen lohnt sich auch die Datenabfrage der herkömmlichen Markt- und Mediastudien – in der Marketingfachsprache verkürzt Markt-Media-Studien genannt. Der Burda-Verlag bietet beispielsweise einen kostenlosen Auswertungsservice im Internet, mit dessen Hilfe einzelne Aspekte der *Typologie der Wünsche Intermedia* (TdWI) ausgewertet werden können.

Ziel der *Marketinginformationssysteme* ist neben der Systematisierung unterschiedlicher Informationsquellen die Steuerung der Marketingabläufe auf Basis von Kennzahlen. Am Beispiel eines Buchverlags soll dies im Folgenden verdeutlicht werden. Lehrbücher, wie das vorliegende haben meist einen Lebenszyklus, der nach der Einführungsphase, die durch große Zuwächse gekennzeichnet ist, eine Nachfrage und damit einen Umsatz auf relativ konstantem Jahresniveau nach sich zieht. Die Bücher sind an Hochschulen, Schulen oder anderen Bildungseinrichtungen eingeführt und mit dem Titel verbindet sich somit eine konstante Nachfrage. Bei Fachlehrbüchern für den Hochschulsektor ergibt sich jedoch in der Absatzkurve im Jahresverlauf eine starke Saisonschwankung, die mit dem Semesterzyklus der Hochschulen verknüpft ist. Für den Aufbau eines Marketinginformationssystems ist es nun beispielsweise entscheidend, schon während des Saisonverlaufs Abweichungen zum erwarteten Bücherabsatz frühzeitig zu erkennen. Dabei ist es notwendig, für den einzelnen Titel das Wettbewerbsumfeld, die Studentenzahlen in dem Fachbereich, die Literaturlisten der Hochschulen und die Präsentation in den Buchhandlungen vor Ort mit in das System einzugeben, um ein umfassendes Marketinginformationssystem betreiben zu können.

5.2
Unternehmens- und Marketingziele

Um sinnvoll Marketing betreiben zu können, ist es wichtig, sich zunächst über die grundsätzlichen Unternehmensziele klar zu werden, die ein maßgeblicher Faktor für die anschließende Definition von Marketingzielen sind.

5.2.1
Unternehmensziele

Die Schwierigkeit bei der Formulierung von Unternehmenszielen besteht darin, dass eine zu abstrakte Formulierung keine Klarheit bringt, zu enge Definitionen jedoch das Blickfeld der Unternehmung verengen und innovationsfeindlich wirken können. Auf jeden Fall sollte man versuchen, keine produktgebundene Definition zu verwenden und statt dessen motivierende marktbezogene Unternehmensziele einzusetzen.

Wie wichtig die richtige Definition des Unternehmensziels für die Marktpositionierung eines Verlags sein kann, sei anhand eines regionalen Zeitungsverlages aufgezeigt. Sein Unternehmensziel könnte lauten: »Wir produzieren die erfolgreichste Zeitung der Region.« Dieser Auftrag ist rein produktspezifisch formuliert, der Verlag würde sich dieser Definition zufolge auf die Herstellung der gedruckten Zeitung konzentrieren und andere Marktchancen nicht nutzen. Alternativ zur vorherigen Zielformulierung könnte der Verlag formulieren: »Wir wollen der beste Informationsanbieter der Region sein.« Bei dieser marktbezogenen Definition wird klar, dass sich der Verlag nicht darauf beschränken kann, die bisher angebotene gedruckte Zeitung weiter zu entwickeln und zu optimieren. Darüber hinaus müssen alle anderen Möglichkeiten regionaler/lokaler Information (Zeitungen, Anzeigen-, Offertenblätter, lokaler Hörfunk, Online-Angebote, Stadtmagazine, Stadtführer, Fremdenverkehrsinformationen etc.) bei allen Marketingüberlegungen mit berücksichtigt werden. Dadurch kann sowohl die Flexibilität als auch die Zukunftsorientierung des Unternehmens leichter gesichert werden. Noch breiter gefasst könnte das Unternehmensziel lauten: »Wir wollen Informationen für die Region beschaffen, aufbereiten und mit möglichst eigener Infrastruktur weiter-

verbreiten.« Neben einem verstärkten Engagement im Pressevertrieb
schließt diese Zielsetzung auch regionale Telefonaktionen, das Anbieten
von Internet-Zugängen, den Aufbau eines Direktverteilservices für Kunden im Bereich Direktmarketing mit ein.

5.2.2
Auswirkungen der Unternehmensziele auf das Marketing

Nachdem das Unternehmensziel definiert ist, stellt sich aus Marketing-
sicht die Frage, wie können aus einem abstrakten in der Regel langfristig
formulierten Unternehmensziel konkrete Marketingziele für potenzielle
Märkte mit unterschiedlichen Zeithorizonten abgeleitet werden.

5.2.2.1   Potenzialanalyse

Aufgabe der Potenzialanalyse ist es, zu ermitteln, in welchen Bereichen
das Unternehmen eine gewisse Kompetenz für Marktaktivitäten besitzt
und wo gegebenenfalls Know-how aufgebaut werden kann und muss.
Neben der qualitativen Basis der Unternehmensstruktur und Unternehmensphilosophie geht es darum, auf Basis einer eher quantitativen Analyse die Möglichkeiten der eigenen Unternehmung in bestimmten Markt-
segmenten im Verhältnis zur Konkurrenzsituation und Marktentwicklung darzustellen. Die Grundlage für die Entscheidung über die künftige
Weiterentwicklung ist die Analyse des Ist-Zustandes. Hierfür bieten sich
unterschiedliche Methoden an. Eine gängige Variante besteht in der Erstellung eines *semantischen Differenzials*. Hier werden die einzelnen Un-
ternehmensfunktionen in einer Checkliste dargestellt und deren momen-
taner Zustand anhand einer Skala als eher positiv oder negativ bewertet.
Ebenfalls können die verschiedenen Marketinginstrumente und -berei-
che mit Hilfe einer detaillierten Checkliste mit entsprechenden Unterpunkten in ihrem Ist-Zustand beurteilt werden.
    Nach dieser ersten Einschätzung der eigenen Ausgangssituation ist es
wichtig, den Blickwinkel auf den Markt und die Marktumgebung zu richten. In der Konkurrenzanalyse werden die tatsächlichen und möglichen
Konkurrenten näher unter die Lupe genommen, wobei eine der größten
Schwierigkeiten darin besteht, die Konkurrenten zu identifizieren. In
Märkten mit hohem Marktwachstum (hoher Attraktivität) und geringen
Markteintrittsbarrieren muss vor allem mit dem Eindringen neuer Kon-
kurrenten gerechnet werden, weshalb deren Identifikation von zentraler
Bedeutung ist. Im Markt der Verlage zeigt sich dieses Phänomen vor al-
lem im Umfeld der Online-Medien. In diesem Marktsegment fehlt bei

	3	2	1	-1	-2	-3
Unternehmensführung						
• Unternehmenskultur/-philosophie	☐	☐	☐	☐	☐	☐
• Ziele und Strategien	☐	☐	☐	☐	☐	☐
• System der Mitarbeiter-Motivation	☐	☐	☐	☐	☐	☐
Personal						
• Altersstruktur der Belegschaft	☐	☐	☐	☐	☐	☐
• Ausbildungsstand	☐	☐	☐	☐	☐	☐
• Qualifikation/Motivation der Führungskräfte	☐	☐	☐	☐	☐	☐
Finanzen						
• Eigenkapitalausstattung	☐	☐	☐	☐	☐	☐
• Finanzieller Überschuss	☐	☐	☐	☐	☐	☐
• Möglichkeiten der Fremdfinanzierung	☐	☐	☐	☐	☐	☐
• Börsenreife von Unternehmensteilen	☐	☐	☐	☐	☐	☐
Technik/Verlagsherstellung						
• Gestalterisches Niveau	☐	☐	☐	☐	☐	☐
• Stand der verlagseigenen Technik	☐	☐	☐	☐	☐	☐
• Verfügbarkeit technischer Dienstleister	☐	☐	☐	☐	☐	☐
Anzeigen						
• Unabhängigkeit von einzelnen Kunden/Branchen	☐	☐	☐	☐	☐	☐
• Innovationsfähigkeit bezüglich neuer Werbeformen	☐	☐	☐	☐	☐	☐
• Konkurrenzfähigkeit im Preis-Leistungs-Niveau	☐	☐	☐	☐	☐	☐
Vertrieb						
• Reklamationsquote	☐	☐	☐	☐	☐	☐
• Integration unterschiedlicher Vertriebskanäle	☐	☐	☐	☐	☐	☐
• Akzeptanz auf Händlerseite	☐	☐	☐	☐	☐	☐
Marketing						
• Erfolgsquote neuer Produkte/Titel	☐	☐	☐	☐	☐	☐
• Integration der Fachabteilungen in den Marketingprozess	☐	☐	☐	☐	☐	☐
• Reaktionsschnelligkeit bei Marktveränderungen	☐	☐	☐	☐	☐	☐
Redaktion/Lektorat						
• Unverwechselbarkeit der Inhalte	☐	☐	☐	☐	☐	☐
• Marktorientierung der Mitarbeiter	☐	☐	☐	☐	☐	☐
• Zukunftspotenzial der aktuellen Akquisitionen	☐	☐	☐	☐	☐	☐

Beispiel einer Potenzialanalyse mit exemplarischen Unterpunkten

sehr vielen Verlagsangeboten das Merkmal einer hohen Rentabilität. Das hohe Marktwachstum und das große Zukunftspotenzial dieses Marktes ist jedoch für viele noch nicht am Medienmarkt beteiligte Unternehmen sehr attraktiv. Durch die geringen Markteintrittsbarrieren (es ist kein eigenes Vertriebssystem oder ähnliches notwendig) kommt es daher zu einer großen Zahl so genannter Branchenfremder, die sich – wie beispielsweise Sparkassen und Kommunen – nicht primär als Medienunternehmen verstehen, sich aber dennoch als Anbieter redaktioneller Inhalte und Partner für Service-Leistungen im Markt etablieren.

Grundsätzlich ist es natürlich sinnvoll, die Konkurrenzanalyse an denselben Kriterien festzumachen wie die Analyse der eigenen Ist-Situation. Der Schwerpunkt der Konkurrenzanalyse bezieht sich jedoch auf die für die künftige Entwicklung maßgebenden Faktoren. Neben Unternehmensphilosophie und -kultur sind dies vor allem die Ziele und Strategien (sofern sie von außen erkennbar sind), die Finanzkraft und die Qualifikation von Management und Mitarbeitern. Ziel dieser Untersuchung ist es, ausgehend von der Beschreibung der Ziele und Potenziale des Konkurrenten seine nächsten Schritte und strategischen Veränderungen abzuleiten. Dieses voraussichtliche Reaktionsprofil der Konkurrenz sollte bei der Festsetzung der eigenen Strategien berücksichtigt werden. Aber bevor mit einer Gesamtanalyse der Situation begonnen werden kann, ist eine Markt- und Umfeldanalyse notwendig.

5.2.2.2 Marktanalyse

In der Marktanalyse ist es entscheidend, die relevanten Teilmärkte zu erkennen. So ist es für eine Zeitschrift entscheidend, ob sie sich in erster Linie als Teil des Informationsmarktes oder als Teil des Freizeitmarktes versteht. Innerhalb des Marktes müssen die qualitativen und quantitativen Marktdaten aufgelistet und bewertet werden.

Marktdaten (in Auswahl)

QUALITATIVE MARKTDATEN
Bedürfnisstruktur der Kunden
Kaufmotive
Art der Kaufprozesse
Informationsverhalten der Kunden
Verteilung der Marktmacht
Kunden- und Leserbindung

QUANTITATIVE MARKTDATEN
Marktpotenzial
Marktvolumen
Marktsättigungsgrad
Marktwachstum
Verteilung der Marktanteile
Stabilität des Bedarfs
Kontinuität der Preisentwicklung

RELEVANTE DATEN FÜR PRESSEVERLAGE
Auflagenentwicklung
Werbeumsatzentwicklung
Entwicklung der Leser pro Ausgabe (LpA-Werte)

5.2.2.3 Umfeldanalyse

Die Umfeldanalyse stellt die Marktanalyse in einen größeren Gesamtzusammenhang. Umfeldbedingungen haben zwar keinen direkten Einfluss auf das Unternehmen, sie sind jedoch für die Gesamtentwicklung durchaus von Bedeutung. Die folgende Auflistung ist erstellt in Anlehnung an eine Übersicht aus dem Buch *Hörschgen, Marketing-Strategien*, S. 39.

Umfeldbedingungen (in Auswahl)

POLITISCH-RECHTLICHE KOMPONENTEN
Gewerkschaften
Sozialgesetzgebung
Arbeitsrecht
Parteipolitische Entwicklung
Investitionsanreize

SOZIO-KULTURELLE KOMPONENTEN
Geburtenrate und Bevölkerungsstruktur
Arbeitsmentalität
Freizeitverhalten
Sparneigung
Umweltbewusstsein

ÖKONOMISCHE KOMPONENTEN
Entwicklungstendenzen des Volkseinkommens
Höhe des Realzinses
Konjunktur
Investitionsneigung

TECHNOLOGISCHE KOMPONENTEN
Produktionstechnologie
Produkt-/Verfahrensinnovation
Substitutionstechnologie
Recycling-Technologie

PHYSISCHE KOMPONENTEN
Verfügbarkeit von Energie und Rohstoffen
Umweltbelastung, klimatische Faktoren
Infrastruktur

Im Verlagswesen gibt es innerhalb jeder einzelnen Komponente noch zusätzliche branchenspezifische Elemente. So ist innerhalb der politisch-rechtlichen Komponente die Entwicklung des Medien- und Presserechts für die Presseverlage von sehr großer Bedeutung. Bei der sozio-kulturellen Komponente ist natürlich das Freizeitverhalten für nahezu alle Verlagsarten maßgebend. Kaum ein Verlag kann sich in seinen Marktaktivitäten auch von der ökonomischen Komponente – beispielsweise der Entwicklung der Realeinkommen – abkoppeln. Ebenso sind die technologischen Einflüsse in der Verlagslandschaft sehr deutlich spürbar. So hat sich im Pressebereich innerhalb der letzten Jahre die digitale Produktion durchgesetzt. Die Verfahrensinnovation hat auf Produktebene zu kürzeren Produktionszeiten und einem höheren Anteil von Farbdruckerzeugnissen geführt. Noch spannender sind jedoch die Produktinnovationen, die beispielsweise bei elektronischen Büchern oder Online-Produkten am auffälligsten sind. Dass auch die physische Komponente die Verlagslandschaft beeinflusst, wird deutlich, wenn man sich vergegenwärtigt, welche Kosten auf die Verlage zugekommen wären, wenn das in den 90er Jahren realisierte *Kreislaufwirtschafts- und Abfallgesetz* von Seiten des Gesetzgebers nicht in Kraft gesetzt worden wäre und sich die Einsatzquoten von Recycling-Papier nicht erhöht hätten. Dies hätte die Kalkulation vieler Verlagsprojekte sehr stark belastet, denn sie wären unrentabel geworden. Solche Randbedingungen sind daher sehr bedeutsam für die Beurteilung der Marktsituation.

Dabei darf keinesfalls übersehen werden, dass für einzelne Unternehmen häufig einer der Faktoren eine überragende Bedeutung besitzen kann. Meist bezieht sich das auf die inhaltliche Programmstruktur. Da Verlage sich mit ihren Produkten häufig an Trends orientieren, sind sie von den Umfeldfaktoren extrem abhängig. So ist es beispielsweise für die politische Presse (Zeitungen und Nachrichtenmagazine) sehr schwer, mit politischen Themen allein eine ausreichende Leser-Blatt-Bindung aufzubauen, wenn gesamtgesellschaftlich eine Abkehr von politischen Themen sowie eine zunehmende Politikverdrossenheit stattfindet. Die Veränderung der Ökonomie und die Hinwendung eines großen Teils der Bevölkerung zu Beteiligungen an Aktiengesellschaften (dies wurde vor allem beim Börsengang der Deutschen Telekom deutlich), hat nicht nur zu einschlägigen Ratgebern im Buchbereich und entsprechenden Zeitschriftentiteln geführt, auch die Zeitungen haben ihren Wirtschafts- und Finanzteil entsprechend ausgeweitet. Nach dem Abklingen der Börsenkonjunktur aufgrund der Schwäche der so genannten New Economy nahm das Interesse vieler am Thema Wirtschaft und Finanzen ab, wobei der verstärkte intermediale Wettbewerb aufgrund der ausgeweiteten Wirtschaftsberichterstattung des (öffentlich-rechtlichen) Fernsehens dafür sorgt, dass dieses Thema weiterhin für die Printverlage wichtig ist.

5.2.2.4 Strategische Geschäftseinheiten (SGE)

Die analytisch aufgeführte Darstellung der eigenen Marktposition lässt sich durch integrative Methoden zu einer Gesamtzusammenschau verdichten. Dabei werden die unterschiedlichen Verlagsaktivitäten – nach Kundengruppen, Kundenbedürfnissen und eingesetzter Technologie gegliedert – in *Strategische Geschäftseinheiten* (SGE) gruppiert. Zur weiteren Einschätzung werden die einzelnen SGE mit Hilfe unterschiedlicher Analysemethoden auf ihren Zustand und das Marktpotenzial hin untersucht. Die bekannteste Analysemethode ist die *Portfolio-Analyse*, von der wiederum das Marktwachstums-Marktanteils-Portfolio des Beratungsunternehmens Boston Consulting Group das bekannteste ist. Das Beispiel eines fiktiven Buchverlages mag diesen Ansatz verdeutlichen. Der Verlag besitzt vier verschiedene Programmbereiche: EDV und Technik, Naturwissenschaften, Geistes- und Sozialwissenschaften sowie Ratgeber. Die Größe der Geschäftseinheiten sowie deren Markanteil und ihr jeweiliges Marktwachstum können im Portfolio dargestellt werden.

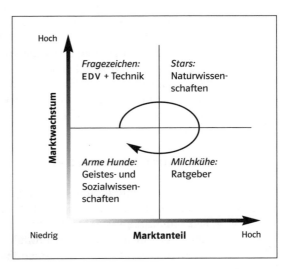

Portfolio-Modell

Fragezeichen (question marks)
und Stars (stars)

Der Programmbereich EDV und Technik ist in einem Markt mit hohen
Wachstumsraten positioniert, allerdings ist es dem Verlag noch nicht gelungen, einen größeren Marktanteil in diesem Sektor zu erzielen. Aus
Sicht des Marketings wäre bei einer solchen Situation zu überlegen, ob
entweder in diesem Programmbereich kräftig investiert wird, um mit dem
Wachstum des Marktes Schritt zu halten, oder ob statt dessen eine andere Geschäftseinheit gefördert werden soll.

Die Bezeichnung *Fragezeichen* für dieses Feld im Portfolio verdeutlicht diese Entscheidungssituation, entweder zu investieren oder diese
Strategische Geschäftseinheit (SGE) fallen zu lassen. Der Bereich Naturwissenschaften hat bei unserem Verlag bereits das Stadium eines Fra-
gezeichens hinter sich. Durch erfolgreiche Positionierung des Programms
im Markt ist es gelungen, eine führende Position in einem Wachstums-
markt zu erlangen. Stars bringen im Allgemeinen bereits Gewinne und
übernehmen künftig als so genannte Milchkühe die ökonomische Zukunftssicherung des Verlags.

Milchkühe (cash cows)
und arme Hunde (dogs)

Wenn das Wachstum des Gesamtmarktes nachlässt, wird der Star zur
Milchkuh. Hier sind nur wenige Erhaltungsinvestitionen notwendig.
Demnach dient diese SGE vor allem der Finanzierung anderer Geschäftseinheiten. Strategische Geschäftseinheiten mit geringem Marktanteil in
einem Markt mit geringem Wachstum schreiben in der Regel rote Zahlen
oder liefern nur geringe Gewinne. In unserem Fall sollte der Verlag überprüfen, ob die Geistes- und Sozialwissenschaften aus übergeordneten
Gründen (Abrundung des Sortiments) beibehalten werden müssen, oder
ob es nicht besser wäre, diesen Bereich an einen in diesem Sektor erfolg-
reicheren Verlag zu veräußern.

Integrative Betrachtungsweisen

Ausgehend von diesen marketingstrategischen Überlegungen können
nach eingehender Analyse der Stärken und Schwächen des eigenen Verlags die Marketingziele für die einzelnen Strategischen Geschäftseinheiten sowie für die einzelnen Produkte und Produktbestandteile definiert
werden. Dabei ist es – wie immer bei der Formulierung von Unterneh-

menszielen – wichtig, einen genauen zeitlichen und quantitativen Horizont sowie ein nachvollziehbares Budget vorzugeben. Darüber hinaus muss darauf geachtet werden, dass keine konträren Ziele formuliert werden.

Problematisch wäre beispielsweise die Vorgabe einer Vertriebsabteilung, den Absatz des Titels *Verlagskaufmann heute* an den Kiosken in Baden-Württemberg zu erhöhen und gleichzeitig eine geringere Remissionsquote zu erzielen. Denn selbst wenn der Vertriebsaußendienst eine bessere Präsentation und Bewerbung der Zeitschrift am Point-of-Sale arrangiert, so würde doch die erhöhte Präsenz an den Kiosken dazu führen, dass am Ende des Verkaufszeitraums zunehmend nicht verkaufte Exemplare zurückgesandt werden.

5.2.3
Unternehmensphilosophie

Neben den konkreten Unternehmenszielen, die maßgeblich die Zieldefinitionen im Marketingsektor beeinflussen, spielt in allen Unternehmen die Unternehmensphilosophie sowie die Unternehmenskultur eine entscheidende Rolle für die Marktaktivitäten und Außenpräsentation eines Unternehmens. Die Unternehmensphilosophie beschreibt die ethisch und moralischen Wertvorstellungen, die für das Verhalten des Unternehmens gegenüber seiner Umwelt entscheidend sind. Wie verhält sich das Unternehmen gegenüber Mitarbeitern, Kunden, möglichen Aktionären, Staat und Gesellschaft?

Ein Unternehmen dient nicht nur der Erzielung von Gewinnen, sondern hat neben seinem unternehmerischen Hauptzweck eine Funktion innerhalb der Gesellschaft, die wesentlich durch die ethische Grundhaltung der Anteilseigner bzw. des Managements geprägt wird. Grundsätzlich stehen daher Fragen wie etwa die Haltung gegenüber der Wirtschaftsordnung, die Einstellung zu Wachstum, Wettbewerb und technischer Innovation bei den Unternehmenszielen ganz oben. Dies gilt insbesondere für Verlage. Denn sie verbreiten mit Hilfe von Zeitungen, Zeitschriften und Büchern Informationen, die nicht nur ein bestimmtes Informations- und Unterhaltungsbedürfnis der Leserschaft stillen, sondern darüber hinaus für eine demokratische Gesellschaft von großer Bedeutung sind. Einerseits sind sie Spiegelbild der Wissenschaft und Kultur eines Landes und andererseits erfüllen sie durch die Berichterstattung und Kommentierung von Ereignissen eine Meinungsbildungs- und Kontrollfunktion. Eben wegen dieser besonderen Aufgabe unterstehen Verlage auch dem besonderen Schutz der Informations-, Meinungs- und Pressefreiheit, die in zahlreichen rechtlichen Grundregelungen sicherstellen

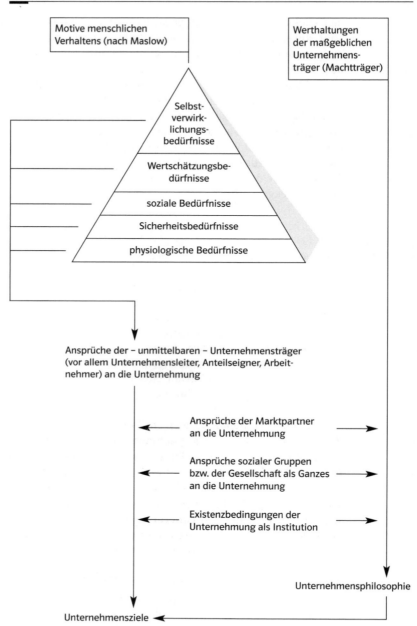

Entstehung von Unternehmenszielen
Quelle: Schierenbeck, *Grundzüge der Betriebswirtschaftslehre*, S. 59

soll, dass der Verleger die auf seinen Wertvorstellungen basierenden Entscheidungen ohne rechtliche Einschränkungen treffen kann. Die Rechtsordnung geht an dieser Stelle also bereits davon aus, dass das jeweilige verlegerische Selbstverständnis für die Gestaltung der tagtäglichen Arbeit im Verlagsbereich relevant ist und relevant bleiben sollte.

Wie stark ein Verlag an speziellen Werthaltungen der Eigentümer orientiert ist, hängt in vielen Fällen von der Eigentümerstruktur und Organisationsform des Verlags ab. So sind Verlage, die im Besitz einer Eigentümerfamilie stehen, häufig in ihrem Buchprogramm von den Wertvorstellungen des Verlegers geprägt. Insbesondere in Buchverlagen, wo der Verleger eine entscheidende Rolle bei der Akquisition von Autoren spielt, lässt sich ein Großteil der strategischen Marketingziele aus den Wertvorstellungen des Verlegers ableiten. Im Zeitungsbereich prägt die Grundorientierung der Eigentümer meist die publizistische Grundhaltung eines Titels mit, wobei es sich bei dem Gros der Zeitungen, den lokalen und regionalen Tageszeitungen, um Nuancen handelt.

In der Regel sind Zeitungen so konzipiert, dass sie das Informationsbedürfnis einer Region erfüllen müssen – ohne Rücksicht auf die (partei-)politische Präferenz der Leser oder Inhaber. Daher schlägt sich die Grundhaltung des Verlegers in den meisten Fällen lediglich als links-liberale oder liberal-konservative Nuancierung nieder, da die Kundenorientierung (alle Bürger einer Region) im Vordergrund steht. Anders sieht es bei den überregionalen Zeitungen aus, wo die einem Kollektiv gehörende *taz* deutlich andere Akzente setzt als z. B. die *Frankfurter Allgemeine Zeitung* (FAZ), die sich im Besitz der FAZ-Stiftung befindet. Beide Titel sind nicht im Besitz einer Einzelperson/Familie, werden aber in ihrem Marktauftritt und dem Produktstil entscheidend durch die Philosophie der Eigentümer geprägt. Extrembeispiele aus dem Pressesektor wie die rechtsextremistische *Nationalzeitung* des Münchner Verlegers Frey sollen hier nur der Vollständigkeit halber erwähnt werden. Dass auch der Zeitschriftensektor durch die Unternehmensphilosophie geprägt ist, ist nach dem zuvor Gesagten sicherlich einleuchtend. So betreibt der zum Bertelsmann-Konzern gehörige Verlag Gruner + Jahr eine Unternehmensstrategie mit vorrangig hochwertigen Produkten im gehobenen Preis- und Marktsegment – eine Produktpolitik, die durch die Linie des Hauses geprägt ist.

5.2.4
Auswirkungen der Unternehmensphilosophie auf den Verlagsalltag

Die Philosophie eines Unternehmens kann sich in verschiedener Hinsicht auf den Verlagsalltag auswirken. Zunächst einmal unmittelbar auf die Produktpolitik, da Projekte, die in die publizistische Linie des Verleger- oder Herausgeberkreises passen, weit größere Unterstützung bekommen als Zeitschriften- oder Buchprojekte, die neutral sind oder mitunter gar konträr zur Verlagsphilosophie stehen. Aber auch im Hinblick auf die Mitarbeiter, die Inhalte und Programme, die Beziehungen zu Lieferanten, Dienstleistungsunternehmen und Kunden sowie sogar auf das Streben nach Gewinn und Rendite.

Auswirkungen auf die Mitarbeiter

Je nach Philosophie des Hauses haben die Mitarbeiter in ihrem Verlag mehr oder weniger Spielraum für eigene Entscheidungen. Wie in jedem Unternehmen hängen Mitarbeitermotivation und -qualifikation entscheidend von der Grundphilosophie ab. Im Verlagsbereich ist vor allem die Entscheidungskompetenz der Mitarbeiter im inhaltlichen Bereich (Redaktion, Lektorat) abhängig von der Unternehmensphilosophie. So sind in kleineren Verlagen die Spielräume häufig wesentlich enger als in größeren Unternehmen. Je umfangreicher die Unternehmensphilosophie die alltäglichen Arbeitsabläufe prägt und regelt, desto schneller wird sie zum Korsett für den Mitarbeiter. Viele Verlage (auch sehr viele kleine inhabergeführte Häuser) haben sich mittlerweile jedoch zu einer modernen Unternehmensphilosophie bekannt, die den Mitarbeiter als einen maßgeblichen Faktor für den Unternehmenserfolg einstuft und ihm einen entsprechenden Spielraum einräumt.

Auswirkungen auf die Beziehungen zu Lieferanten und Dienstleistungsunternehmen

Wie in den meisten Wirtschaftsbereichen ist auch im Verlagswesen die Haltung gegenüber externen Dienstleistungsunternehmen durch ein Interesse an langfristigen Geschäftsbeziehungen geprägt. Der Koordinierungsaufwand einer Herstellungsabteilung im Buchverlag ist wesentlich geringer, wenn über längere Zeit hinweg mit nur einer Druckerei zusammengearbeitet wird. Allein die Minimierung dieser Transaktionskosten legt also ein Streben nach langfristigen Geschäftsbeziehungen nahe. Ähnlich verhält es sich auch mit der Zusammenarbeit mit freien Mitarbeitern. Hier kann man bei allen Verlagstypen ein Interesse an langfristiger Kooperation voraussetzen. Allerdings zeigen sich generell beim Zukauf von Fremd-Dienstleistungen Unterschiede in der Philosophie. Jenseits der allgemeinen Vorteilhaftigkeit langfristiger Beziehungen gibt es Unternehmen, für die die Kontinuität im Verlagsgeschäft an erster Stelle steht. Das heißt: Ein Preisvorteil, der sich durch den Wechsel eines Dienstleisters ergeben könnte, wird stets gegenüber dem Nachteil geringerer Kontinuität abgewogen.

Abhängig von der Verlagsphilosophie sind auch die Fragen, welche Leistungen vom Verlag selbst erbracht bzw. welche Dienstleistungen im Rahmen eines Outsourcings von Außen bezogen werden. Vor allem lokale und regionale Zeitungsverlage demonstrieren hier ein Streben nach einem Höchstmaß an Unabhängigkeit. Bei der Frage, ob überregionale und internationale Nachrichten selbst erstellt oder in Form eines sogenannten *Mantels* mit bereits redigierten Artikeln von einem Fremdverlag bezogen werden, lässt sich dieses Bestreben nach redaktioneller Eigenproduktion noch mit dem Streben nach publizistischer Vielfalt und redaktioneller Unabhängigkeit begründen. Wenn es jedoch darum geht, ob jede kleine Zeitung auch über eine eigene Druckerei verfügen muss, die oftmals kaum durch Fremdaufträge ausgelastet werden kann, zeigt sich, dass die Verlagsphilosophie ›Unabhängigkeit‹ zu einem Wert geworden ist, der außerhalb der ökonomischen Bewertung steht.

Auswirkungen auf die Beziehungen zu Kunden

Je nach Verlagsphilosophie gibt es unterschiedliche Formen der Kundenorientierung. Auf der einen Seite versuchen Verlage das Kundenbedürfnis durch Marktforschungsanalysen zu ermitteln und mit entsprechenden Produkten zu decken. Auf der anderen Seite gibt es Verlage, die über ein gewisses Sendungsbewusstsein verfügen. Laut Verlagsphilosophie sollen in diesen Unternehmen bestimmte politische oder weltanschauliche Themen verstärkt in die Öffentlichkeit gebracht werden. Dies gilt meistens auch für sogenannte Regiebetriebe (Verlage, die im Besitz eines Industrieunternehmens, eines Verbandes etc. oder der öffentlichen Hand stehen). Die Kundenorientierung zeigt sich hier weniger in der Themenauswahl als vielmehr in der Themenaufbereitung, wenn es bei Verlagen im Besitz religiöser Organisationen beispielsweise darum geht, Glaubensfragen modern und lesergerecht zu formulieren.

Auswirkungen auf das Gewinnstreben

Aus dem zuvor Gesagten ergibt sich zwangsläufig, dass das Gewinnstreben nicht das dominierende Unternehmensziel eines Verlages sein muss. Auch bei Unternehmen anderer Wirtschaftsbereiche stehen oftmals umwelt- und gesellschaftspolitische Ziele im Vordergrund, obwohl es sicherlich ökonomisch lukrativer sein dürfte, Mainstream (gängige Themen) auf einen breiten Massenmarkt hin abzustimmen. Manchmal lassen Verlage – zumindest bei Einzelprojekten – das Gewinnstreben in den Hintergrund treten, um der übergeordneten Verlagsphilosophie Rechnung zu tragen. Ein Beispiel hierfür ist die Axel Springer AG, die die überregionale Tageszeitung *Die Welt* jahrzehntelang trotz roter Zahlen weiterbetrieb.

5.3
Marketing-Mix

Aus den allgemeinen und eher abstrakt formulierten übergeordneten Zielen (Unternehmensphilosophie, Unternehmensziele) lassen sich für die einzelnen Funktionsbereiche eines Unternehmens (Produktion, Marketing etc.) konkrete Funktionsbereichsziele ableiten, die im Falle des Marketing wiederum auf einzelne Geschäftsfelder (Produkte, Verkaufsgebiete etc.) aufgegliedert werden können. Der Marketing-Mix legt nun fest, welche Marketinginstrumente im Einzelnen einzusetzen sind, um die jeweiligen (Teil)Marketingziele zu erreichen. Traditionell gliedert man die Marketinginstrumente in vier Teilbereiche: in einen Produkt-, Distributions-, Kontrahierungs- und Kommunikationsmix. Dabei geht es um folgende Fragestellungen.
- Welche Problemlösungen (Produkte, Dienstleistungen etc.) sollen in welcher Form am Markt angeboten werden? (Produkt-Mix)
- Wie sollen die Produkte an den Kunden verkauft werden? Welche Verkaufswege werden hierfür benutzt? (Distributions-Mix)
- Zu welchen Konditionen sollen die Leistungen am Markt angeboten werden? (Kontrahierungs-Mix)
- Welche Wege der Information und der Einflussnahme sollen den Absatz der Leistung unterstützen? (Kommunikations-Mix)

Der Marketing-Mix leistet eine Art Komposition der unterschiedlichen Marketinginstrumente, wobei bei der Kombination der unterschiedlichen Teilelemente stets die Wechselwirkungen (Interdependenzen) beachtet werden müssen. Wichtig ist daher nicht nur, dass die Elemente innerhalb eines Teilbereichs gut aufeinander abgestimmt sind, entscheidend ist vielmehr, dass die Summe aller Maßnahmen ein sinnvolles Ganzes ergeben. So ist es natürlich nicht ratsam, wenn sich ein Verlag aus Kostengründen dafür entscheidet, im Rahmen des Distributions-Mixes einen geringeren Verteiler von Pressekiosken mit einer bestimmten Zeitschrift zu beliefern, wenn im selben Zeitraum im Rahmen des Kommunikations-Mixes eine Werbekampagne für diesen Titel gestartet wird. Viele Kaufinteressenten, die aufgrund von Hörfunkspots am Kiosk nach der Zeitschrift fragen, müssten nämlich von ihrem Händler erfah-

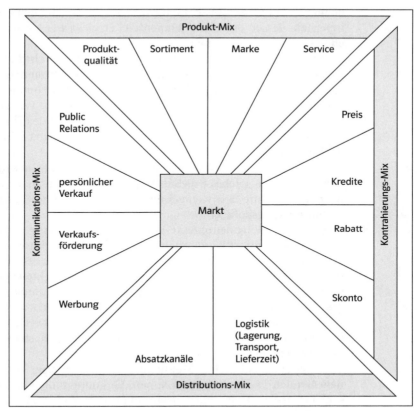

Komponenten des Marketing-Mix
Quelle: Meffert, *Marketing*; S. 115

ren, dass er keine oder zu wenig Exemplare geliefert bekommen hat. Um solche Pannen zu vermeiden, wird im Rahmen des Marketing-Mix ein Gesamtkonzept entworfen. Und dieses Gesamtkonzept schließt nicht aus, dass die einzelnen Marketinginstrumente in ihrem Zusammenspiel je nach Sachlage eine verschiedene Wertigkeit haben können.

Kerninstrumente des Marketings sind zum Beispiel Produkt- und Preisgestaltung sowie die Wahl der Absatzwege. So benötigt jede Zeitung einen Preis, eine vorgegebene Produktgestaltung und ebenso muss klar sein, auf welche Art (Einzelverkauf, Abonnement) die Zeitung verbreitet wird. Von nachgeordneter Bedeutung – wenngleich nicht unwichtig – sind hingegen die Verkaufsförderungsmaßnahmen am Kiosk und die Höhe der Rabatte. In diesem Zusammenhang spricht man von Unterschieden in der Zwangsläufigkeit der Marketinginstrumente. Unterschiede im Grad der Beeinflussbarkeit sowie in Hinblick auf den Zeithorizont, innerhalb dessen das Unternehmensziel erreicht werden soll, verdeutlichen die folgenden Beispiele.

Im Rahmen der Verkaufsförderung kann ein Zeitschriftenverlag eine Agentur damit beauftragen, in einem bestimmten Zeitraum in zehn deutschen Großstädten 10.000 Probeexemplare eines bestimmten Titels zu verteilen. Diese Maßnahme wird eine kurzfristige Wirkung zeigen, während die Entscheidung, künftig mindestens 70 % eines Titels im Abonnement zu vertreiben eine wesentlich längere Vorlaufzeit erfordert, da eine Veränderung des Absatzweges angestrebt wird. Unter Umständen kann am Ende einer großen Abonnementwerbekampagne (Kommunikationspolitik) ein solches Ergebnis stehen, wenn als ergänzende Maßnahme ein Abonnent 15 % weniger bezahlen muss als ein Käufer am Kiosk (Kontrahierungspolitik).

Viele Marketinginstrumente können zwar kurzfristig eingesetzt werden (z. B. Werbung, PR), zeigen jedoch erst nach längerer Zeit tatsächlich Wirkung. Wenn ein Zeitschriftenverlag beispielsweise feststellt, dass seine Jugendzeitschrift gegenüber den Konkurrenzprodukten ein zu biederes Image besitzt, kann er zwar kurzfristig die Werbekampagne, aber nur mittelfristig das Produkt selbst verändern. Bis entsprechende redaktionelle Maßnahmen Wirkung zeigen, das heißt der Abverkauf am Kiosk beziehungsweise die Abonnementauflage tatsächlich steigen, wird jedoch sicher einige Zeit vergehen.

Ein anderes Beispiel für Maßnahmen mit kurzfristiger Wirkung sei aus dem Bereich Preispolitik entnommen. So konnten die vierzehntägig erscheinenden *TV*-Programmzeitschriften wie *TV Today*, *TV Movie* und *TV Spielfilm* mit ihren zeitlich begrenzten Aktionspreisen lediglich kurzfristig mehr Leser erreichen. Langfristige Kundenbindung sowie eine längerfristige Verschiebung von Marktanteilen erfordern parallel dazu weitere Elemente des Marketing-Mix wie z. B. die inhaltlich-redaktionelle Weiterentwicklung des Zeitschriftenkonzepts als produktpolitische Maßnahme.

Ein jüngstes Beispiel dafür, wie stark die unterschiedlichen Einzelkomponenten des Marketing-Mix in der Praxis miteinander verzahnt sind, ist die Einführung kleinformatiger Zeitungen. Im englischen Zeitungsmarkt waren die Formate der Zeitungen gleichzeitig ein Inhaltsindikator, weshalb die Boulevard-Presse neben dem Begriff ›Yellow Press‹ auch unter dem Formatnamen ›Tabloid‹ als Gattung gekennzeichnet wurde. Im Jahr 2003 sah sich jedoch der *Independent*, die Nummer vier im Markt der überregionalen Qualitätszeitungen in Großbritannien, mit der Notwendigkeit konfrontiert, neue Zielgruppen mit seiner Zeitung anzusprechen. In der Folgezeit entschied man sich, das Format der Boulevardpresse im Segment der Qualitätszeitungen einzusetzen. Ausgehend von dieser Innovation im Segment der Produktpolitik waren in der Folge nicht nur die Preisstrategen betroffen, um die Frage zu klären, ob die zunächst parallel eingeführten kleineren Ausgaben in der selben Preisregion liegen sollen, sondern auch im Rahmen der Kommunikationspolitik musste mit einer großen Kampagne erklärt werden, dass trotz der kompakteren Form der Inhalt noch der selbe war und im Rahmen der Distributionspolitik wurden die benutzen Vertriebskanäle überprüft.

Ausgehend von den Erfahrungen der ausländischen Kollegen, haben in Deutschland mehrere Verlage kleinformatige Titel in den Markt etabliert, die vor allem jüngere Zielgruppen ansprechen sollen. Dies wird dadurch möglich, dass die Titel im öffentlichen Personen-Nahverkehr genutzt werden können, da das kleinere Format leichter zu handeln ist. Darüber hinaus ist durch die Zweitverwertung bereits erstellter Inhalte ein günstiger Abgabepreis möglich und der Vertrieb im Umfeld des öffentlichen Nahverkehrs erschließt durch die neuen Vertriebsstrukturen auch die Zielgruppe der bislang zeitungsabstinenten jungen Erwachsenen. In der Folge sind im deutschen Markt unterschiedliche Produkte in dem neuen kleineren Format entstanden. Produkte für einzelne Regionen sowie Produkte für Teilzielgruppen wie Jugendliche liefern bereits heute eine Ergänzung zum etablierten Titelspektrum.

Um hier Erfolge im Markt verzeichnen zu können, muss die Produktinnovation von allen Teilbereichen des Marketing-Mix unterstützt werden. Die Entscheidung, eine neue Form und eine andere Kombination und Ausgestaltung der redaktionellen Inhalte für diese neuen Produkte auszuwählen, ist Teil der Produktpolitik. Teil der Konditions- bzw. Kontrahierungspolitik ist es, für diese Produkte den unter Markt- und Kostengesichtspunkten sinnvollen Preis zu finden. Das Beispiel *20 Cent* aus dem Verlag der *Lausitzer Rundschau* zeigt, dass die Ergebnisse sich in diesem Umfeld teilweise deutlich von den anderen Produkten unterscheiden. Die Distributionspolitik ist ebenfalls ein zentrales Thema, da im Unterschied zu den Vertriebslinien der traditionellen Zeitungen eigene mobile Verkaufsdienste im Umfeld der Drehscheibe des öffentlichen Personen-Nahverkehrs gemeinsam mit Verkaufsautomaten für eine andere Präsenz im Zielgebiet sorgen. Abgerundet wird die Einführung dieser Produktinnovationen mit Kampagnen der Kommunikationspolitik, die über den Nutzwert kurz und strukturiert informiert. Nicht nur alle Felder des Marketing-Mix sind hier betroffen, sondern im Sinne des integrierten Marketings müssen auch alle Teilfunktionen des Unternehmens mit eingebunden werden. Redaktion, Anzeigenabteilung, Vertrieb und Technik müssen hier gemeinsam ihre Anforderungen und Möglichkeiten zur Vermarktung des neuen Produkts einbringen.

5.4
Marketinginstrumente

Im vorherigen Abschnitt sind die vier Hauptgruppen der Marketinginstrumente vorgestellt worden. Da sich der Marketingprozess nicht auf die letzte Stufe der betrieblichen Wertschöpfungskette, den Absatz beschränkt, haben die jeweiligen Marketinginstrumente sowohl im Beschaffungs- als auch im Absatzmarkt ihre Bedeutung. Es geht beispielsweise im Rahmen der Programmpolitik eines Buchverlages nicht nur um die Ausgestaltung des Buches für den Leser (Absatzorientierung) sondern auch um die Akquise geeigneter Inhalte sei es durch die Verpflichtung von Autoren oder den Erwerb von Lizenzen (Beschaffungsorientierung). Im Folgenden werden die einzelnen Marketinginstrumente kurz erläutert und mit Beispielen aus den Bereichen der Zeitungs-, Zeitschriften- und Buchverlage ergänzt. Der Schwerpunkt der Darstellung liegt dabei auf den absatzorientierten Anwendungsbereichen, zum Ende eines jeden Teilabschnitts folgen Beispiele aus dem Beschaffungsmarkt.

5.4.1
Produktpolitik

Unter dem Begriff *Produkt-Mix* bzw. *Produktpolitik* werden alle Marketinginstrumente zusammengefasst, die sich auf die Gesamtheit der im Markt angebotenen Güter und Dienste beziehen. Da alle übrigen absatzpolitischen Instrumente immer wieder auf die Produkt- und Sortimentspolitik Bezug nehmen, kommt dem Bereich Produktpolitik eine Sonderstellung im Marketing-Mix zu. Produktpolitik umfasst die Entscheidungen über Neuentwicklung, Differenzierung, Änderung sowie Eliminierung von Produkten. Die hierbei eingesetzten Marketinginstrumente sind zum einen die Verpackungsgestaltung und Namensgebung, die wiederum als Rahmenbedingung für die Kommunikationspolitik (z. B. Werbung) entscheidend sind. Darüber hinaus können neben dem physischen Produkt erbrachte Dienstleistungen (z. B. Hotline) entscheidend den Erfolg der Produktpolitik prägen. Ebenso bedeutsam ist in vielen Fällen die Abstimmung der einzelnen Produkte zu einem Sortiment.

Produkteigenschaften von Zeitungen und Zeitschriften

FORMALE ELEMENTE
Titel
Logo

typografisch-gestalterische Parameter (Format, Satzspiegel, Schriftwahl etc.)

Papier

Druckverfahren und Druckqualität

Erscheinungsrhythmus

Erstverkaufstag

Anzeigenumfang im Verhältnis zum redaktionellen Teil

INHALTLICHE ELEMENTE

Rubriken

Themenbereiche

redaktionelle Grundrichtung

redaktionelle Aufbereitung

Anzeigenauswahl (-akquise)

KOMBINATION UNTERSCHIEDLICHER PRODUKTTEILE

Inhaltliche Affinität zwischen Redaktion und Anzeigen

Supplements

Abstimmung von Inhalt und Form

Entscheidend für die Marktpositionierung vor allem von Zeitschriften ist der Erscheinungsrhythmus sowie die Wahl des Erscheinungstags. Die Erfahrung zeigt, dass konkurrierende Titel, die vom Verbraucher durchaus als gleichwertig empfunden werden, aus Wettbewerbsgründen einheitliche Erscheinungsintervalle wählen und am selben Wochentag ihren Erstverkaufstag besitzen.

Ein wesentlicher Informationsgehalt bei Zeitungen und Zeitschriften kann durch Anzeigenwerbung erzeugt werden. Der Akquise von Anzeigen kommt daher neben der Finanzierungsfunktion auch zum Teil eine entscheidende marketingpolitische Bedeutung zu (Beschaffungspolitik). Am stärksten profitieren Fach- und Special-Interest-Zeitschriften vom Informationsgehalt ihres thematisch zum Teil eng focusierten Anzeigenbereichs. Bei Zeitungen und Anzeigenblättern sind häufig die Rubrikanzeigen (Stellen-, Immobilien-, KfZ-Anzeigen, Kleinanzeigen) für den Leser attraktiv. Bei den Tageszeitungen zeigte sich dies vor allem daran, dass an Tagen mit Rubrikanzeigen eine höhere Auflage über den Einzelverkauf am Kiosk abgesetzt werden konnte. Durch den Wettbewerb im Internet haben diese Anzeigen etwas an Bedeutung eingebüßt. Sie sind dennoch ein Beispiel dafür, dass Anzeigen auch attraktiver Lesestoff sein können. Gerade die Tatsache, dass die Käufer von Offertenblättern dazu bereit sind, nur für die Nutzung von Anzeigen Geld zu bezahlen und dieses Prinzip sich auch bei bezahlten Anzeigeninformationen im Internet umsetzen lässt, bestätigt den Wert dieser Informationen.

Ebenfalls positive Auswirkungen auf den Absatz der Zeitung haben Ergänzungsprodukte wie beispielsweise zeitungseigene Rundfunkzeitschriften, die so genannten TV-Supplements wie *rtv* oder *Prisma*. Bei den Supplements zeigt sich überdies einmal mehr die enge Verzahnung von Anzeigen- und Lesermarkt sowie von Absatz- und Beschaffungspolitik. Die überregionalen Tageszeitungen *Süddeutsche Zeitung*, *Frankfurter Allgemeine Zeitung* sowie die Wochenzeitung *Die Zeit* stellten fest, dass aufgrund der schlechteren Druckqualität von Zeitungsanzeigen bestimmte Anzeigenkunden (vor allem Markenartikler) in den Zeitungen im Vergleich zu Publikumszeitschriften unterrepräsentiert waren. Um den Anzeigenkunden ein ähnlich hochwertiges Produkt zur Verfügung stellen zu können, wurden mit den einmal wöchentlich beigelegten Magazinen eigenständige Supplements entwickelt, die darüber hinaus für einen zusätzlichen Anreiz im Lesermarkt sorgten. Da der Erfolg im Anzeigenmarkt jedoch nicht den Erwartungen entsprach, wurde 1999 das *Zeit*- und das *FAZ*-Magazin eingestellt. *Die Zeit* bemühte sich, die inhaltlichen Elemente des *Zeit*-Magazins, die sich im Lesermarkt bewährt hatten, in eine neue Rubrik der Zeitung zu integrieren. An diesem Beispiel zeigen sich auch die wichtigen Instrumente der Produktpolitik: die Überwachung und Steuerung des Lebenszyklus eines Produkts. Die Supplements wurden zu einem bestimmten Zweck im Markt eingeführt und anschließend, als sie zur Erreichung des Ziels nicht ausreichend beitrugen, wurden sie eliminiert.

Produktpolitik im Buchverlagen

Bei der Gestaltung neuer Produkte geht es auch im Buchverlag um die formale wie um die inhaltliche Ausgestaltung. So beeinflussen Buchformat und Ausstattung in Hinblick auf Papier und Schrift als formale Kriterien ebenso die Positionierung eines Buchs in einem bestimmten Preissegment für eine bestimmte Leserschaft wie die Einbandart (Hardcover, Taschenbuch, Luxusausgabe). Dabei können Elemente wie die Gestaltung von Buchreihen (rote UTB-Taschenbücher, gelbe Reclamhefte, künstlerische Gesamtkonzeptionen etc.) und der Aufbau eines entsprechenden Markennamens die Marktpositionierung unterstützen. Auch die Produktverpackung hat ausgehend von der einfachen Schutzfolie bis zum teilweise aufwendig gestalteten Schuber unterschiedlich starken Einfluss auf die Verkäuflichkeit des Buches.

Neben den formal-gestalterischen Komponententen der Produktpolitik muss der inhaltlichen Produktgestaltung große Bedeutung beigemessen werden. Hier geht es um das *Ideenmarketing*, um die gezielte beschaffungsorientierte Suche nach neuen Themen und Titeln, weil die Akquisition geeigneter Autoren einer der entscheidenden Faktoren für den späteren Produkterfolg ist. Wenn nicht der richtige geistige Input für ein Buch zur Verfügung steht – dies kann bei einem Bildband auch das handwerkliche Können von Fotograf(en) und Hersteller sein –, wird es trotz optimalem Einsatz der übrigen produktpolitischen Marketinginstrumente schwierig sein, einen Erfolg zu erzielen. Schlechte Bücher können sich durch gute Umschläge zwar besser verkaufen, sie werden jedoch nicht das nötige Maß an Kundenzufriedenheit erzeugen, weshalb unter Umständen der Ruf der Reihe bzw. des Verlages insgesamt leidet. Neben dem Gesichtspunkt der Akquisition von Inhalten wird die Produktpolitik aber auch die Produktdifferenzierung im Auge behalten, wenn es z. B. darum geht, gekürzte, kommentierte oder illustrierte Ausgaben auf dem Markt zu bringen.

5.4.2
Distributionspolitik

Die Marketinginstrumente aus dem Bereich Distributions-Mix bzw. Distributionspolitik legen die Entscheidungen fest, die mit dem Weg eines Produkts zum Endkunden im Zusammenhang stehen. Neben der Wahl der Absatzkanäle umfasst dieser Marketingbereich auch die physische Distribution mit der dazugehörenden Logistik. Da Kapitel 9, 10 und 11 dieses Buches sich ausführlich mit dem Thema Vertrieb beschäftigen, seien an dieser Stelle die wichtigsten Aspekte nur angerissen.

Im Presseverlag ist ein wesentlicher Teil der Distributionspolitik die Entscheidung über die Absatzkanäle des Pressevertriebssystems. Dem Verlag steht dabei das alleinige Dispositionsrecht zu. Das heißt: Er entscheidet über welche Vertriebskanäle und Handelsorganisationen er sein Produkt der Leserschaft zugänglich machen möchte. Die Hauptentscheidung ist die Aufteilung auf die unterschiedlichen Vertriebsarten Einzelverkauf, Abonnement und Lesezirkel. Einzelverkauf ist der Verkauf von Zeitungen und Zeitschriften durch Straßenhändler, Kioske und Bahnhofsbuchhandlungen. Der Käufer entscheidet spontan über den Kauf, während beim Abonnement der Käufer für eine bestimmte Zeit zum Kauf des Titels verpflichtet ist. Für den Verlag ist die Abonnementauflage natürlich vorteilhaft, da sie mehr Planungssicherheit gibt. Es ist wesentlich einfacher, die Entwicklung des Verlags zu planen, wenn bekannt ist, dass von einem bestimmten Titel 100.000 Exemplare pro Ausgabe abgesetzt werden, während die am Kiosk verkaufte Menge stärkeren Schwankungen unterliegt. Der Verlag bietet den Abonnenten als Gegenleistung den zusätzlichen Service der Hauszustellung sowie einen vorteilhaften Abonnementpreis. Aufgrund der zusätzlichen Rabatte bei Vorauszahlung

(Kontrahierungspolitik) bezahlen viele Abonnenten jährlich bzw. halbjährlich im voraus und stärken durch diesen Zuwachs freier Geldmittel die Liquidität des Verlags.

Doch wann wird nun überwiegend im Abonnement verkauft und welche Titel verkaufen sich meist am Kiosk? Hierfür bietet sich eine kurze Analyse der unterschiedlichen Pressetitel an. Lokale und regionale Tageszeitungen werden überwiegend im Abonnement vertrieben. Durch die räumliche Nähe der Abonnenten lohnt es sich für die Verlage, eine eigene Zustellung zu betreiben, die den Abonnenten als besonderen Vorteil eine Lieferung in den frühen Morgenstunden ermöglicht. Die Qualität der Frühzustellung stellt bei Tageszeitungen ein wichtiges Instrument der Kundenbindung dar. Überregionale Tageszeitungen konnten in den letzen Jahren ihre Abonnementquote steigern. Hierfür war es notwendig, von der späteren Zustellung durch die Post wegzukommen, um mit Hilfe lokaler Kooperationspartner eine Zustellung ›vor dem Frühstück‹ garantieren zu können. Boulevardzeitungen verkaufen sich naturgemäß überwiegend – und zum Teil zu 100 Prozent – über Kioske und Verkaufsautomaten. Entsprechend muss in der Produktpolitik eine andere Gestaltung gewählt werden (auffällige Schlagzeilen, Aufmerksamkeit erregende Titelgeschichten etc.) als bei Abonnementzeitungen.

Bei Zeitschriften variiert die Hauptvertriebsart je nach Charakter der Zeitschrift. Publikumszeitschriften werden zu rund 40 % im Abonnement vertrieben. Der hohe Einzelverkaufsanteil von fast 50 % erfordert hier ebenfalls eine verkaufwirksame Gestaltung des Covers (Foto, Titelgeschichte). Darüber hinaus gibt es die Besonderheit, die Zeitschriften an Lesezirkel zu verkaufen, die die Titel ihrerseits an ihre Kunden gegen Gebühr verleihen. Bekannt ist diese Vertriebsart, die ca. 10 % des Marktvolumens ausmacht, vor allem durch ausliegende Titel in Arztpraxen, Friseurgeschäften etc.

Je kleiner die Zielgruppe ist, desto eher werden Zeitschriften im Abonnement vertrieben. Da unverkaufte Exemplare aufgrund ihrer Remission hohe Kosten verursachen, ist es kaum möglich für Special-Interest-Themen einen Verteiler auszuwählen, der alle rund 100.000 Pressekioske in Deutschland berücksichtigt. Diese Titel werden daher zu einem höheren Prozentsatz im Abonnement vertrieben und beschränken sich im Einzelverkauf häufig auf wenige große Verkaufsstellen mit großem Sortiment wie zum Beispiel Bahnhofsbuchhandlungen. Bei Fachzeitschriften ist die Abonnementquote mit über 90 % noch höher, da es vor allem bei wissenschaftlichen Fachzeitschriften im Vertrieb darum geht, wenige Exemplare an eine eng umrissene Zielgruppe zu liefern. Ein Spontankauf am Kiosk ist bei wissenschaftlichen Fachzeitschriften eher selten und allenfalls in Fachbuchhandlungen realisierbar.

Selbstvertrieb oder externe Dienstleister?

In allen lokalen und regionalen Zeitungsverlagen sind die Zusteller als Teilzeitmitarbeiter die mit Abstand größte Gruppe unter den Beschäftigten. Um zu verhindern, dass die betriebliche Mitbestimmung innerhalb des Verlages stark vom Votum der Zustellkräfte geprägt ist, haben die meisten Verlage ihre Zustellaktivitäten durch eigenständige Tochterfirmen organisiert, ohne dass sich dadurch ihr Einfluss nennenswert verringert hat. Sonst werden für die physische Distribution von den meisten Presseverlagen Fremd-Dienstleister in Anspruch genommen – unabhängig davon, ob es sich hierbei um Speditionen, kooperierende Verlagszustellgesellschaften, die Deutsche Post AG oder Pressegrossisten und deren Händler handelt.

Da kleinere Zeitschriftenverlage häufig Probleme hatten, die Vertriebssteuerung (Auswahl der Anzahl der belieferten Händler, Remissionsabwicklung etc.) selbst durchzuführen, wurden in den 70er Jahren die so genannten Nationalvertriebe entwickelt, die als Fullservice-Anbieter die komplette Vertriebssteuerung übernehmen. Für kleinere Zeitschriftenhäuser stellt sich daher die Frage, ob sie mit Hilfe einer eigenen Vertriebsabteilung schneller und marktnäher reagieren können, oder ob es für den Verkaufserfolg unkritisch ist, mit Hilfe externer Vertriebskompetenz dieses Geschäft durch einen Nationalvertrieb abwickeln zu lassen.

Bei zahlreichen Buchverlagen stellt sich die Alternative: Selbst- oder Fremdauslieferung? Vor allem unter Kostengesichtspunkten gibt es im Buchbereich ähnlich wie bei Presseverlagen einen Trend zur Inanspruchnahme von Fullservice-Dienstleistern, den Verlagsauslieferungen (VA), da allein die notwendigen EDV-Investitionen in Verlagen für überdurchschnittliche Fixkosten sorgen würden. Darüber hinaus lösen sie das Problem der Absatzspitzen (Saisongeschäft) im Hinblick auf Personal- und Raumkosten am günstigsten.

Freie Handelsvertreter oder Reisende?

Eine weitere Make-or-Buy-Entscheidung stellt sich vor allem bei der Vermarktung des Buchprogramms gegenüber dem Buchhandel. Freie Handelsvertreter sind eigenständige Dienstleister, die zwar den Weisungen des auftraggebenden Verlags unterliegen, jedoch als unabhängige Unternehmer für ihren eigenen Verkaufserfolg verantwortlich sind und prozentual am Umsatz partizipieren. Die Alternative zu dieser Outsourcing-Lösung sind die sogenannten Reisenden. Dies sind angestellte Außendienstmitarbeiter mit einem festen Monatsgehalt, die lediglich eine minimale prozentuale Anreizprovision als umsatzabhängige Komponente

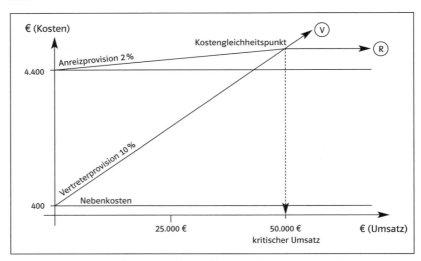

Kosten von Handelsvertretern (V) und Reisenden (R) in Abhängigkeit vom Umsatz
Beispiel angepasst. Nach: Schönstedt, *Der Buchverlag*, S. 167

erhalten. Es liegt auf der Hand, dass – finanziell gesehen – ein Handelsvertreter nur so lange günstiger ist, bis er vom Verkaufsvolumen den Umsatz erreicht, der seine prozentuale Vergütung auf das Niveau des Rei-
sendengehalts bringt. Dennoch stellt ein Reisender in solchen Fällen
nicht unbedingt die bessere Lösung dar, da er aufgrund der geringeren
umsatzabhängigen Komponente unter Umständen nicht hundertprozentig motiviert ist, Umsatz zu erzielen. Aus Verlagssicht kann es jedoch
auch bereits in einem Stadium, in dem der Reisende teurer ist als der
Handelsvertreter, ratsam sein Reisende einzusetzen. Denn Reisende sind
als Verlagsangestellte leichter zu steuern. Da sie nicht auf die Provision
angewiesen sind, ist es einfacher, sie zum Verkauf weniger attraktiver
Sortimentsbereiche zu motivieren als den Handelsvertreter, der sich naturgemäß eher auf Bestseller und Schnelldreher konzentriert.

Die Wahl der Vertriebskanäle

Eine weitere distributionspolitische Entscheidung im Buchverlag ist die
Auswahl der geeigneten Vertriebskanäle. Da der Buchverkauf handels-
zentriert verläuft, lässt sich grob zwischen direkter ein- und zweistufiger
Distribution unterscheiden. Direkte Distribution umfasst dabei vor allem
das Versandhandel- und neuerdings auch weite Bereiche des Internetge-
schäfts. Einstufiger Vertrieb bedeutet, dass die Buchhandlungen und Ver-

kaufsstellen direkt vom Verlag beliefert werden, während beim zweistufigen Vertrieb die Barsortimente (Buchgroßhändler) die Bücher den Endverkaufsstellen zur Verfügung stellen. Bei dieser Entscheidung ist zu beachten: Je direkter die Distribution erfolgt, d. h. je weniger Zwischenstufen auf dem Weg zum Endkunden vorhanden sind, desto größer ist der Anteil des Verlags am Umsatz. Allerdings ist die Parallelität der Vertriebskanäle eher theoretischer Natur, da der Bucheinzelhandel nur geringe Bereitschaft zeigt, die Titel eines Verlages zu ordern, der gleichzeitig am Buchhandel vorbei über eigene Versandbuchhandlungen verkauft.

Kundenorientierung heißt auch, dass der Verkauf dort stattfinden muss, wo die Kunden sind. Bei hochspezialisierten Produkten wird er zu einem großen Teil über Direktbestellungen aufgrund von Zeitschriftenanzeigen abgewickelt oder über den buchfremden Fachhandel. Ein Bestseller-Roman hingegen wird vorwiegend über den Bucheinzelhandel abgesetzt — auch wenn dessen massenhafte Verbreitung unter Umständen auch den Einsatz des Pressegroßhandels rechtfertigt.

5.4.3
Kommunikationspolitik

Die Kommunikationspolitik beschreibt die bewusste Gestaltung der Informationen, die das Verhalten aktueller oder potenzieller Käufer beeinflussen soll. Sie umfasst die Instrumente: persönlicher Verkauf, Werbung, Verkaufsförderung und Öffentlichkeitsarbeit. In weiteren Kapiteln dieses Buches wird — vergleichbar dem Bereich Distribution — noch mehrmals in speziellerem Kontext auf die Kommunikationspolitik eingegangen, deshalb sollen an dieser Stelle nur Überlegungen und Maßnahmen dargelegt werden, die für alle Verlage gleichermaßen von Interesse sind.

Produkt- und imageorientierte Werbung

Werbung als ein wichtiger Teilaspekt absatzorientierten Handelns ist wohl eines der publikumswirksamsten Mittel, um sich — dem Kunden gegenüber — von der Konkurrenz abzugrenzen. Denn in einem Käufermarkt ist jedes Unternehmen aufgefordert, sein Sortiment und seine Dienstleistungen transparent zu machen und auf Produkte hinzuweisen, die der Kunde ohne ›Sonderplatzierung‹ nicht zur Kenntnis genommen hätte. Neben der produktorientierten Werbung existiert eine imageorientierte Werbung, deren erklärtes Ziel ist, das Image des Unternehmens und die Einstellung der Kunden zur Firma zu verbessern.

Jede Werbung bedarf der Festlegung zielgerichteter Werbemittel und

Werbemittel \ Werbeträger	Zeitung	(Fach-) Zeitschrift	Haushaltsdirektwerbung	Kino	Hörfunk	TV	Online-Medien	Außenwerbung	Schauwerbung/POS	Messen	Direct Mail	Telefonmarketing	Außendienst
Anzeige	●	●											
Prospekt/Katalog	●	●	●						●	●	●		
Spot				●	●	●	●						
Gespräch								●	●			●	●
Produkt									●	●			
Brief			●								●		
Plakat							●	●	●				

Werbemittel-Werbeträger-Matrix

-träger, wobei Werbemittel gestaltete Werbebotschaften sind, die mit Hilfe eines Werbeträgers zum Konsumenten ›transportiert‹ werden. Wie aus der Werbemittel-Werbeträger-Matrix ersichtlich wird, sind fast alle Werbemittel verschiedenen Werbeträgern zuzuordnen. Während – neben den finanziellen – vor allem inhaltliche Überlegungen den Ausschlag für oder gegen bestimmte Werbemittel abgeben, steht bei der Wahl der Werbeträger der Gesichtspunkt eines etwaigen Streuverlustes im Vordergrund. Denn ein solcher tritt unweigerlich ein, wenn das Verbreitungsgebiet eines Werbeträgers größer ist als die eingesetzten Werbemittel. So ist ein Streuverlust bei einer themenspezifischen Individualwerbung mit Hilfe der firmeneigenen Kundenkartei eigentlich kaum vorhanden, während er bei einer (fiktiv angedachten) bundesweiten Kampagne eines regional operierenden Verlages mit Radio-Commercials, Plakaten und Anzeigen beachtliche Ausmaße annehmen kann.

AIDA-Prinzip

Es kommt aber nicht nur darauf an, *dass* Werbung gemacht wird (»Wer aufhört zu werben, um Geld zu sparen, der könnte genau so gut seine Uhren stehen lassen, um Zeit zu sparen.« Steve McKenzie), sondern auch *wie* sie gemacht wird. In diesem Zusammenhang haben amerikanische Werbepsychologen die AIDA-Formel kreiert. Da Werbung Nachfrage stimulieren, also Bedarf wecken will, geht es zunächst einmal darum, Aufmerksamkeit beim Umworbenen zu erregen (A = attention). Dies geschieht in der Regel durch kontrastreich gestaltete Werbemittel, wobei die Aufnahme von Bildern viel schneller erfolgt als die von Textinformationen. Erst nachdem sich der Werbeimpuls gegenüber vielen anderen (Kauf)Impulsen, denen der Umworbene tagtäglich ausgesetzt ist, durchgesetzt hat, kann sich der Kunde mit dem Inhalt der Werbung auseinandersetzen – sein Interesse (I = interest) kann geweckt werden. Wobei es nicht entscheidend ist, ob man neue Produkte/Autoren/Themen o. Ä. vorstellt oder ältere noch einmal bewirbt, Hauptsache, ein Kaufwunsch wird stimuliert (D = desire) und ein Kaufabschluss (A = action) wird erreicht. Das AIDA-Prinzip schließt nicht aus, dass einzelne Werbemaßnahmen mitunter auch unterhalten oder einen gewissen ästhetischen Reiz ausstrahlen können. Mal kurz, sachlich und sparsam, mal aufwändig, kritisch und intelligent – doch sollten alle Werbeaktivitäten stets aus dem Gesamtkommunikationskonzept des Unternehmens hervorgehen.

Werbeerfolgskontrolle

Der Werbeerfolg hängt von einer Vielzahl von Faktoren ab: angefangen von der zielgruppenorientierten Werbeidee über die sachadäquate Wahl der Werbemittel und -träger bis hin zum richtigen Werbezeitpunkt. Eine Werbeerfolgskontrolle fällt umso leichter, je genauer die Werbeziele im Vorfeld formuliert worden sind wie z. B. die Erhöhung der Rücklauf- und Verkaufsquote oder die Erreichung anvisierter Umsatzanteile innerhalb eines bestimmten Marktsegments. Der Erfolg wird sich um so eher einstellen, wenn bereits zu Beginn der Werbekampagne alle entscheidenden Fragen geklärt sind.

Checkliste für die Werbeplanung

Was soll die Werbung bezwecken?
Welche Produkte/Leistungen sollen herausgestellt werden?
Welche Aufmachung bewirkt welchen Effekt?
Was ist der günstigste Werbezeitpunkt?
Welche Werbemittel sind am erfolgversprechendsten?
Welche Werbeträger bieten die gewünschte Resonanz?
Welcher Werbeetat steht zur Verfügung?
Welcher Aufwand ist gerechtfertigt?
Welche Partner helfen bei Bedarf weiter?

PR – Public Relations

Auch PR-Aktivitäten gehören zu den kommunikationspolitischen Marketinginstrumenten. Die Grenzziehungen zwischen Werbung auf der einen und PR auf der anderen Seite mag im Einzelfall schwierig sein, in der Theorie wenigstens ist man sich des großen Unterschiedes wohl bewusst. Denn die PR-Abteilung ist kein verlängerter Arm der Verkaufsabteilung, sondern es geht hier um die Konstituierung der publizistischen Öffentlichkeit. Die Kernfrage ist: Wie bringe ich die Medien dazu, positiv über das eigene Unternehmen, seine Produkte und seine Dienstleistungen zu berichten? Während die Werbung durch direkte Verkaufsimpulse primär kurzfristige Umsatzmaximierung intendiert, steht bei der Öffentlichkeitsarbeit eher eine langfristig orientierte indirekte Meinungsbeeinflussung im Vordergrund.

Checkliste für PR-Arbeit

Welche Botschaft soll mitgeteilt werden?
Welche Informationsträger sollen erreicht werden?
Welche Informationskanäle müssen erschlossen werden?
Welche PR-Instrumente (Pressemitteilung, Info-Broschüren,
    Pressekonferenzen, Messen etc.) stehen zur Verfügung?
Wie viel Zeit steht zur Verfügung?
Welches Budget steht zur Verfügung?
Welcher Kooperationspartner kommt für die Erreichung
    einzelner (Teil-)Ziele in Frage?

5.4.3.1 Kommunikationspolitik in Presseverlagen

Der persönliche Verkauf, der bei Gütern für den gewerblichen Bedarf mit entsprechend hohem Umsatzvolumen sehr wichtig sein kann, spielt bei Presseprodukten nur eine untergeordnete Rolle. Zeitungen werden häufig in Zentren des Verbreitungsgebiets durch verlagseigene oder selbstständige Straßenhändler angeboten. Sonst spielt die Abonnementwerbung per Telefon bzw. durch Bezieherwerbung oder Zeitungsboten noch eine gewisse Rolle.

Werbung ist im Kommunikations-Mix der Presseverlage dagegen von großer Bedeutung. Genutzt werden hierfür meist eigene Werbeträger (z. B. Eigenanzeigen mit Abonnementcoupon), zunehmend werden jedoch in gesättigten Märkten auch zunehmend Fremdmedien *(Crosspro-*

motion) wie etwa Hörfunk und Plakatwerbung eingesetzt, um Nichtleser zu erreichen. Bei der Zielrichtung der Werbung kann zwischen Abonnementwerbung und Einzelverkaufswerbung unterschieden werden. Vor allem bei Zeitschriften wird durch Betonung der aktuellen Heftinhalte häufig der Anreiz für den Kauf des Hefts am Kiosk erhöht, während dies bei tagesaktuellen Medien wie Tageszeitungen nur mit tagesaktuellen Plakaten – so genannten Händlerschürzen – an Verkaufsautomaten möglich ist.

Die Verkaufsförderung umfasst alle Aktionen, die nicht dem persönlichen Verkauf, der Werbung oder der Öffentlichkeitsarbeit zugerechnet werden können. Verkaufsförderung im Pressesektor kann in händlerbezogene Verkaufsförderung und endkundenbezogene Verkaufsförderung unterschieden werden. Verkaufsförderung mit dem Fokus auf den Leser sind meist Sonderabonnements (Olympia-Abo, zwei Monate für den Preis von fünf Wochen), Preisausschreiben etc. Die handelsorientierte Verkaufsförderung findet meist in Verkaufswettbewerben oder Platzierungswettbewerben Anwendung.

Die Aktivitäten der Presseverlage im Bereich der Öffentlichkeitsarbeit dienen nicht der direkten Förderung des Absatzes, sondern sind wie alle P R -Aktivitäten vor allem dazu bestimmt, ein positives Unternehmensbild in der Öffentlichkeit zu verankern. Presseverlage unterliegen dabei aufgrund ihrer wichtigen Rolle als Meinungsbildner einer größeren Aufmerksamkeit als Unternehmen anderer Branchen in vergleichbarer Umsatzgröße. Die meisten Verlage scheinen den Vorwurf zu fürchten, zu viel in eigener Sache zu berichten, weshalb die Öffentlichkeitsarbeit einiger Pressehäuser sich vornehm zurückhaltend gibt. Da in solchen Fällen der Verlag häufig nach wie vor als anonyme Instanz in der Öffentlichkeit erscheint, darf der Erfolg allzu starker Zurückhaltung getrost bezweifelt werden.

5.4.3.2 Kommunikationspolitik in Buchverlagen

Auch im Buchbereich spielt der persönliche Verkauf eine untergeordnete Rolle. Allenfalls der Direktverkauf größerer Mengen von Büchern an (meist gewerbliche) Großkunden kann hier bei Fachverlagen Erwähnung finden. Werbung hingegen spielt eine bedeutende Rolle, wobei hier vor allem zwischen Händler- und Publikumswerbung unterschieden werden muss. Während die Verlagswerbung im Pressebereich sich zum Teil an den Anzeigenkunden richtet, um den Nutzen einer Anzeige in der jeweiligen Zeitung oder Zeitschrift aufzuzeigen, ist es Ziel der Händlerwerbung, den Nutzen des Titels für den Handel aufzuzeigen. Grundsätzlich unterscheidet sich dabei der Nutzen des Titels im Verkauf vom Nutzen des Titels im Gebrauch (Lesernutzen), der gegenüber dem Endkunden dargestellt wird. Je nach Inhalt der Werbung kann im Buchbereich auch zwischen Werbung für bereits erschienene Titel (Backlist-Werbung) oder Werbung für Neuerscheinungen (Novitäten) unterschieden werden. Die Werbeinhalte können sich dabei auf einzelne Titel, Reihen oder gar das gesamte Verkaufsprogramm beziehen.

Verkaufsförderung im Buchverlag findet analog zum Distributionssystem auf drei unterschiedlichen Ebenen statt. Gegenüber dem Außendienst muss das Programm zum ersten Mal verkauft werden, was mit Hilfe von Vertretertagungen, Workshops und Materialien (Manuskriptseiten etc.) geschieht. Gegenüber dem Buchhandel werden – ähnlich wie im Pressebereich – die ganze Palette der Verkaufswettbewerbe (vor allem Schaufensterwettbewerbe) durchgeführt und Platzierungshilfen für den Verkaufsraum angeboten. Manchmal bieten Verlage auch Info-Veranstaltungen, Seminare oder spezielle Händlerschulungen an. Gegenüber den Endverbrauchern werden ebenfalls die aus dem Konsumgütermarketing bekannten Maßnahmen wie Preisausschreiben, Werbegeschenke (Kugelschreiber etc.) eingesetzt, von denen verkaufsfördernde Wirkungen erwartet werden.

Die Öffentlichkeitsarbeit der Buchverlage besitzt eine besondere Facette, die an dieser Stelle nicht unerwähnt bleiben darf: der Versand von Rezensionsexemplaren. Neben dem allgemeinen Unternehmens- und Verlagsimage ist die Bildung eines positiven Produktimages ebenfalls Aufgabe der Verlags-PR, weshalb das kostenlose Zur-Verfügung-Stellen von Besprechungsexemplaren für Publikums- oder Fachmedien eine bedeutende Rolle spielt. Vor allem kleinere Verlage bemerken häufig einen direkten Zusammenhang zwischen der Buchbesprechung einer Zeitung oder Zeitschrift und dem Abverkauf. Dabei gehen mehr und mehr Verlage dazu über, bereits den Begleittext zum Buch, den so genannten Waschzettel, artikelgerecht zu formulieren, um eine Rezension zu erleichtern.

5.4.4
Kontrahierungspolitik

Die Kontrahierungspolitik beschreibt die vertraglichen Vereinbarungen, die dem Leistungsangebot eines Unternehmens zugrunde liegen. Die einzelnen Marketinginstrumente sind dabei die Preis- und Rabattpolitik sowie die Lieferungs- und Zahlungsbedingungen – Steuerungsinstrumente, mit deren Hilfe der Verlag versucht, den Käufer und die Marktpartner in seinem Sinne zu beeinflussen.

Preispolitik

Die Preispolitik ist das zentrale Element der Kontrahierungspolitik. Sie beginnt bereits mit der Fragestellung, ob der Verlag seine Produktion binden muss (Buchverlag) bzw. binden will (Zeitschriften- und Zeitungsverlag). Natürlich sind die Preise das Ergebnis einer Kalkulation, die die Herstellung vorgibt – aber nicht nur. Denn die Ladenpreise der Konkurrenz spielen genauso eine Rolle wie psychologische Preise, wenn z. B. ein Preisschwellenbewusstsein beim Kunden den Absatz empfindlich behindern kann. Das Grundproblem besteht also darin, den Preis so festzulegen, dass der mit diesem Preis erzielbare Absatz das Umsatzziel ermöglicht.

Speziell bei Presseverlagen muss das Verhältnis Umsatz- zum Vertriebserlös berücksichtigt werden. Wenn beispielsweise ein reduzierter Verkaufspreis dazu führt, dass die Auflage steigt, kann dies zwar aus Sicht des Vertriebs einen Rückgang des Umsatzes bedeuten, aber wenn die Auflagensteigerung im Anzeigenmarkt höhere Seitenpreise bewirkt, kann die Preissenkung aus Sicht des Gesamtunternehmens trotzdem eine erfolgreiche Maßnahme gewesen sein. Aus diesem Blickwinkel (hohe Auflage für Anzeigenkunden) sind auch die Konditionen erklärbar, unter denen Großkunden wie z. B. Lufthansa mit Zeitungen und Zeitschriften beliefert werden. Auch die Belieferung von Lesezirkel-Unternehmen ist sehr stark rabattiert. Der Reiz dieser Vertriebsform liegt in der Mehrfachnutzung pro Ausgabe, die sich wiederum mit einem hohen Leser-pro-Ausgabe (LpA)-Wert niederschlägt und damit den Werbeträgerwert der Zeitschrift erhöht. Dass die Kontrahierungspolitik in vielen Bereichen vor allem eine dienende Funktion einnimmt und andere Marketinginstrumente unterstützt, lässt sich sehr gut am distributionspolitischen Ziel einer hohen Abonnementauflage zeigen. Denn Abonnementexemplare sind für den Endabnehmer preiswerter als Einzelverkaufsexemplare.

Besondere Erwähnung verdient im Zusammenhang mit der Preispolitik natürlich die Preisbindung im Verlagsbereich, die für alle Verlagsprodukte beansprucht werden kann. Üblicherweise kann ein Händler den Abgabepreis an den Endkunden selbst bestimmen und sich dadurch im Markt von seinen Wettbewerbern unterscheiden. Um bei den wichtigen Kulturgütern der Verlagsprodukte jedoch eine ruinöse Konkurrenz zwischen den Verkaufsstellen zu vermeiden, ist der Verlagssektor bislang noch eine der wenigen Ausnahmen, bei denen der Hersteller den Abgabepreis an den Endverbraucher festlegen kann.

Rabattpolitik

Grundsätzlich spiegeln die Rabatte die jeweilige Marktsituation und die Marketingziele der Verlage wider. Bei der Einführung eines neuen Titels oder eines Programmbereichs können beispielsweise Einführungsrabatte in Verbindung mit entsprechenden Promotion-Materialien zu einer wesentlich besseren Präsenz im Handel führen. Auch die im Markt übliche Staffelung der Grundrabatte spiegelt die Marktsituation wieder. Kinderbücher und Kunstbände sind sehr leicht substituierbar, weshalb hier vergleichsweise hohe Rabatte üblich sind. Schulbuchverlage und Wissenschaftsverlage besitzen dagegen ein Sortiment, bei dem es weniger auf die Präsenz im Regal des Sortimenters ankommt. Die Titel sind schwerer substituierbar und werden häufig von den Kunden gezielt bestellt, die Grundrabatte liegen daher niedriger.

Da im Pressehandel – im Unterschied zum Buchhandel – keine Direktbestellung und -belieferung einzelner Händler üblich ist, ermöglicht die Rabattpolitik festgelegte Handelsspannen für den verbreitenden Handel: Der Großhandel (Presse-Grosso) erhält bei hochauflagigen Zeitschriften von den Publikumsverlage rund 33 % Rabatt, von denen er 15 % für sich behält und 18 % an den Einzelhandel weitergibt. Die Rabattsätze variieren für regionale (17 %), für überregionale (20 %) Zeitungen sowie für Zeitschriften mit niedriger Auflage (25 %).

Im Buchhandel sind folgende *Grundrabatte* üblich: Für die Bereiche Wissenschaft und Fachliteratur erhält der Händler zwischen 20 und 30 % während die Publikumsverlage (Belletristik, Taschenbuch etc.) 30 bis 35 % gewähren. Der so genannte *Reiserabatt* liegt in der Regel 5 bis 10 % über dem Grundrabatt und erreicht bei Publikumsverlagen 40 %. Bei Mehrfachbezug oder einem garantierten Mindestjahresumsatz (*Jahresabschluss*) steigen die Rabatte durch festgelegte Staffeln, die die Frage nach einem Bonus (rückwirkende Gutschrift zum Jahresende) offen lässt. Darüber hinaus gibt es mit dem *Partie*-Bezug eine Form des *Naturalrabatts*.

Partiebezug bei Publikumsverlagen	Partiebezug bei wissenschaftlichen Verlagen
Vertreterrabatt: 40 %, Partie 11/10	Vertreterrabatt: 30 %, Partie 7/6
10 Expl. à 40 % = 400 % 1 Expl. à 100 % = 100 %	6 Expl. à 30 % = 180 % 1 Expl. à 100 % = 100 %
11 Expl. = 500 %	7 Expl. = 280 %
500 % : 11 = 45,45 % Effektivrabatt	280 % : 7 = 40 % Effektivrabatt

Es werden mehr Exemplare geliefert als berechnet, wodurch sich der Effektivrabatt des Händlers erhöht. Neben den ›normalen‹ Partien, die in der abgebildeten Übersicht erklärt werden, gibt es mit 35/30, 58/50 oder 120/100 auch Reizpartien. Manche Verlage bieten für Verlagsreihen auch gemischte Partien an.

Stark an verkaufsfördernden Maßnahmen (Autorenlesungen, Signierstunden etc.) geknüpft sind *Aktionsrabatte*, die mitunter 50 % betragen. Analog zum Presse-Grosso erhält auch der buchhändlerische Großhändler (Barsortiment) einen Rabatt, der im Regelfall 15 bis 20 % über dem Grundrabatt liegt.

Lieferungs- und Zahlungsbedingungen

Im Unterschied zum Presseverlag, wo alle Titel auf Risiko des Verlages verkauft werden, gibt es im Buchbereich neben der Möglichkeit des Festbezugs seitens des Händlers andere Bezugsformen, die das Lagerrisiko des Händlers minimieren. An erster Stelle sei auf den Bezug *fest mit RR* (Remissionsrecht) hingewiesen. Im Taschenbuchbereich hat sich die Bezugsform *fest mit UR* (Umtauschrecht) durchgesetzt, d. h. die Remittenden werden mit weiteren Einkäufen verrechnet (Ware gegen Ware). Daneben gibt es noch die Möglichkeit des Kommissionsgeschäft (Bestellung *àc = à condition, qu'on le vende*). Hier werden grundsätzlich nur die verkauften Bücher mit dem Verlag abgerechnet werden. Dies bewirkt zwar eine Titelpräsenz im Handel, aber wirkt sich schlecht auf die Liquidität des Buchverlags aus. Daher ist der hierfür dem Handel angebotene Rabatt entsprechend schlechter als der vergleichbare Grund- oder Reiserabatt.

Neben den Möglichkeiten, das Lagerrisiko zu mindern, zählen auch Beteiligungsmodelle an den Bezugskosten zu den Lieferungsbedingungen. Praktiziert wird bei Buchverlagen der Modus *Portoersatz durch Freiexemplare* sowie ein prozentualer Nachlass vom Rechnungsbetrag als Ausgleich für die Transportkosten, die vom Empfänger zu entrichten sind.

Zu den Zahlungsbedingungen zählt man *Valuta, Ziel* und *Skonto*. Während die Alternative Ausnutzung des vereinbarten (oder festgesetzten) Zahlungsziels oder Skontoausnutzung bei frühzeitiger Zahlung (binnen 8 oder 10 Tagen nach Rechnungsdatum) von nahezu allen Verlagen angeboten wird, hat die Valutierung bei Buchverlagen eine besondere Bedeutung. Valuta heißt so viel wie Wertstellung und hat die Funktion, das Rechnungsdatum gedanklich (30, 60, manchmal sogar auch 90 Tage) in die Zukunft zu verschieben, ohne dass damit die Möglichkeit des Skontoabzugs ausgeschlossen wird. In Anbetracht der Tatsache, dass Bücher bei einer Lagerumschlagsgeschwindigkeit von 4 durchschnittlich 90 Tage in den Buchhandlungen ausliegen, bevor sie verkauft werden, kommt dieser Vorzugszahlungskondition eine besondere Bedeutung zu.

Abschließend sei bemerkt, dass die Zahlungskonditionen, die zwischen Verlagen und Einzelhändlern ausgehandelt werden, auch bei einer Abrechnung über die BAG (Kap. 9.2.4) berücksichtigt werden. Allerdings verschieben sich die Zahlungsfristen zum nächsten Abrechnungsstichtag. So wird beispielsweise – aufgrund der Abrechnungsstichtage 2. und 17. des Monats – eine am 9. eines Monats fällige skontierte Rechnung zum 17. des Monats abgerechnet.

Fragen zu Kapitel 5

36. Was versteht man unter einem Käufermarkt?

37. Nennen Sie vier unterschiedliche Zielsetzungen, die im Verlagsbereich mit Marktforschung verbunden sind.

38. Unterscheiden Sie im Rahmen der Marktforschung Primärdaten und Sekundärdaten.

39. Ordnen Sie die Analyseverfahren den Datenquellen für Marktforschung zu:

❶ Primäre interne Marktforschung
❷ Sekundäre interne Marktforschung
❸ Primäre externe Marktforschung
❹ Sekundäre externe Marktforschung

a) Ein Presseverlag analysiert die IVW-Auflagenstatistik

b) Ein Zeitschriftenverlag wertet das Remissionsverhalten in einzelnen Regionen der Bundesrepublik aus.

c) Ein Zeitungsverlag wertet einen Fragebogen zum Thema Kundenzufriedenheit aus, der zuvor im eigenen Haus erarbeitet worden ist.

d) Der Burda-Konzern beauftragt die Hochschule Offenburg damit, die Anzeigenakzeptanz bei Lesern zu untersuchen.

e) Ein Unternehmensberater wertet für einen Buchverlag Statistiken aus der Broschüre *Buch und Buchhandel in Zahlen* aus.

f) Ein Zeitungsverlag wertet das Anzeigenvolumen der Konkurrenz aus.

40. Ordnen Sie den unterschiedlichen Methoden der Marktforschung die einzelnen Techniken zur Datengewinnung zu:

❶ Panel
❷ Experiment
❸ Befragung

a) Interview

b) Wiederholungsbefragung an eine Personengruppe

c) Gruppendiskussion

d) Copytest

e) Pretest

f) Blickaufzeichnung (Eyetracking)

41. Wo erhält man Informationen über ...

a) ... die Zeitschriftenbranche im Allgemeinen?

b) ... den Buchhandel im Allgemeinen?

c) ... die Auflagenzahlen von Zeitungen?

d) ... Tendenzen im Werbe- und Medienbereich?

e) ... Auflagenzahlen von Publikumszeitschriften?

f) ... Umsätze im Handel und im Verlagsbereich?

g) ... Entwicklungstendenzen im Buchhandel?

42. Was verseht man unter ...

a) Potenzialanalyse

b) Umfeldanalyse

c) Inhaltsanalyse

43. Beschreiben Sie kurz die Kernaufgaben des Marketing.

44. Welche vier Hauptbereiche kennzeichnen den Marketing-Mix?

a) Werbung

b) Distributionspolitik

c) Finanzpolitik

d) Produktpolitik

e) Verkauf

f) Kontrahierungspolitik

g) Kommunikationspolitik

45. Welche Handlungsvarianten gibt es im Rahmen der Portfolio-Analyse für ein Produkt im Stadium eines ›poor dogs‹?

a) Beibehalten des Produkts und weiteres Abschöpfen der Erträge.

b) Elimination des Produkts.

c) Abwarten, ob sich das Produkt weiter positiv entwickelt.

d) Produkterneuerung, Neupositionierung (z. B. Relaunch).

e) Abwarten, wie sich das Produkt künftig im Markt verhält.

6

Anzeigenmarketing der Presseverlage

Das folgende Kapitel konzentriert sich auf den Bereich der Zeitungs- und Zeitschriftenverlage, da bei Buchverlagen kein Anzeigengeschäft im engeren Sinne zu verzeichnen ist. Zwar gab es den legendären Versuch des Rowohlt Verlags, mit Hilfe von Anzeigen in der Buchmitte seiner Taschenbücher die Projektkosten zu senken, doch konnte sich aus diesen Ansätzen kein eigenes Anzeigenwesen im Buchsektor entwickeln. Eine Sonderstellung nehmen Bücher zu Special-Interest-Themen ein, die sich beispielsweise mit Segeln oder Jagen befassen und Anzeigen von Reiseveranstaltern, Herstellern von Produkten der entsprechenden Hobbys etc. aufweisen. Als Einschränkung für ein Anzeigenwesen im Buchbereich kommt hinzu, dass die Deutsche Post AG Beschränkungen für Büchersendungen festgelegt hat.

Marketing ist ein Konzept der Unternehmensführung, das alle Unternehmensaktivitäten auf den Kundennutzen und damit auf den Markt hin ausrichtet. Damit ist klar, dass alle Abteilungen eines Unternehmens marktorientierte Tätigkeiten verrichten, auch wenn dies bei der Definition der Abteilungsziele unterschiedlich stark in den Vordergrund gerückt wird. Bei Presseverlagen sind neben der verlagseigenen Werbe- und Marketingabteilung vor allem zwei Abteilungen mit marktbezogenen Aufgaben betraut: die Anzeigen- und die Vertriebsabteilung.

Bevor auf die konkrete Aufgabenstellung des Anzeigenmarketing eingegangen wird, sei in gebotener Kürze noch einmal darauf hingewiesen, in welcher Weise die beiden Hauptabsatzmärkte der Presseprodukte (Leser- und Werbemarkt) miteinander verknüpft sind. Denn nur so wird klar, dass eine Zeitung oder Zeitschrift mittelfristig nur dann erfolgreich sein kann, wenn sie in beiden Märkten fest verankert ist.

Leser- und Werbemarkt

Presseverlage produzieren und verkaufen zwei Güter gleichzeitig: einerseits Information, Bildung und Unterhaltung, andererseits eine Verbreitungswahrscheinlichkeit von Werbebotschaften. Das hat zur Konse-

quenz, dass sie sich auf zwei unterschiedlichen Märkten, dem Anzeigen-
und Vertriebsmarkt, refinanzieren müssen. Beide Märkte sind zwar
grundsätzlich verschieden, hängen jedoch in hohem Maße voneinander
ab. Im Werbe- oder Anzeigenmarkt versucht die werbungtreibende Wirtschaft sich zunutze zu machen, dass die Inhalte in Presseprodukten einen
bestimmten Aufmerksamkeitswert besitzen. Grundsätzlich gilt deshalb
die Aufmerksamkeit in der Form der Zahl der verkauften Exemplare als
eines der entscheidenden Kriterien für den Anzeigenpreis. Umgerechnet
auf tausend Leser (Auflage mal Leser pro Ausgabe) ergibt sich der so genannte Tausend-Leser-Preis.

Für den Zusammenhang zwischen Vertriebs- und Werbemarkt wird
häufig das Bild der Anzeigen-Auflagen-Spirale gebraucht. Hierbei wird
am Beispiel des Zeitungsmarkts der folgende Zusammenhang zum Ausdruck gebracht: Die auflagenstärkste Zeitung in einer Region kann die
höchsten Anzeigenpreise berechnen, da sie eine größere Reichweite als
Gegenleistung für die werbungtreibende Wirtschaft erbringt. Dies führt
zu einer besseren Kostenrelation, was wiederum mehr Investitionen in
die Produktkonzeption (Layout, redaktionelle Inhalte) ermöglicht. Diese
Investitionen wiederum führen – der Theorie nach – zu einer erhöhten
Nachfrage im Lesermarkt, was wiederum die Position im Anzeigenmarkt
entsprechend verbessert.

Die Besonderheit des Pressemarkts bzw. vor allem des Zeitungsge-
schäfts würde demnach dadurch entstehen, dass sich der Kreis schließt
und die Ursache-Wirkungs-Kette von neuem beginnt. Dies würde
zwangsläufig zu neuen Einzeitungskreisen (Monopolstellungen innerhalb der Verbreitungsgebiete) führen. Kritiker dieser Theorie bezweifeln
zu Recht die Geschlossenheit dieses Systems, da beispielsweise die Rein-
vestition der Gewinne in inhaltliche Qualität schon aufgrund der Alleinstellung vieler Zeitungen fraglich erscheint. Letztlich ist die Theorie der
Anzeigen-Auflagen-Spirale vor allem dann hilfreich, wenn es darum
geht, in einem abgeschlossenen Marktsegment den spezifischen Vorteil
des Erstmediums gegenüber dem Zweitmedium herauszustellen. Darüber
hinaus bleibt sicherlich festzuhalten, dass der Erfolg im Lesermarkt mit
für den Erfolg im Werbemarkt verantwortlich ist. Im Kreis der Vertriebs-
fachleute führt dies zu dem Bonmot: »Auflage ist nicht alles, aber ohne
Auflage ist alles nichts«. Neben dem rein quantitativen Erfolg im Lesermarkt ist natürlich auch das qualitative Umfeld wichtig. Viele Zeitungen
und Zeitschriften sprechen eine thematisch oder geografisch eng umgrenzte Zielgruppe an, die auch den Anforderungen der Werbewirtschaft
entsprechen muss. Die über entsprechende Befragungen ermittelte soziodemografische Struktur der Leserschaft wird bei den Media-Entschei-
dern durchaus mit berücksichtigt.

Anzeigenmarketing

Anzeigenmarketing umfasst alle Maßnahmen die sicherstellen, dass die Zeitung oder Zeitschrift in ihrer Funktion als Werbeträger den Bedürfnissen der werbungtreibenden Wirtschaft entspricht. Neben dem Anzeigenverkauf und der dafür notwendigen Unterstützung durch Daten gehören hierzu auch grundlegende Fragen der Anzeigenintegration. Im Einzelnen befasst sich das Anzeigenmarketing mit folgenden Fragen:

Grundlegende Fragen im Anzeigenmarketing

PRODUKTGESTALTUNG UND MARKTERWARTUNG
Zielgruppengerechtes Redaktionskonzept (Lesermarkt)
Zielgruppensegmentierung für Werbekunden (inhaltlich, geografisch)
Belegungseinheiten
Platzierungsmöglichkeiten
Zeitliche Disponibilität
Technische Qualität der Werbung

INTRAMEDIALE KONKURRENZANALYSE
Abhängigkeit von einzelnen werbungtreibenden Branchen
Abhängigkeit von Großkunden im Vergleich zum Branchendurchschnitt
Preis-Leistungs-Vergleich (Tausend-Leser-Preis, Tausend-Kontakt-Preis,
    Lesedauer, Lesemenge, Verweildauer pro Seite)

INTERMEDIALE KONKURRENZANALYSE
Zielgruppengenauigkeit
Disponibilität
Werbeformen und Buchungsmöglichkeiten
Tausend-Kontakt-Preis
Bindungsstärke
Glaubwürdigkeit
Akzeptanz von Werbung (Werbeklima)

POTENZIALANALYSE
Inhaltliche Analyse laufender und geplanter Kampagnen
    auf deren Affinität zum eigenen Medium
Analyse des Werbepotenzials konkurrierender Medien
Analyse neuer Werbeformen und -möglichkeiten

Produktgestaltung/Produktanalyse

Darunter versteht man die allgemeinen produktpolitischen Fragestellungen bezogen auf den Anzeigenteil einer Zeitung/Zeitschrift. Entsprechen die Belegungseinheiten und Platzierungen sowie die zeitliche Disponibilität und die technische Umsetzung der Anzeigen den Erwartungen des Marktes? Um wirklich sicher zu gehen, dass der Kundennutzen der Werbewirtschaft bereits am Anfang des betrieblichen Leistungsprozesses und nicht nur bei der Werbevermarktung berücksichtigt wird, muss das gesamte Produkt auf den Prüfstand. Welche Themen handelt die Zeitung oder Zeitschrift ab? Wie gut sind diese Themen für die Vermarktung geeignet? Welche Darstellungsformen oder Themenfelder liegen in der Kompetenz der eigenen Redaktion und lassen sich gut vermarkten? Welche Themenseiten oder Sonderaktionen können einen zeitlich eingegrenzten Werbebedarf abdecken (z. B. CeBIT-Sonderseiten in Zeitungen oder Nachrichtenmagazinen als Umfeld für Soft-, Hardware- und Handyanzeigen). Erst wenn diese Fragen ausreichend geklärt sind, beginnen die vermarktungsbezogenen Aktivitäten.

Intra- und intermediale Konkurrenzanalyse

Nach einer sorgfältigen Analyse der eigenen Leistungsfähigkeit und Marktposition (Welche Branchen machen in der eigenen Zeitung/Zeitschrift den meisten Umsatz? Wie stark ist der Werbeumsatz auf Großkunden konzentriert?) ist es wichtig, die eigene Struktur mit den Daten der eigenen Branche und weiteren Mitbewerbern zu vergleichen. Dabei können durch eine Vergleichsanalyse mit den Hauptwettbewerbern erste Stärken und Schwächen der eigenen Marktposition ermittelt werden. Besonders interessant ist in diesem Zusammenhang ein Preis-Leistungs-Vergleich. Dabei darf jedoch nicht nur der rein quantitative Vergleich stattfinden, bei dem die Preise pro tausend Leser oder Kontakte ermittelt werden. Qualitative Merkmale wie Lesedauer, Lesemenge, Verweildauer pro Seite, Leser-Blatt-Bindung, Glaubwürdigkeit, Werbeklima müssen beim Vergleich mit den Konkurrenzmedien der eigenen Gattung (intramedial) ebenfalls berücksichtigt werden.

Für den Werbungtreibenden findet die Auswahl des geeigneten Werbeträgers für eine Kampagne jedoch nicht nur zwischen Vertretern der selben Gattung statt. Ein Mediabudget, das traditionell regionale Tageszeitungen beinhaltet hatte, kann beispielsweise künftig auf TV-Werbung ausgelegt werden, sodass sich nicht mehr die Frage stellt, ob die *Berliner Zeitung* oder der *Berliner Tagesspiegel* mehr Anzeigen erhalten, sondern die Fragestellung bei solchen Gattungsentscheidungen lautet, geht das

Budget an TV- oder Zeitungswerbung. Daher müssen die einzelnen Vergleiche (Budgets, Werbung pro Branche, Preis- Leistungsvergleich) auch zwischen den einzelnen Mediengattungen (intermedial) durchgeführt werden.

Potenzialanalyse

Wenn die Budgets und Kampagnen der konkurrierenden Medien analysiert werden, befinden wir uns bereits auf dem Weg zur Beschreibung des Werbevolumens, das grundsätzlich für das eigene Produkt erreicht werden könnte. Dabei muss jedoch beachtet werden, dass die Werbeträgerleistungen der einzelnen Medien durch die Nutzungsspezifika eigene Stärken und Schwächen besitzen und daher nicht jedes Werbebudget als zu realisierender Auftrag gehandelt werden kann. Wenn eine Tageszeitung feststellt, dass Kampagnen mit erklärungsbedürftigen Produkten und regionalem Bezug nicht in der Zeitung sondern z. B. via Plakat abgewickelt werden, muss dieses Ergebnis wesentlich kritischer gesehen werden, als bei einer auf Emotionen ausgerichteten Markenkampagne, die vorrangig im TV und nur unterstützend in der Zeitung stattfindet. Abgerundet wird die Potenzialanalyse durch die Analyse sekundärstatistischen Materials über die Entwicklungen innerhalb der Branche der Hauptkundengruppen. Eine lokale Zeitung wird zum Beispiel versuchen, anhand der Daten der IHK das grundsätzliche Werbepotenzial der Region zu ermitteln.

6.1
Markt-Media-Studien

Um die eigene Zeitung oder Zeitschrift im Medienmarkt zu positionieren, muss den Kunden die Werbeträgerleistung dokumentiert werden. Ein Werbeträger erzeugt durch seine Gestaltung (Redaktion, Layout etc.) Interesse beim Publikum, von dem der Anzeigenkunde profitiert, indem er auf seine Produkte aufmerksam macht. Diese Werbeträgerleistung darf nicht mit der Werbemittelleistung verwechselt werden. So ist der Verlag zwar dafür verantwortlich, dass möglichst viele Leser eine Zeitschrift zur Hand nehmen und möglichst viel Zeit für das Lesen der Inhalte und der Anzeigen verbringen. In keiner Weise ist er aber für den Erfolg (zum Beispiel Absatzerfolg) einer Anzeige verantwortlich. Wenn ein Anbieter mit einem schlechten Image und einer zweifelhaft gestalteten Werbeanzeige keinen Erfolg für seine Kampagne vermelden kann, ist die Werbemittelleistung (Anzeigenleistung) zwar unbefriedigend, allerdings liegt dies in einem solchen Fall nicht an der Zeitung oder Zeitschrift und damit außerhalb des Verantwortungsbereichs des Verlags. Diese Trennung der Verantwortlichkeiten gilt nicht nur für Printmedien, sondern für alle Mediengattungen und sollte vor allem auch bei Online-Medien beachtet werden.

Ermittlung der Werbeträgerleistung

Die Basisgröße der Werbeträgerleistung im Print-Bereich ist die Auflage. Da die Werbewirtschaft daran interessiert ist, von Verlagsseite nachprüfbare Auflagenwerte gemeldet zu bekommen, wurde bereits 1949 die *Informationsgemeinschaft zur Feststellung der Verbreitung von Werbeträgern* (IVW) gegründet, die als Interessengemeinschaft aller am Werbemarkt beteiligten Verbände eine neutrale Auflagenkontrolle garantiert. Die teilnehmenden Verlage müssen sich einem bestimmten Regelwerk unterwerfen, das u. a. der IVW jederzeit das Recht gibt, die Auflagenmeldung zu kontrollieren und mit den Daten der Verlagsbuchhaltung zu vergleichen. Aus der Druckauflage (Anzahl der gedruckten Exemplare) wird die verbreitete Auflage (Verkaufsauflage zuzüglich der Freistücke) errechnet. Die größte Bedeutung für den Werbekunden besitzt jedoch die verkaufte Auflage (Einzelverkauf, Abonnementauflage und sonstiger Verkauf), da davon ausgegangen wird, dass bei bezahlten Presseprodukten eine größere Aufmerksamkeit der Leser vorhanden ist als bei kostenlosen Produkten. Die Einzelverkaufsauflage umfasst die an den Einzelhandel gelieferten Exemplare abzüglich der Remittenden der Vorperiode. Unter ›Sonstiger Verkauf‹ werden alle nicht voll bezahlten Exemplare zusammengefasst (zum Beispiel Lesezirkelexemplare und Bordexemplare der Luftverkehrsgesellschaften).

Diese Daten ermöglichen dem Werbungtreibenden eine erste Einschätzung der Anzeigenpreise, indem er den Preis geteilt durch die verkaufte Auflage mit 1.000 multipliziert und damit den *Tausend-Auflage-Preis* ermittelt. Damit wird bereits ein erster Schritt getan, um das Preis-Leistungs-Verhältnis der Werbung zu ermitteln. Hinter einem verkauften

Aus der IVW-Statistik:
Quartalszahlen des *Börsenblatts*

Druckauflage gesamt	12.225	
Verkaufte Auflage	10.135	
Abo-Vertrieb	7.787	
Sonstige Verkäufe	2.348	
Freistücke	548	
Archiv	1.542	Quelle: MVB für Quartal 3/2004

Zeitschriften- oder Zeitungsexemplar verbergen sich jedoch meist mehrere Leser. Der *Leser-pro-Ausgabe* (LpA)-Wert wird durch die Mediaforschung ermittelt, sodass der Werbungtreibende den Anzeigengrundpreis durch die Anzahl der Leser teilen kann, diesen Wert mit 1000 multipliziert und damit auf Basis des *Tausend-Leser-Preises* die Bewertung der Werbeträgerleistung fortsetzt. Da Werbung meist nicht nur einmal in der Zeitung oder Zeitschrift geschaltet wird, stellt sich für den Werbekunden die Frage, wie viele Kontakte durch wiederholte Anzeigen in ein und demselben Medium erzielt werden. Bei einer Abonnementzeitung wird die Mehrfachanzeige nur einen geringen Anteil neuer Kontakte erbringen, da die meisten Leser bereits mit der ersten Anzeige konfrontiert wurden. Die Wiederholungsschaltung dient in einem solchen Fall eher der Verstärkung des Werbekontakts. Bei einer Zeitschrift, die zu einem hohen Prozentsatz am Kiosk verkauft wird, kann dieser Zusammenhang anders aussehen, da der Leserkreis zwischen den Ausgaben schwankt. Diesen Zusammenhang zwischen Anzeigenpreis und der Anzahl der Kontakte gibt der *Tausend-Kontakte-Preis* (TKP) wieder. Bei einmaliger Schaltung einer Anzeige sind TKP und Tausend-Leser-Preis identisch.

Diese rein quantitativen Parameter ermöglichen zwar einen ersten Preisvergleich, sie lassen jedoch noch keine Mediaplanung im engeren Sinne zu. Denn dem inserierenden Unternehmen geht es nicht darum, Tausende von Kontakten möglichst günstig einzukaufen. Es will vielmehr wissen, ob die Menschen, die hinter den Kontakten stehen, überhaupt zu seiner Zielgruppe gehören. Wenn es darum geht, Haftcreme für die dritten Zähne in einer Anzeigenkampagne anzubieten, ist natürlich der Anteil älterer Leser interessant. Bei der Vermarktung von Kosmetikprodukten steht der Frauenanteil unter der Leserschaft im Blickfeld des Interesses. Der Verlag muss daher eine qualitative Mediaplanung ermöglichen, indem er Daten über die Zusammensetzung seiner Leserschaft liefert. Neben soziodemografischen Kriterien (Alter, Geschlecht, Schulbildung, Einkommen etc.) interessieren den Werbekunden vor allem Konsuminteressen der Zielgruppe. Erst mit Hilfe dieser Daten, die in den Markt- und Mediastudien ermittelt werden, wird es für den Werbekunden möglich, die Leistungsfähigkeit eines Werbeträgers abschließend zu beurteilen.

In dem skizzierten Beispiel möchte ein Markenartikler ein Kosmetikprodukt für Frauen in einer Publikumszeitschrift mit einer einmaligen Anzeige bewerben. Auf den ersten Blick erscheint die Anzeige in Zeitschrift A günstiger als in Zeitschrift B, da der Anzeigenpreis 5.000 € weniger beträgt. Wenn man allerdings die Auflage berücksichtigt, zeigt sich, dass der Tausend-Auflage-Preis der Zeitschrift B (Anzeigenpreis geteilt durch Verkaufsauflage) deutlich günstiger ist, da Zeitschrift B eine wesentlich höhere Auflage besitzt als Zeitschrift A. Berücksichtigt man jedoch die Leser-pro-Ausgabe (LpA), erhält Zeitschrift A einen günstigeren

	Zeitschrift A	Zeitschrift B
A4-Anzeige (s/w)	20 000 EUR	25 000 EUR
Verkaufsauflage	500 000	800 000
Tausend-Auflage-Preis	40,– EUR	31,25 EUR
Leser-pro-Exemplar (LpE)	2,3	1,7
Tausend-Leser-Preis (= Tausend-Kontakte-Preis)	17,39 EUR	18,38 EUR
Frauenanteil	37 %	68 %
TKP innerhalb Zielgruppe	47,– EUR	27,03 EUR

Ermittlung des 1000-Kontakte-Preises

Tausend-Leser-Preis (Tausend-Auflage-Preis geteilt durch LpE). Den LpE-Wert erhält man, indem man den LpA-Wert durch die verbreitete Inlandsauflage teilt. Bei einmaliger Schaltung der Anzeige entspricht dies dem Tausend-Kontakte-Preis (TKP). Ein günstiger TKP allein ist jedoch nicht ausschlaggebend. Im konkreten Fall sind für den Werbungtreibenden ausschließlich Leserinnen interessant, sodass es notwendig wird, den TKP auf die Zielgruppe Frauen zu beziehen (TKP geteilt durch den Frauenanteil), um den tatsächlichen Preis für tausend relevante Werbekontakte zu ermitteln. Im vorliegenden Beispiel ist am Ende Zeitschrift B für den Zweck unseres fiktiven Werbekunden die günstigere Variante. Markt- und Mediastudien sind daher ein unerlässlicher Bestandteil des Anzeigenmarketing, um einerseits Daten der Mediennutzung (Reichweite, LpA-Wert etc.) und andererseits Informationen über die Struktur der Leserschaft zu ermitteln.

Es gibt auch die Möglichkeit, die Kontaktqualität von Zeitschriften und Zeitungen mit Hilfe bereits geschalteter Anzeigen (ex post) zu ermitteln, indem im Rahmen eines *Copytests* ermittelt wird, welche Aufmerksamkeit die Anzeige auf sich vereinen konnte. Hierbei wird der Bereich der Werbeträgerleistungsmessung verlassen und die Werbemittelleistung abgeprüft. Testpersonen erhalten beispielsweise ein Presseprodukt und werden anschließend befragt, an welche Werbung sie sich erinnern können (ungestützter recall). Danach werden die Namen der Inserenten und Anzeigenmotive zur Auswahl vorgelegt. Nun muss die Testperson die Anzeige angeben, an die sie sich erinnern kann (gestützter recall).

Im Folgenden sollen die wichtigsten regelmäßig durchgeführten Markt- und Mediastudien vorgestellt werden.

6.1.1
Media-Analyse (MA)

Die *Media-Analyse* (MA) ist eine der wichtigsten Mediauntersuchungen in Deutschland. Sie wird von der *Arbeitsgemeinschaft Media-Analyse e.V.* (AG.MA) in Auftrag gegeben und von der *Media Micro Census GmbH* (MMC) koordiniert. Mitglieder der AG.MA sind Werbeagenturen, Presseverlage, elektronische Medien, Werbungtreibende und verschiedene Verbände. Eine Besonderheit der MA ist es, Mediadaten aus unterschiedlichen Quellen (Tranchen) zu einem Gesamtdatensatz zusammenzufügen.

Die für uns besonders interessante Pressemedientranche ermittelt die Nutzungshäufigkeiten von Zeitschriften und Tageszeitungen sowie Kinos. Entscheidend für die Funktionsfähigkeit der Erhebung im Bereich der Tageszeitungen ist eine ausreichende Fallzahl, weshalb Fragen zur Tageszeitungsreichweite auch bei den übrigen Mediengattungen verankert werden, sofern die Methodik dies zulässt. Eine regionale Auswertung der Tageszeitungsdaten ermöglicht der Tageszeitungsdatensatz, der alle drei Jahre zur Verfügung steht. Innerhalb der MA wird der Werbeträgerkontakt innerhalb der Gesamtbevölkerung sowie innerhalb demografischer Untergruppen (sortiert nach Geschlecht, Alter, Schulbildung, Familienstand, Beruf des Haushaltsvorstands bzw. des Befragten, Haushaltseinkommen etc.) ermittelt. Diese so genannten Reichweitenwerte werden in der MA mit Daten in Abhängigkeit vom Zeitverlauf (Reichweitenentwicklung) und Daten über die Auswirkungen von Mehrfachschaltungen kombiniert. Die Befragung wird bei Pressemedien als persönlich mündliche Befragung durchgeführt, da die einzelnen Pressetitel als verkleinerte Kopie, den so genannten Titelkarten, dem Befragten präsentiert werden. Dies hat den Hintergrund, dass somit eine exakte Zuordnung des Titels für den Befragten möglich wird und Verwechslungen minimiert werden. Bei den übrigen Mediengattungen wird auch die Telefonbefragung (Computer-Assisted-Telephone-Interviewing: CATI) angewandt. Die Interviewpartner werden durch Zufallsauswahl (Random) ermittelt. Gemessen wird das Mediennutzungsverhalten der deutschen Bevölkerung ab 14 Jahren.

6.1.2
Verbraucheranalyse (VA)

Die *Verbraucheranalyse* (VA) ist eine Marktstudie, die neben dem Mediaverhalten einzelner Konsumententypen vorwiegend Konsummerkmale erfasst, um auf die drängende Frage der Werbeunternehmen Antworten zu liefern, wie viel Prozent der Leser eines Printprodukts zum Kreis der

eigenen Kunden gehören. Das Kürzel VA hat sich im deutschen Media-
markt durchgesetzt, es darf jedoch nicht mit der Verbreitungs-Analyse
(VA) verwechselt werden, mit der die IVW die regionale Verbreitung von
Printmedien, insbesondere Zeitungen ermittelt.

Die *Verbraucheranalyse* wird von großen Verlagsgruppen (hauptsächlich Axel Springer Verlag und Verlagsgruppe Bauer) getragen. Da sie als
Hauptziel die Konsumgewohnheiten der Leser erfassen möchte, ist der
Fragebogen zu den Mediennutzungsgewohnheiten sehr kurzgefasst. Die
genauen Daten des Medienkonsums werden durch eine Datenfusion mit
den Daten der MA ermittelt. Die VA liefert Daten über Besitz und Konsum verschiedener Produktgruppen wie Nahrungsmittel, Getränke, Ta-
bakwaren, Kosmetika, Foto, Film, Unterhaltungselektronik, Pkw, aber
auch über Dienstleistungen wie Urlaub oder Handel. Seit 1994 werden die
Mediennutzungsgewohnheiten der Leser regionaler Zeitungsverlage erfasst. Die Single-Source-Untersuchung ist in der Darstellung der Medien-
nutzungsreichweiten an die Systematik der im Rahmen der Media-Analyse der AG.MA ermittelten Daten angepasst. Für das Jahr 2003 erfolgte
eine repräsentative Untersuchung bei der deutschsprachigen Bevölkerung ab 14 Jahren in Privathaushalten, insgesamt 64,43 Millionen Personen. Hierfür wurden 31.424 Fälle erhoben.

Als Ergänzung zur normalen VA, die sich auf das Konsumverhalten
Erwachsener konzentriert, gibt es die *Kids VA*, die die Zielgruppe der Kinder von 6 bis 17 Jahren untersucht.

6.1.3
Allensbacher Werbeträgeranalyse (AWA)

Das *Institut für Demoskopie* in Allensbach führt vergleichbar zur MA eine Werbeträgeranalyse durch, die ebenfalls für die deutsche Bevölkerung
ab 14 Jahren repräsentativ ist. Auftraggeber sind rund 90 Medienunternehmen. Die Daten werden auf Basis mündlicher Interviews erhoben. Als
Besonderheit werden neben den Konsumgewohnheiten Aspekte der Mediennutzung abgefragt, bei denen auch zahlreiche Special-Interest-Titel
mit erfasst werden. Basis ist eine Quota-Stichprobe mit rund 20.000 Fällen. Aufgrund der vergleichsweise geringen Fallzahl ergibt sich eine relativ hohe Schwankungsbreite der Daten. Dadurch entstehen immer wieder
Abweichungen zur Media-Analyse, sodass die beiden Erhebungen in einem Spannungsverhältnis zueinander stehen. Aber nach Angaben des Instituts für Demoskopie ist die *Allensbacher Werbeträgeranalyse* (AWA)
die umfangreichste Markt-Media-Studie aus einem Guss. Die Mehrthe-
menumfrage des Instituts ist seit über 40 Jahren im Markt etabliert und gestattet daher auch Analysen im Zeitreihenvergleich.

6.1.4
Typologie der Wünsche Intermedia (TdWI)

Die Studie *Typologie der Wünsche Intermedia* (TdWI) wird jährlich vom *Burda Advertising Center* in Auftrag gegeben. In den TdWI-Studien werden Daten über 1.500 Marken aus über 400 Produktbereichen (Lebensmittel, Pkw-Bedarf, Unterhaltungselektronik, Versicherungen u. a. m.) erhoben. Neben reinen Reichweiteninformationen (Werbeträgerforschung) erforscht die TdWI Konsumentenprofile und psychografische Zielgruppenmodelle. Wie sehen sich die Verbraucher, welche Meinungen und Einstellungen vertreten sie? Welches Markenbewusstsein besitzen sie und welchen Freizeitbeschäftigungen gehen sie nach? Welche Konsummotive oder Ländersympathien sind für die Beschreibung von Zielgruppen und die Mediaplanung nutzbar?

In zwei Wellen werden mit 20.000 bzw. 10.000 Fällen die Daten auf Basis der deutschen Wohnbevölkerung ab 14 Jahren mit Hilfe von Random-Stichproben erhoben. Die Interviews erfolgen mündlich. Ergänzend müssen die Befragten ein Haushaltsbuch führen, in dem die Konsumgewohnheiten erfasst werden. An Medien werden Publikumszeitschriften, Supplements, überregionale Tageszeitungen und Kaufzeitungen, Kundenzeitschriften, TV und Online-Angebote sowie Videotext, Funk und Kino erforscht.

6.1.5
Weitere Studien

Aus dem Sammelsurium der speziellen Markt-Media-Studien sollen an dieser Stelle zwei weitere Studien kurz erwähnt werden, die vor allem im Zeitschriftensektor von Relevanz sind. Die *Leseranalyse Entscheidungsträger* (LAE) untersucht im Auftrag deutscher und internationaler Zeitungen und Zeitschriften das Mediennutzungsverhalten und die Konsumgewohnheiten von Entscheidungsträgern in Wirtschaft und Verwaltung. Eine ähnliche Zielgruppe wird von der *AWA FirstClass* untersucht, bei der Personen mit gesellschaftlich-wirtschaftlichem Status 1 (6,6 Mio. Personen gemäß der Allensbacher Werbeträger Analyse) befragt werden. Die *AWA FirstClass* wird als mündliche Befragung unter rund 3.500 Personen durchgeführt, die im Quotenverfahren ermittelt werden.

6.2
Anzeigenarten und Anzeigenpreise

Anzeigen gehen nicht von einer Redaktion aus, sondern sind entgeltliche Veröffentlichungen, mit der sich der Auftraggeber an die Leser einer Druckschrift wendet. Bereits an der allgemeinen Formulierung dieser Definition kann man feststellen, dass es sehr unterschiedliche Formen von Werbung gibt, die unter dem Begriff Anzeige zusammengefasst werden. Einzelne Anzeigenarten sind für bestimmte Printmedien typisch (z. B. Rubrikanzeigen in Zeitungen, Offerten- und Anzeigenblättern), weshalb wir im Folgenden einen kurzen Überblick über die unterschiedlichen Anzeigenarten geben, die den Printwerbemarkt prägen.

6.2.1
Anzeigenarten

Die einfachste Art Anzeigen zu klassifizieren ist eine Analyse der Anzeigenarten nach Status des Auftraggebers (Inserenten). In vielen Printmedien wird die Trennung nach gewerblichen, amtlichen und privaten Anzeigen auch für die Preisbildung herangezogen. Besonders schwierig ist dabei die Abgrenzung zwischen privaten und gewerblichen Anzeigen – eine Kategorisierung, die insbesondere im Rubrikanzeigengeschäft der Offertenblätter eine wichtige Rolle spielt. Dort sind die privaten *Kleinanzeigen* kostenlos, während die gewerblichen Anzeigen neben den Vertriebserlösen die einzige Einnahmequelle darstellen.

Dabei wurde eine Definition entwickelt, wonach alle *Rubrikanzeigen* privater Natur sind, deren Schaltung mit Erfolg der Anzeige gegenstandslos wird. Das bedeutet z. B.: Für eine Privatperson, die einmal alle fünf Jahre ihr privates Auto anbietet, ist nach Verkauf des Pkw die Schaltung der Anzeige gegenstandslos. Betreibt jedoch ein Angestellter im Nebenerwerb den Verkauf alter PCs, so profitiert er auch dann noch von der Werbewirkung einer PC-Anzeige, wenn der ursprünglich beworbene PC in seiner Ausgangskonfiguration bereits verkauft ist. Alle weiteren Anrufer sind als potenzielle PC-Käufer auch für die Vermarktung der weiteren Modelle interessant. An der Definition wird jedoch schnell deutlich, dass die Abgrenzung dieser beiden Bereiche in der Praxis schwierig ist und nur gelingen kann, wenn man den Inhalt der Anzeige bei der Klassifizierung mit berücksichtigt.

Anzeigenarten nach ihrem Inhalt und ihrem Auftraggeber

ÜBERREGIONALE ANZEIGEN
Anzeigen für Markenartikler oder Hersteller, die selbst in regionalen Medien
(z. B. Regional- oder Lokalzeitungen) ohne lokalen bzw. regionalen Bezug
veröffentlicht werden.

MARKENARTIKELANZEIGEN
Werbung von Herstellern, die ihre Produkte in gleicher Form und Qualität
zu empfohlenen Preisen anbieten (Tabak, Alkohol und Genussmittel, Kosmetik,
Auto etc.).

DIENSTLEISTUNGSANZEIGEN
Anzeigen von Banken, Versicherungen, Reise- und Touristikunternehmen

LOKALE/REGIONALE GESCHÄFTSANZEIGEN UND HANDELSWERBUNG
In Zeitungen und Anzeigenblättern erscheinende Anzeigen des lokalen
Händlers (Lebensmittel-Einzelhandel, Modekaufhäuser etc.)

RUBRIKANZEIGEN
Beispielhaft sind: Kfz-, Immobilien-, Stellen-, Reise-, Veranstaltungs- und
Familienanzeigen, die hauptsächlich in Zeitungen und Anzeigenblättern
vorkommen. Teilweise gibt es jedoch auch thematisch spezialisierte Rubrikanzeigen in Special-Interest-Titeln, wie z. B. Waffen- und Hundeanzeigen
in der Jagdfachpresse.

AMTLICHE BEKANNTMACHUNGEN
Auf lokaler Ebene werden kommunale Belange auf diesem Weg den Bürgern
bekannt gemacht. In der überregionalen Presse sind vor allem Aus-
schreibungen und Handelsregisterauszüge in diesem Bereich anzuführen.

GEMEINSCHAFTSWERBUNG
Hier gibt es einerseits die Gemeinschaftswerbung mehrerer artverwandter
Produkte und Hersteller und andererseits die Gemeinschaftswerbung, die über
Vermittlungsagenturen geschaltet werden. Hierbei bucht ein Anzeigenkunde
innerhalb einer Zeitschrift Werbeplatz und verkauft Teilbereiche der Anzeige
an einzelne Klein- und Kleinstkunden.

Die obige Klassifizierung ist jedoch nicht der einzige preisbildende Faktor im Anzeigengeschäft. Anzeigenraum ist ein knappes Gut, dessen Wert natürlich im Wesentlichen dadurch bestimmt wird, wie viel Platz die Anzeige beansprucht, an welcher Stelle des Presseorgans sie platziert wird (die Prominenz ihrer Platzierung) und wie aufwendig ihre technische Gestaltung ausfällt.

Anzeigenarten nach ihrer Platzierung und Gestaltung

STREIFENANZEIGE
Anzeigen, die über die ganze Blattbreite gehen und meist unter dem redaktionellen Text platziert sind. Häufig bilden sie den Abschluss der Seite.

BLATTHOHE ANZEIGEN
Blatthohe Anzeigen sind so hoch wie der Satzspiegel und verlaufen ein- oder mehrspaltig neben dem Text.

FLYING PAGE
Anzeige, die um einen Teil einer Zeitung gelegt wird.

TITELKOPF-ANZEIGE
Vor allem im Zeitungsbereich übliche Platzierung von Anzeigen als ›Umrahmung‹ des Titelschriftzugs. Diese Platzierung ist natürlich besonders prominent und deshalb wesentlich teurer als die selbe Anzeigenfläche an weniger auffallender Stelle.

ECKFELD-ANZEIGEN
Anzeigen, die an zwei Seiten von Text umgeben sind und an der linken oder rechten Blattecke platziert werden.

TEXTTEILANZEIGE
Mindestens von drei Seiten mit Text umrahmte Anzeige, die im Extremfall als so genannte Insel-Anzeige rundum von Text umgeben ist.

SHADOW-ANZEIGE
Anzeige, die im redaktionellen Teil den Text des ›gesponserten Bereichs‹ mit einem Raster (z. B. das Firmenlogo des Sponsors) unterlegt.

STRECKENANZEIGE
Anzeige, die sich mindestens über drei aufeinanderfolgende Seiten erstreckt.

> **PANORAMA-ANZEIGE**
> Über den Satzspiegel hinausgehende doppelseitige Anzeige.

Über die genannten üblichen Platzierungen und Anzeigentypen hinaus gibt es natürlich eine Vielzahl von Platzierungs- und Buchungsvarianten. Griffecken-Anzeigen für den Bereich, in dem vorzugsweise geblättert wird, Satellitenanzeigen (mehrere Anzeigen eines Kunden auf einer Seite) und Anzeigenstrecken (mehrere aufeinanderfolgende ganzseitige Anzeigen) bei Mehrfachbelegung in einer Ausgabe etc. Darüber hinaus gibt es eine Reihe von Werbemitteln in Presseprodukten, die über den Definitionsbereich der Anzeige hinausgehen und im Folgenden vorgestellt werden.

Warenproben und ›Einklebeartikel‹

Vor allem bei Frauenzeitschriften ist es für Werbende aus dem Kosmetikbereich attraktiv, neben der reinen Werbebotschaft Warenproben (Parfum, Cremes etc.) auf die Werbefläche aufzukleben. Mit der zunehmenden Verbreitung von CD-Rom-Laufwerken entstand hier ebenfalls ein Markt für Warenproben im Softwaresektor. Viele PC-Zeitschriften und General-Interest-Magazine werden mittlerweile mit CDs ausgestattet, die teilweise redaktionelle Informationen oder aber Gratis- und Testsoftware von Werbekunden enthalten. Technisch ebenfalls aufwendiger und deshalb mit einem gesonderten Tarif versehen, sind Anzeigen, die einen aufgeklebten Rückantwortcoupon enthalten (Response-Anzeigen).

Prospekte und Beilagen

Neben der klassischen Anzeige werden Zeitungen und Zeitschriften von den Werbungtreibenden zunehmend als ›Umschlag‹ benutzt, um in die Presseprodukte Prospektbeilagen einzulegen. Die Zuwächse der Werbung in diesem Sektor sind vor allem darauf zurückzuführen, dass derartige Beilagen in der Regel mehr Aufmerksamkeit genießen als direkt an die Haushalte verteilte Prospekte (Haushaltsdirektwerbung). Selbst auf Prospektbeilagen scheint also die höhere Aufmerksamkeit redaktioneller Produkte positiv abzufärben. Für die Verlage ist es einerseits erfreulich, wenn zunehmend Direktwerbung in Form von Prospektbeilagen durch die eigenen Produkte abgedeckt werden kann. Dennoch ist die Entwicklung nicht unkritisch, da auch einige Anzeigenkunden Werbung durch Prospektbeilagen der klassischen Anzeigenwerbung vorziehen und somit die Werbung aus dem redaktionellen Produkt herausgelöst wird.

Segmentierte bzw. personalisierte Werbung

Um das Werbebudget möglichst effektiv einzusetzen ist es Ziel aller Werbebestrebungen, die Kunden mit genau den Werbebotschaften zu konfrontieren, die ihren Interessen entsprechen. Die Verbreitung ein und derselben Anzeigen an alle Leser hat den Nachteil, dass sich nur ein Teil der Leser wirklich für die Werbebotschaft interessiert. Dies restliche Werbung ist Streuverlust, der keinen Werbeerfolg beschert. Um diesen Streuverlust möglichst gering zu halten und die Kunden entsprechend ihrer Interessen anzusprechen, gibt es in der Anzeigenpreisliste vieler Zeitungen und Zeitschriften beispielsweise Teilbelegungen nach geografischen Gesichtspunkten (bei Zeitungen z. B. lokale und regionale Teilausgaben sowie bei Zeitschriften regionale Teilausgaben), damit sich in den Anzeigen auch die Händleradressen finden, die dem Leser vertraut und in der näheren Umgebung zu finden sind.

Mit der Zunahme der datenbankgestützten Produktionssysteme gehen Verlage vor allem im Zeitschriftenbereich dazu über, Informationen für klar umrissene Zielgruppen, bis hin zur individuellen, personalisierten Werbung anzubieten. Die neuen Techniken wie zum Beispiel das ›selective binding‹, bei dem die Zeitschriften auf einzelne Leser zugeschnitten werden, finden vor allem in den USA bereits Anwendung. Voraussetzung hierfür ist natürlich eine genaue Kenntnis über die Leser. Deshalb liegt der Hauptanwendungsbereich aufgrund einer längeren Abonnementbeziehung bei Kundenzeitschriften und Katalogen.

6.2.2
Anzeigenpreise

Der Anzeigenpreis richtet sich in erster Linie nach der Auflagenhöhe der Zeitung oder Zeitschrift. Deshalb steigen die absoluten Preise der Anzeigen mit zunehmender Auflage. So ist eine Anzeige im *Focus* teurer als eine Anzeige im *Börsenblatt*. Bei Berücksichtigung der Auflagenhöhe im Rahmen des Tausend-Auflage-Preises kann jedoch festgestellt werden, dass die relativen Anzeigenkosten pro Auflagenstück bei Titeln mit kleineren Auflagen höher sind als bei General-Interest-Titeln. Denn Titel mit kleinen Auflagen sprechen in der Regel geografisch oder thematisch enger umgrenzte Zielgruppen an, sodass der einzelne Werbekontakt für die Werbungtreibenden wertvoller ist als bei allgemeinen Titeln mit größeren Streuverlusten. Daher ist es umgerechnet teurer in tausend Exemplaren des *Börsenblatts* vertreten zu sein als in tausend Exemplaren des *Focus*.

Die zweite preisbildende Komponente ist die Größe der Anzeigenfläche. Da große Anzeigen mehr Fläche einer Druckschrift verbrauchen

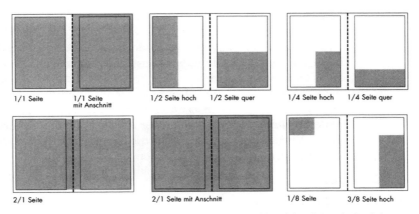

Formatbeispiele für das *Börsenblatt des Deutschen Buchhandels*. 3/16 und 1/32 Seiten gibt es nur bei Rubrikanzeigen (Preisänderungen, Stellengesuche etc.)

und eine größere Aufmerksamkeit erzielen, sind sie natürlich teurer als kleinere Anzeigen. Im Zeitungsbereich berechnet man die Anzeigengröße anhand der von der Anzeige belegten Spalten (Anzeigenbreite) und der innerhalb der Spalte verbrauchten Millimeter (Anzeigenhöhe). Eine zweispaltige Anzeige mit 150 mm Anzeigenhöhe umfasst also 300 Anzeigenmillimeter. Bei einem Millimeterpreis von 2 € ergibt sich ein Anzeigenpreis von 2 €/Anzeigenmillimeter x 300 Anzeigenmillimeter = 600 €. Im Zeitschriftenbereich wird die Anzeigenfläche nicht nach Millimetern sondern als Bruchteil einer Ganzseite angegeben. Die Belegungsmöglichkeiten reichen von der 1/1-Seite (Ganzseite) bis zur 1/32-Seite einer Zeitschrift.

Der dritte preisbildende Faktor ist die Farbigkeit der Anzeige. Schwarz-Weiß-Anzeigen sind nicht nur weniger aufwendig im Druck, sie kosten den Verlag in der Herstellung auch weniger Geld und sind somit preiswerter als Vierfarb-Anzeigen. Zusätzlich gibt es für den Werbungtreibenden häufig die Möglichkeit, Zusatzfarben einzusetzen, um beispielsweise das Logo einer Marke in der exakten Hausfarbe abzubilden. Die Zahl der Farben und der Einsatz von Sonderfarben hängt aber nicht nur von der technischen Ausstattung der Druckerei ab, sondern auch von der Belegungsmöglichkeit in den Zeitungen, die nicht in allen Produktteilen gleichermaßen realisiert werden kann.

Darüber hinaus sind die Anzeigenpreise natürlich von der Anzeigenform abhängig. Doch schauen wir uns im Folgenden beispielhaft die Anzeigenpreisliste einer Zeitung näher an, die die Grundlage von Anzeigenakquise und Vertragsabschluss bildet. Sie ist eine öffentliche Bekanntmachung des Verlags über die aktuellen Vertragskonditionen und verpflichtet den Verlag zur Einhaltung der Preise und Rabatte sowie zur einheitlichen Anwendung. Die Preislistentreue ist eine wichtige Voraussetzung für die Etablierung eines für alle Partner stabilen Marktes. Der Grundsatz der Preislistentreue wurde bereits 1952 vom Bundesgerichtshof (BGH) bestätigt. Die gültige Preisliste kann auch dem Impressum des Titels entnommen werden.

Die Verlegerverbände haben in Abstimmung mit dem *Zentralverband der deutschen Werbewirtschaft* (ZAW) Richtlinien für das Anzeigenwesen erarbeitet, die das Aussehen der Anzeigenpreislisten normieren und damit den Mediaplanern der Industrie und Werbeagenturen den raschen Vergleich der Konditionen erleichtern.

Bestandteile der Standard-Preisliste

VERLAGSANGABEN
Bankverbindungen, Zahlungsbedingungen, Rabatte

TECHNISCHE ANGABEN
Drucktechnik

ANZEIGENPREISE
Grundpreise, Ortspreise, abweichende Preise

PROSPEKT
Preise, Konditionen, Lieferanschrift

ANZEIGEN-SONDERFORMATE
Sonderplatzierungen, Eckfeld-Anzeigen, Satelliten-Anzeigen usw.

SERVICE-HINWEISE
individuelle Service-Angaben des Verlags

STANDARD-ANZEIGEN
falls vorhanden werden hier Standard-Anzeigen aufgelistet

GESCHÄFTSBEDINGUNGEN
Allgemeine Geschäftsbedingungen nach ZAW-Standard und zusätzliche Geschäftsbedingungen des einzelnen Verlags

6.2.2.1 **Besonderheiten des Anzeigengeschäfts in Zeitungsverlagen**

Im Zeitungsbereich wird der Preis nach unterschiedlichen Parametern differenziert. Basispreis ist der Grundpreis, der für auswärtige Inserenten und durch Werbeagenturen vermittelte Aufträge gilt. Der ermäßigte Ortspreis gilt für die Aufträge der Werbungtreibenden des Verbreitungsgebiets, die direkt (ohne Agenturvermittlung) gebucht werden.

Textteilanzeigen sind Anzeigen, die nicht im Anzeigenblock, sondern im Textteil platziert werden. Sie besitzen wegen des attraktiven Umfelds (hohe Aufmerksamkeit) den rund vierfachen Preis des Orts- und Grundpreises. Der Wert der Anzeige und die Kosten der Verlage erhöhen sich auch beim Einsatz von Farbe, weshalb Farbaufschläge von 25 % für eine, 40 % für zwei und 50 % für drei Zusatzfarben üblich sind.

Um gegenüber Anzeigen- und Amtsblättern konkurrenzfähig zu sein, gelten für bestimmte Anzeigenformen (Familienanzeigen, amtliche Bekanntmachungen, Eintragungen ins Handelsregister, Gottesdienstanzeigen, private Gelegenheitsanzeigen, Vereinsanzeigen etc.) spezielle ermäßigte Tarife.

Die Kleinanzeigen unterliegen als rubrizierter Fließsatz entweder einem mm- oder einem Worttarif. Fettgedruckte Worte werde hier häufig mit einem Aufschlag belegt. Ebenfalls gesonderte Preise gelten meist für Sonderplatzierungen wie Titelkopf- oder Titelfußanzeigen sowie Eckfeld- und Satelliten-Anzeigen.

Das preispolitische Instrumentarium erschöpft sich natürlich nicht mit der Entwicklung von Aufschlägen. Anzeigenkunden, die innerhalb eines Jahres mehrere Anzeigen aufgeben, vereinbaren mit dem Verlag einen Abschluss, das heißt einen Vertrag über die Mehrfachinsertion: Sie erhalten dabei bereits bei der ersten Anzeige einen Rabatt, der das geplante Anzeigenvolumen berücksichtigt. Sollte gegen Ende des Jahres das geplante Buchungsvolumen über- oder unterschritten werden, erhält der Kunde zusätzlich einen Bonus oder aber er muss den bereits eingeräumten zu hohen Rabatt zurückzahlen. Eine Mal-, Mengen- und Bonusstaffel könnte wie in der abgebildeten Grafik aussehen.

Malstaffel		Mengenstaffel		Bonusstaffel	
12 Anzeigen	10 %	5 000 mm	10 %	50 000 mm	1 %
24 Anzeigen	15 %	10 000 mm	15 %	100 000 mm	2 %
52 Anzeigen	20 %	20 000 mm	20 %	200 000 mm	3 %
				300 000 mm	4 %

6.2.2.2 **Besonderheiten des Geschäfts bei Anzeigenblättern**

Anzeigenblätter sind periodisch (meist wöchentlich) erscheinende Publikationen, die sich ausschließlich über Werbeeinnahmen finanzieren und aufgrund ihrer kostenlosen Verteilung natürlich eine wesentlich größere Haushaltsabdeckung erreichen als Zeitungen. Dennoch wird in der Realität selten eine hundertprozentige Haushaltsabdeckung erreicht. Die Werbestopp-Haushalte, die sich mit Briefkastenaufklebern im Stile von »Bitte keine Werbung« gegen die Belieferung mit Direktwerbung aussprechen, dürfen übrigens von Anzeigenblattverlagen beliefert werden, da die Anzeigenblätter auch redaktionelle Informationen enthalten – auch wenn sie sich auf (sub-)lokale Bereiche beziehen.

Viele Zeitungsverlage, die gleichzeitig auch Anzeigenblätter herausgeben, bieten die kombinierte Buchung beider Werbeträger an. Dabei gibt es einerseits die Variante der Parallelbelieferung, bei der die Zeitungsabonnenten dieselbe Werbung im Anzeigenblatt und in der Zeitung erhalten. Da zumindest für die Beilagenkunden eine Doppelbelegung nicht hilfreich ist, wird in einer neuen Variante das Anzeigenblatt als Abdeckblatt für die Resthaushalte eingesetzt, die keine Zeitungsbezieher sind. Durch die gezielte Resthaushaltsabdeckung können alle Haushalte erreicht und Überschneidungen vermieden werden.

Die Werbeformen und Preisparameter entsprechen denen der Tageszeitungen. Allerdings liegen die Preise für Anzeigenblattwerbung deutlich unter dem Niveau der Tageszeitung. Bei Beilagenwerbung liegt der Preis einer Tageszeitung zum Beispiel bei rund 80 € für 20 g pro 1000 Stück, beim Anzeigenblatt der Region dagegen bei 60 € und für die Direktverteilung ohne redaktionellen Werbeträger bei ca. 40 €. Der Vorteil der Anzeigenblätter liegt – ähnlich wie Zeitungen – in der flexiblen Buchbarkeit. Nachteilig erweist sich die schwächere Leser-Blatt-Bindung durch die eher austauschbaren redaktionellen Inhalte.

Ende der 90er Jahre hat sich ein neuer Typus von Anzeigenblatt entwickelt, bei dem die redaktionellen Inhalte mit denen in Zeitungen vergleichbar sind. Ursprungsmodell war die in Freiburg erscheinende *Zeitung zum Sonntag*, die unter Beteiligung verschiedener Verlagsgruppen auch auf andere Städte ausgedehnt wurde. Eine andere Alternative ist die kostenlose *Metro-Zeitung* in öffentlichen Verkehrsmitteln, bei der eine mit Meldungen der Nachrichtenagenturen versehene tagesaktuelle Zeitung kostenlos im Umfeld des öffentlichen Personennahverkehrs abgegeben wird.

6.2.2.3 **Besonderheiten des Anzeigengeschäfts in Zeitschriftenverlagen**

Der werbliche Einsatz von Zeitschriften unterscheidet sich erheblich je
nach Zeitschriftenkategorie. Während Anzeigen in Fachzeitschriften für
eine eng umrissene Zielgruppe geschaltet werden (was für den Werbekunden eine geringe Fehlstreuung bedeutet), dienen Publikumszeitschriften mit ihrer wesentlich höheren Auflage der Ansprache einer
größeren, teilweise aber eher undifferenzierten Zielgruppe. Diese im Vergleich zu Fachtiteln allgemeinere Zielgruppe bei Publikumszeitschriften
spiegelt jedoch keineswegs wie bei regionalen Werbeträgern (Tageszeitung, Anzeigenblatt) die Struktur der Gesamtbevölkerung wider. Ob eine
Publikumszeitschrift sich beispielsweise mit Mode, Sport oder Autos befasst, führt zu unterschiedlichen Profilen der Leserschaft. Die Publikumszeitschriften sprechen daher unterschiedliche Zielgruppen an und
versuchen dies, im Begriff ›Zielgruppenmedien‹ in der Kommunikation
mit der Werbewirtschaft deutlich zu machen. Hierbei kommen die Publikumszeitschriften in der Mediaplanung der Kunden wie Markenartikler
à la Langnese oder Boss häufig in Kombination mit Fernsehwerbung in
Mediamix-Kampagnen zum Einsatz.

Ein Element bei der Vermarktung und Preisbildung sind Kombinationen unterschiedlicher Titel, die vom selben Verlag oder Vermarkter betreut werden. Das bedeutet: Bei Buchung zweier unterschiedlicher Titel
desselben Verlags kann es – ähnlich wie bei Mehrfachschaltung – bessere Rabatte geben (Kombirabatt). Die üblichen Rabatte gliedern sich nach
Mengen- und Malstaffel. Darüber hinaus bieten einige Verlage spezielle
Großkundenrabatte, die sich am innerhalb eines Jahres erzielten Gesamtumsatz orientieren.

Da bei Publikumszeitschriften ein größerer Teil der Auflage im Einzelverkauf abgesetzt wird, gibt es einige Titel, bei denen die verkaufte
Auflage von Ausgabe zu Ausgabe größeren Schwankungen unterliegt als
dies beispielsweise bei Abonnementzeitungen der Fall ist. Die Zeitschriftenverlage haben auf die Forderung des Marktes nach größerer Transparenz reagiert und das System der heftbezogenen Auflage innerhalb der
IVW etabliert.

Da sich das Spektrum der Werbeformen hinsichtlich der Anzeigenarten etc. von der Struktur des Zeitungs- und Anzeigenblattmarktes unterscheidet, wollen wir hier die wichtigsten Elemente noch einmal kurz vorstellen. Wichtigste Werbeform in Zeitschriften ist nach wie vor die Anzeige. Der Anzeigenumfang der Publikumszeitschriften variiert, doch sollte
er wegen den Anforderungen des Postvertriebs – die Allgemeinen Geschäftsbedingungen Pressepost sehen mindestens 30 % presseübliche Berichterstattung vor – und aus Gründen der Zumutbarkeit für den Leser
den Anteil von 50 % nicht überschreiten. Die Anzeigen werden in Zeit-

schriften grundsätzlich in den Satzspiegel eingepasst. Als Alternative zur ganzseitigen Anzeige gibt es jeweils unterschiedliche Bruchteile einer Seite als Buchungsmöglichkeit. Während früher Anzeigenbelegungen mit Anschnitt (über den Satzspiegel hinaus) und mit Durchgang über den Bund mit Preisaufschlägen berechnet wurden, gehen mehr und mehr Verlage dazu über, für diese Werbeform keinen Aufschlag mehr zu berechnen.

Wegen der langfristigen Umfangsplanung der Zeitschriftenverlage sind generell Anzeigen in Zeitschriften nicht so kurzfristig buchbar wie beispielsweise in Zeitungen oder Anzeigenblättern. Um diesen Flexibilitätsnachteil auszugleichen haben viele Verlage so genannte Express-Anzeigen etabliert, die kurzfristig aus einem begrenzten Kontingent abgerufen werden können. Diese Anzeigen unterliegen jedoch im Hinblick auf die Platzierung gewissen Restriktionen, da sie lediglich innerhalb einer vorgeplanten Umgebung eingesetzt werden können.

Als Sonderplatzierungen werden Inselanzeigen (kleinformatig im Redaktionsteil), Textteilanzeigen, Anzeigen im Inhaltsverzeichnis, Anzeigen auf der Titelseite (U1) oder der letzten Umschlagsseite (U4), Ad-in-the-center-Anzeigen (Ad = Advertisement, d. h. Anzeigen, die von Kreuzworträtseln oder Romanen umgeben sind) und WiP-Anzeigen (WiP = Werben im Programm, anzutreffen bei Programmzeitschriften) mit gesonderten Tarifen berechnet. Für Werbekunden, die eine Beschränkung auf bestimmte Regionen wünschen, bieten die Zeitschriftenverlage teilweise eine regionale Teilbelegung an. Alternativ dazu gibt es auch den geografischen Split, bei dem die Anzeigenmotive je nach Region (z. B. Nord- oder Süddeutschland) gewechselt werden. Beim mechanischen Split erfolgt der Wechsel des Motivs unabhängig von der regionalen Ausrichtung. Dies ermöglicht beispielsweise bei Response-Anzeigen den Test unterschiedlicher Motive.

Daneben bieten Zeitschriften auch zahlreiche Sonderwerbeformen (AdSpecials) an. Markant sind Werbemittel, die mit Hilfe unterschiedlicher Falzarten (Wickelfalz, Altarfalz etc.) das übliche Seitenformat sprengen. Eine andere Sonderwerbeform sind die so genannten Beihefter: mehrseitige Werbebeilagen, die in der Heftmitte oder künstlichen Heftmitte eingefügt werden. Eine weitere Sonderwerbeform sind Beikleber, die meist für angeklebte Postkarten benutzt werden und somit vor allem für Response-Anzeigen geeignet sind. Ähnlich wie bei Zeitungen und Anzeigenblättern sind auch in Zeitschriften Prospektbeilagen als lose beigefügte Beilagen denkbar. Speziell für die Bedürfnisse der Werbungtreibenden aus den Reihen der Parfüm- und Kosmetikindustrie gibt es die Option, Warenproben sowie Anzeigen mit Duftlack zu buchen.

Fachzeitschriften bieten bis auf die Möglichkeit der Beihefter in der Regel weit weniger Sonderwerbeformen an. Da sie im Vergleich zu Publikumszeitschriften meist eine eher geringe Leserschaft besitzen, ist es sehr schwierig, im Rahmen breit angelegter Markt-Media-Studien eine ausreichende Anzahl von Befragten zu ermitteln, die Leser eines bestimmten Titels sind. Da die Zielgruppenbeschreibung jedoch entscheidend ist, gibt es zur Aufbereitung der Mediaunterlagen einen besonderen Standard. Die *Kommission der deutschen Fachpresse* – getragen von den jeweiligen Fachgliederungen des Verbandes Deutscher Zeitschriftenverleger und des Börsenvereins des Deutschen Buchhandels – hat mit den *AMF-Karten* (Anzeigen Marketing Fachzeitschriften) eine Gliederung entwickelt, die den Mediaplanern die Orientierung erleichtern soll, wobei die Nummerierung in der folgenden Übersicht mit zur Nomenklatur gehört.

AMF-Karte 1
(Redaktion/Verlag, Umfangsanalyse, Inhaltsanalyse)
1. Kurzcharakteristik
2. Organ
3. Herausgeber
4. Redaktion
5. Anzeigen
6. Jahrgang, Erscheinungsweise
7. Verlag
8. Postanschrift
9. Telefon
10. Telefax
11. Telex
12. Erscheinungs-/Themenplan
13. Bezugspreis
14. Umfangsanalyse
15. Inhaltsanalyse des redaktionellen Teils

Optional gibt es noch auf der **Media-Karte 1a**
eine weitergehende Inhaltsanalyse:
15 a. Struktur des Redaktionsteils
16 a. Struktur des Anzeigenteils

AMF-Karte 2
(Auflagen- und Verbreitungsanalyse)
16. Auflagenkontrolle
17. Auflagenanalyse
18. Geografische Verbreitungsanalyse

Darüber hinaus gibt es optional noch eine gesonderte **Karte 2a**,
in der die Verbreitungsanalyse fortgesetzt wird:
18a. Ständige/wechselnde Empfänger

AMF-Karte 3
(Strukturanalyse Empfänger)
19. Branchen/Wirtschaftszweige/Fachrichtungen/Berufsgruppen
20. Größe der Wirtschaftseinheit
21. Tätigkeitsbereich, Stellung im Betrieb
22. Schulbildung/Berufliche Ausbildung
23. Alter, männliche/weibliche Leser
24. Gemeindegrößenklassen

Darüber hinaus gibt es noch AMF-Schema 3-E: Empfänger-Struktur-Analyse,
AMF-Schema 3-L: Leser-Struktur-Analyse sowie AMF-Schema 3-R: Reichweiten.

AMF-Karte 4
(Leser-Blatt-Bindung)
25. Nutzung
26. Titelbeurteilung und Leser-Blatt-Bindung
27. Titelprofil
28. Erwartungen

6.2.3
Preisgestaltung konkurrierender Medien

Im Werbemarkt stehen grundsätzlich alle Medien als Werbeträger miteinander im Wettbewerb. Sie ähneln sich in Ihrer Funktion und können
damit vergleichbare Leistungen für den Werbekunden erbringen. Beispielhaft ist hier das Verhältnis von Publikumszeitschriften zu Fachzeitschriften. Hier gibt es im Allgemeinen nur eine sehr schwache Konkurrenzbeziehung, da bei den Publikumszeitschriften eine breite Zielgruppe
mit Hilfe der Themenaffinität abgegrenzt wird. Hier handelt es sich um
ein reichweitenstarkes Medium, dessen Zielgruppe aber eher unscharf
umrissen ist. Die Fachzeitschrift hingegen spricht über ihre jeweilige Themenstellung eine sehr kleine und klar umgrenzte Zielgruppe an.
Während der absolute Seitenpreis einer Anzeige bei allgemeinen Publikumszeitschriften aufgrund der hohen Auflage sehr viel höher ist als bei
Fachzeitschriften, ist der Preis für tausend Werbekontakte, der so genannte Tausend-Kontakte-Preis (TKP), bei den Fachzeitschriften höher,
da eine relativ klar umrissene Zielgruppe angesprochen wird. Es besteht
hier jedoch im Regelfall keine direkte Konkurrenzbeziehung, da beide

Medien unterschiedlich eingesetzt werden. So will eine Anzeigenwerbung im *Stern* oder eine Werbeseite im *Börsenblatt* unterschiedliches bezwecken. Lediglich in Spezialfällen, wie etwa den Special-Interest-Zeitschriften als Untergattung der Publikumszeitschriften in Abgrenzung zu Fachzeitschriften im selben Themenumfeld – EDV, Software und Internet seien hier als Beispiele genannt - kann eine gewisse Konkurrenzbeziehung bestehen, die sich auch auf die Preisgestaltung auswirkt.

Eine direkte Konkurrenzbeziehung lässt sich jedoch bei Regionalmedien feststellen. Hier ist zunächst der Wettbewerb zwischen Anzeigenblättern und Zeitungen feststellbar. Beide Medien sind aus Sicht des Werbekunden lokal bzw. regional buch- und steuerbar. Kunden, die ein Interesse an der Bekanntheit ihrer Angebote vor Ort haben, können sich die Gebiete aussuchen, in denen diese Werbung erscheinen soll. Die beiden Werbeträger können also von Seiten der Kunden komplementär eingesetzt werden, dass zusätzlich zur Anzeige in der Zeitung eine Anzeige im Anzeigenblatt erscheint oder als Substitut, indem beispielsweise statt einer Anzeige in der Zeitung eine Anzeige im Anzeigenblatt geschalten wird. Aufgrund der besseren Produktqualität hinsichtlich der Werbeakzeptanz und Leser-Blatt-Bindung, die ein Ergebnis des meist hochwertigeren redaktionellen Umfelds ist, können für Anzeigen in der Zeitung im Regelfall höhere Preise am Markt durchgesetzt werden, als für Anzeigen im Anzeigenblatt – beispielsweise 6 Cent pro mm pro tausend Leser gegenüber 2,5 Cent als mm-Preis pro tausend (Stand 2004).

Besonders interessant ist die Wettbewerbsbeziehung jedoch im Bereich der Prospektbeilagen. Diese vom Werbekunden vorproduzierten Werbemittel können auf verschiedenen Wegen zum dem Kunden gelangen. Die hochwertigste Zustellvariante ist die Zeitungsbeilage. Hier färbt der positive Einfluss des ›Umschlags‹ Zeitung auch auf die Akzeptanz der Beilage ab, sodass hier nicht nur hohe Aufmerksamkeitswerte erzielbar sind, sondern auch eine hohe Nutzung der Werbebotschaften festgestellt werden kann. Demzufolge sind hier auch die höchsten Preise erzielbar, die sich 2004 im Bereich von mehr als 80 Euro pro Tausend abspielen. Für die Werbekunden geht es jedoch lediglich darum, eine qualitativ zuverlässige Zustellung der Prospekte mit der notwendigen Aufmerksamkeit sicherstellen zu können. Hierfür kommt grundsätzlich auch die Beilage im Anzeigenblatt in Frage. Hier werden grundsätzlich alle Haushalte erreicht, nicht nur die Abonnementhaushalte. Allerdings ist die qualitative Wertigkeit der Beilagenwerbung nicht so hoch, weshalb die Preise auch bei 50–60 Euro pro Tausend deutlich niedriger liegen. Eine weitere Variante wäre die Zustellung mit Direktverteilung oder einer Sammelwerbesendung. In diesem Fall werden dann Preise in Wettbewerbsgebieten von 25–30 Euro pro Tausend erzielt. Die Qualität des Umfelds ist tendenziell schlechter und das Preisniveau lässt sich hier aus dem

Ruf der Zustellfirma, der Zustellqualität und der Wettbewerbsintensität ableiten.

Um diese Argumentation für unterschiedliche Leistungswerte zugunsten des eigenen Mediums im Markt zu verankern, werden von den jeweiligen Interessenvereinigungen Marktforschungen durchgeführt, die die Leistungsfähigkeit des eigenen Mediums in Abgrenzung zu Wettbewerbsmedien demonstrieren sollen. So sind die Werte meist unterschiedlich zu bewerten, je nachdem ob eine spezifische Fragestellung von Seiten der Zeitungs Marketing Gesellschaft (ZMG), des Bundesverbands Deutscher Anzeigenblätter (BVDA) oder dem Deutschen Direktmarketing Verband (DDV) in Auftrag gegeben wurde. An dieser Stelle zwei Ergebnisse der ZMG. Auf die Frage »*Wie würden Sie die Prospekte der Geschäfte am liebsten bekommen?*« antworteten 29 Prozent mit »*Direkt in den Briefkasten*«, während 71 Prozent die Zeitung favorisierten. Die Antworten auf die Frage »*Welche Möglichkeiten halten Sie für die wichtigste, um sich über Angebote der Geschäfte zu informieren?*« entnehme man der abgebildeten Grafik.

Bei der Abgrenzung der Leistungsfähigkeit der unterschiedlichen Werbeträger spielt jedoch nicht nur deren Preis und Umfeldwirkung eine Rolle, sondern es geht auch um unterschiedliche Zielgruppen, die erreicht werden können. So sprechen mitunter Anzeigenblätter und Zei-

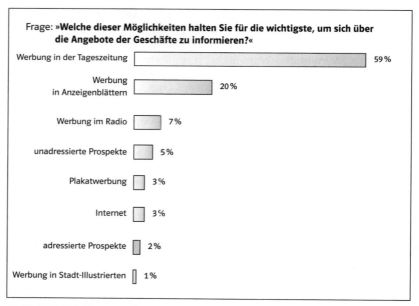

Quelle: ZMG-Mehrthemenumfrage 2001,
Basis: Bevölkerung ab 14 Jahren

tungen auch so genannte Werbeverweigerer oder Werbestopp-Haushalte an – Haushalte, die mit einem Aufkleber auf dem Briefkasten signalisieren, dass sie keine Zusendung von Werbung wünschen.

Möglichkeiten der Steigerung der Marktattraktivität der Angebote

Die Attraktivität der einzelnen Werbeträger kann durch Zusatzangebote und die Möglichkeit der Kombination unterschiedlicher Werbemedien, so genannte Crossmedia-Angebote gesteigert werden. Durch die Kombination der Pressemedien (Anzeigenblatt, Zeitung oder Zeitschrift) mit der Beilagenwerbung durch eine kurze Anzeige, die einen werblichen Hinweis auf die enthaltene Beilage gibt (Teaser-Anzeige), lassen sich die Aufmerksamkeitswerte nochmals steigern. Dies führt zu einer qualitativen Dominanz redaktioneller Werbeträger. So hat die *Hannoversche Allgemeine Zeitung/Neue Presse* einen Beilagen-Copytest mit dem Ergebnis gemacht, dass eine Beilage, die von den Lesern zu 80 Prozent beachtet worden ist, zu 90 Prozent beachtet wurde, als der Werbekunde neben der Beilage noch ein Teaser-Anzeige mit dem Hinweis *Heute in dieser Ausgabe* schaltete.

Hier können die anbietenden Presseverlage auch eine Verstärkung der Werbewirkung einer solchen Werbeform anstreben, indem eine zusätzliche Verknüpfung der Werbeformen im Print- und Onlinebereich angestrebt wird. Die *Rheinische Post* und eine Reihe weiterer Regionalzeitungen haben hierzu als Werbeformat die Integration von ›Online-Beilagen‹ entwickelt. Diese werden aus dem Datenbestand des Werbekunden nochmals gesondert aufbereitet und dienen einer Verstärkung der Werbewirkung des Prospekts über das Online-Angebot des Verlags. Die Umsatzvolumen solcher Online-Beilagen sind jedoch begrenzt, da das Preisniveau nicht allzu hoch ist (zur Zeit 120 Euro pro Tag), da die Nutzung im Online-Sektor im Vergleich zu den Print-Reichweiten ebenfalls eher niedrig ist.

Um im Wettbewerb mit den konkurrierenden Medien- und Verteilformen bestehen zu können, werden bei Zeitungen beispielsweise auch Kombinationen zwischen Beilagen im redaktionellen Produkt und Direktverteilungen angeboten. Da die Reichweiten der Zeitungen zunehmend zurückgehen, kann mit dieser Art einer ›Resthaushaltsabdeckung‹ ein wichtiger Nachteil im Markt ausgeglichen werden, damit die Attraktivität als Werbeträger für den Werbungtreibenden erhalten bleibt.

6.3
Werbung und Verkaufsförderung

Auch im Anzeigenmarketing ist es nicht damit getan, attraktive Produkte (Anzeigenarten) zu günstigen Konditionen (Anzeigenpreise) zu entwickeln und anschließend auf Kundschaft zu warten. Die Leistungen müssen selbstverständlich im Markt bekannt gemacht werden – eine Aufgabe, die im Rahmen des Marketing-Mix mit den Marketing-Instrumenten der Kommunikationspolitik gelöst werden muss. In diesem Fall haben Werbung, Verkaufsförderung und der persönliche Verkauf den größten direkten Einfluss auf den Absatz im Anzeigensektor.

6.3.1
Printmedien

In diesem Abschnitt werden die wesentlichen Maßnahmen der Werbung und Verkaufsförderung dargestellt, mit deren Hilfe in den Verlagen Anzeigen und Printmedien vermarktet werden. Da die Zahl der konkurrierenden Medienformen stetig steigt und sich somit nicht nur der Wettbewerb zwischen gleichartigen Werbeträgern, sondern auch der intermediale Wettbewerb zwischen unterschiedlichen Medienformen verstärkt, kommt diesen Aufgaben eine wachsende Bedeutung zu.

6.3.1.1   Werbung

Da Anzeigen selbst eine Werbeform darstellen, klingt es zunächst etwas widersinnig, wenn man sich Gedanken über geeignete Werbung für den Anzeigenmarkt macht. Es ist jedoch durchaus notwendig, mit Hilfe der Werbung das Leistungsvermögen der eigenen Anzeigenprodukte gegenüber dem Markt zu kommunizieren. Dabei muss man je nach Verlagsobjekt eine Grobdefinition der unterschiedlichen Inserentengruppen vornehmen, die als Werbezielgruppe in Frage kommen. Meist sind dies unterschiedliche gewerblichen Kunden, wie z. B. Werbeagenturen, Werbeleiter und Mittler (Händler, Makler, Personalagenturen etc.). In vielen Fällen sind jedoch auch die Leser als Kleinanzeigeninserenten gefragt. Da diese Zielgruppen einen völlig unterschiedlichen Wissensstand über das Werbegeschehen mitbringen und andere Informationsbedürfnisse besitzen, müssen sie in unterschiedlicher Weise auf getrennten Kanälen angesprochen werden.

Fachkampagne

Werbeprofis (Agenturen und Werbeleiter) sind im Rahmen der Business-to-Business-Kommunikation eine der anspruchsvollsten Zielgruppen. Es ist nicht einfach, Menschen, die tagaus tagein selbst Werbung planen und gestalten, mit werblichen Mitteln richtig anzusprechen. Alle Mediengattungen (Zeitungen, Zeitschriften, Hörfunk, TV, Online-Anbieter) nutzen die bekannten Fachzeitschriften für Marketing und Werbung (*w&v, Horizont*), um in Form einer Anzeigenwerbung ihre Vorteile als Werbeträger darzustellen und sich als Werbemedium in Erinnerung zu bringen. Diese Zeitschriften werden sowohl von den Werbeagenturen als auch von den Werbeleitern der auftraggebenden Firmen gelesen. Neben Werbefachzeitschriften und Branchendiensten (z. B. *Kress* oder *text intern*) bietet es sich an, Werbung in Fachmedien der werbungtreibenden Branchen zu machen. Wenn eine Zeitschrift für moderne Wohnungseinrichtungen die Werbeleiter der Möbelindustrie ansprechen möchte, empfiehlt es sich, eine Werbeanzeige in einem der Fachmagazine der Möbelbranche zu platzieren. Häufig versucht man solche Werbemaßnahmen an aktuellen Ereignissen wie zum Beispiel einer demnächst erscheinenden Sonderbeilage aufzuhängen.

Die Anzeigenwerbung in Fachmedien ist jedoch nicht die einzige Form der Business-to-Business-Kommunikation im Anzeigenmarketing. Da genügend Adressmaterial von bestehenden und ehemaligen Anzeigenkunden existiert und auch die Adressenbeschaffung der potenziellen Werbekunden (z. B. alle Werbeagenturen der Region) keine Schwierigkeit darstellt, kann im Anzeigenmarketing die Direktwerbung per Werbebrief sehr effektiv eingesetzt werden. Im Gegensatz zu den teilweise lästigen Werbebriefen für den privaten Verbraucher (»Hurra Sie haben gewonnen...«) ist die Zielgruppe in der Regel tatsächlich an Informationen über neue Media-Angebote der Verlage interessiert.

Bisher haben wir die geschilderten Werbeformen für eine Fachkampagne aus Sicht des einzelnen Verlages dargestellt, der mit Hilfe der Anzeigen- oder Direktwerbung über seine eigene Leistungsfähigkeit informiert. Viele Entscheidungen im Markt der Medien sind jedoch nicht nur Entscheidungen für oder gegen einen einzelnen Zeitungs- oder Zeitschriftentitel, sondern auch Gattungsentscheidungen (Zeitungswerbung oder TV-Werbung etc.). Um bei solchen Fragen das eigene Medium günstig zu positionieren, führen die Interessenverbände der Anzeigenblätter, der Zeitungen sowie die der Fachzeitschriften Gattungsmarketingkampagnen durch. Der Bundesverband Deutscher Zeitungsverleger hat mit der *Zeitungs Marketing Gesellschaft* (ZMG) eine eigene Tochtergesellschaft, die Instrumente des Gattungsmarketings entwickelt, indem sie beispielsweise Softwarelösungen realisiert, mit deren Hilfe Zeitungen

leichter vom Anzeigenkunden gebucht werden können. Die geschilderten Maßnahmen zur Ansprache von Werbeagenturen und Werbeleitern
eignen sich darüber hinaus auch zur Ansprache von Großkunden im Ru-
brikanzeigensektor wie beispielsweise Autohändlern und Immobilien-
maklern. Im Zeitungs- und Anzeigenblattbereich werden diese Kundengruppen auch häufig im Rahmen der Eigenwerbung angesprochen, indem spezielle Füllanzeigen für diese Zielgruppe oder beispielsweise lokalen Handel geschaltet werden.

Kampagnen für Leser

Leser kommen bei den meisten Verlagsprodukten in erster Linie als Auftraggeber von Kleinanzeigen im Mediaplan vor. In Zeitungen und Anzeigenblättern, aber auch in Special-Interest-Titeln werden daher mit Hilfe
so genannter Füllanzeigen nicht vergebene Werbeplätze dazu benutzt, die
Möglichkeit der Anzeigenschaltung den Lesern nahe zu bringen. Der Vorteil dieser Art der Eigenwerbung liegt darin, dass für den Verlag nahezu
keine Kosten entstehen und er die in diesem Bereich angestrebte Zielgruppe (eigene Leserschaft) problemlos erreicht. Allerdings sollte darauf
geachtet werden, dass dieser ›kostenlose‹ Werbeplatz werbewirksam genutzt wird und nicht mit einfallslosen bis kontraproduktiven Anzeigen im
Stile von »Hier könnte Ihre Werbung stehen« selbst arglose Leser darauf
aufmerksam macht, dass der Anzeigenteil offenbar nicht ausgebucht ist.

6.3.1.2 Verkaufsförderung

Unter Verkaufsförderung werden im Allgemeinen alle Maßnahmen zusammengefasst, die den unmittelbaren Abverkauf der Produkte erleichtern. Meist handelt es sich um Maßnahmen, die am Kaufverhalten von
Endkunden orientiert sind. Getränkehersteller bieten komplette Bierkäs-
ten mit einem dekorativen Krug an oder verlosen unter den Einsendern
eines Gewinnspiels eine Rafting-Tour etc. Für die Zwecke des Anzeigenmarketing kann zwar auch auf Werbegeschenke und Preisausschreiben
zurückgegriffen werden, allerdings empfehlen sich in diesem Markt in
erster Linie informative Maßnahmen, die dazu geeignet sind, den eigentlichen Verkaufsprozess argumentativ zu unterstützen. Hierzu gehört
neben einer ausführlichen Potenzialanalyse des jeweiligen Marktes die
Kenntnis über das Preis-Leistungs-Verhältnis der Konkurrenzmedien.
Der Berater des Anzeigenaußendienstes muss den Kunden überzeugen
können, dass die Leistung des eigenen Mediums besser für die Kundenbedürfnisse geeignet ist. Während die meisten Anzeigenberater intrame-

dial meist gut informiert sind (der Außendienst der Zeitschrift X kennt das Preis-Leistungs-Verhältnis der Zeitschrift Y), gibt es beim intermedialen Wettbewerb häufig Wissenslücken. So nimmt das Wissen des Anzeigenaußendienstes häufig ab, wenn es um die Kosten für einen Spot im lokalen Hörfunk geht oder um die Preise der Plakatwerbung.

Basisinformationen für den Anzeigenverkauf

INFORMATIONEN ÜBER DEN EIGENEN TITEL
Auflagenzahlen
Reichweite
Soziodemografie der eigenen Leserschaft
Werbeformen (Anzeige, Beilage etc.)
Buchungsmöglichkeiten
Platzierungsmöglichkeiten
Konditionen (Preise, Rabatte, Zahlungsbedingungen)
Erfolgreiche Kampagnen der Vergangenheit
Kontaktqualität (Lesedauer, Lesemenge, Stärke einzelner Rubriken)

INFORMATIONEN ÜBER VOR- UND NACHTEILE DES EIGENEN MEDIUMS
Glaubwürdigkeit
Akzeptanz von Werbung
Zielgruppengenauigkeit

INFORMATIONEN ÜBER DEN INTRA- UND INTERMEDIEALEN WETTBEWERB
Preis-Leistungs-Verhältnis
Tausend-Kontakt-Preis
Kontaktqualität
Werbeformen und Buchungsmöglichkeiten
Werbeklima

INFORMATIONEN ÜBER DEN WERBEKUNDEN
Wirtschaftliche Situation der Branche
Wirtschaftliche Situation des Kunden
Werbeverhalten in der Vergangenheit
Neue Produkte des Kunden
Marketing- und Kommunikationsziele des Kunden
Informationen über den Ansprechpartner auf Kundenseite
(Stellung im Unternehmen, Entscheidungsbefugnis, berufliche/fachliche
Herkunft und Entwicklung, private Situation, Geburtstag etc.)

Im Zentrum der Verkaufsberatung steht die Leistungsfähigkeit des eigenen Werbeträgers. Hier muss der Anzeigenberater alle wichtigen Informationen parat haben und auch in der Lage sein, tiefergehende Fragen der Agenturen und der Werbeleiter zu beantworten. Die wichtigsten Basisinformationen sind die Auflagen- und Reichweitenzahlen sowie die Ergebnisse der Markt-Media-Forschung bezogen auf den eigenen Titel. Darüber hinaus gehende Informationen liefert ein Copytest, der sowohl die Erinnerungswerte von Anzeigen (Anzeigencopytest) als auch von redaktionellen Beiträgen (redaktioneller Copytest) ermitteln kann. Selbstverständlich werden die Ergebnisse derartiger Tests zunächst intern im Verlag diskutiert und bewertet, bevor sie selektiv in der Argumentation des Außendienstes eingesetzt werden. Wenn z. B. ein redaktioneller Copytest einer Zeitung ergeben würde, dass lediglich 5 % der Leser den Politikteil beachten, wäre dies ein wertvoller Hinweis für die Redaktion, um über die Neukonzeption dieses Ressorts nachzudenken. Es wäre aber völlig verfehlt, diese Daten in der Argumentation im Anzeigenmarkt zu gebrauchen. Dagegen ist es durchaus sinnvoll im Verkaufsgespräch einfließen zu lassen, dass ein Segment überdurchschnittlich hohe Aufmerksamkeit genießt, wenn dies durch Anzeigen- und redaktionelle Copytests belegt werden kann. Die ZMG hat für den Zeitungsbereich allgemeine Aussagen (Glaubwürdigkeit der Inhalte und Werbung, Aufmerksamkeitswerte etc.) erhoben, um die Leistungsfähigkeit des Werbeträgers Zeitung zu dokumentieren.

Eine weitere Form der Vorbereitung von Verkaufsgesprächen sind Kundenveranstaltungen, bei denen der Verlag jenseits des direkten Verkaufsgesprächs mit den Kunden in Kontakt kommt. Wichtig ist bei der Organisation solcher Veranstaltungen die genaue Selektion der Zielgruppe (in der Regel wird angestrebt, dass die Entscheider aus den Kundenunternehmen teilnehmen und sich nicht durch die nachfolgenden Hierarchieebenen vertreten lassen). Entscheidend ist hierbei die Themenwahl und der organisatorische Rahmen einer solchen Veranstaltung. Da die direkte Eigenwerbung nicht im Vordergrund stehen sollte, bietet es sich an, mit Hilfe möglichst namhafter externer Spezialisten ein interessantes Programm zu gestalten, das den Kunden die Möglichkeit bietet, über neue Lösungsansätze im Marketingbereich nachzudenken. Statt einer Veranstaltung, die allein im Namen des Verlags organisiert wird, kann es häufig hilfreich sein, sich materiell und/oder ideell bei Veranstaltungen anderer Organisationen zu beteiligen. Mitarbeiter von Zeitungsverlagen machen beispielsweise in der Regel gute Erfahrungen als Gastredner bei Veranstaltungen der Industrie- und Handelskammern sowie der örtlichen Handels- und Gewerbeorganisationen. Andere Möglichkeiten sind Fachseminare oder Fachmessen, bei denen ein Verlag zum einen mit Referenten aus dem eigenen Haus vertreten ist und ande-

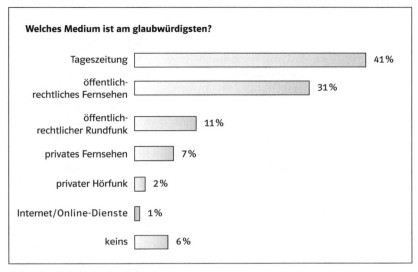

Glaubwürdigkeit der Medien
Quelle: BDZV 2003 auf Basis einer FORSA-Erhebung

rerseits als Sponsor mit eigenem Stand und Werbematerialien in Erscheinung tritt. Der Übergang von der eigenen Veranstaltung zur ausschließlich ideellen Beteiligung mit Referenten aus dem eigenen Haus ist fließend und kann in unterschiedlicher Weise ausgestaltet werden. Durch diese Art der Kontaktpflege können die bereits bestehenden Kundenverbindungen gestärkt werden und der Einstieg in die Neukundenakquise wird generell erleichtert.

6.3.1.3 Organisation des Anzeigenverkaufs

Eine der wichtigsten Fragen bei der Steuerung des Anzeigenaußendienstes ist die Aufbauorganisation und die Zuständigkeit des Anzeigenverkaufs. Die meisten Presseverlage betreiben heutzutage nicht mehr nur ein Medium, das im Werbemarkt positioniert werden muss, sondern verfügen in der Regel über unterschiedliche Titel und Medienformen. Regionale Zeitungsverlage betreiben beispielsweise ein eigenes Online-Angebot, vertreiben ein eigenes Anzeigenblatt und bieten häufig auch die Direktverteilung von Prospekten an. Darüber hinaus sind viele Verlage am lokalen privaten Rundfunk ihrer Region beteiligt. Für die Verlage stellt sich nun die Frage, wie die Werbevermarktung der einzelnen Medienprodukte zueinander in Bezug gesetzt wird.

Parallele Vermarktung

Der Großteil der Verlage hat sich dazu entschieden, die unterschiedlichen Medienformen unabhängig voneinander zu vermarkten. So arbeitet der Anzeigenaußendienst einer Zeitung unabhängig vom Außendienst des Anzeigenblatts. Beide versuchen, sich als konkurrierende Alternativen beim Kunden zu positionieren. Der Vorteil dieser Organisationsform ist eine größere Glaubwürdigkeit beim Kunden, da lediglich Werbeträger vom Außendienstmitarbeiter vertreten werden, über die er ausreichend informiert ist und deren Vorteile er kompetent beschreiben kann. Als Nachteil zeigt sich, dass diese konkurrierende Form der Vermarktung die Synergieeffekte, d. h. die positiven Wirkungen, die sich aus dem Zusammengehen von Presseverlag und Medienverbund ergeben, nur unzureichend nutzt. Der bereits bestehende Kontakt zum Werbekunden wird beispielsweise nicht für neue Medienformen wie Online-Angebote genutzt. Die meisten Verlage versuchen, diese Nachteile zu mildern, indem die eigentlich konkurrierenden Verkaufsorganisationen miteinander vernetzt werden. Wenn der eine Verkaufsberater im Gespräch feststellt, dass der Kunde eher an einem konkurrierenden Werbeträger interessiert ist, der ebenfalls im eigenen Haus angeboten wird, so versucht er, den Kundenkontakt an die Kollegen der jeweiligen Sparte weiterzuleiten.

Vermarktung aus einer Hand

Um die geschilderten Nachteile einer parallelen Vermarktung zu vermeiden, haben einzelne Verlage zumindest für Teilbereiche (z. B. Print und Online) die Vermarktung aus einer Hand eingeführt. Im Extremfall berät der Außendienst die Kunden über die Belegungsmöglichkeiten in unterschiedlichen Zeitungen, Zeitschriften und Anzeigenblättern sowie über die Werbeformen im Rundfunk- und Online-Sektor. Der Vorteil einer solchen Aufgabengliederung liegt in der umfassenden Beratungskompetenz, die der Außendienst gegenüber dem Werbekunden demonstriert. Der Verkaufsberater kann damit seine beratende Funktion voll ausschöpfen, da er eher in der Lage ist, das Kommunikationsproblem des Kunden zu analysieren und erst im zweiten Schritt durch die Zuordnung zu Werbeträgern den eigentlichen Verkaufsvorgang einleitet.

Hier liegt einerseits eine große Chance, andererseits ist genau dieser Punkt nicht unkritisch für den Erfolg eines solchen Systems. Das geschilderte Aufgabenspektrum stellt extrem hohe Anforderungen an das Fachwissen der Außendienstmitarbeiter. Neben einem umfassenden Interesse an allen Medienformen müssen bei einem solchen System auch alle Neuerungen (beispielsweise im Bereich der Online-Werbung) vom Außendienst nachvollzogen werden. Darüber hinaus ist fraglich, ob ein solcher Außendienst alle Mediengattungen mit demselben Engagement vertreten kann. Denn die Provisionsregelungen führen in der Regel dazu, dass ein Verkaufsberater ein großes Eigeninteresse daran besitzt, hohe Umsatzvolumina in möglichst kurzer Zeit zu verkaufen. Bekannte Medienformen wie Print-Titel sind in der Regel umsatzträchtiger als neue Medien- und Werbeformen und darüber hinaus weniger erklärungsbedürftig. Bevor ein Außendienstmitarbeiter daher seinen Kunden die Grundbegriffe des Online-Marketing nahe bringt, wird er stets versuchen, Aufträge für klassische Werbeträger zu akquirieren. Daher erweist sich diese Form der Aufgabenteilung im Grundsatz als innovationshemmend.

Die allumfassende Beratungskompetenz kann jedoch auch andere Nachteile mit sich bringen. Der Mediaeinkäufer einer Agentur oder eines Werbekunden ist sich häufig gar nicht bewusst, dass hinter unterschiedlichen Medienformen derselbe Presseverlag steht. Wenn nun die Beratung für alle Medienformen durch ein und dieselbe Person erfolgt, wird diese Eigentümeridentität deutlich. Darüber hinaus leitet er seine eigene Existenzberechtigung innerhalb des Hauses von seinem vertieften Knowhow über den Werbeträgermarkt ab. Wenn nun ein Großteil seiner Tätigkeit aus den Verhandlungen mit einem einzigen Verkaufsberater besteht, kann dies vor allem für lokal oder regional tätige Mediaeinkäufer zu einer Schwächung ihrer Position führen.

Status der Außendienstmitarbeiter

Über den Unterschied zwischen freien Handelsvertretern und fest angestellten Außendienstmitarbeitern ist bereits im Rahmen des Distributionspolitik Grundlegendes gesagt worden. Allerdings gibt es für die Anzeigendistribution eine Besonderheit. Denn neben den exklusiv für einen Titel oder einen Verlag arbeitenden Anzeigenberatern gibt es auch die so genannten Generalvertretungen, die ähnlich wie ein freier Handelsvertreter als freier Unternehmer die Verkaufsinteressen eines Titels vertreten. Meist haben sie dabei das Mandat für eine bestimmte Region, in der sie für den Kontakt zu den Werbeabteilungen der Industrie und der Werbeagenturen zuständig sind. Durch den Einsatz von Generalvertretungen bzw. Verlagsbüros, die mehrere Titel vermarkten, vermeidet der Verlag die hohen Kosten, die notwendig sind, um eine exklusive Vertretung der Interessen durch einen Außendienst zu erreichen.

6.4
Rechtsvorschriften im Anzeigenwesen

Im Anzeigenwesen kommen viele unterschiedliche Rechtsnormen und -vorschriften zur Anwendung. Die prominentesten sind das Presserecht vor allem in Form der Landespressegesetze, das Wettbewerbs- und Kartellrecht inklusive der Rabattgesetzgebung sowie die Allgemeinen Geschäftsbedingungen (AGB), die sich im Normalfall an der vom Zentralverband der deutschen Werbewirtschaft beim Bundeskartellamt eingetragenen branchenüblichen Fassung orientieren. Wir wollen im Folgenden einige Aspekte des Anzeigenrechts darstellen. Dies ersetzt natürlich nicht die Lektüre der einschlägigen Fachliteratur oder den Rat eines Fachjuristen, wenn es um konkrete Streitfälle geht.

Der Anzeigenvertrag selbst ist ein *Werkvertrag* und kommt wie jeder andere Vertrag im Rahmen des Privatrechts durch zwei übereinstimmende Willenserklärungen (Angebot und Annahme) zu Stande. Die Form steht dabei im Belieben der Partner, das heißt es besteht keine Verpflichtung zur Schriftform. In der Praxis ist es jedoch für den Verlag vorteilhaft, bei mündlicher Absprache eine Auftragsbestätigung an den Auftraggeber (Agentur oder Werbungtreibender) zu schicken. Wird dieser Auftragsbestätigung nicht rechtzeitig widersprochen (innerhalb von fünf Tagen bzw. maximal Wochenfrist), so gilt der Inhalt der Auftragsbestätigung als Grundlage des Auftrags.

6.4.1
Kontrahierungszwang, Ablehnungsbefugnis und Prüfpflicht

Immer wieder ist die Frage Gegenstand rechtlicher Auseinandersetzungen, ob ein Verlag verpflichtet ist, Anzeigenaufträge anzunehmen, das heißt ob eine Kontrahierungspflicht besteht (kontrahieren = einen Vertrag abschließen). Grundsätzlich gibt es derartige Verpflichtungen im Wirtschaftsleben nur, wenn es sich um ein Monopol handelt. Daher gilt auch für das Anzeigenwesen, dass für den Verlag in der Regel keine Kontrahierungspflicht besteht. Allenfalls bei monopolartiger Alleinstellung einer Lokalzeitung oder einer anderen Monopolstellung in einem relevanten Markt kann eine Kontrahierungspflicht bestehen: wenn nämlich dem Werbungtreibenden keine andere zumutbare Werbemöglichkeit zur Verfügung steht. Im Zweifel wird er jedoch große Schwierigkeiten haben nachzuweisen, dass die alternativen Werbemöglichkeiten entweder unzumutbar oder unbrauchbar sind.

Selbst dann, wenn eine solche Kontrahierungspflicht aufgrund einer Alleinstellung bejaht würde, hat der Verlag das Recht, Anzeigen abzulehnen, wenn dies sachlich gerechtfertigt ist. Sachlich gerechtfertigt ist eine Ablehnung insbesondere dann, wenn sie dem Verlag selbst wirtschaftlichen Schaden zufügen würde. Sucht ein Verlag beispielsweise händeringend Zeitungsausträger, so kann er nicht dazu verpflichtet werden, die Anzeige einer konkurrierenden Zustellgesellschaft zu veröffentlichen, die ihrerseits um Träger wirbt. Es gibt aber auch inhaltliche Bedenken: So können Wahlanzeigen, verbrämte Prostitutionsanzeigen oder sonstige Erotikwerbung in Diskrepanz zur redaktionellen Leitlinie des Organs stehen. Bei säumigen Zahlern besteht die Möglichkeit, die Veröffentlichung solange abzulehnen, bis die Rechnung bereits per Vorkasse beglichen wurde. Damit vor Gericht die Ablehnung eines Anzeigenauftrags nicht als rechtswidriger Machtmissbrauch erscheint, ist es notwendig, die Ablehnungspraxis durch den Verlag zu vereinheitlichen. Ein interner Standard, nach dem Anzeigen angenommen bzw. abgelehnt werden, erleichtert nicht nur das hausinterne Handling sondern bewahrt den Verlag vor einer uneinheitlichen Ablehnungspraxis. Falls ein potenzieller Kunde nämlich gegen die Ablehnung klagt, wird sein Rechtsvertreter bemüht sein, ähnlich gelagerte Fälle aufzuzeigen, in denen der Verlag in der Vergangenheit anders entschieden hat. Dies würde dem Verlag den Vorwurf der Willkür einbringen.

Es geht bei der Frage, ob ein Anzeigenauftrag angenommen wird, jedoch nicht nur um die Frage, ob der Verlag einen Anzeigenauftrag annehmen will, sondern auch um die Frage, ob der Verlag den Anzeigenauftrag annehmen und die Anzeige veröffentlichen darf. Anzeigen mit gesetzeswidrigem oder wettbewerbswidrigem Inhalt dürfen natürlich nicht veröffentlicht werden. Für den Verlag stellt sich in diesem Zusammenhang die spannende Frage, inwieweit er dazu verpflichtet ist, die Rechtmäßigkeit der Anzeigen zu überprüfen. Wenn tatsächlich jede Anzeige abschließend auf ihre rechtliche Zulässigkeit durch den Verlag geprüft werden müsste, wären nicht nur ein wahres Heer von Juristen in jeder Anzeigenabteilung zu beschäftigen, sondern es käme auch das Anzeigengeschäft zum Erliegen bzw. wäre so teuer und schwerfällig, dass es im intermedialen Wettbewerb kaum Bestand hätte. Daher erkennt die Rechtssprechung an, dass die Prüfungspflicht der Presse für Werbeveröffentlichungen (Anzeigen und Beilagen) nur in einem gewissen Rahmen in der Praxis gewährleistet werden kann. Als Maßstab gilt im Normalfall die Überprüfung der Rechtsverstöße, die einem durchschnittlichen Anzeigensachbearbeiter auffallen müssen. Die Verlage versuchen von ihrer Seite aus darauf zu achten, dass besonders problematische Anzeigen im Vorfeld geprüft werden.

Problematische Anzeigen (in Auswahl)

KONFLIKTE MIT REDAKTIONELLEN LEITLINIEN
Politische Anzeigen
Erotikanzeigen

KONFLIKTE MIT EIGENEM WIRTSCHAFTLICHEM INTERESSE
Anzeigen für Konkurrenzmedien
Personalanzeigen, die eigene Mitarbeiter abwerben
Anzeigen für Konkurrenten verlagseigener Tochtergesellschaften
Anzeigen säumiger Zahler ohne Vorkasse

KONFLIKTE MIT GESETZLICHEN BESTIMMUNGEN
Anzeigen mit falscher Identität des Auftraggebers
Wettbewerbsrechtlich unzulässige Anzeigen: Werbung für gefälschte Marken-
   ware oder Imitate berühmter Marken, Alleinstellungswerbung (größter,
   führender etc.), Werbung mit Preisgegenüberstellung, sofern sie die Anzeige
   dominieren, und vergleichende Werbung, sofern sie den Rahmen des derzeit
   Zulässigen überschreitet.
Anzeigen im Heilmittelbereich (teilweise)
Sittenwidrige Werbung (z. B. Prostitutionsanzeigen)

Bei Privatanzeigen ist die Überprüfung der Identität des Auftraggebers eine gängige Praxis, um Verletzungen des Persönlichkeitsrechts Dritter zu
verhindern. Gerade bei Kontaktanzeigen wird dies in nahezu allen Verlagen im Standardablauf der Anzeigensachbearbeitung vorgesehen.
Wenn der Verlag von dritter Seite (zum Beispiel seinem Verband) über
die Rechtswidrigkeit einer Anzeige informiert wurde, wird er im Regelfall
von einer Veröffentlichung absehen. Ob er dann jedoch verpflichtet ist
die Veröffentlichung abzulehnen (nachdem er im juristischen Sinne nicht
mehr gutgläubig ist), wird in der Fachwelt unterschiedlich beurteilt. Ist
dies der Fall, sollte ein Verlag nach Veröffentlichung einer tatsächlich
rechtswidrigen Anzeige auf Unterlassung verklagt wird, muss er eine
strafbewehrte Unterlassungserklärung unterzeichnen. Die aus dieser Erklärung folgende verschärfte Kontroll- und Prüfpflicht des Verlags gilt allerdings nur für die Dauer von sechs Monaten, da sonst auf diesem Weg
über Unterlassungserklärungen die Prüfungspflicht des Verlags in das
eingangs skizzierte unzumutbar hohe Maß ausgedehnt würde.
   Abschließend ein kleiner Vorgriff auf den Online-Markt. Hier muss
sich der Verlag nicht nur absichern, dass der Werbebanner keine rechtswidrigen Inhalte enthält. Laut *Mediendienstestaatsvertrag* ist auch dann

eine Ablehnung der Veröffentlichung notwendig, wenn offensichtlich hinter dem Werbelink des Banners rechtswidrige Inhalte zu erwarten sind. In der Praxis wäre es jedoch nicht sachgerecht, wenn der Verlag bei jeder Werbeschaltung dazu verpflichtet ist, die kompletten Inhalte der dahinter liegenden Links zu überprüfen. In den allgemeinen Geschäftsbedingungen der Online-Branche werden die Werbeträger im Regelfall dazu ermächtigt, die Bannerschaltung auch dann abzulehnen, wenn nachträglich die Inhalte auf den hinter dem Link befindlichen Seiten in einer Art und Weise verändert werden, dass ein Hinweis darauf für den Verlag unzumutbar ist. Erfährt der Werbeträger durch Nutzerhinweise oder durch eigene Recherche von derartigen nachträglichen Änderungen, so hat er das Recht, die Werbung herauszunehmen. Die Unzumutbarkeit orientiert sich dabei an denselben Konstellationen wie bei der Ablehnungsbefugnis gegenüber Print-Anzeigen. Da viele Verlage mittlerweile mit Anzeigenbuchungstools im Internet versuchen, den Aufwand der Anzeigenerfassung beim Endkunden zu belassen und den eigenen Workflow zu vereinfachen, hat sich ein neues Problemfeld ergeben. Die Anzeigen können von Kunden in der Eingabemaske gestaltet und in das Produktionssystem des Online oder Print-Pressetitels eingespeist werden. Vor der Veröffentlichung findet jedoch eine presserechtliche Prüfung durch einen Verlagsmitarbeiter statt.

6.4.2
Kennzeichnungspflicht und redaktionelle Begleitberichterstattung

Der Leser muss beim Durchlesen der Zeitung oder Zeitschrift stets erkennen können, wo ihm redaktionelle und werbliche Aussagen begegnen. Daher sind die Verlage dazu verpflichtet immer dann, wenn es für den ›flüchtigen Durchschnittsleser‹ nicht erkennbar ist, ob es sich um Werbung oder Redaktion handelt mit dem Wort *Anzeige* auf werbliche Veröffentlichungen hinzuweisen. Dabei können keine generalisierenden Aussagen darüber gemacht werden, wann es für den Leser erkennbar ist, ob es sich um Anzeigen oder Redaktionsbeiträge handelt. Aber immer dann, wenn außerhalb der gewöhnlichen Werbeflächen Anzeigen aufgenommen werden, ist eine verschärfte Prüfung der Erkennbarkeit ratsam. Ebenfalls können Anzeigen, die in der äußeren Gestaltung (Schriftart etc.) einem redaktionellen Text ähneln, sehr schnell in die kennzeichnungspflichtige Kategorie gehören. Ist eine solche Anzeige im Redaktionsteil des Pressetitels zu finden, kann man von einer Kennzeichnungspflicht ausgehen. Anders liegt der Fall bei Textanzeigen im Anzeigenblock des Titels oder Anzeigen, die sich durch ihre übertriebene Werbesprache deutlich von der redaktionellen Linie des Blattes abheben.

In allen Fällen liegt es an der Anzeigenabteilung, durch entsprechende Richtlinien eine hausinterne Kontrolle vorzunehmen. Für eventuelle Rechtsverstöße gegen das Wettbewerbs- und Presserecht haftet im Übrigen der Verlag selbst. Neben der rechtlichen Bewertung ist es darüber hinaus im Eigeninteresse des Verlags, wenn sich die Leser darüber im Klaren sind, dass keine Vermischung von Werbung und Redaktion in einer Form vorgenommen wird, die die Glaubwürdigkeit des Pressetitels schädigen könnte.

Immer wieder Anlass zur Diskussion ist die Frage, in welchem Umfang ein Verlag durch positive Begleitberichterstattung für ein positives Werbeumfeld sorgen darf. Grundsätzlich sind diese Bestrebungen Teil der verfassungsmäßig geschützten Pressefreiheit und nicht durch Rechtsnormen eingrenzbar. Wettbewerbsrechtlich werden diese Formen der Berichterstattung dann relevant, wenn sie nicht mehr durch die Aufgaben der Presseberichterstattung gedeckt sind. Hierfür geben im Übrigen auch die Statuten des Presserats als Standes- und Berufskodex erste Hinweise. Wenn eine Zeitschrift zum Thema Essen und Lebensart allerdings immer nur über Weingüter und Restaurants berichtet, die auch im Anzeigenteil des Titels vertreten sind – d. h. aus einer Vielzahl von Alternativen immer nur die auswählt, die werblich engagiert sind – handelt es sich tatsächlich um getarnte Werbung. Ein solches Verhalten wäre daher wettbewerbsrechtlich unzulässig. Weiter Indizien sind Reklamesprache und kritiklose Veröffentlichung von PR-Texten. In allen Fällen schädigt der Verlag langfristig vor allem sich selbst; denn sein Image wird leiden.

6.4.3
Festlegungen im Rahmen der Branchen-AGBs

Wirtschaftsverbände haben die Möglichkeit, gemäß § 24ff des Kartellgesetztes unverbindliche Empfehlungen einheitlicher *Allgemeiner Geschäftsbedingungen* (AGB) abzugeben. Der *Zentralverband der deutschen Werbewirtschaft* (ZAW) hat davon Gebrauch gemacht und die *Allgemeinen Geschäftsbedingungen für Anzeigen und Fremdbeilagen in Zeitungen und Zeitschriften* beim Bundeskartellamt eintragen lassen.

Damit allgemeine Geschäftsbedingungen im Anzeigenvertrag zur Anwendung kommen, muss auf sie Bezug genommen werden. Im kaufmännischen Geschäftsverkehr zwischen Unternehmen ist dies nicht weiter problematisch. Hier reicht es aus, wenn der Kunde (Agentur oder Werbungtreibender) wusste oder hätte wissen müssen, dass der Verlag dem Vertrag AGB zugrunde legen will. Indizien für die Einbeziehung der AGB liegen beispielsweise dann vor, wenn der Verlag bei der Zusendung der Mediaunterlagen (Anzeigenpreisliste) oder bei früheren Auftragsbestätigungen bereits auf die AGB hingewiesen und sie beigefügt hat. Natürlich müssen die AGB hierfür in einer leserlichen Fassung beigefügt sein. Dies klingt zwar wie eine bare Selbstverständlichkeit, doch gibt es einige Verlage, die – um Platz zu sparen – geradezu abenteuerliche Schriftgrade einsetzen, um ihre AGB bekannt zu machen. Dass solche Versionen dann Gegenstand juristischer Auseinandersetzungen sein können, vor allem wenn diese schwer lesbaren Texte noch per Telefax übermittelt wurden, liegt auf der Hand. Aber auch hier sollten die Verlage im eigenen Interesse nicht nur an die Grenze des rechtlich Zulässigen, sondern an die Auswirkungen in der Kundenbeziehung denken. Es wirkt nicht besonders kundenfreundlich und vertrauenerweckend, wenn im Bereich der AGB eine Strategie beschritten wird, die die Konfrontation mit dem Kunden billigend in Kauf nimmt.

Die Einbeziehung der AGB in den Anzeigenvertrag mit Privatpersonen gestaltet sich deutlich schwieriger. Gerade bei der telefonischen Annahme von Kleinanzeigen bei Zeitungen, Anzeigen- und Offertenblättern sowie Special-Interest-Zeitschriften kann meist nicht nachgewiesen werden, dass der Inserent in angemessener Form über die Einbeziehung der AGB in der gültigen Fassung informiert wurde. Die wichtigsten Definitionen der Branchen-AGB werden im Folgenden kurz vorgestellt und erläutert, der Originalwortlaut ist im Anhang nachzuschlagen.

Ein Anzeigenauftrag (Ziffer 1) ist – wie bereits dargestellt – in seinem ursprünglichen Sinn ein Werkvertrag. Er kann sich auf die Veröffentlichung einer oder mehrerer Anzeigen beziehen. Im letzteren Fall spricht man von einem *Abschluss*, der gemäß Ziffer 2 der AGB im Regelfall innerhalb eines Jahres nach Vertragsschluss abzurufen ist. In der Praxis kann es jedoch auch längere Laufzeiten für Abschlüsse geben, wenn beispielsweise besonders prominente Platzierungen (z. B. Titelkopfanzeigen in den Zeitungen) gebucht werden. Der Grund für solche Abschlüsse liegt in den gängigen Mengenrabatten. Wenn ein Kunde ankündigt, dass er 20 Anzeigen abnimmt, bekommt er bereits bei der Schaltung der ersten Anzeige zu Beginn des Jahres einen entsprechend hohen Rabatt eingeräumt. Dadurch erhöht sich seine Liquidität. Es wäre ja auch denkbar, dass ihm der Rabatt erst nach Ende des Geschäftsjahres zurückerstattet wird. Eine solche Lösung würde jedoch auf Seiten der Werbungtreibenden unnötig Kapital binden und wäre daher aus Sicht des Verlags nicht besonders kundenfreundlich.

Für die Verlage würde es keinen Sinn machen, wenn ein Kunde nur genau so viele Anzeigen schalten dürfte, wie er zu Beginn des Jahres im Rahmen des Abschlusses angegeben hat. Daher wird ihm im Rahmen der AGB in Ziffer 3 explizit nochmals das Recht eingeräumt, über den Abschluss hinaus Werbemittel zu schalten. Sollte allerdings das im Abschluss anvisierte Volumen vom Werbekunden nicht ausgeschöpft werden (bucht er statt der geplanten 20 nur 10 Anzeigen oder belegt er nur 45.000 statt 50.000 Millimeter), so muss jener die ersparten Rabatte dem Verlag zurückerstatten.

Ein wichtiger Vertragsbestandteil sind die Zahlungsbedingungen, die in der Anzeigenpreisliste detailliert aufgeführt sind. Sofern der Kunde keine Vorauszahlung geleistet hat, beginnt die Verpflichtung zur Zahlung mit der Veröffentlichung der Anzeige durch den Verlag. Nach Möglichkeit soll laut AGB (Ziffer 13) innerhalb von vierzehn Tagen die Rechnung gestellt werden. Der Verlag kann für vorzeitige Zahlung Skonto in seiner Preisliste vorsehen. Das Rabattgesetz lässt Skonti von bis zu 3 % Höhe zu. Werbeagenturen und Großkunden wählen hierfür häufig die Form einer so genannten Depotzahlung, bei der der Kunde einen bestimmten Betrag im voraus hinterlegt und vom Verlag informiert wird, wenn der Betrag des Depots erschöpft ist. Bei Zahlungsverzug des Werbekunden kann der Verlag Verzugszinsen berechnen. Bestehen Zweifel an der Zahlungsfähigkeit des Auftraggebers, so können die Verlage auch Vorauskasse verlangen (Ziffer 14).

Nicht jeder Auftrag wird von den Verlagen zur Zufriedenheit ihrer Auftraggeber ausgeführt. Bei fehlerhafter oder unvollständiger Veröffentlichung hat der Auftraggeber selbstverständlich das Recht zur Wandlung oder Minderung. Im Fall des Anzeigenauftrags bedeutet dies entweder eine Zahlungsminderung oder das Schalten einer einwandfreien Ersatzanzeige. Häufig werden die Verlage auch dann mit der Forderung nach einer Ersatzanzeige konfrontiert, wenn die Platzierung nicht mit den Wünschen des Kunden übereinstimmt. Rechtlich gesehen hat der Auftraggeber in diesem Fall nur dann Anspruch auf eine Ersatzanzeige, wenn die Platzierung ausdrücklich vereinbart war (Ziffer 6).

Ein ebenfalls sehr komplexer Bereich sind die Chiffre- oder Kennziffernanzeigen. Bei dieser Anzeigenform werden statt der Adresse oder Telefonnummer des Inserenten Chiffrenummern abgedruckt. Der Verlag berechnet hierfür eine gesonderte Chiffregebühr und leitet die eingehenden Briefe und Sendungen an den Inserenten weiter. Ziel dieser vor allem im Umfeld der Stellen- und Bekanntschaftsanzeigen gängigen Anzeigenformen ist die Anonymisierung des Inserenten. Dabei muss sich der Verlag einerseits gegen den Vorwurf der Inserenten absichern, dass die Einsendungen mit mangelnder Sorgfalt weitergeleitet wurden (vgl. Ziffer 18). Andererseits darf er – auch im Interesse des Inserenten – nicht dazu gezwungen werden, die Identität des Auftraggebers bekannt zu geben. Häufig verlangen die Leser vom Verlag die Preisgabe der Identität des Inserenten, da man z. B. bei Stellenanzeigen Originalzeugnisse eingereicht habe und auf deren Rückgabe warte. Der Verlag ist jedoch nicht verpflichtet, diesen Forderungen nachzugehen. Da er lediglich Mittlerfunktion übernimmt ist er darüber hinaus auch nicht regresspflichtig. Allenfalls die Steuerbehörden können unter bestimmten Voraussetzungen einen Anspruch auf Preisgabe der Inserenten-Identität geltend machen.

6.4.4
Wettbewerbsrechtliche Restriktionen in der Anzeigenvermarktung

Anzeigenmarketing ist ein Bereich des allgemeinen Werbe- und Marketinggeschehens und unterliegt daher den wettbewerbsrechtlichen Bestimmungen. Die wichtigsten Fallkonstellationen seien im Folgenden kurz skizziert.

Keinem Verlag kann verboten werden, Eigenwerbung in seinem eigenen Medium zu schalten. Da hier organisatorisch ein Durchgriff der Verlagsabteilungen gegeben ist, kann theoretisch der redaktionelle Teil als PR-Medium für das eigene Unternehmen genutzt werden. Aber auch hier gilt das Gebot der Trennung von Anzeigenteil und Redaktion – wobei letztlich nicht nur die rechtlichen Gegebenheiten einer allzu plumpen PR Einhalt gebieten. Letztlich wird es für den Verlag auch aus eigenem Interesse nicht ratsam sein, den Leser mit redaktioneller Eigenwerbung zu konfrontieren, die die Glaubwürdigkeit des Titels in Frage stellt.

Wie bereits ausführlich dargestellt sind Auflage und Reichweite die wichtigsten Basisdaten für die Mediaplanung. Daher sind werbliche Aussagen mit Bezugnahme auf die Reichweite von großer Bedeutung für die Marktposition eines Mediums. Wenn Verlage beispielsweise in Fachpresseanzeigen ihre eigene Reichweite darstellen, ist daher eine intensive Überprüfung der Fakten im Vorfeld notwendig. Der Wettbewerb im Mediamarkt ist so groß, dass davon ausgegangen werden kann, dass die Verlage der konkurrierenden Titel sehr genau prüfen, ob die dargestellte Reichweite mit ihren Erhebungen übereinstimmt.

Von zentraler Bedeutung ist daher die Seriösität der Auflagenzählung und Reichweitenerhebung. Für die Ermittlung der Reichweite durch Marktforschungsansätze haben sich die im Zentralverband der deutschen Werbewirtschaft (ZAW) organisierten Verbände auf einen Mindeststandard geeinigt, der von den Verlagsmarktforschern bei der Datenerhebung berücksichtigt werden muss. Das ZAW-Rahmenschema der Werbeträgerforschung besitzt daher eine große Bedeutung, um Marktforschungsergebnisse im Zweifel vor Gericht als glaubwürdige Forschungsresultate abzusichern. Die meisten Verlage beteiligen sich an den großen anerkannten Studien für die Erhebung der Reichweitendaten. Diese Daten können werblich dazu benutzt werden, die eigene Reichweite – bezogen auf bestimmte Leserschaftskategorien – im Gegensatz zu den Reichweiten konkurrierender Titel darzustellen. Bei der Darstellung von Auflagendaten gelten im Allgemeinen die Richtlinien der *Infor-*

mationsgemeinschaft zur Feststellung der Verbreitung von Werbeträgern (IVW) als sicherer Weg, um wettbewerbsrechtlich einwandfrei die Leistung des eigenen Mediums darzustellen.

Als besonders schwierig gelten Vergleiche der Leistungsdaten unterschiedlicher Werbeträger. So ist es auch auf der Ebene eines im Grunde rechtlich zulässigen Systemvergleichs sehr schwer, beispielsweise die Leistungen von Beilagenwerbung in Zeitungen mit der Direktzustellung von Werbeprospekten zu vergleichen. Letztlich handelt es sich bei der Auswahl der Zielgruppen (Zeitungsleser auf der einen, Adressenauswahl der Direktwerber auf der anderen Seite) um nur begrenzt vergleichbare Leistungen, sodass eine Preisgegenüberstellung sinnlos und daher in der Regel rechtlich problematisch erscheint.

Wie im übrigen Bereich der Wirtschaftswerbung ist Vorsicht geboten bei der so genannten Alleinstellungswerbung, wo mit Hilfe der Werbesprache versucht wird, das eigene Produkt (hier die Zeitung oder Zeitschrift als Werbeträger) zum größten, schönsten, stärksten oder besten zu küren. Der Nachweis, dass diese Behauptung der Wahrheit entspricht und keine Konkurrenten diskriminiert, wird meist sehr schwer gelingen.

Generell wettbewerbswidrig sind so genannte Füllanzeigen, die keine erkennbare Eigenwerbung darstellen, sondern kostenlose Anzeigeninhalte wiedergeben. Der Werbeträger täuscht mit ihnen eine Attraktivität vor, die er de facto im Markt nicht besitzt. Gestattet sind dagegen die Füllanzeigen, die als so genannte Eigenanzeigen für den eigenen Wirtschaftsbetrieb werben, da hier die Vortäuschung der Attraktivität nicht gegeben ist.

Fragen zu Kapitel 6

46. Welche Bedeutung für das Anzeigenmarketing hat der Zusammenhang zwischen Leser und Anzeigenmarkt?
47. Nennen Sie vier qualitative Merkmale, die im Rahmen einer intermedialen Konkurrenzanalyse zu beachten sind.
48. Eine ganzseitige Anzeige kostet den Werbungtreibenden 18.000 €. Wie hoch ist der Tausend-Leser-Preis bei einer Verkaufsauflage von 400.000 Exemplaren und einem LpE-Wert von 2,6?
49. Nennen Sie sechs Anzeigenarten, differenziert nach Gestaltungsart und Platzierung.
50. Ein Händler schaltet von Januar bis Dezember regelmäßig eine dreispaltige 2-farbige Anzeige in 12 cm Höhe. Der Millimeterpreis liegt bei 2,40 € bei einem Aufschlag von 40 % für 2 Zusatzfarben. Wie viel Euro bezahlt der Händler unter Berücksichtigung der im Kapitel 6.2.2.1 abgebildeten Mal- und Mengenstaffeln?

7
Online-Marketing der Presseverlage

Mit der zunehmenden Verbreitung des Internets in Deutschland sind die meisten Presseverlage nicht mehr nur am Markt der Printmedien aktiv, sondern betreiben Online-Angebote mit entsprechenden Werbemöglichkeiten. Um Motive für dieses Engagement und die Marktmechanismen des Online-Marketing geht es in den folgenden Ausführungen.

Motive für das Online-Engagement der Zeitungsverlage

Bei regionalen und lokalen Zeitungsverlagen ist sicherlich das vorrangige Motiv, die bestehende starke Position im Leser- und Anzeigenmarkt abzusichern. Wie bereits beim Aufkommen der neuen Medienformen Anzeigenblatt und privater lokaler Hörfunk stehen viele Verlage vor der Entscheidung, sich entweder selbst durch ein neues Medium in der Region Konkurrenz zu machen oder mit neuen Wettbewerbern zu konkurrieren. Der Online-Markt ist im Vergleich zu den älteren Formen des intermedialen Wettbewerbs zudem durch sehr niedrige Markteintrittshürden gekennzeichnet. Daher kommt klassischerweise die Konkurrenz im Online-Markt auch nicht durch andere Medienanbieter (Anzeigenblätter, Stadtmagazine etc.), sondern ein Großteil der neuen Wettbewerber definiert sich selbst nicht primär als Medienanbieter und wird zur zusätzlichen Konkurrenz. Beispielhaft hierfür sind regionale Dienste der Sparkassen und Volksbanken, die in Kombination mit dem Angebot von Internetzugängen für Bankkunden versuchen, ihre eigene Kundschaft zum Online-Banking zu erziehen und über diesen Weg zum regionalen Informationsdienstleister mutieren. Zeitungsverlage, die sich bereits frühzeitig im Online-Markt engagiert haben, können in solchen Fällen sich selbst als Informationsplattform der Region etablieren und durch geeignete Kooperationen die neuen potenziellen Wettbewerber einbinden und die eigene Position im lokalen beziehungsweise regionalen Medienmarkt absichern.

Ein weiteres Motiv für das Engagement im Online-Markt ist die Erkenntnis, dass sich das Informationsinteresse vor allem jüngerer Zielgruppen stark gewandelt hat, und nun mit Hilfe der Online-Medien die Möglichkeit besteht, die Kompetenz für die Entwicklung neuer Produktformen für junge Zielgruppen im eigenen Haus weiterzuentwickeln. In diesem Zusammenhang wird das Online-Engagement häufig auch als Teil des Verlagsmarketings angesehen. Aus Sicht des Vertriebsmarketings ist es in vielen Fällen interessant, mit einer Zielgruppe Kontakt aufzunehmen, die bis zu zwei Dritteln aus Nichtlesern besteht. Dennoch ist es meist sehr schwierig, diese Nutzer über den Kontakt mit dem Online-Angebot an das Kernprodukt des Verlags, die gedruckte Zeitung, heranzuführen. Nicht unproblematisch ist es für einige Zeitungen, dass die kostenlos im Netz angebotenen Rubrikanzeigen dazu führen, dass der hohe Einzelverkaufsanteil an Tagen mit Immobilien- oder Stellenanzeigen sukzessive abnimmt. Aus Sicht des Vertriebsmarketings sind die Gelegenheitskäufer die ideale Zielgruppe für das Abonnementmarketing. Beim Anzeigenmarketing hingegen können sehr viele Verlage von dem positiven Image-Effekt eines Online-Engagements profitieren, indem sie ihren Anzeigenkunden die Vorteile des neues Mediums darstellen und dabei die eigene Kompetenz in den unterschiedlichen Mediensektoren untermauern.

Eine weitere Motivation neben dem Ausgleich drohender Verluste durch den Wettbewerb mit Online-Medien ist die Nutzung von Online-Medien zur Steigerung der Attraktivität des Printprodukts. Zeitungsverlage verfolgen mit derartigen Crossmedia-Strategien unterschiedliche Ziele.

Crossmedia-Strategie von Zeitungsverlagen

PRINT-ONLINE-KOMBINATIONSMÖGLICHKEITEN
Ziel: verstärkte Kundenbindung und Steigerung der Attraktivität im Anzeigenmarkt.

ANZEIGENBUCHUNG UND -GESTALTUNG
Gewerbliche Kunden, Mittler (Makler, Händler etc.) und Privatkunden können über das Internet Anzeigen buchen und gestalten. Ziel: Kundenservice und Kostensenkung

REDAKTIONELLE BERICHTERSTATTUNG
Verweis auf ausführliche (Eigen-) Berichte im eigenen Internetangebot. Ziel: Ausbau der Informationskompetenz.

REDAKTIONELLE CROSS-PROMOTION
Nutzung der Möglichkeiten zur Interaktivität als Ergänzung zum Printprodukt,

beispielsweise durch Berichte über die Ergebnisse einer Umfrage unter den eigenen Nutzern des Online-Angebots. Ziel: Kundenbindung.

ABONNENTEN-SERVICE VIA INTERNET
Adressänderungen, Urlaubsunterbrechungen etc. lassen sich online abwickeln. Ziel: Kundenservice und Kostensenkung.

VERTRIEBSMARKETING
Einige Verlage haben beispielsweise durch E-Mail-Aussendungen an potentielle Interessenten hohe Wandlungsquoten zu günstigen Kosten realisieren können. Ziel: Gewinnung neuer Kunden über ein modernes/neues Medium.

Motive für das Online-Engagement der Zeitschriftenverlage

Bei den Zeitschriftenverlagen hängt die Notwendigkeit des Online-Engagements stark von der thematischen Ausrichtung der Zielgruppe des Titels ab. Bei den Publikumszeitschriften sind vor allem die Titel sehr stark im Online-Bereich engagiert, die entweder durch ihre Themenstellung auf möglichst große Aktualität angewiesen sind (zum Beispiel Nachrichtenmagazine) oder sich an junge trendorientierte Zielgruppen wenden. Ein weiteres sehr erfolgreich im Online-Markt vertretenes Segment sind Erotiktitel. Hier hat sich vor allem die Anonymität des Internet als besonders vorteilhaft erwiesen. In allen Fällen dienen die Online-Auftritte der Verlage einerseits der Stärkung des Markenimages und andererseits der Zukunftssicherung. Der Trend zu schnellerer Kommunikation mit häufigen Aktualisierungszyklen führt zu neuen Kundenbedürfnissen, denen die Verlage mit neuen Produktformen entsprechen. Dabei hat sich das Engagement der großen Publikumszeitschriftenverlage im internationalen Vergleich als besonders effektiv erwiesen.

Bei Fachzeitschriften steht ähnlich wie im Bereich der übrigen Pressetitel der Aufbau einer Community im Vordergrund beim Aufbau der neuen Online-Produkte. Fachzeitschriften haben durch den engen und speziellen Themenhintergrund gute Möglichkeiten, auf Basis des (meist beruflichen) Leserinteresses nicht nur aktuelle redaktionelle Informationen anzubieten, sondern darüber hinaus mit Hilfe von fachspezifischen Diskussionsforen die fachkundigen Leser mit in die Plattform einzubinden.

Bei wissenschaftlichen Fachzeitschriften ist die PC-Affinität der (wissenschaftlichen) Zielgruppe ohnehin sehr stark ausgeprägt. Bei den meist geringen Auflagen, die bei den in der Regel hochspezialisierten Zeitschriften realisiert werden, besteht ohnehin ein Kostenproblem, da sich die Fixkosten der Produktion (Druckplatten etc.) nur auf eine geringe

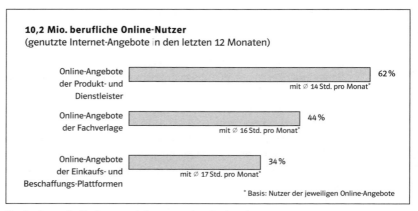

10,2 Mio. berufliche Online-Nutzer
(genutzte Internet-Angebote in den letzten 12 Monaten)

Online-Angebote der Produkt- und Dienstleister: 62% mit ⌀ 14 Std. pro Monat*

Online-Angebote der Fachverlage: 44% mit ⌀ 16 Std. pro Monat*

Online-Angebote der Einkaufs- und Beschaffungs-Plattformen: 34% mit ⌀ 17 Std. pro Monat*

* Basis: Nutzer der jeweiligen Online-Angebote

Quelle: Deutsche Fachpresse, *Leistungsanalyse Fachmedien 2001*

Auflagenbasis verteilen. Zusätzlich muss das Abonnementprodukt an eine zum Teil weltweit verstreute Zielgruppe versandt werden, was ebenfalls relativ hohe Vertriebskosten nach sich zieht. Die Herstellung einer Online-Version wissenschaftlicher Fachzeitschriften bietet daher ökonomisch zahlreiche Vorteile. Der wissenschaftliche Springer Verlag verlegt bereits seit Jahren einige Fachzeitschriften, die ausschließlich online verfügbar sind. Die Funktion des Verlags konzentriert sich hier auf die Markenpflege und die Organisation der Herausgeber-Gremien, die wiederum die inhaltliche Qualität der wissenschaftlichen Fachzeitschrift gewährleisten. Der Trend zu Fachinformationen im Internet wird auch durch Ergebnisse der Umfragen der *Deutschen Fachpresse* bestätigt.

Organisation des Geschäftsfelds Online

Eine der entscheidenden Herausforderungen für die Buch- und Pressebranche ist die richtige organisatorische Einbindung des neuen Geschäftsfelds Online-Medien in die traditionelle Verlagsorganisation. In den 90er Jahren versuchten vor allem Presseverlage, ihre Online-Abteilungen möglichst in eigenständige Tochterunternehmen zu integrieren. Grundlage war die Erwartungshaltung, dass die neu zu entwickelnden Geschäftsfelder, vor allem der Online-Werbemarkt, aufgrund ihrer Wachstumsdynamik eine Eigenständigkeit rechtfertigen. Zu Zeiten, in denen reine Online-Unternehmen mit sehr mageren Umsätzen in ihrer jungen Vergangenheit zu Börsenstars mutierten, fehlte es in der Verlagsbranche nicht an Optimismus. Die Eigenständigkeit der Online-Dependancen erwies und erweist sich jedoch nicht nur als vorteilhaft. Denn die

Synergien, die beispielsweise durch die online-gerechte Aufbereitung von Text- und Bildmaterial durch die Printredaktion entstehen, hängen davon ab, ob zwischen den unterschiedlichen Teilbereichen eine ausreichende Nähe besteht. Beachtet werden muss auch die Frage der Markenführung. Denn wenn das Online-Angebot eines Presseverlags sich stark vom Print-Produkt unterscheiden soll, kann dies mit einer eigenen Marke nach Außen hin verdeutlicht werden. Insbesondere sehr stark auf ihre Seriösität bedachte Presseverlage hatten sich für eigenständige Online-Marken entschieden, damit online-spezifische Aktivitäten, wie etwa Dating-Services, Flirtbörsen etc. nicht auf die Dachmarke abfärbt.

Nach der abflauenden Wachstumsdynamik des Online-Geschäfts und dem Einbruch des Neuen Markts hatten viele Verlage das Ziel, die Kosten für die eigenen Online-Aktivitäten zu reduzieren. Als Reaktion auf die neue Ausgangssituation wurden teilweise Tochterfirmen unterschiedlicher Verlage zusammengelegt, um neue Synergien zu realisieren oder eigenständige Online-Töchter wurden wieder in das Mutterunternehmen re-integriert. Durch die derzeit noch geringe Akzeptanz der Online-Werbung ist in vielen Fällen die Erlössituation der Online-Aktivitäten unbefriedigend. Zusätzliche Erlösmodelle, wie der Verkauf redaktioneller Inhalte (Paid-Content) oder der Verkauf von Waren und Dienstleistungen (E-Commerce) konnten diesen Mangel bislang nicht kompensieren. Für die Online-Aktivitäten der meisten Verlage bedeutet dies, dass es sich in vielen Fällen um Marketing-Aktivitäten handelt, die teilweise auch als Bestandteil der Produkt- und Unternehmenskommunikation budgetiert werden. Damit stellt sich die Frage nach der Integration der Internet-Plattform in den Kommunikationsmix der Unternehmen. Einer der Vorteile des Mediums ist die Kombination von Kommunikations- und Service-Elementen. Hier wird der Bezug zum Printprodukt durch Abonnement- und Anzeigen-Service erreicht. Um im Printgeschäft von den Online-Aktivitäten bei der Weiterentwicklung des Unternehmens- und Produktimages profitieren zu können, ist es notwendig, in einer medienübergreifenden Kommunikationsstrategie die Vorteile und Qualitäten des eigenen Hauses darzustellen. Die Aufgabe betrifft keineswegs nur Großunternehmen, sondern alle Verlage mit Multimedia-Aktivitäten. Auch mittelständische Verlage wie der Bonner Generalanzeiger haben zu diesem Thema beispielhafte Aktivitäten vorzuweisen. So ist es gelungen, die Besonderheiten der gedruckten Zeitung und der Online-Aktivitäten in Print-Anzeigen, Kino-Spots, Hörfunkwerbung und Online-Promotion darzustellen. Nur in den Fällen, in denen mit reichweitenstarken Offline-Medien innerhalb der Zielgruppe der Nutzen der eigenen Online-Aktivitäten beschrieben wird, ist ein positiver Effekt im Sinne der Marketingarbeit zu erwarten. Dies setzt im Rahmen der Produktpolitik eine konsequente Vernetzung der unterschiedlichen Angebotstypen voraus.

7.1
Werbung im Internet

Internet-Werbung ist das derzeit am schnellsten wachsende Segment des Werbemarktes. Aufgrund der technischen Besonderheiten im Zusammenhang mit Online-Werbung sind selbst gestandene Verlagsmanager häufig unsicher, wie sie mit den neuen Geschäftsfeld umgehen sollen. Deshalb vermittelt dieser Abschnitt einen Überblick über alle wesentlichen Aspekte des Internet-Werbegeschäftes.

7.1.1
Werbeträgerleistung im Internet

Die meisten im Internet angebotenen redaktionellen Informationen sind kostenlos, weshalb sich die Verlage bei der Refinanzierung der Online-Angebote derzeit auf den Werbemarkt konzentrieren. Die wichtigste Frage für die Etablierung eines Werbegeschäfts ist daher auch im Online-Bereich die Quantifizierung der eigentlichen Medialeistung. Welche Werbeträgerleistung stellt ein Online-Angebot eigentlich den Werbungtreibenden zur Verfügung?

Unter den unterschiedlichen Ansätzen zur Erfassung der Nutzungsintensität von Internet-Angeboten hat sich die *Logfile-Analyse* international durchgesetzt. Logfiles sind die Statistikdateien, die auf dem Hauptrechner (Server) eines Online-Angebotes anfallen und gewissermaßen wie ein Tagebuch aufzeichnen, welche Dateien und Informationen zu welcher Uhrzeit angefordert wurden. Damit ist klar, dass diese Informationen sich auf die einzelnen Werbeträger konzentrieren (Website-zentrierte Messung), während beispielsweise die Messung des Computernutzungsverhaltens den Anwender in den Vordergrund rückt (User-zentrierte Messung).

Die Summe der Dateien (Hits), die innerhalb einer bestimmten Zeit (zum Beispiel innerhalb eines Monats) von einem Server abgerufen werden, sagt jedoch recht wenig über die Werbeträgerleistung aus. Eine Web-Site, auf der viele kleine Grafiken als Einzeldateien abgespeichert sind, würden bei nur wenigen tatsächlichen Nutzern eine vergleichsweise hohe Zahl an Hits generieren. Daher wurde bei der Standardisierung der Online-Werbeträgerleistung vereinbart, dass statt dessen der Abruf einer kompletten HTML-Seite als *PageImpression* (Seitenabruf) gezählt wird.

Die Anzahl der Hits, die beim Abruf einer Internetseite ausgelöst werden, werden also zu einem Seitenaufruf reduziert. Dabei werden allerdings nur die Abrufe derjenigen Nutzer gezählt, die in der Lage ist, Grafiken am Bildschirm anzusehen. Damit wird vermieden, dass ein Anbieter automatisch Inhalte aktualisiert (zum Beispiel alle fünf Sekunden ein neues TV-Bild liefert) und damit seine PageImpressions künstlich in die Höhe treibt. Da die meisten Werbeformen erst durch die grafische Gestaltung wirksam werden, können Seitenabrufe von Nutzern, die lediglich Texte lesen können, gegenüber der Werbewirtschaft nicht als Werbeträgerleistung gewertet werden.

Da die Anzahl der Seitenabrufe natürlich sehr stark von der Gesamtseitenzahl eines Angebots abhängt, wurde darüber hinaus die Messgröße *Visits* – die Zahl der Besuche anonymer Nutzer – eingeführt. Die Logfiles liefern keine Aussage, welcher Nutzer auf das Angebot zugegriffen und Daten abgerufen hat. Es wird bei den einzelnen Seitenzugriffen lediglich ausgewertet, wo der Nutzer sich vor seinem Seitenzugriff aufgehalten hat. Befand sich der Nutzer zuvor auf einer Seite des gemessenen Angebots, zählt der Abruf noch zu diesem Besuch, kommt der Nutzer von einer Seite außerhalb des Angebots, wird ein neuer Visit gezählt. Das Verhältnis von PageImpressions und Visits liefert wichtige Informationen über die redaktionelle Akzeptanz des Angebots. Bei redaktionell ambitionierten Projekten sollte ein möglichst hohes PageImpressions-Visit-Verhältnis erreicht werden, da die User dann pro Nutzungsvorgang mehrere Seiten ansehen. Um diese Zusammenhänge zu veranschaulichen, vergegenwärtige man folgendes Beispiel:

> Wenn sich ein Nutzer im Internet angemeldet hat und in seine Browsersoftware die Adresse `www.bild.de` eintippt, wählt er sich zum ersten Mal in das Angebot *Bild online* ein. Er löst damit im Logfile des Servers der *Bild-Zeitung* eine Reihe von Dateiabrufen aus, die in der Auswertung als ein PageImpression und ein Visit definiert werden. Sieht sich derselbe Nutzer im Anschluss weitere zehn Seiten des Angebots *Bild online* an, bewirkt er insgesamt elf PageImpressions, aber immer noch einen Visit, da die Seitenabrufe von einem Nutzer vorgenommen werden, der sich bereits innerhalb des *Bild*-Angebots befindet. Um einen neuen Visit auszulösen muss der Nutzer von außen auf das Angebot `bild.de` zugreifen.

Die Messung der PageImpressions und Visits wird allerdings dadurch erschwert, dass häufig genutzte Web-Inhalte durch *Proxy-Server* (Großrechner) zwischengespeichert werden. Die Funktionsweise von Proxy-Servern veranschaulicht erneut ein Beispiel:

> Ein Angestellter der Daimler-Chrysler-Zentrale in Stuttgart wählt sich in das Angebot der Wochenzeitung *Die Zeit* in Hamburg ein. Wenn bereits vor ihm ein Kollege die Zeit abgerufen hat, sind die Daten im Firmenrechner in Stuttgart zwischengespeichert, damit unnötig lange Ladezeiten aufgrund schlechter Netzverbindungen vermieden werden. Es besteht für den Mitarbeiter des Automobilkonzerns die Möglichkeit, Daten abzurufen, ohne dass der Server in Hamburg weitere Nutzungsvorgänge verzeichnen kann. Der erste Abruf in Hamburg wurde im Logfile registriert, über die Nutzung der digitalen Kopie im Stuttgarter Firmenrechner werden

die Hamburger nicht informiert. Um zu vermeiden, dass die Werbeträger lediglich mit unvollständigen Materialien gegenüber ihrer Werbekundschaft argumentieren, haben die in der IVW organisierten Verbände nach einer Möglichkeit gesucht, für vollständige Logfiles der Werbeträger zu sorgen, ohne den positiven Effekt der Proxy-Caches, nämlich die Reduktion der Datenmenge im Netz auszuhebeln. Innerhalb des redaktionellen Angebots der Zeitung wird pro Seite ein Punkt so definiert, dass er immer aktuell vom Rechner des Werbeträgers abgerufen werden muss. Das bedeutet, die redaktionelle Seite wird zwar aus dem Cache geliefert, ein transparenter Pixel wird jedoch direkt von Hamburg aus zum Nutzer geschickt, so dass das Logfile in Hamburg alle Abrufe registrieren kann, auch wenn die eigentliche Haupt-Datenmenge bereits vor Ort im Firmenrechner vorliegt.

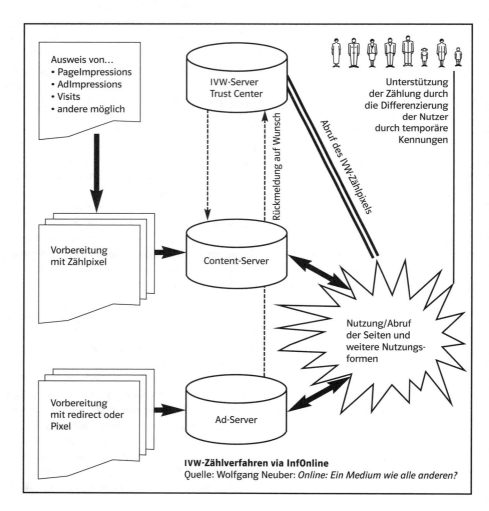

IVW-Zählverfahren via InfOnline
Quelle: Wolfgang Neuber: *Online: Ein Medium wie alle anderen?*

Für die Auswertung der Werbeträgerleistung wurde mit der Kommerzialisierung des Internet die bereits im Printsektor bewährte Kontrolleinrichtung IVW beauftragt. Als in Folge der Kommerzialisierung des Internet zunehmend Websites von Firmen Interesse zeigten, sich von der anerkannten Zähleinrichtung des deutschen Online-Markts zählen zu lassen, wurde dieses Geschäft der InfOnline GmbH übergeben. InfOnline misst und kontrolliert mit einer einheitlichen Software die Werbeträgermessgrößen PageImpressions, Visits und AdImpressions mit Hilfe eines neuen skalierbaren Verfahrens. Näheres hierzu unter WWW.INFONLINE.DE.

Als die beiden Messwerte PageImpression und Visit ursprünglich definiert wurden, dachte man, dass sich PageImpressions als Anrechnungs- und Planungsgröße für die Online-Werbeträgerleistung eignen. Mit dem Aufkommen neuer dynamischer Werbeformen zeigte sich jedoch schnell, dass PageImpressions nicht immer die für den Kunden maßgebliche Größe sein müssen. Wenn beispielsweise auf der Homepage eines Zeitschriftenangebots bei jedem zweiten Seitenabruf statt der Werbung für eine Direktbank ein Werbebanner für ein neues Telefontarifangebot eingeblendet wird, ist für den Werbungtreibenden nicht die Zahl der Gesamtabrufe der Homepage relevant, sondern die Zahl der Abrufe, bei denen seine Werbung sichtbar war. Statt der potenziellen Sichtkontakte mit der HTML-Seite ist für ihn die Zahl der möglichen Sichtkontakte mit seiner Werbung relevant. Diese Information liefert die Messgröße AdImpression, die nach derselben Methode erfasst wird wie die PageImpressions. Hierzu eine Pressemeldung der Medienverbände vom 29. Oktober 1998:

> Auf eine Standardisierung der Online-Werbewährung *AdImpressions* haben sich heute der Bundesverband Deutscher Zeitungsverleger (BDVZ), der Verband Deutscher Zeitschriftenverleger (VDZ) und der Verband Privater Rundfunk und Telekommunikation (VPRT) abschließend verständigt. Damit kommen die Medienverbände den Forderungen der Agenturen und Werbungtreibenden nach, der bereits im Markt etablierten Abrechnungsgröße AdImpression eine einheitliche Definition zugrunde zu legen. (...)
>
> Die AdImpressions weisen die Anzahl der Kontakte von Internet-Nutzern mit einem Werbemittel aus. Anders als bei den bisher herangezogenen Maßeinheiten *Visits* (Anzahl der Besuche eines Nutzers bei einem Online-Angebot) und *PageImpressions* (Anzahl der Abrufe einzelner Seiten eines Online-Angebots) können die AdImpressions auch bei dynamischen, d. h. für jeden Nutzer individuell zusammengestellten Angeboten, die Zahl der Werbekontakte erfassen. Auch neue dynamische Formen der Internetwerbung, die nicht mehr statisch in eine Seite eingebunden sind, sondern ihren Adressaten zu bestimmten Tageszeiten oder in Abhängigkeit vom Nutzerverhalten

erreichen, sind mit der neuen Einheit messbar. Damit sind Ad-Impressions die einzige Werbeeinheit, mit der verlässlich auf die Zahl der erzielten Werbemittelkontakte in Online-Angeboten geschlossen werden kann. (...)

Mit der Entwicklung eines einheitlichen Standards für *AdImpressions* tragen die Werbeträger nun den neuen technischen und werblichen Entwicklungen Rechnung. Sie schaffen damit ein wichtiges Instrument zur Bestimmung des Werbedrucks und zur Abrechnung der Werbemittel mit dem Werbeträger. Durch die Standardisierung lassen sich AdImpressions von verschiedenen Online-Angeboten zukünftig über den vereinbarten Kontaktpreis einfach in Werbekosten umsetzen. Die Budgetplanung der Agenturen wird damit erheblich vereinfacht.

Technisch wird das Zählverfahren ähnlich wie bei dem bewährten IVW-Zählverfahren zur Ermittlung der PageImpressions realisiert. Während bei den PageImpressions ein einzelner Bildpunkt (Pixel) zur Messung in die Seite integriert wird, geschieht dies bei den AdImpressions durch das Einfügen eines Pixels direkt in das Werbemittel. Der Server zählt und protokolliert die eingehenden Abfragen dieses Pixels.

7.1.2
Response-Größen zur Beurteilung der Werbeeffizienz

Die dargestellten Messgrößen der Werbeträgerleistung dürfen nicht mit den so genannten Response-Größen verwechselt werden, die nicht die Leistung des Werbeträgers (Wie hoch ist die durch das Online-Angebot erzeugte Verbreitungswahrscheinlichkeit des Werbemittels?), sondern die Reaktion der Nutzer auf die Werbung erfassen. Die bekannteste Response-Größe ist der AdClick, d.h. die Zahl der Nutzer, die den hinter dem Werbebanner verborgenen Link dazu benutzen, die hinter der Bannerwerbung befindlich Web-Site aufzusuchen, da sie sich von der Werbung angesprochen fühlen. Wenn man die Zahl der AdClicks zur Anzahl der AdImpressions ins Verhältnis setzt, erhält man die so genannte *AdClick-Ratio* oder *Click-Through-Ratio* (CTR).

$$CTR\ [\%] = \frac{Summe\ der\ AdClicks \times 100}{Summe\ der\ AdImpressions}$$

Diese Durchklick-Rate ist sehr wichtig für die Werbeerfolgskontrolle auf Seiten des Werbekunden. Die CTR kann dabei ein Spektrum zwischen 0,5% und 10% annehmen. Neben der CTR ist auf Kundenseite die Analyse der Verweildauer und des Nutzungsverhaltens auf der eigenen Homepage sehr wichtig. So kann ein gut und interessant gestaltetes Banner (*shopping naked*) zwar hohe AdClick-Raten bewirken, wenn der Nutzer jedoch statt einer aufregenden Web-Site hinter dem Link lediglich ein Online-Kaufhaus vorfindet, wird er die Web-Site schnell wieder verlassen – der vordergründige Werbeerfolg kann nicht in einen Verkaufserfolg umgesetzt werden.

Obwohl immer wieder von Seiten der Agenturen und Werbungtreibenden die Forderung gestellt wird, Werbung auf Basis von Response-Größen abzurechnen, sind diese Größen lediglich für die Kontrolle des Werbeerfolgs und nicht für die Abrechung zwischen Werbeträger und Werbekunde/Agentur geeignet denn die wesentlichen Faktoren für die Höhe der Response-Werte liegen außerhalb des Einflussbereichs des Werbeträgers. Ob die Werbung angeklickt wird, hängt natürlich vom Image des Werbekunden ab. Wenn eine Marke oder ein Hersteller für die Kunden uninteressant ist oder gar über ein negatives Image verfügt (z. B. ein Kreditinstitut, dessen Vorstand unter Korruptionsverdacht steht), wird das Interesse der Kunden an der Werbung vergleichsweise gering sein.

Ebenfalls entscheidend für die Höhe der Click-Rate ist die Platzierung des Werbemittels. Wer ein Werbebanner für karierte Herrensocken in einem Forum über Techno-Musik platziert, wird vermutlich sehr bescheidene Response-Werte verzeichnen können. In einem solchen Fall wird der Verlag den Kunden zwar darauf hinweisen, dass das thematische Umfeld nicht unbedingt für die Werbebotschaft geeignet ist, doch falls der Kunde auf seinem Buchungswunsch besteht, wird der Verlag ihn im Normalfall nicht abweisen.

Auch die Gestaltung der Werbemittel trägt zum Response-Erfolg einer Bannerwerbung bei. Hier kann der Verlag zwar den Werbekunden beratend auf einige Schwächen aufmerksam machen, aber die Verantwortung für den Erfolg übernimmt er nicht. Diese liegt normalerweise beim Werbekunden beziehungsweise bei der von ihm beauftragten Agentur.

Da die Werbemittel meist längere Zeit im Angebot präsent sind und im Regelfall ein Teil der Visits auf wiederkehrende Besucher zurückgeführt werden kann, gibt es bei der Wiederholungsschaltung ein und derselben Bannerwerbung den so genannten *Banner-Burn-Out-Effekt*. Das bedeutet: Je länger ein Werbemittel den Kunden präsentiert wird, desto schlechter werden die Response-Werte, da viele Kunden sich bereits an der Werbung ›sattgesehen‹ haben. Im Regelfall werden daher nach einer bestimmten Zeit neue Motive eingespielt, um ein Absinken der Response-Werte gegen Ende der Buchungszeit zu vermeiden. Der Verlag kann das Einbauen neuer Werbemotive nur anbieten. Für die Bereitstellung der Motive ist allein der Werbekunde verantwortlich.

Faktoren für den Erfolg	Verantwortung
Nutzungshäufigkeit der Web-Site	Werbeträger
Image des Werbekunden	Werbekunde
Platzierung/Umfeldplanung	Werbekunde/Mediaplaner
Gestaltung der Werbung	Werbekunde/Agentur
AdClick-Rate	Werbekunde/Agentur
Wechsel der Motive	Werbekunde/Agentur

Erfolgsfaktoren und Verantwortungsbereiche bei Online-Werbung

Falls Online-Werbung generell nur nach Response-Werten abgerechnet werden sollte, ist die Gefahr einer Fehlsteuerung sehr groß. Denn dem Werbekunden kann es auf einmal egal sein, wenn er seine Werbung im falschen Umfeld platziert hat. Wenn nur 0,01 % der Nutzer an seiner Werbung interessiert sind, da sie thematisch nicht in die gebuchte Rubrik passt, muss er auch nur für jeden 10.000 Nutzer bezahlen. Das bedeutet, die restlichen 9.999 Nutzer, die mit dem Werbemittel in Kontakt kommen, nehmen zwar die redaktionelle Leistung des Verlags als Betreiber der Web-Site in Anspruch, sie werden bei der Bemessung des Werbewertes jedoch nicht berücksichtigt.

Für die interne Beurteilung der Werbeeffizienz einer Kampagne auf Seiten des Werbekunden sind die Response-Werte jedoch von großer Bedeutung. Beim Vergleich der Durchklick-Raten (CTR) unterschiedlicher Werbeträger wird sich der Werbekunde nach Abschluss der Kampagne durchaus ein Bild über die unterschiedlichen Erfolge machen können. Neben der CTR spielen bei der Werbung von E-Commerce-Anbietern auch *Cost-Per-Order* (CPO) eine Rolle sowie *Cost-Per-Lead* (CPL), eine Kalkulation bei der die Kosten für die Gewinnung einer Information (z. B. Angabe einer E-Mail-Adresse durch den Kunden) berechnet werden. Insgesamt muss von Seiten der Werbeträger jedoch darauf geachtet werden, dass diese Größen nicht direkt in die Preisbildung eingehen. Die kurzfristige Cost-Per-Order-Betrachtung wird beispielsweise in vielen Fällen auch nicht dem komplexen Prozess der Werbewirkung gerecht. So ist wohl kaum zu erwarten, dass ein Automobilhersteller durch den Click auf die Bannerwerbung zu einem neuen Modell direkt den Online-Abverkauf dieses Autotyps erfassen kann. Der Kunde wird sich durch die Werbung ein erstes Mal auf der Hersteller-Website informieren. Ob, wann und auf welchem Weg es dann zu einem Kauf kommt, kann in einem solchen Fall nur schwer prognostiziert werden.

7.1.3
Logfile- und Personendaten

Für das werbetreibende Unternehmen ist jedoch nicht nur die Werbeträgerleistung sowie die möglichst exakte Abrechnung der erzielten Werbeleistung interessant. Zur genauen Planung einer Werbekampagne werden darüber hinaus Daten über die Nutzer selbst benötigt, um eine Zielgruppenbestimmung im Internet durchführen zu können.

Als sich Online-Medien Mitte der 90er Jahre mehr und mehr etablierten, waren die Marketingexperten und Medienprofis recht optimistisch, dass in Online-Medien sehr umfangreich und einfach marketingrelevante Daten erhoben werden könnten. Denn da es sich um Computermedien handelt, ist es ein Leichtes alle Nutzungsvorgänge aufzuzeichnen. Doch wie die bisherigen Ausführungen gezeigt haben, sind die Logfile-Daten aus Sicht der Marktforschung noch nicht besonders aufschlussreich. Der Werbeträger kann zwar feststellen, wie viele Seitenabrufe er pro Besuch zu verzeichnen hat, es gibt jedoch noch keine Gewissheit darüber, ob sich die Zahl der Visits auf viele oder wenige Nutzer verteilen. Auch die Angaben über die Nutzer selbst sind sehr dürftig. Aus den Logfiles kann der Werbeträger ermitteln, welche technische Ausstattung der Nutzer besitzt (DOS, Unix, Mac als Betriebssystem oder Microsoft Internet Explorer, Netscape etc. als Browsersoftware), über welchen Internet-Access-Provider er seinen Internetzugang betreibt (T-Online, AOL, uni-tuebingen etc.) und welches Angebot er vor dem Eintreffen auf seinen Seiten besucht hat (häufig Suchmaschinen und -verzeichnisse). Diese Daten sind jedoch nur dann marketingrelevant, wenn sie in Bezug zur gesuchten Zielgruppe stehen. Wenn AOL in einer Werbekampagne Neukunden gewinnen möchte, um gegenüber T-Online Marktanteile zu gewinnen, sind diese Daten hilfreich. Der Werbeträger oder seine Vermarktungsorganisation können die Nutzer herausfiltern (*Targeting*), die über T-Online ins Netz gelangen. Für andere Marketingziele wie zum Beispiel die Neukundenakquise einer Direktbank sind die ermittelten Kriterien jedoch nicht maßgebend. Hier werden tiefergehende Angaben über die Nutzer benötigt.

Abhilfe schaffen hier beispielsweise Verfahren, bei denen die Logfile-Daten mit Personendaten verknüpft werden. Die bekannteste Methode besteht darin, die Nutzer mit Kennziffern – *Cookies* genannt – zu markieren, damit ein und derselbe Nutzer bei einem erneuten Besuch wieder erkannt wird. Dem Kunden gegenüber kann dies vom Werbeträger als Service dargestellt werden, da die Nutzer beispielsweise für Bestellungen und ähnliches nicht immer wieder ihre kompletten Adressdaten eingeben müssen. Der Online-Anbieter selbst kann die Daten dazu benutzen, Interessenprofile des Nutzers aufzuzeichnen, indem er speichert, in welcher Reihenfolge gewöhnlich von diesem Nutzer die einzelnen Seiten angesehen werden. Genau hier liegt jedoch auch das Problem der Cookies. Weder auf Seiten der Nutzer noch auf Seiten der Datenschützer erfreuen sich diese Nutzerkennnummern besonders großer Beliebtheit, da sie aus ihrer Sicht einen Eingriff in ihre Persönlichkeitssphäre darstellen. Darüber hinaus ist der Marketingwert dieser Methode allein dadurch begrenzt, da solche Interessenprofile noch nichts über die Soziodemografie der Nutzer aussagt und diese wiederum für die Marketingplanung von entscheidender Bedeutung ist.

Um überhaupt irgend etwas über die Nutzer zu erfahren, versuchen einige Werbeträger ihre Inhalte nur an Nutzer abzugeben, die sich zuvor registriert haben und im Besitz eines gültigen Passwords sind. Doch selbst wenn das Password kostenlos abgegeben wird, schreckt ein solches Verfahren viele Nutzer ab. Die Anmeldeprozedur wird häufig als zu aufwendig empfunden. Die hierbei generierten Daten hängen naturgemäß davon ab, wie umfangreich das Anmeldeformular ist. In der Regel werden Adressdaten, Geschlecht und Beruf der Nutzer erfasst. Die Wirksamkeit dieser Maßnahme ist jedoch begrenzt. Kostenlose Passwörter werden häufig wieder vergessen, so dass sich eine Vielzahl der Nutzer mehrfach anmeldet. Häufig ist auch eine Bereinigung dieser Daten schwer möglich, da bei den Kenndaten der Nutzer nicht immer wahrheitsgetreue Auskünfte erteilt werden. Nutzernamen wie Micky Maus und Goofy sind keine Seltenheit.

7.1.4
Marktforschungsmethoden zur Ermittlung von Nutzerdaten

Da die zuvor dargestellten Ansätze der Datengewinnung nicht den Bedürfnissen der Werbewirtschaft gerecht werden, gibt es eine Reihe von neuen und klassischen Marktforschungsansätzen, um mehr über die Nutzer von Internetangeboten zu erfahren.

Online-Befragung

Die preiswerteste Methode ist die Online-Befragung. Die Teilnehmer werden über Bannerwerbung in Online-Medien angeworben, die Teilnahme ist freiwillig und wird gegebenenfalls durch die Verlosung von kleinen Preisen, so genannten *Incentives*, unterstützt. Der Nutzer füllt online einen Fragebogen aus, die Ergebnisse können automatisch vom Marktforschungsinstitut erfasst und ausgewertet werden. Der Aufwand ist daher sehr gering. Deshalb lässt sich diese Methode auch für kleine

Werbeträger anwenden und liefert zu vertretbaren Kosten Zahlen und Daten über die Nutzerschaft.

Dieser Vorteil darf jedoch nicht darüber hinwegtäuschen, dass dieses Verfahren auch eine ganze Reihe von Nachteilen besitzt. Der gravierendste Nachteil ist die mangelnde Repräsentativität. Auch wenn sehr hohe Fallzahlen im Rahmen einer solchen Untersuchung erreicht werden, so nehmen doch nur diejenigen an ihr teil, die Zeit und Lust haben. Das Problem der ›Selbstselektion‹ kommt daher gravierend zum Tragen. Ein Marktforscher hat dies einmal in die Worte gefasst: »Wenn ich in der Fußgängerzone einer Großstadt ein Schild aufstelle ›Heute Marktforschung im dritten Stock‹ und diejenigen befrage, die vorbeikommen, ist das auf keinen Fall repräsentativ für die Bevölkerung dieser Stadt.«

Tatsächlich zeigt sich in der bekanntesten deutschen Online-Befragung (W3B), dass es immer wieder zu signifikanten Abweichungen gegenüber den bekannten Repräsentativstudien (siehe unten) kommt. Während unterschiedliche repräsentative Studien bereits im ersten Halbjahr 1999 einen Frauenanteil von weit über 30 % unter den Internetnutzern feststellten, wies W3B in dieser Zeit noch einen Frauenanteil von ca. 20 % aus. Zudem zeigt sich in den letzten Befragungswellen, dass viele Internetnutzer mittlerweile befragungsmüde sind, und dass immer längere Feldzeiten benötigt werden, um an ausreichende Fallzahlen heranzukommen.

N-Viz-Methode

Eine modifizierte Form der Online-Befragung ist die *N-Viz-Methode*, bei der im Unterschied zur reinen Online-Befragung die Befragten aktiv ausgewählt werden. Die Online-Medien richten hierfür auf ihrer Web-Site bestimmte Übergangsstellen ein (z. B. der Link von der Homepage zur Hauptnachrichtenseite). An diesen ›Mautstellen‹ wird nun jeder n-te (fünfzigste oder hundertste) Besuch mit einem Pop-Up-Fenster konfrontiert, indem er als Teilnehmer an der Online-Befragung begrüßt wird. Im Unterschied zur reinen Online-Befragung wird damit einerseits der Effekt der Selbstselektion reduziert, andererseits gibt es erstmalig verlässliche Daten über die Ausschöpfung, da nun bekannt ist, wie viele Nutzer via Fragebogen angesprochen wurden und wie viele davon sich tatsächlich an der Umfrage beteiligt haben.

Mit dieser Methode können ebenfalls Daten für kleine Werbeträger zu vergleichsweise geringen Kosten erhoben werden. Der Nachteil des Verfahrens liegt gegenwärtig in der geringen Ausschöpfungsquote von rund 20 %. Sie entspricht zwar den gängigen Quoten, wie sie beispielsweise bei klassischen Telefoninterviews erreicht werden. Aber da im Fall des *N-Viz*

kein Nachfassen in weiteren Befragungsrunden möglich ist, bleibt die
Ausschöpfung weit unterhalb der 70 %, die der Zentralverband der deutschen Werbewirtschaft in seinem *ZAW-Rahmenschema zur Werbeträgerforschung* einfordert.

Panel

Unter einem Panel versteht man in der Marktforschung eine Erhebungsmethode, bei der stets dieselben Personen zu bestimmten Merkmalen
befragt werden, sodass über die Zeit hinweg Entwicklungen aufgezeigt
werden können. Diese Methode, die im Mediensektor vor allem bei der
Erhebung der Reichweiten einzelner TV-Sender und Sendungen Anwendung findet, wird auch im Online-Sektor angewandt. Seit 1999 versuchten eine Reihe von Marktforschungsinstituten wie beispielsweise die Gesellschaft für Konsumforschung (GfK) und Mediametrix auf Basis von einigen tausend Haushalten, Panels über die Internetnutzung in Deutschland zu betreiben. Bei der Messung der Internetnutzung wird hierfür den
Panelhaushalten eine Software zugeteilt, die erfasst, wann unterschiedliche Nutzer welche Inhalte am Computer nutzen. Gewerbliche Unternehmen hingegen haben kein Interesse daran, dass ein externes Marktforschungsinstitut die Computernutzung ihrer Mitarbeiter analysiert und
auch die Mitarbeitervertretungen in Unternehmen und Behörden sind an
solchen ›Überwachungsmaßnahmen‹ in der Regel nicht interessiert. Die
Aussagekraft dieser Daten ist dadurch begrenzt, da bestimmte Inhalte
von Websites überproportional häufig von Nutzern im beruflichen Umfeld abgerufen werden. Diese Daten können aber nur sehr schwer erfasst werden. Darüber hinaus haben Paneldaten auch den Nachteil, dass nur
für große Websites auf Basis dieser Daten eine Wettbewerbsanalyse möglich wird.

Repräsentativstudien

Neben den geschilderten eher online-spezifischen Erhebungsmethoden
gibt es noch die Möglichkeit, Nutzerbefragungen auf Basis der bekannten repräsentativen Methoden (Telefonbefragung: *Computer Assisted Te-
lephone Interviewing CATI*) durchzuführen. Diese Studien kosten jedoch
sechsstellige Eurobeträge in der Durchführung und lassen lediglich Aussagen über die Nutzerstruktur des Gesamtmediums Internet zu. Die Analyse der Nutzerstruktur großer Werbeträger führt bereits aufgrund der geringen Fallbasis zu teilweise fehlerhaften Aussagen. Zur Beurteilung der
Entwicklung des Gesamtmediums sind diese Studien jedoch unerlässlich.

7.1.5
Mediaplanung im Online-Markt

Die meisten Presseverlage konzentrieren sich mit Ihren Online-Angeboten derzeit auf die Finanzierung durch Werbeerlöse. Um aber auf diesem Markt mit dem eigenen Online-Angebot bestehen zu können, muss man einige Charakteristika der Mediaplanung im Online-Markt kennen.

In den klassischen Medien spielt die Werbeträgerauswahl eine große Rolle. Dagegen tritt im Online-Markt die Auswahl des einzelnen Angebots zunehmend in den Hintergrund. Statt sich zu überlegen, ob *Bild-Online* oder *Focus-Online* das geeignete Umfeld für die eigene Werbebotschaft bietet, sind die meisten Werbungtreibenden daran interessiert, ein geeignetes Portfolio an Belegungseinheiten auszuwählen, beispielsweise im Bereich Sport oder Finanzen.

Dies hat zur Folge, dass die Verlage ein höheres Maß an Transparenz walten lassen müssen, da die Daten der Werbeträgerleistung pro Belegungseinheit in Online-Medien nicht nur erfassbar, sondern darüber hinaus marktrelevant sind. Bei der Vermarktung der Printmedien wird dagegen auf einen offensiven Ausweis von Nutzungsdaten pro Belegungseinheit oder Rubrik verzichtet. Der Sportteil einer Zeitung wird immer genauso häufig ›verkauft‹ und ausgeliefert wie die komplette Zeitung. Dass von den Zeitungslesern nicht jeder dem Sportteil dieselbe Aufmerksamkeit widmet ist eine Verfeinerung der Basisgröße ›verkaufte Auflage‹, die jedoch grundsätzlich für alle Rubriken und damit für alle werblichen Belegungseinheiten anwendbar ist. In Online-Medien ist dies grundsätzlich anders. Das Gesamtangebot erzielt eine Summe an Abrufen (PageImpressions), die jedoch höchst ungleichmäßig verteilt sein können. Um nun im Rahmen der Mediaplanung die Größe des Werbeträgers im relevanten Umfeld abschätzen zu können, ist es entscheidend zu wissen, ob diese Abrufe vor allem im Bereich Wirtschaft/Finanzen oder im Sportteil verzeichnet werden.

Als unmittelbare Folge hieraus ergibt sich die Feststellung, dass Mediaplanung in Online-Medien sehr komplex ausfallen muss. Während der TV-Markt nur durch wenige Sender und deren Sendeformate geprägt ist, ist der Markt der Zeitungen und Zeitschriften bereits komplexer strukturiert, da mehr Titel mit deren Schwerpunkten berücksichtigt werden müssen. Bei der Planung einer Online-Kampagne ist jedoch ein sehr heterogener Markt zu berücksichtigen. Tausende von Angeboten im deutschen Markt mit unterschiedlicher inhaltlicher Ausrichtung und qualitativem Anspruch stehen für eine Werbebuchung zur Verfügung. Die Strukturen, Preise und Konditionen ändern sich sehr rasch, so dass bereits erfolgte Planungsansätze nicht ohne weiteres weiterentwickelt werden können. Diesem hohen Aufwand steht ein Medium gegenüber, in dem derzeit nach wie vor eher geringe Budgets verplant werden. Der Nettowerbeumsatz im Online-Sektor in Deutschland betrug 246 Mio. Euro im Jahr 2003 und liegt damit bei rund einem Prozent des gesamten Werbemarkts. Damit ist der Online-Werbemarkt trotzt hoher Wachstumsraten in konjunkturell schwierigen Zeiten nach wie vor ein sehr begrenzter Markt. Nach einer Studie von Nielsen Media Research/ZAW sind die Hauptwerbungtreibenden im Online-Markt: Dienstleistungen, Ausbildung und Medien, Handel und Versand, Finanzdienstleistungen und Telekommunikation.

Unter den Werbeformen dominiert derzeit noch das Banner: die anklickbare Anzeige in unterschiedlichen Größen. Die Bannerpreise liegen derzeit meist in einer Spanne von 25 bis 80 € für 1.000 Kontakte (Stand 2004). Dabei besitzen Fachinformationen und Special-Interest-Angebote mit ca. 40 € den höchsten Tausend-Kontakte-Preis (TKP), während der TKP von Zeitungsangeboten (ca. 35 €) und General-Interest-Angeboten (ca. 30 €) etwas niedriger liegt. Insofern spiegeln die Online-Preislisten die Preisstrukturen im Markt der klassischen Werbeträger wider. Allenfalls die Listenpreise für Suchmaschinen erscheinen mit einem TKP von 33 € überraschend hoch. Da das Publikum von Suchmaschinen und -verzeichnissen sehr unspezifisch ist, gelten hier niedrigere TKPs, die lediglich dann in die Höhe gehen, wenn der Kunde bestimmte Suchbegriffe buchen kann. So ist es für eine Bank durchaus interessant festzulegen, dass ihre Banner nur dann erscheinen, wenn der Suchende Schlagworte wie Bank oder Geld eingibt.

Bei allen Aussagen über den Online-Markt sollte man bedenken, dass sich der Markt derzeit noch in der Aufbauphase befindet. Die enormen Zuwachsraten an Werbevolumen und Gesamtumsatz dürfen nicht darüber hinwegtäuschen, dass die Gesamtbedeutung des Marktes noch begrenzt ist. Die Umsatzschätzungen beziehen sich beispielsweise auf das Brutto-Volumen (vor Abzug der Rabatte) und dürften bei einer bereinigten Sichtweise sehr viel niedriger ausfallen. Auch die TKP der Preislisten entsprechen nicht in allen Fällen der Realität, da die Preislistentreue noch nicht besonders ausgeprägt ist und zahlreiche Sonderrabatte (Einführungsrabatte etc.) marktüblich sind. Die starke künftige Ausweitung der Werbeträgerleistung durch die steigende Nutzung wird aufgrund des langsameren Wachstums der Werbebudgets tendenziell zu einem Sinken der TKPs führen. In der jüngsten Zeit haben sich daher zahlreiche Angebote mit einem TKP um die 15 bis 20 € am Markt etabliert.

7.1.6
Online-Werbeformen und deren Einsatzbereiche

Die ursprüngliche Werbeform in Online-Medien ist das Banner. Neben unterschiedlichen Formaten (468 × 60, 234 × 60, 125 × 125, 156 × 60, 130 × 60, 130 × 80 Pixel) haben sich auch unterschiedliche Ausprägungsformen des Banners etabliert. So wurden mit dem Aufkommen neuer technischer Möglichkeiten animierte Banner eingeführt, bei denen unterschiedliche Texte und Bilder in zeitlicher Abfolge kombiniert werden, sodass auch komplexere Botschaften als *Click mich* transportiert werden können.

HTML-Banner ermöglichen beispielsweise bereits eine Vorauswahl im Menü des Banners, so dass das Banner seiner Aufgabe gerecht werden kann, die Nutzer selektiv anzusprechen. Dadurch wird eine gezielte Führung der Kunden zu den für sie relevanten Bereichen ermöglicht. Verknüpft mit Multimedia-Elementen wie Sound und Video können sehr differenzierte Werbemittel eingesetzt werden. Allerdings ist es in Online-Medien von entscheidender Bedeutung, dass die Werbemittel nicht zu viel Datenvolumen besitzen, da dies für die Nutzer lange Wartezeiten bedeutet. Daher dominieren bei den weiterentwickelten Werbeformen derzeit noch Banner, die automatisch aktualisierten Text oder ähnliches enthalten, d. h. sie bieten einen Mehrwert ohne unangemessen lange Wartezeiten.

Immer wieder wird die Platzierung und Gestaltung der einzelnen Online-Werbemittel diskutiert. Dabei gibt es zwei grundsätzliche Ziele des Werbungtreibenden, die bei einer Kampagne in einem Spannungsverhältnis stehen. Einerseits soll der Kunde die hinter dem Werbemittel liegenden Informationen abrufen und dafür auf das Banner clicken (Clickrate), andererseits ist es auch entscheidend, dass ein *Branding-Effekt* erzielt wird: eine Verstärkung der Markenbindung durch Wiedererkennung. Wird ein Kunde nun mit unterschiedlichen Bannern über eine längere Zeit im selben Angebot platziert, sinkt naturgemäß die Click-Rate (Banner-Burn-Out) bezogen auf den Werbungtreibenden, der jedoch einen steigenden Bekanntheitsgrad durch einen abgesicherten Wiedererkennungseffekt erreicht.

Bei der Optimierung der Click-Rate gehen die Werbemittelhersteller unterschiedliche Wege. Einige konzentrieren sich auf die inhaltliche Argumentation indem sie auf die entsprechenden Vorteile des Angebots

und die Werbeinhalte abheben (z. B. VISA-Card mit 2,9 % Zins). Andere bevorzugen den vordergründigen Erfolg, indem sie durch gestalterische Täuschungsmanöver (Simulieren einer Fehlermeldung, halbnackte Frau mit seitlich angedeutetem Scroll-Balken) den Nutzer zum Clicken ›verführen‹. Dass nach einem ungewollten erfolgten Click keine große Bereitschaft besteht, sich mit der Werbebotschaft oder dem Produkt auseinanderzusetzen, ist wahrscheinlich. Daher ist es aus Sicht der Werbemittelgestalter und Kampagnenverantwortlichen wichtig, die Click-Rate nicht als absolutes Maß für den Kampagnenerfolg zu setzen.

Bei der Platzierung der Banner muss in erster Linie darauf geachtet werden, dass die Banner gut sichtbar sind. Daher scheiden Positionen im Scroll-Bereich ebenso aus wie Positionen, die mit einer geringeren Bildschirmauflösung des Nutzers gar nicht mehr wahrgenommen werden können. Ferner muss darauf geachtet werden, die Banner nicht im oberen Bildbereich zu platzieren werden, weil sie durch den Nutzer beim Lesen der Artikel weggescrollt werden könnten.

Für den Werbungtreibenden steht mittel- und langfristig bei allen Kampagnen die Wirksamkeit des Einsatzes der Werbegelder im Vordergrund. Das bedeutet selbst dann, wenn sich aus Gründen der Verantwortlichkeit die Abrechnung zwischen Werbekunde und Werbeträger nach Response-Werten weniger anbietet, wird der Response und die Zufriedenheit mit dem Response ein Element der Bewertung von Kundenseite darstellen. Dies bedeutet, dass von Seiten der Werbeträger stets auch die CPO-Werte (Cost-per-Order) mit berücksichtigt werden müssen. Die Überlegung des Kunden, wie viel Kostenaufwand er hat, um eine Bestellung zu erzielen, ist am Ende eine Messlatte, der sich alle Online-Kampagnen stellen müssen.

Die Responsewerte unterschiedlicher Werbeformen lassen sich meist auf die einfache Formel bringen, dass ein Werbemittel im Internet dann eine erhöhte Aufmerksamkeit bewirkt, wenn es den Nutzungsvorgang unterbricht bzw. sich augenfällig in den Vordergrund drängt. Daher erzielen Pop-up-Banner, die ihre Werbebotschaft unaufgefordert in den Vordergrund rücken, oder animierte Werbeformen, die unaufgefordert in den Nutzungsvorgang eingreifen, höhere Beachtungswerte. Bereits die Response-Werte können jedoch wieder von den Beachtungswerten abweichen. Sie sind von der grafischen Gestaltung und der Hauptbotschaft der Werbung abhängig. Response-Werte von 0,5 Prozent der Nutzer und weniger zeigen die Probleme des Werbemediums. Zusätzlich lässt sich in Studien nachweisen, dass die aufmerksamkeitsstarken Werbemittel aufgrund ihres störenden Charakters die geringste Akzeptanz auf Seiten der Nutzer besitzen. Damit muss sich der Werbungtreibende im Sinne der Markenführung durchaus überlegen, welche Werbeform er in Verbindung mit seinem Markennamen einsetzen möchte.

7.2
Transaktionen im Online-Markt

Ein weiteres Geschäftsfeld für Verlage im Online-Sektor ist der Verkauf von Waren und Dienstleistungen. Diese Angebote sind teilweise direkt aus dem ursprünglichen Geschäftsfeld heraus entwickelt worden. So gibt es im Pressesektor Beispiele, wie aus dem klassischen Print-Geschäftsfeld der Rubrikanzeigen der Einstieg in das allgemeinere Transaktionsgeschäft im Internet gestartet wurde. Die Kernfunktion einer Rubrikanzeige besteht letztlich ja darin, Käufer und Verkäufer eines Produkts zusammenzuführen. Aufgrund der technischen Möglichkeit zu einer mehrdimensionalen Suche – beispielsweise Suche nach einem Auto anhand der Kriterien Automarke, Modell, Kilometerstand und Farbwunsch – kann die Vermittlungsleistung zwischen Käufer und Verkäufer auf elektronischem Wege einfacher erbracht werden als durch die identische Vervielfältigung einer Suche- oder Biete-Anzeige. Viele Verlage haben inzwischen auf diese neue Herausforderung reagiert und ähnlich wie die reinen Online-Börsen eigene Online-Plattformen mit zusätzlichem Service aufgebaut. Beispielhaft sind speicherbare Suchprofile, bei denen der Suchende per Mail informiert wird, welche Angebote seinem Suchprofil entsprechen. Zusätzliche Möglichkeiten, die Vermittlung von Kaufinteressent und Verkäufer elektronisch zu unterstützen, zeigen sich bei so genannten Preisagenten (Suchmaschinen, die den günstigsten Preis für genau definierbare Produkte herausfinden) oder Auktionsplattformen, die seit dem großen Markterfolg von E-Bay auch einem großen Publikum in ihrer Funktionsweise vertraut sind.

Eine Zwischenform des Transaktionsgeschäfts ergibt sich dann, wenn durch die so genannten Affiliate-Programme Presseverlage mit ihren Online-Werbeträgern vom Erfolg eines E-Commerce-Partners profitieren. Beispielhaft wäre eine Vereinbarung, wonach der Werbeträger 2,5–10% der Umsatzerlöse erhält, die sein Affiliate-Partner im E-Commerce über diese Plattform erzielt. Denn wenn die Werbegelder abhängig vom Werbeerfolg des Kunden fließen, wird der Verlag mittelbar selbst zum E-Commerce-Unternehmen, indem er zum Teil die Sortiments- und Preisgestaltung des Partnerunternehmens zur Basis des eigenen Geschäftserfolgs macht.

Im Bereich der eigenständigen E-Commerce-Aktivitäten dominieren im Pressebereich zunächst die Projekte, die mit eigenständigen Verkaufslösungen den Weg zum Kunden suchen. Nahe liegend ist hier ein Verkauf der bereits bestehenden Nebensortimente an die traditionellen Kunden bzw. Leser der Pressetitel. Zeitungsverlage, die über ihre Geschäftsstellen bereits den Verkauf von Veranstaltungstickes anbieten, können diesen Zusatzservice auch im Internet anbieten und damit den Erwartungen des

Publikums besser entsprechen. Auf demselben Weg lassen sich auch weitere Produkte vom Abonnement bis zum Treuebuch im jeweiligen Marktsegment verkaufen.

Für viele Presseverlage hat diese Möglichkeit der zusätzlichen Vermarktung bestehender oder neuer Produkte auf der eigenen Online-Plattform dazu geführt, dass eine Reihe von Partnerschaften mit Herstellern oder Händlern von themenaffinen Produkten eingegangen wurde. Das kann bei einer Fitness- und Wellness-Zeitschrift der Verkauf von Ratgebern oder Ernährungsprodukten sein, die im Rahmen eines Co-Brandings mit der Zeitschriftenmarke versehen werden und zusätzlich meist noch den Markennamen des Herstellers aus dem jeweiligen Marktsegment tragen. Ein umfangreiches Internetengagement des Verlags gestattet es in diesen Fällen auch, diese Zusatzprodukte online an die Zielgruppe zu verkaufen, die im Wesentlichen durch die Themenauswahl des Presseprodukts umrissen werden kann.

Eine weitere Möglichkeit der Kommerzialisierung ergibt sich durch den Verkauf von Inhalten über die Online-Plattform. Dies kann über zusätzliche Serviceleistungen, den Verkauf der Inhalte an dritte Online-Anbieter (Syndication) oder aber über den Verkauf von Inhalten an den Endkunden (Paid-Content) realisiert werden – ein Themengebiet, das im Kapitel Online-Vertrieb noch näher ausgeführt wird.

Ebenfalls sehr stark von den Möglichkeiten des Online-Verkaufs sind die Buchverlage betroffen. Neben dem traditionellen Versandbuchhandel hat sich mit Firmen wie AMAZON.DE und BUCH.DE das Segment des Internetbuchhandels etabliert, der im großen Stil am traditionellen Buchhandel vorbei Bücher an die Kunden verkauft, meist an Endverbraucher. Buchverlage sind in diesem Umfeld nicht nur darin gefordert, mit eigenen Präsenzen die (Fach-)Öffentlichkeit über das eigene Programm zu informieren, sondern sie denken darüber nach, wie diese neue Vertriebsform für den eigenen Bereich genutzt werden kann. Ähnlich wie bei der Etablierung einer eigenen Versandbuchhandlung durch Buchverlage ist es den Häusern durchaus bewusst, dass die einseitige Forcierung des Internethandels die traditionellen Partner des stationären Buchhandels demotivieren würde und damit ein klassischer Konflikt der Vertriebskanäle entstehen kann. Nach dem einseitigen Forcieren des Internethandels hätte der Außendienst eines Buchverlags große Schwierigkeiten, die Buchhändler von dem neuen Verlagsprogramm zu überzeugen. Auch diese Problematik wird in Kapitel Online-Vertrieb noch einmal ausführlich diskutiert.

7.3
Crossmedia im Presseverlag

Ausschlaggebend für den Einsatz des Internet für das Marketing von Presseverlagen oder die Nutzung der Möglichkeiten des Online-Vertriebs ist die grundsätzliche Crossmedia-Strategie des Hauses. Crossmedia beschreibt dabei die Parallelität unterschiedlicher Medienformen unter einem (Firmen-)Dach. Notwendig wurden die Überlegungen zu einer Crossmedia-Strategie einerseits durch die Möglichkeiten des Internet, die ein Reagieren auf den möglichen neuen Wettbewerb erforderte. Hier stand für alle Presseverlage die Frage an, ob man die Websites als lästige aber unumgängliche Konkurrenz sieht, die nicht im eigenen Hause betrieben werden sollte, oder ob man in der neuen Medienform die Chance begreift, neue Produkte in einem neuen Medienumfeld zu kommerzialisieren. Zumindest kann der Verlag für sich beschließen, dass die unumgängliche Konkurrenz am besten im eigenen Haus entstehen sollte. Jedoch ist das Thema Crossmedia auch losgelöst vom Internet-Sektor für die Presseverlage maßgebend, da auf Kundenseite die unterschiedlichen Mediengattungen meist komplementär im Werbesektor eingesetzt werden. Für Publikumszeitschriften stellt sich bereits die Frage, wie man im eigenen Konzernverbund ein gemeinsames Vermarktungspaket zwischen Print-Anzeigen und TV-Spots schnüren kann. Wer als Verlag das Medium TV nicht selbst im eigenen Umfeld vertreten hat, versucht dies durch Kooperationen und Partnerschaften auszugleichen. Auch im traditionellen Medienhaus geht es seit einigen Jahren um die Integration unterschiedlicher Medienformen unter einem Dach, was sich beispielsweise bei regionalen Zeitungsverlagen so darstellt, dass neben der Zeitung auch Hörfunk oder Anzeigenblätter betrieben werden.

Vermarktungslösungen

Die Möglichkeiten von Crossmedia-Werbeformen führten bei vielen Verlagen zu einer regen Diskussion, wie am besten die Vermarktung von Online-Werbung in die Verlagsorganisationen integriert werden könnte. Dabei ist es ein Ziel sicherzustellen, dass einerseits alle Synergien auf Basis der bestehenden Kundenkontakte genutzt und andererseits alle Medienformen möglichst kompetent und mit dem nötigen Engagement angeboten werden. Für die verlagseigene Vermarktung haben sich unterschiedliche Prinzipien entwickelt, während bei den Zeitungsverlagen die übliche Trennung in der Vermarktung regionaler und überregionaler Kunden ebenfalls von Anfang an berücksichtigt wurde. Die nationale Vermarktungsarbeit wurde in der Zeitungsbranche bei den Großverlagen in Eigenregie organisiert, während der Großteil der regionalen Verlage hierfür die Online Marketing Service (OMS) gegründet hat. Zeitschriftenverlage haben sich im Regelfall dazu entschlossen, die Online-Werbung zunächst in eigenständigen Tochterfirmen zu vermarkten, die teilweise auch die Vermarktung von verlagsfremden Objekten übernommen haben.

Markenführung

Ob ein Verlag tatsächlich von den Online-Aktivitäten profitieren kann, hängt sehr stark davon ab, ob das Online-Engagement unter der Dachmarke des Print-Produkts geführt wird oder nicht. Bei Beginn des Online-Geschäfts hatten sich eine Reihe von Verlagen dazu entschlossen, die Online-Angebote von der Markenführung und von der Angebotsstruktur sehr dicht an die Printmarke anzulehnen. In der zweiten Phase der Online-Konzeptionen Ende der 90er Jahre fand dann eine zunehmende Diversifikation der Online-Marken statt, da man erkannt hatte, dass der Anspruch des Nutzers auf Informationen und Service aus einer Hand im Rahmen eines One-Stop-Shoppings nicht unbedingt mit der allumfassenden Marke und Website eingelöst werden kann. Ebenso wurde mit eigenständigen printfernen Marken versucht, negative Rückwirkungen durch Erotikangebote etc. zu vermeiden.

Aus dem allgemeinen Markenmanagement lassen sich zwei unterschiedliche Strategien der Markenführung im Internet ableiten. Es gibt einerseits die ›electronic enabled brands‹ (Marken aus der klassischen Offline-Welt, die im Internet präsent sind) und andererseits ›electronic generated brands‹ (Marken, die ausschließlich in der Online-Welt stattfinden und hierfür konzipiert werden). Dabei sind die Marken, die als electronic enabled brand für das Online-Marketing gebraucht werden, in Abhängigkeit von der Konzentration auf den Online-Sektor unterschiedlich offensiv für den Gebrauch im Online-Umfeld geeignet.

Showroom-Strategy Bei diesem Ansatz wird nicht der eigentliche Inhalt der Produkte, sondern nur ein Verweis auf die Produkte dargestellt. Hier warten die Presseverlage mit ihren Verlagsinformationen auf und nicht mit ihrer eigentlichen redaktionellen Kernkompetenz.

Multi-Channel-Strategy Das Internet wird nur als ein Vertriebskanal unter andern gesehen. Es gibt keine online-spezifischen Produkte, sondern ein Online-Angebot, das dicht am Print-Produkt orientiert wird.

Content-Strategy Hier wird die Kernbedeutung der Marke kommuniziert. Die Konzentration auf den Inhalt findet bei Presseprodukten ohnehin statt. Sie wird beispielsweise bei Zeitschriften meist auf eine Community-Konzeption ausgedehnt, bei der die Nutzer intensiv in die Online-Plattform eingebunden werden.

Transformation-Strategy Strategie, bei der eigenständige Ziele für das Online-Angebot definiert werden, die die Stärke der etablierten Offline-Marke und die Vorteile des neuen Mediums gleichermaßen nutzen.

Redaktionelle Strategien und Organisationsstruktur

Auch bei der redaktionellen Verknüpfung zwischen Print- und Online-Medien gibt es unterschiedliche Herangehensweisen. Ähnlich wie bei unterschiedlichen Markenstrategien gibt es auch bei der Frage, ob Online-Produkte von den Print-Redakteuren erstellt werden sollen oder ob das Online-Medium für eine eigenständige Nutzung auch eine eigenständige Redaktionsmannschaft erfordert, keine pauschale Antwort für die gesamte Pressebranche. In den letzten Jahren hat sich aufgrund der begrenzten finanziellen Möglichkeiten der Verlage ein Trend zur Schaffung von kombinierten Print-Online-Redaktionen durchgesetzt. Eine Studie des Verbandes Deutscher Zeitschriftenverleger (VDZ) in Zusammenar-

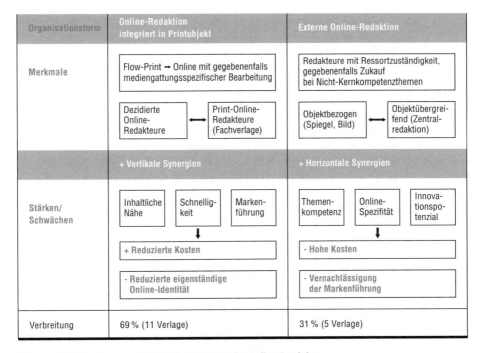

Unterschiedliche Formen der Content-Erstellung für Online-Produkte.
Quelle: VDZ (Hrsg.): *Das Medienhaus der Zukunft – Print-Online-Effizienz, Online-Erträge und Crossmedia*. Berlin 2003, S. 17

beit mit der internationalen Unternehmensberatung Boston Consulting Group (BCG) hat ergeben, dass sich erst ab einer Größenordnung von mehr als zehn Verlagstiteln oder bei sehr reichweitenstarken Websites Zentralredaktionen ›lohnen‹. Um die internen Prozesse zu unterstützen, nutzen nahezu alle Verlage Content-Managementsysteme, die einen plattformneutralen Austausch der Daten für Print- und Online-Produkte gestatten.

Fragen zu Kapitel 7

51. Skizzieren Sie drei betriebliche Maßnahmen und deren Ziele, die Zeitungsverlage mit Crossmedia-Strategien verfolgen können.

52. Grenzen Sie voneinander ab.
   a) Hits
   b) PageImpressions
   c) Visits
   d) AdImpressions

53. Welches Unternehmen misst und kontrolliert die Werbeträgermessgrößen im Internet?

54. Was beschreibt die Click-Through-Ratio (CTR) und wie ist sie definiert?

55. In welcher Hinsicht ist der Werbeträger ❶ und in welcher Hinsicht der Werbekunde ❷ für den Erfolg einer Online-Werbung verantwortlich?
   a) Image des Werbekunden
   b) Gestaltung eines Banners
   c) Nutzungshäufigkeit der Website
   d) AdClick-Rate

56. Unterscheiden Sie Cost-Per-Order (CPO) und Cost-Per-Lead (CPL).

57. Was versteht man unter Cookies?

58. Für welche Angebote liegen die Tausend-Kontakt-Preise für Banner am höchsten?
   a) TKP-Preise für Zeitungsangebote
   b) TKP-Preise für General-Interest-Angebote
   c) TKP-Preise für Special-Interest-Angebote

59. Wie wird die Arbeit von Online-Redaktionen in den Presseverlagen in die Gesamtorganisation eingebunden?

60. Welche vier Haupterlösquellen können das Online-Engagement von Presseverlagen finanzieren?

8
Rechtlich-organisatorische Rahmenbedingungen des Vertriebs

Vertrieb und Absatz sind die zentralen Begriffe im Vertriebsmarketing, wobei Vertrieb eher die technische Seite des Verkaufs bezeichnet, während Absatz als Ziel und Ergebnis des Vertriebs anzusehen ist. Demnach nimmt der Bereich Absatz im Prozess der betrieblichen Leistungserstellung die letzte Stelle ein. Er hat jedoch eine entscheidende Funktion: Er führt die erstellten Leistungen den Abnehmern zu und bildet somit die Basis für den Rückfluss an Finanzmitteln. Nur durch einen funktionsfähigen Absatz/Vertrieb kann das Unternehmen somit seinem erwerbswirtschaftlichen Prinzip gerecht werden und seiner ureigenen Aufgabe der Fremdbedarfsdeckung nachkommen.

Je nach Marktsituation kommt dem Absatz eine unterschiedliche Bedeutung zu. Im Verkäufermarkt, der durch eine große Nachfrage gekennzeichnet ist, die das Angebot übersteigt, ist der Absatz weniger bedeutsam. Im Käufermarkt hingegen, wo der Verkäufer mit einer Nachfrage konfrontiert wird, die geringer ist als das gesamte Marktangebot, kann der Absatz zum Engpass des betrieblichen Leistungsprozesses werden. Auch beim hochentwickelten deutschen Buch- und Pressemarkt handelt es sich in weiten Teilen um einen klassischen Käufermarkt, der eine entsprechende Marketingorientierung der beteiligten Unternehmen erfordert. Ca. 2.000 Zeitschriftenverlage und über 350 Zeitungsverlage bemühen sich als Herausgeber um die Gunst der Leser bzw. Käufer und auch die jährlich mehr als 80.000 produzierten Buchtitel (davon 75 % Erstauflagen) zeigen, dass es für den einzelnen Verlag immer schwieriger wird, für seinen Titel eine ausreichende Aufmerksamkeit zu erzielen. Zu Zeiten der Papierkontingentierung nach dem Krieg herrschten in Deutschland noch diametral entgegengesetzte Marktverhältnisse. Heute jedoch kämpfen immer neue Medien- und Freizeitangebote um das Zeit- und Aufmerksamkeitsbudget der Leser, und so ist es eine ihrer Schlüsselaufgaben für Buch- und Presseverlage, mit Hilfe einer marktadäquaten Distributionspolitik den Absatz ihrer Objekte zu fördern.

Früher befassten sich die für den Pressebereich Verantwortlichen im Rahmen der Distributionspolitik vorrangig mit strategischen Überlegungen (Planung der Absatzkanäle) sowie mit organisatorischen Fragen der

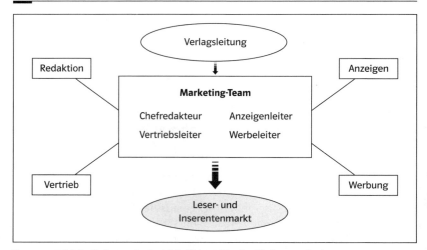

Pressevertrieb im Rahmen des bereichsübergreifenden Verlagsmarketings
Quelle: Erlemann, *Verlagsmarketing auf neuen Wegen*

Logistik. Erst Mitte der 80er Jahre wurden die werblichen Aspekte der Vertriebsarbeit auch bei den Zeitungsverlagen stärker in den Vordergrund gerückt. Diese unterschiedliche Auffassung von den Aufgaben des Pressevertriebs spiegelt sich z.T. heute noch bei der organisatorischen Einordnung der Vertriebsabteilung in das Gesamtunternehmen wider. In jüngster Zeit wird jedoch nicht nur im Pressebereich der Marketingaspekt der Vertriebsarbeit verstärkt betont. Zusätzlich wird auf die gemeinsame Verantwortung der unterschiedlichen Funktionsbereiche eines Verlagsunternehmens (Anzeigen, Vertrieb, Redaktion, Werbung) für den Absatzerfolg im Anzeigen- und Vertriebsmarkt hingewiesen. Dabei ist die Vertriebsleitung im Rahmen des integrierten Marketings gemeinsam mit dem Chefredakteur, Anzeigen-, Werbe- und Verlagsleiter Mitglied in einem Führungsteam, das gemeinsam die Verantwortung für ein erfolgreiches Marketing im Lesermarkt trägt.

8.1
Rechtliche Rahmenbedingungen

Verlage sind aufgrund ihrer politischen und kulturellen Funktion – im Unterschied zu anderen Wirtschaftsbranchen – mit zahlreichen rechtlichen Privilegien ausgestattet, die insbesondere den Vertrieb der Produkte betreffen. Diese besonderen Rechtsnormen gelten wie beispielsweise die Preisbindung gemeinsam oder beschränken sich auf den einen oder anderen Sektor. Darüber hinaus seien in diesem Kapitel die wichtigsten Handelsbräuche bzw. ›Standesregeln‹ im Zeitungssektor (*Vertriebsrichtlinie* des BDZV) sowie im Buchbereich (*Verkehrsordnung* des Deutschen Buchhandels) vorgestellt.

8.1.1
Preisbindung für Bücher

Eingeführt wurde die Preisbindung ursprünglich als Verbandsregularie im Jahr 1888 nach Beschluss einer Hauptversammlung des Börsenvereins. Bereits vier Jahre zuvor lieferte Adolf Kröner als damaliger Vorsteher des Vereins die inhaltlichen Gründe dafür, dass die seinerzeit praktizierte Preisschleuderey, d. h. der Verkauf von Büchern mit immensen Rabattvorteilen seitens großer Versandbuchhändler, keiner Buchhandelssparte etwas nütze. Da sich an diesen Gründen auch in einer Welt elektronischer Medien immer noch nichts geändert hat, seien sie in einem Buch für das 21. Jahrhundert noch einmal zitiert.

In der modernen Wirtschaftssprache des 21. Jahrhunderts lesen sich die Argumente natürlich anders. Die Preisbindung soll kleinere Händler

---

Adolf Kröners Argumente für die Buchpreisbindung aus dem Jahr 1888

Die Schleuderei im Buchhandel, d. h. der Verkauf neuer Bücher an das Publikum zu Preisen, bei welchen nach dem Urteil unparteiischer Sachverständiger ein solider, über das ganze deutsche Sprachgebiet verbreiteter Sortimentsbuchhandel nicht mehr bestehen kann, ist in ihren Konsequenzen gleich nachteilig für Schriftsteller, Bücherkäufer und Verleger.

Der Verleger erhält zwar größere Bestellungen von den Schleuderern; aber naturgemäß verringern sich dadurch nicht nur die Bestellungen der übrigen Sortimenter, sondern eine weitere unausbleibliche Folge ist die Schädigung und Vernichtung der dem Verleger zur gleichmäßigen Verbreitung seines Verlages, insbesondere der Novitäten, notwendigen Organisation des Sortimentsbuchhandels.

Der Buchverkäufer erhält zwar einzelne Bücher zu billigeren Preisen, wird aber mit der Zeit auf den Hauptvorteil, welchen ihm die gegenwärtige Organisation des deutschen Buchhandels gewährt, verzichten müssen: auf den Bestand von Bücherlagern auch in kleineren Städten, auf die Möglichkeit, jedes neu erscheinende Buch überall rasch und kostenlos zur Einsicht zu erhalten.

Die Schriftstellerwelt endlich wird, da die Schleuderer in der Hauptsache nur die Werke bereits akkreditierter Autoren vertreiben können, die mühevolle und wenig lohnende Einführung der Werke wenig bekannter oder unbekannter Autoren aber den übrigen Sortimentern überlassen müssen, nach der durch die Schleuderer erfolgten Verdrängung der letzteren mit weit größeren Schwierigkeiten bei der Publikation ihrer Werke zu kämpfen haben, und manchem aufstrebenden Talent wird so zum Schaden unserer Literatur der Weg zur Öffentlichkeit versperrt werden.

Quelle: Wallenfels, *Das Büchlein der Bücher*, S. 66–69

vor der Konkurrenz größerer Händler und Handelsketten schützen. Denn größere Händler können bei Einsatz des Preises als Wettbewerbsinstrument zwischen den Handelsorganisationen aufgrund ihrer Marktmacht günstigere Konditionen aushandeln und durch die günstigere Kostenstruktur aufgrund von Größenvorteilen (economies of scale) ihre Produkte zu günstigeren Konditionen anbieten. Diese Konkurrenz zwischen großen und kleinen Händlern könnte und dürfte dazu führen, dass die Zahl der kleinen Buch- und Pressehändler abnimmt. Dadurch könnte wiederum die Versorgung mit dem Kulturgut Buch bzw. die Überallerhältlichkeit von Presseprodukten geschwächt werden. Neben dem Schutz der kleinen Händler und des Händlernetzes dient die Preisbindung auch dem Schutz kleinauflagiger Titel, da eine Freigabe der Preis- und Konditionenpolitik als Wettbewerbsparameter auch im Bereich des Sortiments eine Konzentration auf Bestseller bewirken würde.

Während der 90er Jahre gab es vermehrt Versuche, von Seiten der EU-Kommission auf die Buchpreisbindung einzuwirken. Besonders problematisch erwies sich in diesem Zusammenhang das Problem des grenzüberschreitenden Verkaufs nach Österreich und in die Schweiz und die Gefahr der Reimporte.

Mit der Verabschiedung des *Buchpreisbindungsgesetzes* (BuchPrG) am 1. Oktober 2002 wurde eine neue gesetzliche Grundlage geschaffen. Für die Buchverlage ergibt sich nun die Pflicht, einen verbindlichen Ladenpreis festzusetzen und bekannt zu geben. Das BuchPrG bildet von der Systematik her ein Spezialgesetz zum Kartellgesetz (GWB). Im § 1 heißt es: »Das Gesetz dient dem Schutz des Kulturgutes Buch. Die Festsetzung verbindlicher Preise beim Verkauf an Letztabnehmer sichert den Erhalt eines breiten Buchangebots. Das Gesetz gewährleistet zugleich, dass dieses Angebot für eine breite Öffentlichkeit zugänglich ist, indem es die Existenz einer großen Zahl von Verkaufsstellen fördert.« Das Gesetz, das im Anhang des Buches im Originaltext abgedruckt ist, umfasst 11 Paragrafen. Einige wichtige Punkte werden im Folgenden herausgestellt. Weitere Informationen zur Buchpreisbindung gibt ein *Leitfaden für Verlage und den verbreitenden Buchhandel* des Börsenvereins mit dem Haupttitel *Das neue Buchpreisbindungsgesetz* sowie das Buch *Preisbindungsgesetz* von dem Autorenteam Franzen/Wallenfels/Russ.

Bücher im Sinne des Gesetzes

Das Gesetz gilt in erster Linie für deutschsprachige Bücher in allen herstellungsbedingten Varianten: Hardcover, Taschenbücher, Paperbacks, aber auch Loseblattausgaben und deren Ergänzungslieferungen sowie alle kartografischen Produkte – also für Werke, die als verlags- und buchhandelstypisch anzusehen sind. Das Gesetz gilt aber auch für Musiknoten sowie für elektronische Produkte, die dazu geeignet sind, die klassischen Printprodukte zu ersetzen. Fremdsprachige Bücher fallen nur dann unter das BuchPrG, wenn sie überwiegend für den Absatz in Deutschland hergestellt sind. Bücher aus Österreich und der Schweiz sind dadurch gebunden, dass auch Importeure und Auslieferungsfirmen verpflichtet sind, Endpreise inklusiver Umsatzsteuer für den Verkauf an Letztabnehmer festzulegen.

CD-ROMs sind nur gebunden, sofern sie reine Texte wiedergeben, nicht aber CD-ROMs oder DVDs mit überwiegendem Multimediaanteil oder interaktiven Nutzungsmöglichkeiten. Auch Online-Angebote, die per Individualversand übermittelt oder zum Abruf bereit gehalten werden, unterliegen nicht der Preisbindung. Ebenfalls nicht Produkte, deren Inhalt überwiegend oder ausschließlich akustisch wahrnehmbar sind wie Musik-CDs, Videos, DVDs und Hörbücher, selbst wenn sie die zugrunde liegenden Textversionen authentisch wiedergeben. Seit dem 1. Oktober 2002 sind ebenfalls Abreiß-Kalender nicht mehr preisgebunden; nur noch Kalender in Buchform. Kombinierte Objekte, bei denen Buch, Noten oder Karte die Hauptsache bilden, wie im Falle eines Sprachkursbuches mit CD für Aussprachebeispiele, sind preisgebunden. Gleiches gilt aber nicht für kombinierte Objekte, in denen das Printprodukt eine untergeordnete Rolle spielt.

Presseprodukte sind keine Bücher im Sinne des Gesetzes. Publikumszeitschriften werden (wie bisher) meist über das Pressegrosso preisgebunden, Fachzeitschriften können von ihren Verlagen nach wie vor über einen (freiwilligen) Sammelrevers auf der Grundlage des § 15 GWB gebunden werden, während Zeitungen über Einzelreverse gebunden werden (vergleiche Kapitel 8.1.2).

Sonderpreise

Neben den ›normalen‹ gebundenen Ladenpreisen darf der Verlag laut § 5 Abs. 4 auch Sonderpreise festsetzen, die dann für den Verkauf an Letztabnehmer zwingend gelten. Die folgende Aufzählung ist abschließend.

Serienpreise Sie gelten für eine Reihe von auch einzeln beziehbaren Bänden desselben Autors oder mit inhaltlichem Zusammenhang.

Mengenpreise Sie können für den Verkauf eines Titel in größerer Anzahl an einen Endabnehmer festgelegt werden.

Subskriptionspreise Bei mehrbändigen Werken können bis zu ihrem vollständigen Erscheinen günstige ›Markt-Einführungspreise‹ festgesetzt werden. Bei einbändigen und bei mehrbändigen Werken, die gleichzeitig erscheinen, darf dieser Subskriptionspreis bis maximal 3 Monate nach Erscheinen gelten, die Vergünstigung darf hier auch nur maximal 20% vom späteren Normalpreises betragen.

Sonderpreise für Institutionen Sie gelten dann, wenn Institutionen bei der Herausgabe einzelner bestimmter Verlagswerke ausschlaggebend mitgewirkt haben.

Sonderpreise für Zeitschriften-Abonnenten beim Bezug eines Buches Hat eine Zeitschriftenredaktion ein Buch verfasst oder herausgegeben, kann es für die Abonnenten dieser Zeitschrift einen reduzierten Preis geben

Teilzahlungszuschläge Teilzahlungszuschläge müssen festgesetzt werden, wenn im Rahmen der Zahlungsbedingungen eine Ratenzahlung für Letztabnehmer vorgesehen ist. Denn Endpreise sind Bar-Zahlungspreise, die sich ohne Kreditaufschlag bei späterer Zahlung verstehen.

Unterschiedliche Endpreise

Laut § 5 Abs. 5 sind unterschiedliche Endpreise zulässig, wenn dies »sachlich gerechtfertigt« ist. Hier geht es um Parallelausgaben gleichen Inhalts. Für Taschenbuch-Lizenzausgaben bedarf dies keiner näheren Erläuterung, denn der lizenznehmende Verlag muss seinerseits einen neuen Preis festsetzen, der niedriger liegt als der der Originalausgabe.

Aber Lizenzen werden nicht nur an Buchverlage, sondern auch an Buchgemeinschaften vergeben. Dieser wurden in die Gesetzes-Begründung die vier Kriterien des Potsdamer Protokolls aufgenommen, das erstmalig 1994 formuliert und im Jahr 2004 in aktualisierter Fassung von den beteiligten Branchenteilnehmern akzeptiert worden ist. Es handelt sich um folgende Punkte.

Mitgliedschaftsbindung Es muss sicher gestellt sein, dass der Verkauf nur an Mitglieder der Buchgemeinschaften erfolgt.

Ausstattungsunterschied Papier und Satz dürfen identisch sein, nicht aber der Einband und der Schutzumschlag.

Preisabstand Die Höhe des Preisabstands muss in angemessener Relation zum Erscheinen der Originalausgabe festgelegt werden. Je geringer der zeitliche Abstand ist, desto kleiner muss die Preisdifferenz ausfallen.

Zeitabstand Der Zeitabstand zur Originalausgabe muss – bis auf definierte Ausnahmen – mindestens vier Monate betragen. Wünschenswert und üblich ist aber ein Zeitabstand von neun bis zwölf Monaten.

Konditionen

Hinsichtlich ihrer Konditionengestaltung müssen Verlage drei Punkte beachten. Die Leistungen der Buchhandlungen – auch die kleinerer Sortimente – zur flächendeckenden Bücherversorgung sowie deren buchhändlerischer Service sind zu ›honorieren‹: Rabatte dürfen nicht allein am Umsatz ausgerichtet sein. Branchenfremde Händler dürfen nicht zu besseren Konditionen beliefert werden als der Buchhandel. Verlage dürfen die Barsortimente als Großhändler der Branche nicht zu schlechteren Konditionen beliefern als die Einzelhändler.

Ausnahmen von der Preisbindung

Die Ausnahmen von der Preisbindung sind im § 7 Abs. 1 geregelt. Demnach gilt der gebundene Ladenpreises gilt nicht beim Verkauf von Büchern …

• an Mitarbeiter buchhändlerischer Unternehmen, so genannter Kollegenrabatt;
• an Lehrer als Lehrerprüfstücke, so genannte Lehrerfreiexemplare bei Klassensatzbestellungen waren und sind nach wie vor verboten;
• an Autoren für Bücher des eigenen Verlags;
• als Mängelexemplare (vergleiche Kapitel 9.2.3).

Dauer der Preisbindung

Die Verlage sind nach dem Gesetz zwar verpflichtet, feste Preise festzulegen und bekannt zugeben, aber die Preisgestaltung und -anpassung nach Markterfordernissen bleibt davon unberührt. Das bedeutet: Der Verlag kann die festen Ladenpreise erhöhen und senken. 18 Monate nach Erscheinen des Titels ist auch eine Aufhebung des Ladenpreises und das ›Verramschen‹ der Titel möglich. Die Bekanntgabe erfolgt über die *Gelbe Beilage* des *Börsenblatts* mit einer Vorlauffrist von 14 Tagen. Ausnahmen betreffen periodisch in einem kürzerem Abstand als 18 Monate erscheinende Publikationen wie beispielsweise Jahrbücher und Titel, »deren Inhalte mit dem Erreichen eines bestimmten Datums oder Ereignisses erheblich an Wert« verlieren wie im Falle von Büchern zur Olympiade oder Fußballweltmeisterschaft.

8.1.2
Preisbindung für Presseerzeugnisse

Da Presseprodukte nicht vom BuchPrG abgedeckt sind, müssen sie nach wie vor mit Hilfe eines Sammelreverssystems gebunden werden, wie es früher auch im Buchsektor üblich war. Ein Sammelrevers ist eine private vertragliche Vereinbarung zwischen Branchenteilnehmern. Damit ein Ausnahme vom Kartellgesetz (GWB § 15) möglich wird, muss die Lückenlosigkeit des Systems nachgewiesen werden. Das bedeutet: Jeder Verlag müsste mit jedem Zwischenhändler und Einzelhändler und die wiederum ebenfalls mit jedem einzelnen Teilnehmer einen schriftlichen Vertrag abschließen, bei dem die jeweiligen festgelegten Preise für den Zwischenhandel, Einzelhandel und Endkunden als gebundener Preis festgelegt wird. Da ein solches Vertragssystem praktisch nicht zu realisieren ist, werden diese Verträge über einen Sammelrevers mit einem gemeinsam benannten Treuhänder abgewickelt. Zur Zeit gültig ist der *Vertragsstrafenvereinbarung und Fachzeitschriften-Sammelrevers (Sammelrevers 2002)*, der im Anhang abgedruckt ist.

Dieser *Sammelrevers 2002* bezweckt zweierlei. Zum einen enthält er im Teil A die Vereinbarung einer Vertragsstrafe, um eine schnelle und effektive Verfolgung von Preisbindungsverstößen zu gewährleisten; denn das Buchpreisbindungsgesetz sieht keine konkreten Strafmaße vor. Zum anderen ermöglicht er den Fachzeitschriftenverlagen, ihre Fachzeitschriften nach § 15 Abs. 1 GWB zu binden. Hier der entscheidende Passus aus dem Gesetz gegen Wettbewerbsbeschränkungen: »§ 14 [Verbot

Das Preisbindungsprocedere für Fachzeitschriften

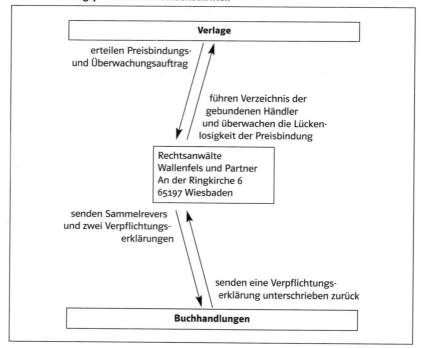

von Vereinbarungen über Preisgestaltung, eigene Ergänzung] gilt nicht, soweit ein Unternehmen, das Zeitungen oder Zeitschriften herstellt, die Abnehmer seiner Verlagserzeugnisse rechtlich oder wirtschaftlich bindet, bei der Weiterveräußerung bestimmte Preise zu vereinbaren oder ihren Abnehmern die gleiche Bindung bis zur Weiterveräußerung an den letzten Verbraucher aufzuerlegen. Zu Zeitungen und Zeitschriften zählen auch Produkte, die Zeitungen oder Zeitschriften reproduzieren oder substituieren und bei Würdigung der Gesamtumstände als überwiegend verlagstypisch anzusehen sind, sowie kombinierte Produkte, bei denen eine Zeitung oder Zeitschrift im Vordergrund steht.« Diejenigen Verlage, die in einer separaten Verlegerliste aufgeführt sind, haben von der Möglichkeit zur Preisbindung Gebrauch gemacht.

Auch die meisten Zeitungsverlage sowie die Verlage der Publikumszeitschriften nehmen für sich das Recht auf Preisbindung gemäß § 15 Abs. 1 GWB in Anspruch und gewährleisten damit eine flächendeckende Versorgung der Bevölkerung mit Presseerzeugnissen. Allerdings gibt es in diesem Sparten keinen Sammelrevers. Die Preisbindung für Zeitungen wird über Einzelreverse sicher gestellt; ein Muster, das vom Bundesverband Deutscher Zeitungsverleger (BDZV) bereit gehalten wird, ist im Anhang abgedruckt. Verlage der Publikumszeitschriften binden, sofern sie nicht den Bahnhofsbuchhandel direkt binden, das Presse-Grosso. Der Grossist ist dann aufgrund des Grosso-Vertrages verpflichtet, bei Abschluss seiner Verträge mit dem Presseeinzelhandel diesen wiederum zu verpflichten, den gebundenen Endverkaufspreis einzuhalten. Im Rahmen dieses Systems werden im Unterschied zur Buchpreisbindung nicht nur die Abgabepreise an den Endverbraucher (= Endpreise für Letztabnehmer) gebunden, sondern auch die Abgabepreise der Großhändler an die Endkunden.

8.1.3
Preisbindung und Umsatzsteuerrecht

Gebundene Verlagserzeugnisse enthalten die gesetzlich vorgeschriebene Umsatzsteuer. Auch hier hat der Buchhandel ein Privileg: den ermäßigten Umsatzsteuersatz. Probleme kann es aber bei so genannten Verbund-Produkten geben, Warenzusammenstellungen aus Büchern/Zeitschriften und anderen Artikeln. Hier gibt es im Einzelfall preisbindungs- und steuerrechtliche Fragen. Deshalb sei im Folgenden eine längere Textstelle aus dem *Arbeitsbericht 1999* des Preisbindungstreuhänders Wallenfels und Partner wiedergegeben:

> Nach einer Entscheidung des OLG Hamburg ist es unzulässig, ein *Part-work* mit einer Sammlung italienischer Nudelrezepte zusammen mit einem Pasta-

Zubehörteil zu einem gebundenen Gesamtpreis auf den Markt zu bringen. Da preisbindungsfähig nach GWB nur Verlagserzeugnisse sind, kann nach Auffassung des Gerichts nur das Kochbuch gebunden werden, nicht dagegen auch das im Zusammenhang damit abgegebene Pasta-Zubehör als Neben-ware. Kopplungsangebote dieser Art können nicht einheitlich im Preis gebunden werden. Allerdings hat dasselbe Gericht keine Bedenken gegen die einheitliche Bindung eines Preises für eine Video-Kassette, die ›in Abrundung‹ mit einer Zeitschrift erscheint, ebenso bei einer Kombination einer Zeitschrift mit einer CD, die ebenfalls mit ihren Informationen die Zeitschrift ergänzt. Das Gericht stellt also darauf ab, ob die Nebenware ›als Medium ergänzende und abrundende Informationen‹ vermittelt, also eine ›sinnvolle Verbindung zu einer Wareneinheit‹ mit ›Gebrauchsnähe‹ oder ihrer Art nach unabhängig vom Verlagserzeugnis ist. Keine Probleme ergeben sich bei der Bindung von Printmedien in Verbindung mit buchsubstituierenden CDs, die nach der Rechtssprechung des BGH preisbindungsfähig sind.

Zur steuerlichen Seite verweisen wir auf die Kommentierung einer Ent-scheidung des Bundesfinanzhofs *Kombi-Produkte*. Die Entscheidung befasst sich mit einer Broschüre (Notenheft/Notenbuch), die mit einer CD verbunden war, die Aufnahmen von in der Broschüre abgedruckten Musikstücken mit Beispielen erhielt. Hiernach unterfallen Produktkombinationen dem ermäßig-ten Umsatzsteuersatz für Druckerzeugnisse, wenn der Bestandteil des Kombi-Produkts, mithin auch die CD, üblicherweise nicht getrennt zum Kauf angebo-ten wird, wenn die CD für das Buch/Notenheft angefertigt wurde, wenn die CD zur Veranschaulichung nur Spielbeispiele von den im Notenheft abgedruckten Stücken enthält und wenn das Wertverhältnis der das Kombi-Produkt ausma-chenden Einzelgegenstände eindeutig zu Gunsten des Druckwerks bestimm-bar ist.

8.1.4
Jugendmedienschutz

Der Vertrieb von Informationsprodukten wie Büchern, Zeitungen und Zeitschriften ist im Artikel 5 des Grundgesetzes durch das Grundrecht der Informations-, Meinungs- und Pressefreiheit abgesichert. Allerdings wird dieses Grundrecht eingeschränkt, wenn es um die Verletzung indi-vidueller Persönlichkeitsrechte (z. B. Schmähschrift über eine Person) oder um den Vertrieb von Medien (Büchern, Presseprodukten, Ton- und Bildträger etc.) geht, die durch Gewaltdarstellungen oder durch rassisti-sche und sexualethisch problematische Inhalte als jugendgefährdend gel-ten. Im letzteren Fall gelten die Bestimmungen des *Jugendschutzgesetzes* (JuSchG). Maßgebend ist hier die *Bundesprüfstelle für jugendgefährden-de Medien*, die durch Indizierung, das heißt durch Aufnahme in einer

Liste, die im Bundesanzeiger veröffentlicht wird, bestimmte Vertriebsbeschränkungen auferlegen kann. So gilt beispielsweise ein Werbeverbot für indizierte Medien sowie ein Vertriebsverbot an Jugendliche. Entsprechende Objekte dürfen im Handel nicht frei zugänglich präsentiert werden und sind nur auf Verlangen ›unter dem Ladentisch‹ für Erwachsene zugänglich. Zudem verlieren sie das Privileg des ermäßigten Umsatzsteuersatzes.

8.2
Verkehrsordnung – der Handelsbrauch im Buchhandel

Für die Marktteilnehmer einer Branche ist es immer vorteilhaft, wenn die innerhalb des Marktes üblichen Usancen schriftlich fixiert sind. So können Rechtsauseinandersetzungen häufig schon im Vorfeld vermieden werden, da im Falle eines Konflikts das allgemein gültige Regelwerk zu Rate gezogen werden kann. Sollte es dennoch zu einem Rechtsstreit kommen, können Branchenregularien mit dazu beitragen, dass die Gerichte eine sachgerechte Entscheidung treffen.

Ähnlich wie die *Allgemeinen Geschäftsbedingungen* (AGB) im Anzeigenwesen haben die im Börsenverein des Deutschen Buchhandels organisierten Mitgliedsfirmen eine *Verkehrsordnung für den Buchhandel* erarbeitet, die 1989 beim Bundeskartellamt als ›unverbindliche Konditionenempfehlung‹ angemeldet und dann im Bundesanzeiger veröffentlicht worden ist. Seither gelten die Bestimmungen der Verkehrsordnung, deren Kerninhalte im Folgenden wiedergegeben werden, als Handelsbrauch. Allerdings bleibt es Verlagen und ihren Abnehmern unbenommen, im Einzelfall individuelle Absprachen zu vereinbaren.

Die §§ 1 und 2 regeln die Begriffsdefinitionen der Marktpartner (Barsortiment, Verlags-Kommissionär etc.), grundlegende Begriffe wie ›Werk‹ und ›Ladenpreis‹ sowie die besondere Stellung des *Börsenblatt des Deutschen Buchhandels*, in dem als Verbandsorgan u. a. auch Änderungen der Verkehrsordnung angezeigt werden können. § 3 regelt die Bezugsbedingungen, die grundsätzlich vom Verlag festgelegt werden, und den praxisgerechten Umgang mit Änderungen der gebundenen Ladenpreise durch Preiserhöhungen, Preissenkungen sowie Preisaufhebungen. Änderungen der Bezugsbedingungen sind möglich – müssen jedoch im *Börsenblatt* angekündigt werden (§ 4). Da die Vielzahl der Bestellvorgänge häufig zu Ungenauigkeiten und Unklarheiten führen, regelt § 5 die Form und den Inhalt konkreter Bestellungen durch die Buchhandlungen, wobei gesondert darauf eingegangen wird, was bei unvollständigen Bestellinformationen vorgenommen werden sollte. So bedeutet die fehlende ISBN bei exakter Titelbezeichnung die Lieferung der preiswertesten gebundenen Ausgabe des Titels. § 6 liefert Vorgaben für die Behandlung von Remissionen, die entweder bei Bestellungen mit Remissionsrecht (RR) oder in Einzelfällen auch bei Festbezug anfallen.

Die folgenden Abschnitte (§§ 7 bis 9) gehen auf die Voraussetzungen ein, unter denen ein Verlag ohne explizite (Neu-)Bestellung Titel an die Buchhandlungen senden kann. Dies betrifft Zeitschriften, Fortsetzungswerke sowie die Behandlung von Neuerscheinungen und unverlangten Sendungen. Der korrekte Transport wird in den nachfolgenden Absätzen (§§ 10 und 11) geregelt, die das Gewicht (in der Regel bis 15 kg), die Kontrolle und den Umgang mit beschädigten Sendungen thematisieren. Bei Sendungen, die der Verlag nur unter Vorbehalt liefert (z. B. Abnahmeverpflichtung für noch nicht erschienene Bände) gilt dieser Vorbehalt als vom Händler akzeptiert, wenn der Händler nicht unverzüglich nach Erhalt der Sendung gegen diesen Vorbehalt Widerspruch einlegt (§ 12). Der Verlag ist verpflichtet, grundsätzlich jedes Werk in der neuesten Auflage zu liefern. Falls ein Titel bestellt wird, der innerhalb der nächsten acht Wochen in einer inhaltlich veränderten neuen Auflage erscheinen wird, muss der Verlag die Buchhandlung hierüber informieren (§ 13).

Die §§ 14 und 15 regeln die Versandwege und -kosten. Grundsätzlich bestimmt der Abnehmer die Sendungsform, für die er wiederum die Kosten tragen muss. Wie in allen Branchenfestlegungen nehmen auch in der buchhändlerischen Verkehrsordnung die Haftungsfragen einen besonderen Platz ein (§§ 16 und 17). Bis zur Übernahme der Sendung durch den Transportführer trägt bei Sendungen auf Verlangen des Empfängers der Empfänger auch das Risiko. Der Sortiments-Kommissionär haftet grundsätzlich mit Übernahme der Sendung. § 18 trägt der Schadenersatzregelung für Werke, die aufgrund der Inhalte beschlagnahmt wurden, Rechnung. Hier trägt im Regelfall der Verlag den Schaden. Die unterschiedlichen Möglichkeiten der Rechnungsstellung regelt § 19. Den Abschluss der Verkehrsordnung bildet die Festlegung, dass bei der Ausgabe von Hörerscheinen durch den Verlag der Preisnachlass je zur Hälfte von Verlag und Sortiment getragen wird.

8.3
Rechtliche Besonderheiten beim Pressevertrieb

Der Vertrieb von Presseprodukten besitzt eine besondere Bedeutung, da er die im Grundgesetz garantierte Presse- und Informationsfreiheit in die Praxis umsetzt. Die rechtlichen und organisatorischen Besonderheiten der einzelnen Vertriebsarten werden letztlich nur vor diesem Hintergrund verständlich. Im Art. 5 Abs. 1 werden gleich mehrere Grundrechte definiert, die von zentraler Bedeutung für die rechtliche Ordnung des

Pressewesens sind: das Recht der freien Meinungsäußerung und -verbreitung, die Informationsfreiheit und die Pressefreiheit. Alle drei Grundrechte stehen miteinander in enger Verbindung. So dient die Pressefreiheit der Umsetzung der Meinungsfreiheit der im Informationssektor Tätigen und sichert damit auch die Informationsfreiheit des Einzelnen. Zunächst ist die Pressefreiheit ein subjektives Grundrecht der im Pressebereich tätigen Personen und Unternehmen, die individuelle Meinungsäußerungen mittels des gedruckten Wortes oder vervielfältigter bildhafter Darstellungen gegen staatliche Eingriffe und Zwangsmaßnahmen abschirmen. Aus dieser subjektiv-rechtlichen Deutungsweise lässt sich das Abwehrrecht gegenüber dem Staat ableiten, das sich vor allem historisch als Abwehrrecht gegenüber jahrhundertelang praktizierter Zensurmaßnahmen, Lizenzzwänge bis hin zu Publikationsverboten erklären lässt. Die Rechtsprechung des Bundesverfassungsgerichts hat neben der Deutung der Pressefreiheit als Abwehrrecht gegenüber Eingriffen in das Pressewesen auch die objektiv-rechtliche Seite der Pressefreiheit betont, wonach der Staat in seiner gestaltenden Rechtspolitik die Pressefreiheit berücksichtigen muss. Die öffentliche Aufgabe der Presse rechtfertigt neben dem Abwehrrecht die institutionelle Funktionsgarantie des Staates für ein freies Pressewesen.

Die Grundrechtsgarantie umfasst die komplette Wertschöpfungskette der Presseunternehmen. Denn das Grundrecht der Pressefreiheit umfasst ganz unbestritten außer der Produktionsstufe auch den gesamten Pressevertrieb. Erstmalig wurde der Pressevertrieb in der so genannten Blinkfüer-Entscheidung des Bundesverfassungsgerichts vom 26. 2. 1969 in die Garantie von Art. 5 GG einbezogen. Dieser Entscheidung war nachstehender Fall vorausgegangen. Ein großer Presseverlag hatte den Zeitungshändlern in Aussicht gestellt, dass sie auf den Vertrieb seiner Presseerzeugnisse verzichten müssten, wenn sie eine bestimmte Zeitung in ihrem Vertrieb behielten, die aufgrund der regelmäßigen Veröffentlichung von DDR-Rundfunkprogrammen politisch missbilligt wurde. Aber nur ein funktionsfähiges Vertriebssystem ist die Voraussetzung, um Presseprodukte dem Publikum zugänglich zu machen. Deshalb werden sowohl Verlage als auch der Handel in die Institutionengarantie des Art. 5 GG einbezogen.

Aus der Vertriebsfreiheit lässt sich das Abwehrrecht ableiten, dass staatliche Behinderungen oder gar ein staatlich organisierter Pressevertrieb unzulässig sind. Dies würde für den Pressevertrieb die Gewährung größtmöglicher Freiheit bedeuten. Aus der Institutionsgarantie wird der Staat jedoch beauftragt, für ein funktionsfähiges Pressevertriebssystem zu sorgen. Die ›öffentliche Aufgabe‹ der Presse beinhaltet die staatliche Verpflichtung, für die Erhaltung der Pressevielfalt tätig zu werden. Daher muss vom Gesetzgeber sichergestellt werden, dass das Pressevertriebssystem zwar staatsfrei organisiert ist, jedoch alten und neuen sowie großen und kleinen Pressetiteln den freien ungehinderten Zugang zum Leser ermöglicht. Hierbei muss besonders die Offenheit des Vertriebssystems für neue Verlage und Titel beachtet werden, da die Pressefreiheit nicht nur für bestehende Presseverlage gilt, sondern auch für diejenigen, die mit der Pressetätigkeit erst beginnen möchten.

8.3.1
Dispositionsrecht

Unter dem Dispositionsrecht versteht man das Recht festzulegen, welche Titel in welcher Anzahl in welcher Verkaufsstelle zum Verkauf angeboten werden. Dieses Recht steht grundsätzlich den Verlagen zu, damit gemäß dem Wortlaut von Art. 5 GG auch tatsächlich jeder das Recht hat, seine Meinung zu verbreiten. Das heißt, ein Großhändler hat nicht die Möglichkeit, Presseerzeugnisse beispielsweise nach seiner eigenen politischen Präferenz zu selektieren. Üblicherweise steht ein solches Dispositionsrecht dem Händler zu, da dieser das wirtschaftliche Risiko bezüglich der Verkaufbarkeit der Ware trägt und auch die Möglichkeit bekommen muss, selbst zu entscheiden, wofür er seine Ressourcen einsetzt. Damit nun im Pressesektor das Dispositionsrecht der Verlage nicht zu unbilligen Verhältnissen für den Handel führt, bekommt der Handel im Gegenzug das Remissionsrecht, den Gebietsschutz für den Großhandel sowie die Sicherheit der Preisbindung.

Zur besseren Durchführbarkeit erhält der Großhandel in der Regel das abgeleitete Dispositionsrecht gegenüber dem Einzelhandel, was dazu führt, dass die bereits vom Verlag vorgegebene Menge an abzusetzenden Exemplaren von ihm auf die zu beliefernden Einzelhändler aufgeteilt wird. Da sich u. a. durch die stetig anwachsende Titelzahl der Zeitschriften im Bereich des Groß- und Einzelhandels Unmut über die aus ihrer Sicht zu hohen Lieferungen der Verlage breit gemacht hatte, wurden 1993 im *Koordinierten Vertriebsmarketing* (KVM) zwischen Grosso und Verlagen Grundsätze vereinbart, die das Dispositionsrecht der Verlage für neue und eingeführte Titel enger an die Erfordernisse des Handels binden. So muss nach dieser Vereinbarung ein standardisiertes Verfahren der Produktankündigung und -information eingehalten werden. Grundlage hierfür sind u. a. die Rechenalgorithmen der *Marktorientierten Bezugsmengenregulierung* (MBR). Bei dieser Verkaufsvorhersage wird basierend auf den Daten der vorausgegangenen Abverkäufe die Liefermenge der einzelnen Titel pro Verkaufsstelle errechnet, wobei die tatsächlichen Verkäufe, die Remittenden sowie speziell definierte ›Glättungsfaktoren‹ berücksichtigt werden.

Da bei kleinauflagigen Titeln die Gefahr besteht, dass sie aufgrund der geringen Abverkaufsmenge zu früh ausgesteuert werden, d. h. die Bezugsmenge pro Kiosk auf Null gesetzt wird, gibt es einen gesonderten Algorithmus *Bezugsmengenregulierung kleinauflagiger Objekte* (BKO). Neben diesen Rechenmodellen auf Verbandsebene gibt es derzeit eine Reihe von Auflagensteuerungssystemen, die es Händlern und Verlagen gestatten sollen, hohe Remissionsquoten einerseits und unliebsame Ausverkäufe andererseits zu vermeiden. Die Systeme verwenden unterschiedliche Methoden und besitzen verschiedene Anwendungsbereiche. So ist TARZAN, das System eines norddeutschen Grossisten, vorwiegend auf regionale Tageszeitungen ausgerichtet, während RAMBOS, ein System der *Bild*-Gruppe, echte Prognosewerte für Kaufzeitungen liefern soll.

Bei der Einführung neuer Presseerzeugnisse sind die Verlage dazu verpflichtet, den Titel rechtzeitig und schriftlich anzukündigen. Hierzu gehört eine ausführliche Produktbeschreibung, die über das Konzept sowie über den Aufbau informiert, aber auch über die Zielgruppe und die Positionierung im Konkurrenzumfeld; ferner sind Daten über (Einführungs-)Preise, das Text-Anzeigen-Verhältnis sowie geplante Werbe- und Verkaufsförderungsaktionen unerlässlich. Das Presse-Grosso muss vollständig über die sonstigen Vertriebskanäle informiert werden, da andere Absatzmittler sich auf das Absatzpotenzial des Pressegroßhandels negativ auswirken. All diese Informationspflichten sollen dafür sorgen, dass die tatsächlichen Markt- und Absatzchancen des einzelnen Pressetitels für den Presse-Großhandel durchschaubar werden. Da die ständig wachsende Titelflut den Handel vor große Probleme stellt, gleichzeitig jedoch jeder Titel eine Chance bekommen muss, sich dem Markt zu präsentieren, sind solche Regelungen unvermeidbar.

Sollte ein Verlag während des Einführungszeitraums eine unentgeltliche Abgabe innerhalb des Grossogebietes planen, geht das Dispositionsrecht (Anlieferungsmenge, Zahl der zu beliefernden Einzelhändler) auf den Grossisten über. Im Normalfall jedoch wird das Dispositionsrecht vom Verlag wahrgenommen, der die Auflagenmenge und den Verteiler (Zahl und Art der einbezogenen Einzelhändler) vorgibt. Dabei muss für die Mengendisposition die Richtwerttabelle für die Remissionsquoten beachtet werden, um den Grossisten und die Einzelhändler nicht über Gebühr zu belasten. Für die Verteilerbemessung gelten die Leitverteiler der Objektgruppe (Einschaltquote des Marktführers) als absolute Obergrenze. Das bedeutet beispielsweise für einen Verlag, der ein neues Nachrichtenmagazin auf den deutschen Markt bringen möchte, dass ihm maximal die Zahl der Verkaufsstellen zur Verfügung stehen, die *Focus* und *Der Spiegel* in ihrer Angebotspalette führen.

8.3.2
Remissionsrecht

Das Remissionsrecht ist das Recht, unverkaufte Exemplare an den Verlag zurückzusenden um im Gegenzug eine Gutschrift in voller Höhe des Verkaufspreises zu erhalten. Durch dieses Recht des Einzel- und Großhändlers wird das Absatzrisiko auf den Verlag zurückverlagert, der ja auch die Disposition und die Preiskalkulation übernimmt. Das bedeutet: Der Handel, der nicht den sonst üblichen unternehmerischen Entscheidungsspielraum besitzt, kann auch nicht für die Folgen unternehmerischen Handelns Anderer verantwortlich gemacht werden. Durchgeführt wird die Remission entweder als *Ganzstückremission* (meist bei wiederverwendbaren Presseobjekten wie Rätselheften oder Comics), *Titelkopfremission*, bei der nur ausgerissene Titelleisten an den Verlag zurückgeschickt werden, oder als *Körperlose Remission* (K R). Im letzten Fall prüft eine externe Firma die Abrechnung des Händlers vor Ort und meldet lediglich die Daten an den Verlag zurück.

Im Idealfall wäre also die Kombination von Remissionsrecht und Dispositionsrecht der Garant dafür, dass auch kleine Verlage mit ihren Objekten Zugang zum Markt bekommen. Jedoch besteht das Problem, dass gerade kleinere Objekte nicht die wirtschaftliche Macht besitzen, ihr Dispositionsrecht durchzusetzen. Denn eine kleinere Absatzmenge führt zu hoher Remission, da bei einem niedrigen Verkaufsdurchschnitt von z. B. 0,8 Exemplare pro Händler sehr leicht eine Remissionsquote von 100 % entstehen kann, wenn das eine gelieferte Exemplar nicht verkauft wurde.

Verkaufsdurchschnitt und Remissionsquote
Quelle: VDZ, Presse-Grosso, BDZV (Hrsg.), *Koordiniertes Vertriebsmarketing*, Anhang 2

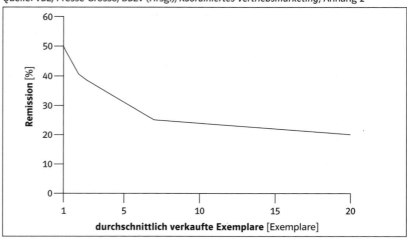

Deshalb werden die Titel sehr leicht durch die EDV-Systeme der bereits erwähnten *Marktorientierten Bezugsmengenregulierung* (MBR) ausgesteuert. Die zu hohe Remission pro Einzelhändler führt dazu, dass keine neuen Exemplare dieses Titels mehr bestellt werden. Den Zusammenhang zwischen Remissionsquote und Verkaufsdurchschnitt anhand der innerhalb des *Koordinierten Vertriebsmarketing* festgelegten Richtremissionswerte verdeutlicht die abgebildete Info-Grafik.

8.3.3
Gebietsmonopol des Großhandels

Abgerundet wird das Vertriebssystem im Einzelverkauf via Grosso durch das Gebietsmonopol der Händler. In Deutschland existieren 95 Grossogebiete (Stand 2003) bei 78 Grosso-Firmen (davon 12 mit Verlagsbeteiligung). Zwei Gebiete werden doppelt beliefert. Aufgrund des Gebietsmonopols ist der Großhändler verpflichtet, alle Presseerzeugnisse in sein Sortiment aufzunehmen – eine Verpflichtung, die wiederum der Vertriebsfreiheit und somit der Umsetzung von Artikel 5 GG zugute kommt. Da in den Gebieten ohne Gebietsmonopol eine Aufteilung nach Verlagen stattfand, wird ein Einzelhändler nie von zwei verschiedenen Grossisten mit demselben Titel beliefert. Dies ist auch notwendig, da sonst keine einheitliche Zuordnung – z. B. bei der Remission – mehr möglich wäre. Das Einzelverkaufsvertriebssystem wäre somit in seiner Substanz getroffen. In einigen Ländern wie z. B. in Tschechien führte diese Fehlsteuerung Anfang der 90er Jahre zu einer Überremission. Da weder die Konditionen im Rahmen der Preisbindung noch Gebietsmonopole üblich waren, entstand ein Wettbewerb der Großhändler um die Einzelhändler, der für die Verlage zu einer hohen Intransparenz der Remissionsdaten führte.

8.3.4
Erstverkaufstag

Eine weitere Besonderheit des Pressevertriebssystems ist die Festlegung des Verkaufsbeginns durch den Hersteller. Da es sich bei Zeitungen und Zeitschriften um periodisch erscheinende Erzeugnisse handelt, ist die Aktualität des verkauften Produkts ein Wettbewerbsfaktor zwischen Verlagen und Händlern. Die Festlegung eines gemeinsamen Verkaufsbeginns schaltet die Aktualität des Produkts als Wettbewerbsfaktor zwischen den Handelsorganisationen aus, sodass ihm eine ähnlich verkaufsstabilisierende Wirkung zukommt wie dem Prinzip des gebundenen Ladenpreises.

Ohne festgelegte Erstverkaufstage hätte derjenige Händler, der den entsprechenden Titel früher verkaufen könnte, einen Wettbewerbsvorteil, da er bei stark nachgefragten Titeln mehr absetzen könnte als seine Konkurrenten. Gleichzeitig würden jedoch diese Vorverkäufe die Prognose der Absatzmenge erschweren und damit die Disposition noch problematischer machen. Da der Erstverkaufstag durch die Verlage bestimmt wird, kann der Verkaufsbeginn zwischen den Verlagen als Wettbewerbsinstrument eingesetzt werden. Faktisch haben jedoch die Käufergewohnheiten eine normierende Wirkung. Bei konkurrierenden Titeln orientieren sich die kleineren Objekte meist am Erstverkaufstag des Marktführers im jeweiligen Segment. Mittlerweile haben sich für unterschiedliche Segmente (Nachrichtenmagazine, Programmzeitschriften, Wochenzeitungen etc.) einheitliche Erscheinungstermine herausgebildet, da die Orientierung der Käufer an den bekannten Erstverkaufstagen die Gesamtabsatzchancen des Segments erhöht.

8.3.5
Vertriebs- und Verwendungsbindung

Da Presseprodukte über unterschiedliche Kanäle mit unterschiedlichen Rabatten verkauft werden, besteht beispielsweise für Grossisten theoretisch ein finanzieller Anreiz, die hochrabattierten Titel direkt an den Endverbraucher zu verkaufen, um die eigene Gewinnspanne zu erhöhen. Neben den wirtschaftlich fragwürdigen Steuerungsanreizen hätte dies insbesondere Probleme bei der Remissionsabwicklung und Mengendisposition zur Folge. Um diese zu verhindern, schreiben die Verlage fest, dass die Exemplare nur für den jeweiligen Vertragszweck verwendet werden dürfen. So entsteht letztlich ein komplexes System von Vereinbarungen zwischen allen Marktbeteiligten. Verlage binden die Nationalvertriebe, das Presse-Grosso, den Bahnhofsbuchhandel sowie den Werbenden Buch- und Zeitschriftenhandel (WBZ) und Lesezirkel. Die Grossisten wiederum binden den Einzelhandel, dem ein Weitergabeverbot auferlegt wird, da die Veräußerung in Filialbetrieben die Bezugsmengenregulierung außer Kraft setzen würde.

8.3.6
Handelsspanne

Durch die vertikale Preisbindung und die Möglichkeit, neben dem Ladenpreis auch den Abgabepreis an Grossisten und an Einzelhändler zu binden, gibt es für Pressegrossisten keine Möglichkeit, durch Aufschlag einer frei kalkulierbaren Handelsspanne auf den eigenen Umsatz Einfluss zu nehmen, wie es bei anderen Produkten und Branchen üblich ist. Statt dessen erhält der Großhandel ausgehend vom gebundenen Verkaufspreis eine Handelsspanne, die aus Händlerrabatt und Gewinnaufschlag besteht. Die Handelsspanne soll dabei die Kosten der Absatzmittler abdecken und den Leistungen der Händler gerecht werden. Problematisch ist dabei, dass die Rabatte für alle Großhändler einheitlich festgelegt werden und in der Höhe eher die Machtverhältnisse zwischen Verlag und Grosso widerspiegeln als die Marktleistung des einzelnen Grossisten.

8.3.7
Neutralitätspflicht

Aus den obigen Ausführungen lässt sich bereits eine Verpflichtung des Presse-Grosso zur Neutralität gegenüber den Verlagen ableiten. Die Neutralität des Handels bedeutet, dass die Absatzmittler die einzelnen Presseobjekte unabhängig von ihrem Inhalt und der Herkunft aus bestimmten Verlagen gleich behandeln, also jedem Objekt die angemessene Leistung und Förderung zukommen lassen. Diese Neutralität entspricht dem Selbstverständnis dieses Großhändlers. Darüber hinaus lässt es sich auch auf rechtliche Grundlagen zurückführen, denn aufgrund der marktbeherrschenden Stellung sind Grossisten zum Abschluss eines Grossovertrages mit einem Verlag verpflichtet, da andernfalls eine unbillige Behinderung nach § 20 GWB vorliegen würde. Gerade die Forderung nach Neutralität führt zu wettbewerbspolitischen Diskussionen über die Beteiligung von Verlagen am Presse-Grosso. So befürwortet das Bundeskartellamt die Einrichtung verlagsunabhängiger Grossobetriebe. Aus rechtlicher Sicht kann jedoch auch dann von einer Neutralitätspflicht eines Grossisten ausgegangen werden, wenn sich Verlage an dem Pressegroßhandel beteiligen wie z. B. im Falle des Hamburger Medienhauses Axel Springer.

8.4
Vertriebsrichtlinie der Zeitungsbranche

Die Marketingbemühungen der Presseverlage im Vertriebsmarkt sind, da es sich um einen sehr wettbewerbsintensiven Markt handelt, in den letzten Jahren kontinuierlich gestiegen. Gerade die Abonnementkunden besitzen für Presseverlage einen ungeheuren Wert, da sie aufgrund ihrer langen Verpflichtungszeit für Stabilität und Sicherheit im Vertriebsgeschäft sorgen. Verlagsintern werden pro neugeworbenen Kunden häufig dreistellige Eurobeträge kalkuliert. Die hohe Wertigkeit von Neuabonnenten zeigt jedoch auch, wo die Probleme eines völlig ungeregelten Wettbewerbs liegen können.

Durch den Versuch, mittels Werbeprämien (Geld- oder Sachleistungen) den Leser vom eigenen Titel zu überzeugen, kann bei einer unverhältnismäßig hohen Prämie zum einen das Ansehen der Branche beschädigt werden, zum andern führt dies auch zu einer Wettbewerbsverzerrung, die die ›ehrlichen‹ Verlage benachteiligt. Der Bundesverband Deutscher Zeitungsverleger hat daher eine eigene ›Standesregel‹ für den Abonnementvertrieb entworfen, die als *Vertriebsrichtlinie* beim Bundeskartellamt eingetragen ist (siehe Anlage). Die *Vertriebsrichtlinie* hilft u. a. bei rechtlichen Auseinandersetzungen, wenn es darum geht, einem branchenfremden Richter zu verdeutlichen, was branchenüblich ist. Verstöße gegen die Richtlinie haben daher lediglich im Falle einer rechtlichen Auseinandersetzung Konsequenzen. In der Praxis jedoch sind die Märkte so eng, dass die Wettbewerber sehr genau darauf achten, ob die Kollegen noch im Rahmen des rechtlich Zulässigen agieren. Die *Vertriebsrichtlinie*, deren praktische Bedeutung im Folgenden an einigen Beispielen umrissen sei, wurde 1975 erstmalig entwickelt und gilt zur Zeit in der Fassung vom 10. Januar 2002. Im Anhang ist sie mit dem offiziellen Untertitel *Wettbewerbsregeln für den Vertrieb von abonnierten Tages- und Wochenzeitungen* im Wortlaut abgedruckt.

Um potenzielle Abonnenten von einer Zeitung zu überzeugen, ist es sinnvoll, dem Kunden mit einigen kostenlosen Probeexemplaren die Möglichkeit zu bieten, den Titel zu testen. Gleichzeitig ist jedoch klar, dass eine unbegrenzte Lieferung von Probeexemplaren den Markt verstopfen würde. Die Chancen konkurrierender Zeitungen auf die Gewinnung neuer Abonnenten wären minimal. Die *Vertriebsrichtlinie* begrenzt die kostenlose Lieferung auf zwei Wochen. Bevor erneut kostenlos geliefert wird, muss ein Monat pausiert werden. Neben dem Schutz des Branchenansehens und des Wettbewerbs dient die Richtlinie natürlich auch dem Verbraucherschutz. Deshalb dürfen keine zusätzlichen Anreize bei Probe-Abos geschaffen werden, die einen psychologischen Kaufzwang ausüben.

Ein weiteres Wettbewerbsinstrument der Verlage ist die Prämienwerbung. Hier werden Leser, die einen Verwandten oder Bekannten von der Qualität einer Zeitung überzeugen und ihn zum Abschluss eines Abonnements bewegen, durch Sachprämien belohnt. Die *Vertriebsrichtlinie* legt fest, dass die Prämien nicht beliebig gestückelt oder zu Sets kombiniert werden dürfen. Ausnahmen sind Sets, bei denen ein innerer Zusammenhang besteht, wie zum Beispiel bei einem Kofferset. Der Wert der Prämie soll natürlich in einem gesunden Verhältnis zur Bindungsdauer des Abonnements stehen. Denn es ist offensichtlich wenig sinnvoll, für ein Dreimonats-Abo einer Zeitung einen Kleinwagen zu verschenken. Daher wird festgelegt, dass bei einer Abonnementdauer von 12 Monaten oder mehr der Wert der Prämie nicht höher sein darf als der sechsfache monatliche Bezugspreis. Für kürzere Abonnementzeiten gelten entsprechend niedrigere Grenzen, nämlich die Hälfte des zu entrichtenden Abonnemententgeltes. Es folgen noch Anmerkungen für Prämien, bei denen die Werber noch einen Aufpreis leisten müssen, sowie der Hinweis, dass die Prämie nur dem Werber zusteht und nicht dem Neuabonnenten – anderenfalls liegt ein Verstoß gegen das Rabattgesetz vor. Auch die Prämienwerbung in Verbindung mit verbilligten Abonnements ist nicht statthaft.

Zum Schutz des Verbrauchers wird darauf hingewiesen, dass eine längere erstmalige Verpflichtungszeit als zwei Jahre nicht statthaft ist. Nach der erstmaligen Abonnementverpflichtung verlängern sich die meisten Abonnements stillschweigend, sofern das Abonnement nicht fristgerecht gekündigt wird. Für diese stillschweigende Verlängerung soll eine Verpflichtung auf ein Jahr die Obergrenze bilden. Kurz-Abonnements bis zu drei Monaten bei einer maximalen Rabattierung von 35 % des Normalpreises sind zulässig, sofern diese für den Besteller nicht beliebig oft wiederholbar sind.

Die Abgabe verbilligter Abonnements an klar umrissene Personengruppen ist laut *Vertriebsrichtlinie* auf Wehr- und Zivildienstleistende sowie Studierende gegen Nachweis der entsprechenden Bescheinigung beschränkt. Verbilligte Schüler-Abonnements sollen nur bei einer eigenen Haushaltsführung des Schüles abgeschlossen werden.

Fragen zu Kapitel 8

61. Was bedeutet der Begriff ›Preisbindung‹?
62. Welche zwei Funktionen hat der *Sammelrevers 2002*?
63. Welche Produkte sind nach dem BuchPrG preisgebunden?
  a) Ergänzungslieferungen zu Loseblattausgaben
  b) Online-Publikationen
  c) interaktive DVDs
  d) Kombi-Produkte, bei denen der Buchanteil überwiegt
  e) Englischsprachige Titel von Springer S+B Media
  f) Hardcover-Sonderausgaben
  g) Abreiß-Kalender
  h) Hörbücher
  i) Globen
64. Welchen Sonderpreis kennt das BuchPrG als ›Markteintrittspreis‹?
65. Wem darf nach dem BuchPrG der höchste Rabatt eingeräumt werden?

a) Barsortiment
b) Einzelhändler
c) Letztabnehmer

66. Nennen Sie drei Personenkreise, die von der Preisbindung ausgenommen sind.

67. Welche vier Kriterien hat der Gesetzgeber für den ermäßigten Verkauf von Buchgemeinschafts-Parallelausgaben festgelegt?

68. Welchen rechtlichen Stellenwert hat die *Verkehrsordnung für den Buchhandel*?
a) Gesetz
b) unverbindliche Konditionenempfehlung
c) Verordnung

69. Welche sieben Elemente kennzeichnen das deutsche Pressevertriebssystem des Presse-Grosso?

70. Unterscheiden Sie ...
a) Ganzstückremission
b) Titelkopfremission
c) körperlose Remission

71. Was versteht man bei Presseerzeugnissen unter ...
a) Koordiniertem Vertriebsmarketing
b) Vertriebsrichtlinien

72. Kennzeichen sie die richtigen Aussagen im Hinblick auf die *Vertriebsrichtlinien* mit einer ❶ und die falschen Aussagen mit einer ❷.
a) Wochenzeitungen dürfen zu Werbezwecken maximal in vier Ausgaben an denselben Empfänger versandt werden.
b) Tageszeitungen dürfen zu Werbezwecken maximal zehn Tage an denselben Empfänger versandt werden.
c) Zwischen zwei Werbelieferungen muss ein zeitlicher Abstand von zwei Kalendermonaten liegen.
d) Die Zuzahlung bei Prämienwerbung sollte erheblich unter dem zugelassenen Prämienwert liegen.
e) Der Wert für die Prämie eines neuen Abonnements kann bei einer Abo-Pflichtdauer von zwölf Monaten den dreifachen monatlichen Bezugspreis betragen.
f) Senioren-Probe-Abonnements müssen auf einen Zeitraum von sechs Monaten begrenzt sein.

9
Vertrieb in Buchverlagen

Der Vertrieb im Buchverlag kann nur schwer für alle Verlagskategorien allgemeingültig beschrieben werden, denn bereits bei der Strukturierung der Abteilungen gibt es erhebliche Unterschiede. Teilweise ist der Vertrieb der übergreifende Funktionsbereich, dem die Werbeabteilung zugeordnet ist, teilweise besteht aber auch eine organisatorische Gleichordnung von Vertrieb und Werbung, da man die beiden Marketingteilfunktionen gleichrangig behandeln möchte. Im Grundsatz jedoch umfasst der Vertrieb die Akquisition von Aufträgen, die in der Regel durch den Außendienst durchgeführt wird, die interne Abwicklung und Rechnungsstellung (Innendienst) sowie das Versandfertigmachen der Sendungen, das in der eigenen oder einer fremden Auslieferung erfolgt.

9.1
Außendienst

Alle Mitarbeiter, die den Verlag beim Sortimentsbuchhandel beim Zwischenbuchhandel oder gegenüber sonstigen (Verlags-)Kunden vertreten, sind im Außendienst tätig. Für sie gibt es im Regelfall keinen festen Arbeitsplatz im Verlag, da sie ohnehin nur an ausgewählten Terminen präsent sind. Wie im Kapitel Distributionspolitik gezeigt gibt es zwei verschiedene Vertretermodelle. Zum einen gibt es die fest angestellten Reisenden, die eng an den Verlag gebunden sind und ein relativ hohes Fixgehalt beziehen. Zum anderen gibt es die freien oder selbstständigen Handelsvertreter, die entweder exklusiv für einen Verlag bzw. eine Verlagsgruppe reisen oder nicht-exklusiv und dann häufig viele Verlage ›im Gepäck‹ mit sich führen (müssen). Kleine und mittelgroße Verlage (bis zu einem Umsatz von ca. 10 Mio. Euro können sich in der Regel keine Reisenden leisten und sind so auf die Zusammenarbeit mit Handelsvertretern angewiesen. Verlagsvertreter sind als ›dritte Kraft‹ im Buchhandel ein wichtiges Bindeglied zwischen Verlag und Buchhandel und haben – unabhängig von ihrer Verkaufsfunktion – die Aufgabe, den Markt vor Ort und damit auch die Konkurrenz zu beobachten.

In der Regel genießen die unterschiedlichen Außendienstmitarbeiter Kundenschutz. Das heißt: Die einem Vertreter zugeordnete Kundenklientel darf nicht von einem Kollegen aus demselben Haus ebenfalls betreut werden, da sonst für den Außendienstmitarbeiter ein hohes Planungsrisiko und eine unproduktive interne Konkurrenz entstünde. Auch gegenüber dem Kunden würde ein ungeordnetes Gerangel um Aufträge sicherlich ein schlechtes Bild abgeben. Die übliche Form der Zuständigkeitsgliederung ist die Ordnung nach Regionen. Dies ist übrigens auch der Grund dafür, dass im *Adressbuch für den deutschsprachigen Buchhandel* – gleichzeitig ein Verzeichnis der Mitgliedsfirmen des Börsenvereins – im Band 2 die Buchhandlungen nach dem Ortsalphabet aufgeführt sind. Wie groß die Regionen zugeschnitten sind, das heißt wie viele Außendienstmitarbeiter im Einsatz sind, hängt natürlich von der Größe und Struktur des Verlags ab.

Die Zusammenarbeit zwischen Verlag und Außendienst ist in vielen Fällen noch vom traditionellen Publikationsrhythmus der Buchbranche geprägt, wonach im Halbjahreszyklus die Frühjahrs- und Herbstreise vorbereitet wird. Hierfür veranstalten die Verlage Außendienst- oder Vertretertagungen, bei denen das Programm des Verlags in gewissem Sinn zum ersten Mal verkauft wird. Alle Abteilungen des Verlags (Vertrieb, Lektorat, Herstellung, Werbung, Geschäftsleitung) nehmen an diesen Tagungen teil. Aufgabe des Lektorats ist die Präsentation der neuen Titel durch Vorträge und schriftliche Zusammenfassungen. Die Herstellungsabteilung präsentiert Fahnenauszüge und evtl. Dummies (Attrappen, die dem späteren Buchumfang entsprechen) mit Umschlagentwürfen. Eine wichtige Funktion hat die Werbeabteilung: Sie präsentiert nicht nur die Werbematerialien, die den Vertrieb der Produkte unterstützen sollen, sondern bei größeren Projekten auch einen kompletten Werbe- und Mediaplan, um den Außendienstmitarbeitern die flankierenden Werbe- und PR-Aktivitäten bekannt zu machen. Dann werden die Außendienstpläne erstellt, die die Planbarkeit des Vertretereinsatzes gewährleisten sollen. Die Außendienstmitarbeiter erhalten ihre Mustermappen, mit der sie das Programm beim Buchhandel präsentieren.

Die Frühjahrsreise beginnt meist am Jahresanfang und endet gegen Ostern, die Herbstreise beginnt im Juni und endet im September. Ausgewählte Kunden werden im November/Anfang Dezember noch ein drittes Mal besucht, damit die wichtigsten Verlagstitel im Weihnachtsgeschäft in einer ansprechenden Größenordnung in den Buchhandlungen gut platziert sind. Und die wichtigsten Kunden werden mitunter regelmäßig im Monats- bzw. Zwei-Monats-Abstand betreut. Festzuhalten ist, dass sich nicht nur der Reisezyklus des Vertreters, sondern auch seine Funktion innerhalb des Vertriebs verändert hat. Bestand früher seine Aufgabe in erster Linie darin, die Aufträge für Novitäten und die Backlist zu erfassen und Remittendengenehmigungen auszustellen, so muss er zunehmend die Werbe-, PR- und Sales-Promotion-Aktivitäten des Verlages dem Sortiment ›übersetzen‹, damit die Koordination vor Ort stimmt. Er führt Gespräche über konstante Jahreskonditionen und kann in der Regel über Werbekostenzuschüsse (WKZ) entscheiden. Diese Zuschüsse, die für A-Kunden nicht unerheblich sind, verwaltet das Sortiment in einer festgesetzten Periode in eigener Regie.

9.2
Innendienst

Weit mehr als 80 % aller Bestellungen gehen heute über die Bestellanstalten und den *Informationsverbund Buchhandel* (IBU) per Datenfernübertragung (DFÜ) in die Rechner der Auslieferungslager ein, meist im Datensatzformat EDI (Electronic Data Interchange). EDI-Daten können national und international, branchenintern und branchenübergreifend verwendet werden. Dies bedeutet, dass nur ein Datensatzformat für die Kommunikation mit Barsortimenten, Bestellanstalten, Buchhandlungen, Industrieunternehmen und Banken benutzt wird. Für die Bearbeitung der Bestellung erhält der Verlag bzw. seine Auslieferung vom Sortiment alle bestelltechnisch relevanten Daten: Verkehrsnummer, Bestellzeichen, Bestelldatum, Hinweise auf die spätere Zahlungsabwicklung (BAG-Hinweis) und selbstverständlich Objektdaten wie Verfasser, Titel, ISBN etc. Nun kann der Lieferschein oder die Rechnung (Faktur) und gegebenenfalls der Packzettel fürs Lager automatisch erstellt werden – meist über Nacht, damit am nächsten Tag die Sendung kommissioniert werden kann. Da aber – aus unterschiedlichen Gründen – nicht immer alle lieferbar gemeldeten Bücher auch tatsächlich lieferbar sind, hat der Rationalisierungsausschuss des Börsenvereins ein einheitliches Meldenummernsystem entwickelt, das seit Beginn der 90er Jahre für den Buchhandel gilt. So steht beispielsweise 07 für ›Vergriffen, keine Neuauflage, Bestellung abgelegt.‹, 19 für ›Ladenpreis aufgehoben. Führen wir nicht mehr.‹ und 68 für ›Nur noch als Taschenbuch lieferbar – bitte neu bestellen.‹.

9.2.1
Bibliografische Datenbanken

Vor der Bearbeitung der Bestellung müssen erst einmal die logistischen Vorbereitungen getroffen werden. Das betrifft zunächst einmal die Vergabe der ISBN und die sich daran anschließende Information potenzieller Käufer. Wichtig ist die Erkenntnis, dass nur die Titel bestellt werden können, die bibliografisch verfügbar und recherchierbar sind. Dies geschieht immer häufiger über verlagseigene Online-Datenbanken. Daneben gibt es aber auch weiterhin die Verzeichnisse, die für den Handel praktische Relevanz besitzen.

Neuerscheinungsdienst

Die vollständigste Übersicht über den deutschsprachigen Markt der Novitäten bietet der *Neuerscheinungsdienst*. Er basiert auf den Meldungen der Verlage an das *Verzeichnis Lieferbarer Bücher* (VLB) und wird von Der Deutschen Bibliothek als Informationsdienst für Vorankündigungen und neu erschienene Titel angeboten. Alle an das VLB gemeldeten Titel werden automatisch von der MVB Marketing- und Verlagsservice des Buchhandels GmbH an Die Deutsche Bibliothek weitergeleitet, dort nach den Sachgruppen der *Deutschen Nationalbibliografie* erschlossen und von Der Deutschen Bibliothek anschließend im *Neuerscheinungsdienst* wöchentlich veröffentlicht. In diesem Neuerscheinungsdienst wurden 2003 rund 100.000 Titel angezeigt.

Neben dieser Datenbank haben sich auch private Initiativen einen Namen gemacht. Erwähnt werden sollen an dieser Stelle nur zwei Internetdatenbanken. WWW.NEWBOOKS.DE umfasst rund 80.000 wissenschaftliche Novitäten aus dem deutsch- und englischsprachigen Raum und WWW.DEUTSCHESFACHBUCH.DE ermöglicht ein Blick in das Innenleben der Fachbücher: Cover, Klappentext, Vorwort, Inhaltsverzeichnis und Register werden eingescant und die darin vorkommenden Begriffe sind damit rechechierbar.

Deutsche Nationalbibliografie (DNB)

Die *Deutsche Nationalbibliografie* wird von Der Deutschen Bibliothek herausgegeben und ist die umfassendste bibliografische Datensammlung für deutsche Literatur seit 1912. Die Titelaufnahme für Druckwerke, Tonträger und audio-visuelle erfolgt nach dem Grundsatz der Autopsie: gr. auto = selbst und gr. optik = Licht ergibt ›selbst in Augenschein nehmen‹; die bibliografischen Daten werden also am Objekt überprüft. Und das Objekt liegt aufgrund der Pflichtstückverordnung vor (Kapitel 4.5.3). Denn im § 18 des Gesetzes über die Deutsche Bibliothek steht: »Von jedem Druckwerk [...], das im Geltungsbereich dieses Gesetzes verlegt oder, soweit es sich um Tonträger handelt, hergestellt ist, ist je ein Stück (Pflichtstück) an die Deutsche Bibliothek und die Deutsche Bücherei abzuführen.«

Reihen der Deutschen Nationalbibliografie (Stand 2004)

Reihe A	Monografien und Periodika des Verlagsbuchhandels. Bücher, Zeitschriften, nicht musikalische Tonträger, weitere AV-Medien, Mikroformen und elektronische Publikationen (wöchentlich)
Reihe B	Monografien und Periodika außerhalb des Verlagsbuchhandels (wöchentlich)
Reihe C	Karten (vierteljährlich)
Reihe H	Hochschulschriften (monatlich, nur als HTML- oder PDF-Version)
HJV	Halbjahresverzeichnis, kumuliert die Reihen A, B und C
MJV	Mehrjahresverzeichnis, kumuliert das HJV und die Titel der Reihe H (alle drei Jahre)
Reihe M	Musikalien und Musikschriften (monatlich, nur als HTML- oder PDF-Version)
Reihe T	Musiktonträger (monatlich)

In der *Deutschen Nationalbibliografie* werden Monografien und Periodika (Zeitschriften, zeitschriftenartige Reihen und Loseblattausgaben) unabhängig von ihrer Erscheinungsform angezeigt. Periodika werden nur einmal verzeichnet: bei Neuerscheinungen und wesentlichen bibliografischen Änderungen. Veränderte Neuauflagen werden immer angezeigt, unveränderte nur, wenn sie aus verschiedenen Jahrgängen stammen. Nicht angezeigt werden, weil in diesen Fällen die Pflichtstückverordnung nicht wirksam ist, Veröffentlichungen mit einer geringeren Auflage als 10 Exemplare, gedruckte Publikationen bis zu vier Seiten Umfang, Filmwerke, Patentschriften, Originalkunstmappen ohne Titelblatt und Text, Plakate, Wandzeitungen, Flugblätter, Akzidenzschriften und Tageszeitungen, soweit sie nicht verfilmt werden. Sammelrichtlinien legen im Einzelnen fest, was im Einzelnen zu sammeln ist – und was nicht. Um die Titelflut überschaubar zu halten, werden die Publikationen in verschiedenen Reihen erfasst, die hier in einer Übersicht zusammengestellt sind.

Verzeichnis Lieferbarer Bücher (VLB)

Das *Verzeichnis Lieferbarer Bücher* (VLB) erscheint seit 1971 – seit 2003 im Verlag MVB. Mit rund einer Million Einträge ist es das einzige Verzeichnis aller lieferbaren deutschsprachigen Titel. Mehr als 17.000 Verlage melden ihre Verlagsproduktion zumeist online. Die Datenqualität wird durch die Titeldaten Der Deutschen Bibliothek sichergestellt. Nach Autopsie und Einstellen in die unterschiedlichen Reihen der *Deutschen Nationalbibliografie* werden die von den Verlagen gemeldeten Daten im VLB überprüft und gegebenenfalls überschrieben und damit korrigiert. Das VLB wird als CD-Rom und als VLB online vertrieben. Die im Folgenden herausgestellten Leistungen des VLB sind einem Titelprospekt aus dem Jahre 2003 entnommen.

Leistungen der VLB CD-ROM

SUCHMÖGLICHKEITEN
kombinierbare Suchkriterien: Autor, Titel, Schlagwort, Schlagwortkette,
Teilschlagwort, Reihe, Verlag, Sachgruppe, ISBN/ISSN, Preis, Erscheinungsjahr
von/bis, Neuaufnahmen, Hardcover, Taschenbuch, Audios, Videos, Kalender,
Hörbuch, Software, Non-Books, Zeitschriften und Schulbücher

ANZEIGEN DER SUCHERGEBNISSE
Kurzlisten oder Vollanzeige der einzelnen Titel

AKTUALITÄT
Monatlich aktualisierte CD-ROM inkl. Zugriff auf VLB online. Wahlweise ein
Kurzabo mit zwei CD-ROM pro Jahr.

QUALITÄT
autopsierte Titeldaten Der Deutschen Bibliothek und ein optimiertes Daten-
banksystem

VERSCHLAGWORTUNG
Übernahme der Verschlagwortung Der Deutschen Bibliothek sowie freies
Schlagwort der meldenden Verlage

FUNKTIONALITÄT
Integrierbar in alle gängigen Warenwirtschaftssysteme, Exportfunktionen

ZUSATZINFORMATIONEN
Verlagsadressen, Verlagsauslieferungen, Annotationen

Leistungen des VLB online

SUCHMÖGLICHKEITEN
Schnellsuche: Eingabe von einem oder mehreren Stichwörter aus Titel, Unterti-
tel und/oder den Autoren und/oder einem Verlag.
Erweiterte Suche: Kombination von Suchkriterien wie Stichwort, Autor, Verlag,
Teilschlagwort und Erscheinungsjahr.
Boole'sche Suche: Suchkriterien wie bei der CD-ROM-Ausgabe.
Weitere Eingrenzung de Suchergebnisse über Waren- und Sachgruppen
Bisherige Suche: Anzeige der letzten 20 Recherchen

TAGESAKTUALITÄT
Bibliografische Daten, Preise, Informationen über Verfügbarkeit und Lieferbarkeit

ZUSATZINFORMATIONEN
Parallelsuche in der Deutsche Nationalbibliografie (DNB) mit über 5 Mio. Einträgen inkl. vergriffener Bücher, aktuelle Bestsellerlisten, Cover-Abbildungen

FUNKTIONALITÄT
Integriertes Bestellsystem, E-Mail-Funktion für Kommunikation mit den meldenden Verlagen und der VLB-Redaktion

Datenbanken der Barsortimente

Die Datenbanken der Barsortimente sind Bestandsverzeichnisse der Lagertitel. Rund 350.000 Objekte aus dem In- und Ausland, von Verlagen, Softwarehäuser oder gänzlich anderen Anbietern (Wein, Merchandising etc.) sind gelistet und von heute auf morgen zu bestellen. Der Marktführer KNV beabsichtigt, im Jahr 2005 seinen Titelstamm auf 420.000 aufzustocken. Auf den CD-ROM-Ausgaben und Online-Versionen werden auch vergriffene Titel angezeigt. Darüber hinaus sind auch Titel aus ausländischen Datenbanken zu recherchieren. Einen Einblick in das Leistungsspektrum (Stand 2004) verdeutlicht – stellvertretend für alle Großhändler – folgender Auszug aus einer Werbebroschüre von Libri.

Umsatz im Buchhandel findet heute mit den unterschiedlichsten Medien statt. Der Libri-Katalog auf CD-ROM ist Ihre ideale Plattform, um bei mehr als einer Million Büchern, Audio-Books und Klassik-CDs, bei Software und anderen Non-Books den Überblick zu behalten. Bei Libri finden Sie alles, was für Sie eine komfortable, aktuelle und zuverlässige Recherche brauchen, zusammen mit praxisorientierten Programmen für Ihre Bestell- und Wareneingangsarbeit im Tagesgeschäft.

Die Libri-CD – Ihr Erfolgsprogramm für Windows und DOS
- 300.000 Lagertitel im Barsortiment, darunter 100.000 Lagertitel Wissenschaften, 30.000 Lagertitel Schulbuch, 10.000 Lagertitel Import
- 650.000 englischsprachige Besorgungstitel
- 500.000 vergriffene Titel
- Höchste Aktualität durch 18 Ausgaben pro Jahr
- Optimale Datenqualität durch tagesaktuelle Titelaufnahme und Autopsie
- Praxisnahe Bibliografie durch kompetente Verschlagwortung

Libri-Online-Datenbank
- Kompletter Libri-Katalog für die Einbindung in Ihr Warenwirtschaftssystem
- Annotationen und Cover-Scans für Ihre Internet-Anwendung
- Unterstützt den internationalen ONIX-Standard
- Einbindung unterschiedlicher Datenbanken unter einheitlicher Oberfläche

Weitere Leistungen
- Libri-Sigel auf VLB und KNV-CD
- Online-Zusatz auf Zusatzinformationen im Internet (Cover und Annotationen)
- Bestellclearing mit verlagsindividuellen Übergabezeiten
- Optimale Integration von Libri Phone [= Lieferbarkeitsanfrage und Reservierung] aus Einzel- und Sammelbestellungen
- Kunden-Stammdaten-Verwaltung
- Direktzugriff auf alle Daten mit Office-Programmen möglich

Mit Libri Update ergänzen Sie Ihre Datenbank (online und auf CD) täglich um Novitäten und aktualisieren Preise und Meldeschlüssel. Damit sind Ihre Daten immer auf dem neuesten Stand.

9.2.2
ISBN, ISSN, ILN, Verkehrsnummer und Strichcodes

Was waren das noch für Zeiten, als alle Bestellungen im Klartext geschrieben und weiterverarbeitet wurden. Spätestens seit den 70er Jahren sind diese Zeiten vorbei, als internationale standardisierte Nummernsysteme von der EDV verarbeitet werden konnten. Für den Buchbereich begann alles mit der ISBN, der Internationalen Standard-Buchnummer (international standard booknumber), die Verlagsprodukte von der Herstellung über die Lagerhaltung bis hin zum Vertrieb begleitet.

Internationale Standard-Buchnummer (ISBN)

Die ISBN ist ein unverwechselbares Identifikationszeichen für jeden Buchtitel und wird sowohl inhaltlich als auch ausstattungsbezogen vergeben. Veränderte Neuauflagen erhalten jeweils eine neue ISBN. Diese stets 10-stellige Nummer ist grundsätzlich in vier Teile gegliedert, die durch Bindestriche oder Zwischenräume voneinander getrennt werden.

Aufbau einer ISBN (Beisp.: 3-934054-06-4)

3 = GRUPPENNUMMER
Sie wird von einer internationalen ISBN-Agentur für nationale Staaten, geografische Räume oder für Sprachgruppen vergeben. 3 = deutschsprachiger Raum (gilt für Deutschland, Österreich und die deutschsprachige Schweiz). Die Gruppennummer kann 1- bis 5-stellig sein.

934054 = VERLAGSNUMMER
Sie wird von nationalen ISBN-Agenturen oder vergleichbaren Institutionen für Verlage innerhalb einer Gruppennummer vergeben. In Deutschland vergibt die Buchhändler-Vereinigung die Verlagsnummer und damit eine bestimmtes Nummernkontingent für die Verlagsproduktion. Je kleiner die Verlagsnummer, um so höher ist das Titelkontingent, je größer desto geringer. Die Verlagsnummern für die Gruppennummer 3 kann 2- bis 7-stellig sein.

06 = TITELNUMMER
Das Titelnummernkontingent wird von der nationalen ISBN-Agentur zugeteilt. Der Verlag darf nach eigenem Ermessen hierüber verfügen. Häufig hängt die Vergabe der Titelnummer von der chronologischen Veröffentlichung von (Reihen-)Produktionen ab. Bei Taschenbüchern ist die Titelnummer in der Regel auch die Bandnummer. Das Titelnummerkontingent ergibt sich in Abhängigkeit von der Verlagsnummer und kann demnach für die Gruppennummer 3 wiederum 2- bis 7-stellig sein.

4 = PRÜFZIFFER
Die Prüfziffer ist prinzipiell 1-stellig und wird über ein Rechenprogramm ermittelt. Der Verlag erhält von der ISBN-Agentur bereits die Prüfziffer mit der Zuteilung der Titelnummer. Das Zeichen X steht für 10.

Die ISBN kann auch als Strichcode auf Büchern erscheinen und die elektronische Weiterverarbeitung von Bestellungen im Hinblick auf Lagerplätze etc. weiter vereinfachen. Der EAN-Standard-Strichcode (EAN = european article number) auf Büchern ist 13-stellig, wobei die ersten drei Ziffern 978 für das Medium Buch stehen und im Anschluss daran die ersten 9 Ziffern der ISBN sowie eine Prüfziffer durch Strichabstände gekennzeichnet sind.

ISBN 3-934054-06-4

9 783934 054066

Ab 2007 soll das ISBN-System komplett durch den EAN-Code ersetzt werden, da nicht mehr genügend Nummern zur Verfügung stehen. Mit einer neuen einleitenden Zahl 979 wird der Zahlenkreis verdoppelt.

Internationale Standard-Serienummer (ISSN)

Die Abkürzung ISSN steht für international standard serial number und wird für fortlaufende Serienwerke vergeben. Hierzu gehören Zeitungen, Zeitschriften und zeitschriftenartige Reihen – alles Objekte, die keinen von vornherein begrenzten Abschluss haben und mindestens einmal im Jahr erscheinen. Die ISSN ist stets 8-stellig und setzt sich aus zwei Vierer-Blöcken zusammen (das *Börsenblatt* hat die ISSN 1611-4280). Die ISSN wird nur titelbezogen vergeben. Anders als bei der ISBN sind keine Rückschlüsse auf Verlage und Titelnummern möglich. Die Vergabe für deutsche Titel erfolgt durch *Die Deutsche Bibliothek.* Vergleichbare national centre gibt es auch in anderen Ländern.

Verkehrsnummern

Die Verkehrsnummer wird an Firmen vergeben, die einem der buchhändlerischen Fachverbände (Börsenverein, Landesverbände) oder fachverwandten Organisationen angehören. Sie wird innerbetrieblich vor allem in der Buchhaltung verwendet, und für den Geschäftsverkehr wird sie auf Briefbögen, Rechnungs- und Zahlungsformulare etc. aufgedruckt. Im elektronischen Verkehr gilt sie als Adresse der jeweiligen Partner. Für die Teilnahme am BAG-Abrechnungsverfahren ist sie unabdingbare Voraussetzung. Die Verkehrnummern sind unterteilt in Kreditoren- und Debitorennummern. Die Kreditorennummern (10.000 bis 19.999) werden den Kreditgebern (Verlage und Zwischenbuchhändler) und die Debitorennummern (20.000 bis 59.999) den Buchhandlungen (= Kreditnehmer) zugeteilt.

Internationale Lokationsnummer (ILN)

Eine Öffnung für internationale Märkte bietet die *Internationale Lokationsnummer* (ILN). Das Fernziel liegt auf der Hand: eine einheitliche, weltweit gültige und überschneidungsfreie Nummer, die in der Datenkommunikation und in den Strichcodes die kostspielige Übertragung von Adressen und Artikelbeschreibungen ersetzt. Die Nummern selbst sind nicht inhaltlich bestimmt, ihre einzige Aufgabe ist die Identifikation der entsprechenden Information, die in den Liefer- und Empfängerbetrieben in Datenbanken abgespeichert sind. Die ILN wird – ebenso wie die EAN-Codierung – von der CCG, der *Centrale für Coorganisation* vergeben, die das deutsche Mitglied der *International Article Numbering Association* in Brüssel ist. Sie bietet die technischen Voraussetzungen für den ständig anwachsenden grenzüberschreitenden Waren- und Dienstleistungsaustausch.

9.2.3
Remittenden

Es gibt eigentlich keine andere Einzelhandelssparte, in der das Phänomen der Remission eine so ausgeprägte Rolle spielt wie im Buchhandel. Denn hier werden nicht nur Bücher zurückgeschickt, die zu beanstandende Mängel aufweisen (Defektexemplare = Bücher mit Schäden, die eindeutig auf einen Fehler in der Herstellung zurückzuführen sind), sondern auch Bücher, die im voraus mit Remissionsrecht, Umtauschrecht oder in Kommission bestellt worden sind. Hinzu kommt die ›Lagerbereinigung‹ im Sortiment anlässlich des Vertreterbesuchs. Was aber geschieht mit all den Remittenden?

Unumstritten ist: der Begriff ›Remittende‹ sagt nichts über den Erhaltungszustand eines Buches aus, d. h. neuwertige Remittenden bleiben preisgebunden. Nur wenn die Bücher beschädigt sind, kann man sie als Mängelexemplar kennzeichnen. Und nur diese Exemplare unterliegen nicht mehr der Preisbindung. (So wie die Titel, die der Verlag aus der Preisbindung herausnimmt, weil er keine Absatzchancen mehr sieht oder weil er eine neue Auflage auf den Markt bringen will.) Ein Problem der Branche besteht darin, dass Verlage neuwertige Remittenden als Mängelexemplare anbieten und verkaufen. Diesem Missstand versucht der Börsenverein entschieden entgegenzuwirken, denn er kommt einer Aushöhlung der Preisbindung gleich. Das auf der nächsten Seite im Wortlaut wiedergegebene *Merkblatt Mängelexemplare* formuliert sowohl die juristische als auch die praktische Seite des Problems und gibt Anweisungen für die Vertriebsabteilungen in den Verlagen.

9.2.4
Buchhändler-Abrechnungs-Gesellschaft (BAG)

Eine wichtige Aufgabe des Innendienstes ist selbstverständlich die Buchhaltung, denn erst nach dem Zahlungseingang ist de facto das Ende der Wertschöpfungskette erreicht. Diese Abteilung mit ihren Aufgaben in Be-

Merkblatt Mängelexemplare

Der Verleger-Ausschuss ist im Einvernehmen mit den Preisbindungstreuhändern der Auffassung, dass die Einhaltung der u. a. Grundsätze beim Vertrieb von Mängelexemplaren geboten ist. Verlag und Sortiment sind für die ordnungsgemäße Abwicklung gemeinsam verantwortlich, d. h. die Verlage haben dafür Sorge zu tragen, dass diese Kriterien erfüllt sind und das Sortiment hat den Wareneinkauf zu kontrollieren und seinerseits darauf zu achten, dass nur Titel angeboten werden, die diesen Kriterien auch entsprechen.

Definition Mängelexemplare sind ursprünglich einwandfreie Verlagserzeugnisse, die äußerlich erkennbare Schäden (z. B. angestoßener Einband, Beschmutzung, Transportschäden) aufweisen. Deshalb sind Remittenden, also vom Sortiment an den Verlag zurückgesandte Bücher nicht notwendigerweise auch Mängelexemplare. Remittierte Verlagserzeugnisse sind ebenfalls nur dann als Mängelexemplare anzusehen, wenn sie äußerlich erkennbare Schäden aufweisen. Ein Stempelaufdruck allein begründet solche Mängel nicht.

Preisbindung Mängelexemplare unterliegen nicht mehr der Preisbindung und können deshalb durch Verlag, Sortiment oder sonstige Dritte unterhalb des gebundenen Ladenpreises an Endverbraucher verkauft werden. Hingegen unterliegen Remittenden grundsätzlich weiterhin der Preisbindung und können nur dann preisbindungsfrei weiterverkauft werden, wenn sie äußerlich erkennbare Schäden aufweisen.

Kennzeichnung Mängelexemplare sind an signifikanter Stelle und in sofort erkennbarer Art und Weise als solche zu kennzeichnen. Das ist durch einen Stempelaufdruck ›preisreduziertes Mängelexemplar‹ oder ›Mängelexemplar‹ an der unteren Schnittkante der betreffenden Exemplare gewährleistet. Sollte dies aus technischen Gründen nicht möglich sein, müssen die Bücher an anderer Stelle außen gekennzeichnet sein. Beim Taschenbuch genügt auch der Aufdruck eines auffälligen Stempels ›M‹ der Kennzeichnungspflicht. Grundsätzlich ist jedes Buch vor seiner Kennzeichnung als ›Mängelexemplar‹ darauf zu untersuchen, ob es auch tatsächlich äußerlich erkennbare Schäden aufweist. Die Kennzeichnung einer größeren Zahl von remittierten Büchern als ›Mängelexemplare‹ ohne Einzelfallprüfung stellt oft einen Preisbindungsverstoß dar. Der Verlag hat geeignete Vorkehrungen zu treffen, um sicherzustellen, dass remittierte, aber äußerlich einwandfreie Exemplare nicht als preisbindungsfreie Mängelexemplare auf den Markt gelangen. Mängelexemplare dürfen deshalb auch nicht eingeschweißt ausgeliefert werden. Die mit der Entscheidung über die Wiederverkäuflichkeit der einzelnen Bücher befassten Mitarbeiter, auch solche beauftragter Firmen, sind entsprechend zu schulen.

Mindestfrist Mängelexemplare werden durch den Verlag nicht vor Ablauf einer Frist von sechs Monaten (Taschenbuch) bzw. zwölf Monaten (Hardcover) nach Erscheinen auf den Markt gebracht. Hat der Verlag ein Drittunternehmen mit der Annahme bzw. dem Vertrieb von Mängelexemplaren beauftragt, stellt er sicher, dass die genannten Mindestfristen auch durch das eingeschaltete Unternehmen beachtet werden. Bei einer größeren Zahl von Mängelexemplaren eines Titels wird empfohlen, diese monatlich kontingentiert in den Markt zu geben, um ein zu großes Angebot des gleichen Buches zu unterschiedlichen Preisen zu verhindern. Mängelexemplare dürfen weder vom Verlag noch vom Sortiment als ›neuwertig‹ beworben werden. Der Buchhandel muss in der Werbung darauf hinweisen, dass es sich um Mängelexemplare handelt. (Im Versandhandel möglicherweise mit dem Zusatz ›mit Lagerschäden‹).

zug auf Mahnwesen etc. soll hier nicht vorgestellt werden, aber eingegangen werden muss auf die *Buchhändler-Abrechnungs-Gesellschaft
mbH* (BAG) als zentrale Verrechnungsstelle für den Buchhandel. Voraussetzung für die Teilnahme am BAG-Abrechnungsverfahren ist die
Mitgliedschaft im *Verein für buchhändlerischen Abrechnungsverkehr e.V.*
und eine buchhändlerische Verkehrsnummer, die als BAG-Abrechnungs-
nummer dient.

In der Einleitung zu den Geschäftsbedingungen der BAG sind ihre
Aufgaben definiert:»Die BAG Buchhändler-Abrechnungs-Gesellschaft
mbH ist eine Gemeinschaftseinrichtung des Buchhandels und dient der
Förderung der Wirtschaftlichkeit im Buchhandel. Der Zweck der Gesellschaft ist insbesondere die Zahlungsabrechnung (Clearing) im Buchhandel sowie die Übernahme von sonstigen Dienstleistungen für den Buchhandel.«

Als entscheidender Vorzug der BAG hat ihre Neutralität zu gelten. So
bleiben besondere Zahlungsbedingungen, die zwischen Sortimentern
und Verlagen vereinbart worden sind, vom BAG-Abrechnungsverfahren
unberührt. Die BAG ist nur für die technische Abwicklung des Zahlungsverkehrs zuständig. In § 1 Abs. 1 der Geschäftsbedingungen heißt es
hierzu:»Die BAG handelt bei der Abwicklung des Zahlungsverkehrs
ausschließlich im Auftrag und für Rechnung der teilnehmenden Verlage
(Kreditoren) und Sortimenter (Debitoren). Sie erwirbt kein Eigentum an
abzurechnenden bzw. abgerechneten Forderungen und übernimmt für
diese kein Obligo [d. h. keine Haftung, Anm. des Verfassers]. Die Rechtsbeziehungen der Teilnehmer untereinander werden durch das Abrech-
nungsverfahren nicht unterbrochen.«

Rückbelastungen strittiger Forderungen, Selbstbelastungen des Sortimenters sowie die Abrechnung von Remittenden werden von der BAG
im Rahmen des üblichen Geschäftsverkehrs vorgenommen. Die Verlage
erhalten von der BAG den Ausgleich aller fällig gewordenen Forderungen in einer Summe ohne Rücksicht darauf, ob die einzelnen Debitoren
bereits an die BAG gezahlt haben. Für verspätet eingehende Zahlungen
geht die BAG in Vorlage; die betroffenen Verlage erhalten in diesem Fall
vertrauliche Mitteilungen über die zahlungssäumigen Buchhändler.

Die Oberfinanzdirektion Frankfurt, unter anderem zuständig für die
Belange des Buchhandels, hat die BAG-Abrechnung als Sammelabrechnung im Sinne des Steuerrechts anerkannt: Sie erfüllt Grundbuchfunkti-
on. Die Zahlungseingänge der einzelnen Rechnungen müssen demnach
nicht mehr einzeln gebucht werden, sondern nur noch die Gesamtsumme eines BAG-Kontoauszuges. Als Abrechnungsstichtage sind jeweils
der 2. und 17. eines Monats festgelegt worden. Auf diese Weise rechneten
im Jahre 2004 etwa 1.100 Verlage mit 4.200 Sortimentern ein Volumen
von über 1,5 Milliarden DM ab – ein klarer Beweis für die Akzeptanz des

Rationalisierungseffektes, der sowohl auf der Seite der Kreditoren als auch auf der der Debitoren viel Zeit und Kosten einsparen hilft.

Die schlechte Zahlungsmoral im Handel, die restriktive Kreditpolitik der Banken und die hohen Verwaltungskosten führen vielfach zu Liquiditätsengpässen in den Verlagen. Eine neue Dienstleistung ›Factoring‹, die von der BAG 2000 initiiert worden ist, schafft hier Abhilfe: Der Verlag verkauft seine Forderungen gegenüber dem Sortiment an die Factoring Gesellschaft Media GmbH, nachdem diese vorher die Bonität der Verlagskunden überprüft hat. Dieses Factoring-Unternehmen wird – im Gegensatz zur BAG – Eigentümer der Forderungen mit allen rechtlichen Konsequenzen wie Durchführung von Mahnverfahren bis zum 100-prozentigen Ausfallrisiko.

9.3
Eigen- oder Fremdauslieferung

Die Auslieferung kann verlagsintern in eigenen Lagerräumen oder extern von verlagsunabhängigen Dienstleistern im Rahmen des betrieblichen Outsourcings abgewickelt werden. Die Entwicklung geht eindeutig hin zu Full-Service-Dienstleistern, die neben dem Zur-Verfügung-Stellen von Lagerfläche vor allem die EDV-technische Umsetzung des Bestelleingangs und der Remittenden leisten. Je nach Wunsch der Verlage erstellen die Verlagsauslieferungen Statistiken über den Titel-Absatz (Gesamt, pro Reisegebiet, nach Reihen), den Lagerbestand (Mindestbestand, Vormerkungen nach Abverkauf der Auflage), Inventurdifferenzen, die Lagergesamtentwicklung etc.

Die Gebühren für Verlage berechnen sich – trotz im Detail unterschiedlicher Modelle – nach zwei Prinzipien: Es gibt eine gewichtsabhängige Lagermiete oder eine prozentuale Gebühr vom Umsatz. Thomas Bez, Inhaber des Barsortiments Umbreit, unterscheidet in dem *ABC des Zwischenbuchhandels* drei Grundformen der Verlagsauslieferung:

Modell 1 Auslieferung nach dem Mandantenprinzip: Hier wird die Auslieferung für jeden Verlag völlig separat geführt, vom Bestelleingang über die Bearbeitung, die Lagerung und Kommissionierung bis zur Fakturierung. Die Bezahlung erfolgt auf ein Konto des Verlags.

Modell 2 Factoring (Forderungskauf): Die Verlagsauslieferung kauft die Forderungen ihrer Verlage und kann damit die Bestellung bei verschiedenen Verlagen auf eine Rechnung setzen und zu einer Sendung bündeln. Die Bezahlung erfolgt an die Verlagsauslieferung (nicht an die einzelnen Verlage!).

Modell 3 Auslieferung auf eigene Rechnung: Die Verlagsauslieferung kauft die auszuliefernde Ware spätestens in der juristischen Sekunde vor dem Verkauf an den Abnehmer (Buchhändler), was nur bedingt mit dem ›Selbstein-

tritt des Kommissionärs‹ (§ 400 HGB) vergleichbar ist; denn die Verlagsausliefe-
rung kauft generell und nicht im Einzelfall. Mit dem Kauf der Ware wird die
Verlagsauslieferung zum Absatzmittler (Eigenhändler), d. h., sie verkauft die
Ware wie ein Großhändler, kann sie auf eine Rechnung setzen und in einer
Sendung liefern. Die Bezahlung erfolgt mit befreiender Wirkung nur an die
Verlagsauslieferung.

Während bei Klein- und Kleinstverlagen die Lagerhaltung im Handbe-
trieb erfolgt, wird bei größeren Verlagen die Einlagerung zu einem be-
deutenden Arbeitsschritt und Kostenfaktor. Die Auflage oder Bindequo-
te eines Titels (d. h. der Anteil der gedruckten Auflage, der zu Beginn mit
einer Bindung versehen ist) wird angeliefert, durch EDV-Codierung erfasst und eingelagert. Die Einlagerung erfolgt in der Regel ›chaotisch‹, da
einzig die EDV über die Lagerplätze entscheidet und diese ansteuert. Bei
bereits im Markt positionierten Titeln kann die Vorbestellrate oder die
Bestellquote der Vergangenheit in die Platzdefinition einbezogen werden.

Beim Auslieferungsprozess selbst werden die bestellten Bücher über
die Lagerverwaltungs-EDV erfasst, die entsprechenden Rechnungen,
Lieferscheine, Packzettel oder Kontroll-Listen erstellt und die Bücher
entweder per Hand oder per Hochregalroboter den Regalen entnommen.
Die Vollständigkeit und Richtigkeit einer Sendung wird in der Regel mittels Gewichtskontrollen überprüft. Danach wird die Sendung den jeweiligen Routen der Branchen-Bücherwagendienste und den Paletten-Ab-
holplätzen der privaten Transportunternehmen zugeordnet. Den Ver-
sandweg bestimmt der Empfänger.

Büchersendung

Neben der Möglichkeit zur Preisbindung und dem ermäßigten Umsatzsteuersatz sei mit der postalisch ermäßigten Beförderungsgebühr für Sendungen bis 1 000 Gramm ein drittes Privileg der Buchbranche angesprochen: die Büchersendung, die für Bücher, Broschüren, Notenblätter und
Landkarten in Anspruch genommen werden kann. Allerdings ist die Gewährung einer – nach Gewicht gestaffelten – niedrigen Transportgebühr
an bestimmte Voraussetzungen geknüpft, die den *Service-Informationen*
der Deutschen Post (Stand Januar 2005) entnommen sind. So müssen
Bücher und Broschüren einen Einband oder Umschlag haben und an einer Seite fest zusammengehalten sein.

Als ›Beilage‹ sind nur erlaubt: die Rechnung und ein entsprechender
Zahlscheinvordruck, ein Rückantwortumschlag, eine Leih- und/oder
Buchlaufkarte sowie eine im Buch befestigte CD-ROM. Die Büchersen-

dung darf nicht geschäftlichen Zwecken dienen. Werbung ist nur auf dem Umschlag und auf je zwei aufeinanderfolgenden Seiten am Anfang und Ende des Werkes zugelassen. Grundsätzlich sind offener Versand sowie die Bezeichnung ›Büchersendung‹ oberhalb der Anschrift erforderlich.

9.4
Vertriebskanäle von Buchverlagen

Wie in allen Bereichen der Absatz- und Vertriebspolitik ist auch bei Buchverlagen die Wahl und Steuerung der richtigen Vertriebskanäle eine entscheidende Voraussetzung für den erfolgreichen Abverkauf der Bücher. Die Erreichbarkeit der Kaufzielgruppe sowie die Konditionen und Kosten der einzelnen Vertriebskanäle variieren sehr stark. Ebenso wie beim Vertrieb von Presseprodukten kann grundsätzlich zwischen direkter Distribution (ohne Einbeziehung des Handels), einstufiger (Einbeziehung des Einzelhandels) und zweistufiger Distribution (Einbeziehung des Zwischen- und Einzelhandels) unterschieden werden. Im Überblick lassen sich die wichtigsten Vertriebskanäle, wie auf der nächsten Seite abgebildet, darstellen.

9.4.1
Direktvertrieb

In dieser Kategorie werden alle Vertriebsarten zusammengefasst, die den Buchvertrieb ohne Einbeziehung des Handels ermöglichen. Doch Vorsicht: Bei allen Formen des Direktvertriebs werden so genannte Distributionskanal-Konflikte deutlich. Grundsätzlich konkurrieren alle Vertriebskanäle miteinander, da der erfolgreiche Ausbau des einen Vertriebskanals das Verkaufsvolumen der anderen Kanäle erschwert. Neben dem normalen Konkurrenzverhältnis zeigt sich beim Wettbewerb von Vertriebskanälen mit und ohne Handel eine zusätzliche marktpolitische Schwierigkeit. Vor allem der Einzelhandel reagiert im Buchsektor meist sehr empfindlich auf Bestrebungen der Verlage, direkt an den Endkunden zu verkaufen, da er dies als wettbewerbsverzerrenden Eingriff in seinen Kundenbestand sieht. Die schwierige Position, gleichzeitig Partner und Wettbewerber der Buchhändler zu sein, erfordert von den Verlagen sehr viel Fingerspitzengefühl.

Der Direktvertrieb von Büchern ist vor allem bei Fach- und Special-Interest-Titeln eine notwendige Maßnahme, um das Leser- und Interessentenpotenzial voll auszuschöpfen. Darüber hinaus ist für alle Titel Direktvertrieb zu Ladenpreisen als zusätzlicher Vertriebskanal interessant,

Vertriebskanäle im Buchmarkt

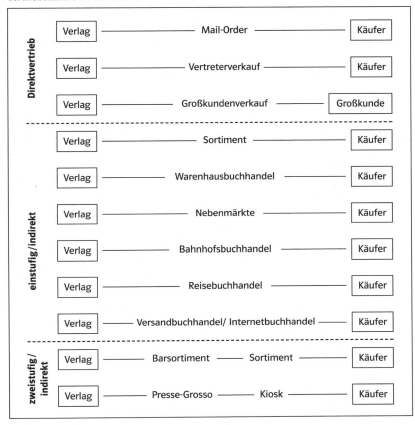

da die Rabatte für den Handel entfallen. Der schon lange Zeit existierende Wettbewerb zwischen Direkt- und Mehrstufenvertrieb und der damit zusammenhängende Konflikt zwischen Verlagen und Buchhandlungen kann durch die Möglichkeiten des Direktvertriebs via Internet eine völlig neue Qualität bekommen.

Mail Order

Wie auch in anderen Bereichen der deutschen Wirtschaft hat der Direktverkauf von Büchern, begleitet durch entsprechende Direktwerbemaßnahmen in den vergangenen Jahren ein großes Wachstum verzeichnen können. Unter Mail-Order im Verlagswesen wird klassischerweise der Direktverkauf von Büchern zusammengefasst, bei dem die Titel direkt an den Endabnehmer verkauft und versandt werden. Bevor es zur eigentlichen Kaufaktion kommen kann, müssen die Verlage durch entsprechende kommunikationspolitische Maßnahmen wie z. B. Anzeigenwerbung (in Zeitungen, Publikums- oder je nach inhaltlichem Schwerpunkt des Verlags in Fachzeitschriften) mit Bestellcoupon zum Bestellen einzelner Titel oder Direktwerbung auf das Programm aufmerksam machen.

Besonders bei Fachverlagen kann die geografisch sehr weit verstreute Zielgruppe häufig am einfachsten über Direkt- oder Fachzeitschriftenwerbung angesprochen und zum direkten Bestellen beim Verlag aufgefordert werden. In diesen Fällen findet in der Regel ein Parallelvertrieb von Direktvertrieb (Mail-Order) und (Fach-)Buchhandel statt. Gerade in den Fällen, in denen sowohl das Fachbuchprogramm, als auch die entsprechenden Fachzeitschriften aus demselben Verlag stammen, nimmt der Direktvertrieb mit den dazugehörigen Werbemaßnahmen einen nicht unmaßgeblichen Anteil am Vertriebsmarketing des Buchverlags ein.

Eine besondere Variante des Direktmarketing im Zusammenhang mit dem Mail-Order-Buchversand ist das Telefonmarketing. Hierbei handelt es sich um Telefonverkauf, bei dem nach Maßgabe des Verlags Endkunden angerufen und nach einem ausgeklügelten Gesprächsleitfaden mit dem Angebot des Verlags konfrontiert werden. Doch dem Telefonverkauf sind grundsätzlich durch die Rechtsprechung recht enge Grenzen gesetzt. So ist es nicht gestattet, wahllos Privatkunden anzurufen, zu denen im Vorfeld keine geschäftliche Beziehung bestand. Daher findet der Erstkontakt zum Privatkunden meist über andere Wege statt, indem beispielsweise nach einem werblichen Erstkontakt Gewinnspiele veranstaltet oder Hintergrundinformationen angeboten werden, um eine Beziehung zu dem Kunden aufzubauen.

Das Wachstum des Telefonmarketings und der Dienstleistungen verlagsinterner oder -externer Call-Center ist letztlich nur der erste Schritt zum Auf- und Ausbau des integrierten Direktvertriebs. Denn während alle bisher geschilderten Maßnahmen des Direktvertriebs immer mit dem Nachteil leben mussten, dass der entscheidende Schritt des Kunden, der Bestellvorgang, im Verhältnis zur Werbekommunikation (Anzeige oder Werbebrief mit Bestellcoupon, Telefonanruf etc.) einen Medienbruch erforderlich macht, gibt es mit der zunehmenden Verbreitung des Internet sowie anderer interaktiver Direktverkaufsmedien (Direct-Response-TV etc.) die Möglichkeit, zu einer Vielzahl an Kunden direkten Kontakt aufzunehmen und diesen Kontakt verkäuferisch umzusetzen, wenn da nicht das zum 1.8.2000 in Kraft getretene *Fernabsatzgesetz* wäre, nach der Verbraucher, die unter Verwendung neuer Informationstechnologien bestellen, innerhalb von zwei Wochen nach Vertragsabschluss ohne Angabe von Gründen den Vertrag widerrufen können. Die Kosten für die Rücksendung muss bei einem Warenwert über 40 Euro der Unternehmer tragen.

Vertreterverkauf

Eine stärker personalisierte Form des Direktvertriebs ist der Vertreterverkauf durch Reisende oder Handelsvertreter. Aufgrund des hohen Aufwands für die Außendienstmannschaft, die nur eine begrenzte Anzahl an Kundenkontakten pro Tag sinnvoll abarbeiten kann, kommt diese Verkaufs- und Vertriebsform nur für spezielle Segmente in Frage. Eine Sonderstellung in diesem Segment nehmen die Business-to-Business-Verkaufsformen ein, wenn beispielsweise große Stückzahlen an institutionelle Abnehmer verkauft werden. Das klassische Segment des Vertreterverkaufs sind jedoch hochpreisige Artikel, die einen entsprechenden Umsatzanteil für den Außendienst ermöglichen. Da sie in einem gesättigten Marktumfeld angeboten werden, erfordert das einen entsprechenden argumentativen Aufwand vom Verkäufer. Das bekannteste Beispiel für diese Art von Vertretervertrieb ist der Verkauf von Lexika. Da der Markt beim Verkauf solcher Produkte eine offensive Argumentation (Hard-Selling) erfordert, kommt es in diesem Vertriebsbereich mitunter zu Auswüchsen (Stichwort: Türdrücker), die dem Ansehen der ganzen Verlagsbranche schaden. Ähnlich wie im Pressebereich beim Einsatz von Abonnementwerbefirmen hilft hier nur die strikte Kontrolle durch den Auftraggeber.

Direktverkauf an Großkunden

Eine besondere Rolle beim Direktvertrieb von Büchern spielt der Verkauf an institutionelle Großkunden (Unternehmen, Behörden, Bildungseinrichtungen, Verbände, Parteien etc.). Durch Vermittlung von Verleger, Geschäftsführung oder Vertriebsaußendienst werden große Stückzahlen von Büchern an die Großkunden zu Sonderrabatten verkauft. Häufig kommt ein solches Verfahren bei Fachbüchern vor, die für Mitarbeiter oder Kunden von Organisationen interessant sind. Mischformen sind beispielsweise auch Veröffentlichungen, bei denen die Institution eine besondere Rolle spielt. Wenn z. B. ein Automobilhersteller mit Hilfe interner und externer Fachleute die Entwicklung seines innerbetrieblichen Weiterbildungsbereichs in einer Publikation darstellen lässt, wird er für interne Zwecke einen erheblichen Teil der Auflage abnehmen. Die Bedeutung dieses Verkaufs an institutionelle Großkunden zu Sonderkonditionen schwankt natürlich je nach thematischer Ausrichtung des Verlags. Doch auch bei einem derartigen Direktverkauf müssen die Bestimmungen der Preisbindung hinsichtlich der Mengenpreise (BuchPrG § 5, Abs. 1) und der Möglichkeiten der Kundenbindung (BuchPrG § 7, Abs. 4) eingehalten werden.

9.4.2
Einstufige indirekte Distribution

Die einstufige Distribution von Büchern umfasst – wie der Name bereits sagt – alle Vertriebskanäle, bei denen die Verlage nicht mehr direkt an den Kunden liefern, sondern sich Mittlerorganisationen bedienen. Im Gegensatz zum nachfolgend skizzierten zweistufigen Vertrieb wird jedoch lediglich eine Handelsebene mit einbezogen. Die unterschiedlichen Formen des einstufigen Vertriebs unterscheiden sich jedoch nicht unerheblich in ihrer Ausgestaltung und Bedeutung für den Gesamtmarkt.

Sortimentsbuchhandel

Den bedeutendsten Anteil am Buchvertrieb haben nach wie vor die Sortimentsbuchhandlungen, die man treffend als Fachgeschäfte für Bücher und Medien beschreiben kann. Rund 60 % des Umsatz zu Endverbraucherpreisen wird über diesen Vertriebskanal abgewickelt. Erwähnenswert ist vor allem sein Besorgungsdienst, denn keine andere Vertriebsform des Bucheinzelhandels besorgt jedes lieferbare Buch und jedes nur denkbare Abonnement. Allerdings müssen die traditionellen Sortimentsbuchhandlungen zunehmend mit anderen Formen des Buchhandels und Buchvertriebs konkurrieren – ihr Anteil am Gesamtumsatz der Buchbranche ist in den letzten Jahren gesunken. Beliefert werden sie entweder vom Verlag direkt und gehören dann in die Kategorie des einstufigen Vertriebs, oder sie werden von Großhändlern beliefert und sind damit Teil des zweistufigen Vertriebs. Die Buchhandlungen können sehr stark nach Größe (Kleinstadt-Sortiment, Buchkaufhaus) und nach Ausrichtung (allgemeines Sortiment, spezialisiertes Fachbuchsortiment) variieren. Dementsprechend unterschiedlich ist auch die Zahl der vorrätig gehaltenen Titel. Sie beläuft sich auf Größenordnungen zwischen 2.000 und 100.000.

Warenhausbuchhandel

Waren früher die Buchsortimente in den meisten Kaufhäusern (Karstadt/ Hertie, Kaufhof) auf Taschenbücher fixiert, so hat mittlerweile die Aufwertung des Kaufhaussortiments dazu geführt, dass auch hochauflagige Hardcover-Bücher (Bestseller) und die aktuellen Neuerscheinungen in den Fachabteilungen der großen Kaufhäuser angeboten werden. Daher hat der Vertriebsweg Kaufhaus in den letzten Jahren vor allem für die Publikumsverlage (Belletristik, Kinder- und Jugendbuch, Ratgeber) an

Bedeutung gewonnen. Parallel zum Verkauf neuer Bücher werden in vielen Kaufhäusern Bücher bei denen die Preisbindung aufgehoben wurde ›verramscht‹. Bemerkenswert ist die aus Sicht der Verlage entstandene Nachfragekonzentration. Die großen deutschen Kaufhäuser sind heute alle Tochtergesellschaften von wenigen großen Handelsgruppen. Dies bedeutet: Alle Hersteller und somit auch die Verlage müssen ungleich größere Anstrengungen unternehmen, um ›gelistet‹, das heißt, in das Sortiment aufgenommen zu werden, als bei einem wettbewerbsintensiven Abnehmermarkt.

Bahnhofsbuchhandel

Ähnlich wie im Pressebereich nimmt auch im Buchsektor der Bahnhofsbuchhandel eine besondere Rolle ein. Zunächst einmal ist der Name irreführend, da der Bahnhofsbuchhandel zwar die Filialen im Bereich der Bahnhöfe und Flughäfen bezeichnet, die Händler jedoch im Gegensatz zur ›normalen‹ Sortimentsbuchhandlung nicht nur Bücher, sondern schwerpunktmäßig auch Zeitungen und Zeitschriften verkaufen.

Die Buchverlage beliefern den Bahnhofsbuchhandel direkt. Die Bahnhofsbuchhändler beanspruchen jedoch wegen ihrer extremen Kostensituation (hohe Pacht der Deutschen Bahn AG, hohe Personalkosten aufgrund längerer Öffnungszeiten) einen Rabatt, der in der Nähe des Rabattsatzes liegt, den das Kartellamt im Verkauf preisgebundener Bücher als Höchstrabatt vorschreibt, nämlich 50 %.

Reisebuchhandel

Der Reisebuchhandel gehört wie der Versandbuchhandel zum *ambulanten* Buchhandel, da die Kundengewinnung außerhalb eines Ladengeschäfts stattfindet. Die Firmen des Reisebuchhandels stellen sich dabei ihr Sortiment aus den Angeboten der Verlage zusammen oder übernehmen den Vertreterverkauf im Auftrag der Verlage. Ziel ist der persönliche Verkauf durch den Vertreter, den Reisenden, an den Endkunden. Da dies sehr personal- und kostenintensiv ist, reduziert sich das Sortiment auf wenige hochpreisige Werke wie z. B. mehrbändige Nachschlagewerke, die Großkunden (Unternehmen, Verbänden, Kammern, Schulen etc.) oder Freiberuflern (Ärzte, Steuerberater, Rechtsanwälte etc.) angeboten werden.

Versandbuchhandel/Internetbuchhandel

Neben verlagseigenen Versandbuchhandlungen, die als organisatorische
Variante des Direktvertriebs (Mail-Order) aufgefasst werden kann, gibt
es in Deutschland eine Reihe von unabhängigen Versandbuchhandlungen. Die Großen der Branche – an dieser Stelle sei nur der Marktführer
Weltbild genannt – versuchen mit hohem Werbedruck ihr Sortiment bekannt zu machen. Schwerpunkte sind Titel ohne Preisbindung, Bestseller, aber mitunter auch hochpreisige Bücher bzw. Gesamtausgaben oder
Lexika. Wie auch beim Themenbereich Mail-Order durch Tochterfirmen
der Verlage gibt es unterschiedliche Auffassungen darüber, ob die Kunden, die via Versandbuchhandlung erreicht werden auch als Kunden-
stamm für Sortimentsbuchhandlungen zugänglich sind. Für Verlage ist
diese Frage wichtig, um zu klären, inwieweit zusätzliche Vertriebskanäle
eine Ausweitung des Marktpotenzials bedeuten oder lediglich eine Verschiebung zwischen Vertriebskanälen darstellen.

Eine Spezialform des Versandbuchhandels stellt der Internetbuch-
handel dar. Angelockt durch Prognosen, die dieser Vertriebsform Umsatzanteile von bis zu 30 % prognostizierten, haben bereits frühzeitig wenige große Anbieter große Marktanteile an sich gezogen. Nachdem sich
die Internet-Euphorie gelegt hat sich man nun ein wenig klarer. Das maximale Marktvolumen wird auf rund 10 % eingeschätzt. Im Dezember
2004 wurde jedoch rund 4,5 % Umsatzanteil zu Endverbraucherpreisen
durch den ›Online-Versandbuchhandel‹ generiert, während der ›Offline-
Versandbuchhandel‹ via Katalog etc. den selben Wert erreichte. Mehr
zum Thema Online-Vertrieb von Büchern im Kapitel 11.3.

Nebenmärkte

Der Begriff Nebenmarkt taucht in Statistiken auch als ›sonstige Verkaufsstellen‹ auf. Hiermit sind nicht nur die Verkaufsstätten gemeint, die
über den Presse-Grosso erreicht werden. Auch der Außendienst der Verlage versucht seine Produkte dort abzusetzen, wo seine Kunden sind. So
wird bei Fachgeschäften und -märkten nachgefragt, ob sie nicht zusätzlich zu ihrem ursprünglichen Sortiment nicht auch entsprechende Bücher oder Medien führen wollen (Spielwarengeschäft und Kinderbücher,
Computerladen und Computerfachliteratur etc.). In der Regel geschieht
die weitere Organisation über das *Rack-Jobbing*-Verfahren (Regalgroß-
handel), dessen sich auch der Presse-Grosso bedient, wenn er den pres-
sefremden Einzelhandel beliefert. Der Händler stellt Fläche zur Verfügung, die dann der Verlag mit Möbeln (häufig Drehständern) bestückt.
Die Pflege des ausgestellten Sortiments übernimmt ausschließlich der

Außendienst: Er kümmert sich um das Nachfüllen und den Austausch der Ware, das Ausführen etwaiger Preisänderungen u. a. m. Nutznießer dieses Vertriebsmodells sind beide Partner: Der (Fach-)Verlag trifft seine Kunden am Point-of-Sale und der Händler kann über Diversifikation seine Kompetenz unter Beweis stellen.

9.4.3
Zweistufige indirekte Distribution

Die zweistufige Distribution beinhaltet neben dem Produzenten (Verlag) zwei rechtlich und organisatorisch in der Regel unabhängige Handelsstufen, die beide einen entsprechenden Handelsrabatt beanspruchen. Dabei sind die Endverkaufsstellen in der Regel dieselben wie beim einstufigen Vertrieb. Als neue Stufe kommen jedoch die Zwischen- bzw. Großhändler vor. Da der Verlag durch die Rabatte für den Zwischenbuchhandel diese Vertriebsform zunächst als Erlösschmälerung im Rahmen seiner Verlagskalkulation registriert, muss man sich die Frage stellen, ob es für einen Buchverlag überhaupt lukrativ ist, Aufträge via Großhandel anzunehmen. Die Antwort auf diese Frage kann schnell gegeben werden. Für den Verlag ist es sinnvoll, den Großhandel mit einzubeziehen, da er durch dessen Mittlerfunktion im Bereich der Kommunikation und Logistik wesentlich einfacher Kontakt zu einer Vielzahl von Händlern bekommt. Viele dieser Händler würde er ohne Zwischenhandel gar nicht oder nur mit sehr großem eigenen finanziellen Aufwand erreichen. Als Entgelt für diese Mittlerfunktion erhält beispielsweise das Barsortiment nach einer Entscheidung des Bundeskartellamts den Höchstrabatt des Verlages, d. h. kein Einzelhändler darf einen höheren Rabatt für sich beanspruchen und vom Verlag erhalten als den Barsortimentsrabatt.

Barsortiment

Barsortiment ist der buchspezifische Großhandel, der die einzelnen Sortimentsbuchhandlungen mit Titeln aus seinem Sortiment beliefert, das zur Zeit zwischen 320.000 und 420.000 Objekte umfasst (Stand Januar 2005). Das Barsortiment hat die Verlagsware in eigenem Namen und auf eigene Rechnung fest erworben und auf Lager genommen hat. Da der Barsortimenter ausschließlich Buchhändler beliefert, findet aus Sicht des Verlags keinerlei Marktausweitung gegenüber dem einstufigen Vertrieb über das Sortiment statt. Der Grund, weshalb auf den Einsatz des Barsortiments nicht verzichtet wird, liegt im Zeitvorteil. Während der Kunde bei direkt beim Verlag bestellten Büchern oft Wartezeiten von vier bis

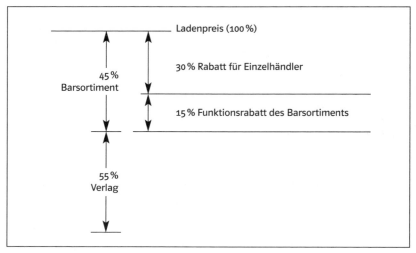

Ladenpreis (100 %)

30 % Rabatt für Einzelhändler

45 %
Barsortiment

15 % Funktionsrabatt des Barsortiments

55 %
Verlag

So ermittelt sich der Funktionsrabatt der Barsortimente

vierzehn Tagen in Kauf nehmen muss, liefert der Zwischenbuchhändler binnen 24 Stunden. Für alle Verlage, die mit ihrem Sortiment die Verpflichtung haben, ständig nahezu überall präsent zu sein, gibt es zum Barsortiment keine Alternative. Das bedeutet beispielsweise, dass Publikumsverlage sehr stark vom Zwischenbuchhandel abhängen, während spezialisierte Fachverlage mitunter auch ohne den Einsatz von Barsortimenten zurechtkommen.

Die Barsortimente erhalten meist einen *Funktionsrabatt*, der zwischen 15 % und 20 % über dem Grundrabatt liegt und nur in Ausnahmefällen darunter. Dabei stehen die Verlage jedoch einem Oligopol von wenigen Barsortimentern gegenüber, die die Rabattentwicklung mit ihrer Nachfragemacht entsprechend begleiten. Dieser Hintergrund der Marktmacht und die ungünstigere Kalkulationsbasis führt bei vielen Verlagen zu Bestrebungen, den Anteil des Barsortiments am gesamten Verlagsumsatz begrenzt zu halten, um nicht vom Wohlwollen weniger abzuhängen. Daneben gibt es natürlich auch absatzpolitische Gründe. Denn das Barsortiment ist für Verlage wie eine Black Box – der Verlag erfährt nicht, welcher Einzelhändler welche Titel bestellt und verliert damit Anhaltspunkte für konkrete Werbeaktivitäten am Point-of-Sale.

Trotzdem wäre es fatal, nur aus rabattpolitischen Gründen auf ein Barsortiment verzichten zu wollen. Zu bedenken ist, dass die Barsortimente die Verlage von vielen Einzelbestellungen entlasten, für den Verkauf im Handel qualitätsvolle Datenbanken bieten, Medientitel schnell liefern können und einmal eingekaufte Novitäten für einen längeren

Zeitraum bevorraten. Damit leisten sie einen nicht zu unterschätzenden Dienst für die Recherchier- und Verfügbarkeit der Backlist.

Presse-Grosso

Auch die Presse-Grossisten, d. h. die Zwischenhändler der Pressebranche, können für den zweistufigen Vertrieb von Büchern eingesetzt werden. Da die hierbei belieferten Verkaufsstellen ein anderes Zielpublikum ansprechen als die Sortimentsbuchhandlungen, ist die Chance groß, auf diesem Weg eine Ausweitung des Marktes zu erreichen. Waren früher lediglich Taschenbücher auf diesem Weg verkäuflich, kann der Weg über das Presse-Grosso heute auch für Bestseller im Hardcover-Segment benutzt werden.

Das Presse-Grosso beliefert dabei nicht nur Kioske und Trinkhallen, sondern bereits seit längerer Zeit den Einzelhandel im Segment Papier, Büro, Schreibwaren (PBS). In jüngster Zeit konnten die Regalflächen im Bereich der Supermärkte (Food-Märkte wie Tengelmann oder Edeka) und der Cash-and-Carry-Märkte (WALMART etc.) ausgeweitet werden. Der Großteil der Regalfläche steht hierbei jedoch dem Pressesegment zur Verfügung, wenngleich auch der Buchanteil im Wachsen begriffen ist. Zum Teil wird von Seiten der Pressegrossisten auch der buch- und pressefremde Einzelhandel beliefert. Beispielhaft hierfür sind Jagd- und Angelläden oder Tierhandlungen mit dem dazugehörigen Segment an Special-Interest-Zeitschriften und entsprechenden Buchtiteln. Eine genaue Beschreibung des Presse-Grosso erfolgt im Kapitel Vertrieb von Presseerzeugnissen.

9.5
Kommunikationspolitische Maßnahmen in Buchverlagen

Da die wesentlichen marketingpolitischen Maßnahmen im Kapitel 5 bereits beschrieben worden sind, möchten wir in diesem Abschnitt lediglich die Maßnahmen der Kommunikationspolitik für den Buchvertrieb noch einmal zur Sprache bringen.

9.5.1
Werbung

Werbung in Buchverlagen unterscheidet sich – von einem wirkungsvollen Internetauftritt einmal abgesehen – je nach Verlagstypus erheblich.

Ein wissenschaftlicher Fachverlag wird versuchen, durch Prospekte in Fachbuchhandlungen, Anzeigen in einschlägigen Fachzeitschriften und Präsenz bei Kongressen und Fachveranstaltungen auf sich und seine Titel aufmerksam zu machen. Ein Publikumsverlag hingegen wird sich über Anzeigenwerbung in Tages- und Wochenzeitungen, durch Zeitungsbeilagen und Prospektwerbung im Sortiments- und Warenhausbuchhandel um eine möglichst breite Streuung seiner Werbebotschaft bemühen. So unterschiedlich die Ausgestaltung der Werbemittel im Einzelnen auch sein mag, die beiden Verlagstypen dienen hier lediglich als Beispiel, so gibt es dennoch einige Gemeinsamkeiten, die bei der Vertriebswerbung aller Buchverlage festgestellt werden können.

Es gibt zwei unterschiedlich strukturierte Zielgruppen für die Werbemaßnahmen der Buchverlage: die Endabnehmer, die mit Hilfe der Publikumswerbung angesprochen werden müssen sowie die Händler als Absatzmittler. Die Publikumswerbung stellt den Nutzen des Buchs (Information, Wissen, Bildung, Unterhaltung etc.) in den Vordergrund und soll den Nachfrageimpuls auf Konsumentenseite setzen. Gleichzeitig ist eine breit angelegte Konsumentenwerbung auch schon das erste Argument, um beim Buchhandel für Interesse an den Titeln zu sorgen. Wenn Titel intensiv gegenüber den Lesern beworben werden, lässt dies auf eine hohe Absatzerwartung des Verlags schließen, was wiederum ein Auslöser für erhöhte Umsatzerwartungen des Handels sein kann. Damit ist bereits das Kernthema der Händlerwerbung angesprochen: der Händlernutzen, der eng mit dem Umsatz bzw. genauer gesagt mit dem zu erwartenden Rohgewinn verbunden ist. Daher sind die Kernaussagen der Handelswerbung (beispielsweise eine Anzeigenwerbung) grundsätzlich anders gelagert als die Werbeaussagen der Publikumswerbung.

Werbeetat und Mediaplanung

Von Henry Ford ist der Satz überliefert: »Ich weiß, dass ich die Hälfte meines Werbeetats falsch ausgebe; ich weiß nur nicht welche Hälfte.« Obwohl Verlage ihre Werbeausgaben in den Ladenpreis mit einkalkulieren können, können sie nicht astronomische Ausmaße annehmen. Im Regelfall wird daher ein Budget angesetzt (zwischen 5 % und 10 % vom Planumsatz), von dem alle Werbeaktivitäten zu finanzieren sind. Da bei vielen Publikumsverlagen aber die Werbung nach dem Gießkannenprinzip (gleichmäßige Verteilung des Werbeetats über alle Titel hinweg) der Vergangenheit angehört, werden vorher definierte A-, B- oder C-Titel, Reihen oder Programmbereiche im Novitäten- und Backlistbereich unterschiedlich gewichtet. Dies gilt sogar für die Erstellung des Gesamtverzeichnisses, das übrigens – neben absatzpolitischen Gründen – auch für

Autoren wichtig ist, denn dort sind sie und ihre geistigen Schöpfungen über das Autorenregister nachweisbar.

Da es demnach darauf ankommt, das ›wenige‹ zur Verfügung stehende Geld am effizientesten einzusetzen, fällt der so genannten Mediaselektion eine entscheidende Rolle zu: Welche Werbemittel und welche Werbeträger sind zu wählen, damit die jeweiligen Zielgruppen zu vertretbaren Kosten am wirkungsvollsten erreicht werden? Viele Verlage beauftragen eine Werbe- oder Marketingagentur mit der Mediaplanung, der Erstellung und der Durchführung der Werbemaßnahmen.

Nur bei neuen Produkten lässt sich der richtige Zeitpunkt für Werbeaktivitäten präzise festzulegen. Aber in der Werbetheorie gibt es drei weitere Orientierungsmöglichkeiten: die zyklische Werbung, durch die der Werbeaufwand entsprechend der Umsatzspitzen eingesetzt wird, die antizyklische Werbung, die den Werbeeinsatz in umsatzschwachen Zeiten aktiviert, und die konstante Werbung, die ohne Berücksichtigung der Umsatzschwankungen eines Geschäftsjahres erfolgt. Wie auch immer im Einzelfall die Entscheidung hierüber ausfallen mag – alle Werbeaktivitäten müssen mittel- und langfristig geplant, organisiert und dokumentiert werden. Hierzu bedarf es eines Werbeplans, der nicht nur die Zeitpunkte der Werbe- und auch PR-Maßnahmen erfasst, sondern darüber hinaus die einzelnen Werbeaktivitäten koordiniert.

9.5.2
PR (Public Relations)

Neben der klassischen Vertriebswerbung ist es bei Buchverlagen wichtig, Multiplikatoren in der gesamten Medienbranche (Zeitung, Zeitschrift, Funk und Fernsehen) anzusprechen, die aufgrund ihrer besonderen Position die Möglichkeit besitzen, auf einen großen Teil der Zielgruppe einzuwirken. Besonders begehrte Multiplikatoren bei Buchverlagen jeglicher Art sind Journalisten, da sie mit Buchrezensionen eine wesentlich höhere Aufmerksamkeit erzeugen können, als dies durch Werbemaßnahmen allein möglich ist. Flankierend zu Rezensionsexemplaren werden in der Regel so genannte Waschzettel mitversandt – dies sich Info-Texte aus dem Lektorat, die eine Rezension erleichtern sollen. Multiplikatoren können aber auch Lehrer sein, die von Schulbuchverlagen nicht nur mit Begleitmaterialien unterstützt, sondern auch über die neuesten Lernhilfen für Schüler informiert werden.

Der Versand von Rezensionsexemplaren ist aber nur ein Bereich der Außenarbeit einer PR-Abteilung. Denn Außenwirkung haben auch weitere Aussendungen wie der Versand von Programmvorschauen oder der von Pressemitteilungen zu besonderen Ereignissen (Literaturpreise, Jubiläen, Geburtstage etc.). Das Ausmaß der Aussendungen hat in letzter Zeit verstärkt zugenommen, was in unmittelbarem Zusammenhang mit einer explosionsartigen Ausdehnung von Stadt- und Szenemagazinen, Pressebüros und zahlreichen Freischaffenden in der Kultur- und Medienbrancheteil zu sehen ist. PR-Arbeit im ›Außendienst‹ heißt aber auch Präsenz dort, wo die Medien sind oder wohin sie eingeladen werden. Deshalb gehören auch Redaktionsbesuche, Pressekonferenzen und die medienwirksame Betreuung der Autoren auf der Buchmesse zum Pflichtprogramm.

Neben der Außen- gibt es auch eine Innenarbeit. Sie besteht neben der Dokumentationsarbeit für Rezensions- und Fotoarchive zunächst einmal in der Aufbereitung eines Presseechos für die Werbung. Aber auch die Pflege des Presseverteilers gehört hierzu, um etwaige Datei- oder Karteileichen zu entfernen oder um immer die häufig wechselnden Ansprechpartner in den Redaktionen zu registrieren. Im letztgenannten Fall ist der *Zimpel* das meistgeschätzte Nachschlageverzeichnis.

9.5.3
Verkaufsförderung (Sales Promotion)

Verkaufsförderung im Buchsektor kann, wenn sie sich an den Endverbraucher richtet, sehr unterschiedliche Formen annehmen. Die klassische Form ist die Autorenlesung und Signierstunde, die zwar sehr aufwendig ist, jedoch nicht nur dem Titel, dem Autor und dem Verlag, sondern auch der durchführenden Buchhandlung zugute kommt. Um den Aufwand zu minimieren sollte der Verlag eine Lesereise organisieren. Die anfallenden Kosten sind Verhandlungssache, aber in der Regel trägt die Buchhandlung das Honorar für den Autor, welches den Mindesthonorarsatz nicht unterschreiten sollte. In letzter Zeit mehren sich aber auch kritische Stimmen zu derartigen klassischen Veranstaltungen. Und so versuchen, Buchhandlungen gemeinsam mit Verlagen aus reinen Kulturlesungen *Events* zu machen und ziehen dabei alle Register der Kommunikationspolitik. Events gibt es aber nicht nur im Bereich der Belletristik, sondern auch im Non-Fiction-Bereich, sei es für Wellness-Wochen oder für Kochbücher in der Weihnachtszeit.

Neben diesen inhaltsorientierten Formen der Verkaufsförderung gibt es jedoch auch das im Handel allgemein angewandte Verfahren, über Gewinnspiele, Preisausschreiben, Aufkleber und ähnliches die Aufmerksamkeit der Käufer auf die eigene Produktpalette zu lenken.

Aber wie die Werbung ist auch die Verkaufsförderung nicht ohne den Handel machbar. Der Handel bzw. seine Haltung gegenüber den Titeln ist entscheidend für die Absatzchancen der Titel, da die Präsenz am

Point-of-Sale eine der wichtigsten Voraussetzungen für den Verkauf ist. Daher steht er bei den meisten Verkaufsförderungs-Maßnahmen im Zentrum des Interesses. Durch Verkaufswettbewerbe, Aktionspakete, Schaufensterwettbewerbe etc. versuchen die Verlage, den Handel in die Verkaufsförderung einzubeziehen. Unterstützt werden diese Bemühungen durch eine entsprechende Rabatt- und Konditionenpolitik (Aktionsrabatte, Remissionsmöglichkeit, Werbekostenzuschüsse, langes Zahlungsziel). Daneben gibt es aber auch andere Motivationsaspekte wie z. B. das persönliche Kennenlernen der Belegschaft einer Buchhandlung und des Autors am Rande einer Signierstunde, die den Kontakt zum Handel sehr verbessern können. In diesem Zusammenhang ist auch auf die *Leseexemplare* hinzuweisen, die vor allem bei belletristischen Titeln kostenlos an Buchhändler abgegeben werden.

Erfolgreiche Verkaufsförderung muss auch den Verlagsaußendienst mit einbeziehen. Eines der bekanntesten Mittel ist der Verkaufswettbewerb mit entsprechenden Incentives (z. B. Urlaubsreisen für die ganze Familie für erfolgreiche Außendienstmitarbeiter). So lange hier kein zweifelhafter Titel wie ›Mitarbeiter der Woche‹ als Preis winkt, der sich in deutschen Verkaufsorganisationen im Gegensatz zu US-Unternehmen meist etwas merkwürdig ausnimmt, können mit zeitlich befristeten Aktionen durchaus brachliegende Motivationspotenziale genutzt werden. Die Motivation kann aber auch schon durch weitaus einfachere Maßnahmen gesteigert werden. Häufig sind die Informationen des Außendienstes über das Buchprogramm, die anstehenden Werbemaßnahmen sowie die geplante Verkaufsförderung auf Seiten der Leser und des Handels bereits der erste und entscheidende Schritt. Darüber hinaus ist es sowohl für den Außendienst als auch für die Präsenz im Handel wichtig, dass der Verlag geeignete Materialien (Informationsmaterial, Werbegeschenke, Aufkleber etc.) für den Außendienst bereithält.

Fragen zu Kapitel 9

73. Nach welchem Ordnungsprinzip sind die Buchhandlungen im *Adressbuch für den deutschsprachigen Buchhandel* sortiert – und warum ist das für den Vertrieb der Verlage wichtig?
a) Nach den Reisegebieten der Verlage
b) Nach dem Namensalphabet
c) Nach dem Gründungsjahr
d) Nach dem Städtealphabet

74. Nennen Sie fünf Funktionen der Verlagsvertreters.

75. Warum sind die bibliografischen Angaben der lieferbaren Titel im VLB und in den Barsortimentsverzeichnissen autopsiegeprüft?

76. Nennen Sie die vier Bestandteile einer ISBN.

77. Kennzeichnen Sie die Debitorennummern im Rahmen der Verkehrsordnung mit einer ❶ und die Kreditorennummern mit einer ❷.

 a) 11.580

 b) 20.100

 c) 17.200

 d) 59.800

78. Unterscheiden Sie Defektexemplare und Mängelexemplare.

79. Kennzeichnen Sie die richtigen Aussagen in Bezug auf die BAG mit einer ❶ und die falschen Aussagen mit einer ❷.

 a) Die BAG ist als Gemeinschaftseinrichtung des Buchhandels zuständig für das Zahlungsclearing zwischen Verlagen und Buchhandlungen.

 b) Die Oberfinanzdirektion Frankfurt am Main erkennt die BAG-Abrechnung als Sammelabrechnung im Sinne des Steuerrechts an.

 c) Die BAG erwirbt Eigentum an den abzurechnenden Forderungen.

 d) Die BAG-Teilnahme ist an den Erwerb einer Verkehrsnummer verknüpft.

 e) Voraussetzung für die Teilnahme am BAG-Abrechnungsverfahren ist die Mitgliedschaft im Verein für buchhändlerischen Abrechnungsverkehr.

 f) Die BAG-Abrechnungsstichtage sind jeweils der 1. und 15. in einem Monat.

 g) Verlage, die das Factoring ihren Verlagsauslieferungen übergeben haben, nehmen die Dienstleistungen der BAG nicht in Anspruch.

80. Welche Aussagen über die Büchersendung sind richtig?

 a) Der Versand als Büchersendung ist bis 2.000 g möglich.

 b) Der Büchersendung darf eine CD-ROM lose beigelegt werden.

 c) Der Büchersendung darf ein Rückantwortumschlag sowie eine Rechnung beigelegt werden.

 d) Büchersendungen müssen stets im offenen Versand *(Darf zu Postprüfzwecken geöffnet werden)* aufgegeben werden.

 e) Als Büchersendung darf jedes Buch versandt werden.

81. Wie wirkt sich die Entscheidung eines Buchverlags, bestimmte Vertriebskanäle zu forcieren, auf die übrigen Vertriebskanäle aus? Geben Sie hierzu ein Beispiel.

82. Welche Vertriebskanäle kommen für ein populäres Taschenbuch in Frage?

83. Weshalb ist bei kleineren belletristischen Verlagen die Werbeplanung oft schwierig?

10
Vertrieb von Presseerzeugnissen

Hans-Joachim von Ehren, ehemaliger Vertriebschef der *WELT*, hat einen sehr gelungenen Versuch unternommen, den Vertrieb von Zeitungen und Zeitschriften zu definieren: »Der Vertrieb hat die Aufgabe, das von der Redaktion gestaltete, mit Anzeigen ergänzte, von der Technik produzierte Objekt bei Ausnutzung aller Vertriebswege und unter Beachtung aller kommerziellen Forderungen zeitgerecht an den Leser, der dieses Objekt lesen will, kann, muss oder soll, zu liefern und den Service zu leisten, der das Fundament dafür ist, dass die Leistung der Redaktion voll zur Wirkung kommen kann.«

In Deutschland ist die freie Vermarktung und Distribution von Presseerzeugnissen eine entscheidende Voraussetzung für eine funktionsfähige Demokratie. Abgesichert durch das Grundgesetz ist die Meinungs-, Informations- und Pressefreiheit garantiert:

§ 5 (1) Jeder hat das Recht, seine Meinung in Wort, Schrift und Bild frei zu äußern und zu verbreiten und sich aus den allgemein zugänglichen Quellen ungehindert zu unterrichten. Die Pressefreiheit und die Freiheit der Berichterstattung durch Rundfunk und Film werden gewährleistet. Eine Zensur findet nicht statt.

(2) Diese Rechte finden ihre Schranken in den Vorschriften der allgemeinen Gesetze, den Gesetzen zum Schutze der Jugend und im Recht der persönlichen Ehre.

10.1
Vertriebskanäle

Verschiedene Produktformen wie Zeitungen, Publikums-, Fach- oder konfessionelle Presse oder Anzeigenblätter gelangen durch Unterstützung einer Vielzahl von Vertriebskanälen zu Käufern und Lesern. In der Übersichtsgrafik sind nicht nur die Elemente des Pressevertriebs aufgeführt, die in das traditionelle Schema Abonnement, Einzelverkauf und Vermietung passen, sondern auch die Segmente des Pressevertriebs, die zunehmend an Bedeutung gewinnen: die kostenlosen Presseprodukte.

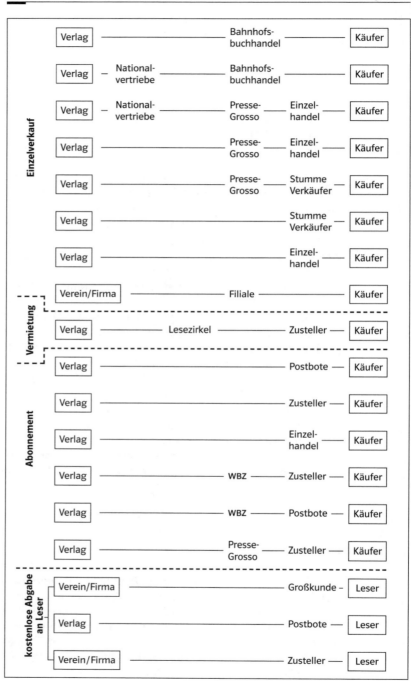

Quelle: Breyer, *Alternative Zustelldienste*, Bonn

Traditionell ist der Vertriebsweg über die Deutsche Post AG/Pressedistribution der am häufigsten genutzte Weg, der durch niedrige Tarife die Pressefreiheit gewährleistet. Zunehmend kommen aber alternative Zusteller zum Zug, größtenteils zwar regional begrenzt, aber durchaus konkurrenzfähig.

In den nachfolgenden Ausführungen werden die einzelnen Vertriebsarten und die dazugehörigen Vertriebskanäle charakterisiert, wobei aus Sicht der Verlage zunächst stets die Entscheidung hinsichtlich der Alternative Abonnement oder Einzelverkauf fallen muss, bevor innerhalb der Vertriebsart der geeignete Vertriebskanal definiert wird. Der Bereich AGB Pressepost ist aufgrund neuer und teilweise geänderter Formulierungen sehr ausführlich und mit praxisbezogenen Hinweisen dargestellt.

10.1.1
Einzelverkauf

Unter Einzelverkauf (EV) versteht man den Verkauf einzelner Exemplare. Damit steht der Einzelverkauf im Gegensatz zum Verkauf einer Reihe mit fortlaufenden Ausgaben (= Abonnement). Im Einzelverkauf muss sich jeder Titel mit jeder Ausgabe von neuem den Kunden attraktiv darstellen. Der Einzelverkauf ist bei einer Vielzahl von Zeitschriften, wie beispielsweise bei Publikumszeitschriften, der wichtigste Vertriebsweg.

10.1.1.1
Bahnhofsbuchhandel

Eine besondere Form des Einzelverkaufs ist der Verkauf über den Bahnhofsbuchhandel. Über eine halbe Million Menschen besuchen täglich eine Bahnhofsbuchhandlung. Die Bahnhofsbuchhändler sind Nebenbetriebe der Deutschen Bahn (DB), die an selbstständige Unternehmer verpachtet sind. Der Bahnhofsbuchhandel versorgt die Reisenden an Personenbahnhöfen und Flughäfen mit Presseerzeugnissen. Da der Bahnhofsbuchhandel eine hohe Pacht an die DB zahlen muss, benötigt er eine größere Handelsspanne als der restliche Einzelhandel. Außerdem sind die Öffnungszeiten erheblich länger, die Personalkosten deutlich höher – und das an 365 Tagen im Jahr.

Die DB hat ein massives Interesse daran, Reisende mit Presseerzeugnissen zu versorgen. Deshalb ist der Bahnhofsbuchhandel von der Gewerbeordnung freigestellt, das heißt, er ist nicht an die Bestimmungen des Ladenschlusszeitgesetzes gebunden. Um diese Kostennachteile auszugleichen, bekommt der Bahnhofsbuchhandel einen höheren Rabatt

als der über das Grosso belieferte Einzelhandel. Aufgrund der Direktbe-
lieferung wird ihm gewissermaßen auch noch die Handelsspanne des
Grossisten zugerechnet. Die Angebotsfläche des Bahnhofsbuchhandels
für Bücher, Zeitschriften und Zeitungen hat mindestens 70 Prozent der
Gesamtfläche zu betragen.

Auch der Bahnhofsbuchhandel unterliegt dem Grundsatz der ›Be-
zugspflicht‹: Er muss jedem Titel eine Verkaufschance eröffnen. Weitere
Kriterien für die Eingruppierung als Bahnhofsbuchhandlung sind:
• Öffnungszeiten von mindestens 90 Stunden pro Woche;
• Soll-Öffnungszeiten von 100 Stunden pro Woche;
• Körperlose Remission;
• Übermittlung der Remissionsdaten;
• Vollsortiment, das heißt, es müssen über 1.000 Pressetitel im Angebot
  sein.

Die Remissionsdaten (Anzahl der nicht verkauften Exemplare; siehe
hierzu auch die Ausführung im Kapitel 10.1.1.3 Presse-Grosso) im Presseeinzelhandel müssen von allen Grossisten, Händlern und damit auch
von Bahnhofsbuchhändlern an die einzelnen Verlage zurückgemeldet
werden. Die Händler melden die unterschiedlichen Verkaufsdaten einer
zentralen Stelle, die diese nach Verlagen gruppiert und ihrerseits mit einheitlichen Datensätzen an die einzelnen Verlage weitergibt. Das neueste
Verfahren wurde unter dem Namen EDI-PRESS als Branchenlösung
zum Datenaustausch zwischen Verlag, Nationalvertrieb, Bahnhofsbuchhandlung und Presse-Grosso Ende der 90er Jahre eingeführt.

10.1.1.2
Nationalvertriebe oder National Distributeur (ND)

Nicht jeder Verlag kann direkt mit einem Grossisten in Verbindung treten, vor allem nicht der Fachzeitschriften- und Special-Interest-Bereich
mit seinen kleinen und mittleren Auflagen. Deshalb gibt es seit den 70er
Jahren die so genannten Nationalvertriebe, die als Fullservice-Anbieter
die komplette Vertriebssteuerung übernehmen. Die Nationalvertriebe betreuen mehrere Objekte unterschiedlichster Verlage. Neben Special-Inte-
rest- und Fachverlagen nutzen auch ausländische Tageszeitungen diese
Dienstleistungen. Die zunehmende Diskussion um Outsourcing im Vertrieb gibt den Nationalvertrieben zusätzlich Auftrieb. Denn nicht jeder
Verlag mit kleinauflagigen Objekten kann es sich leisten, einen eigenen
Vertrieb aufzubauen. Ausgegliederte Vertriebsabteilungen haben den
Vorteil, dass die eigenen Objekte mit vergleichsweise geringem finanziellen Aufwand im Handel platziert werden können.

Aus den am Anfang belächelten Vertriebsorganisationen der Klein-verlage ist mittlerweile eine Branche mit respektabler Umsatzbedeutung geworden. Die vier größten Nationalvertriebe setzten in den 90er Jahren jeweils zwischen 70 und 110 Millionen EURO um. Insgesamt beläuft sich der Anteil der Nationalvertriebe am Umsatz des Grosso auf rund 20 Pro-zent. Wichtigste Grundvoraussetzung ist die absolute Neutralität des Ver-triebsdienstleisters, denn alle Kunden müssen gleichermaßen gerecht be-treut werden. Sonst ist eine erfolgreiche gemeinsame Vertretung aller Ob-jekte nicht möglich.

10.1.1.3
Presse-Grosso oder Presse-Einzelhandel

Der Absatzweg über Groß- und Einzelhandel hat eine vorrangige Be-deutung. Das Presse-Grosso hat die Aufgabe, die von den Verlagen he-rausgegebenen Objekte auf die Einzelhändler seines Einzugsbereiches zu verteilen und die Betreuung, Kommissionierung, Auslieferung, Remissi-onsabwicklung und Abrechnung zu übernehmen. Das deutsche Presse-Grosso hat (2001) einen Anteil von über 50 Prozent im deutschen Pres-semarkt. Derzeit betreuen ungefähr 94 Grossofirmen in 108 Vertriebsre-gionen den Markt. Der dahinter stehende Einzelhandel umfasst über 100.000 Firmen.

Jeder Grossist hat in seinem Gebiet das ›Alleinauslieferungsrecht‹. Nur in drei Vertriebsregionen gibt es zwei Grossisten, von denen jeder dann nur für einen Teil der Verlage und Titel (so genannte Objekttren-nung) das Alleinauslieferungsrecht wahrnimmt. Als Gegenleistung zum Gebietsschutz ist der Grossist verpflichtet, jedem Titel einen ungehinder-ten Marktzutritt zu verschaffen. Daraus leitet sich eine grundsätzliche Bezugspflicht des Grossisten gegenüber den Verlagen ab. Nur wenn dau-erhaft keine Rentabilität des Objektes vorliegt, kann der Grossist den Be-zug beenden. Ebenso ist es beim Gebietsschutz aus Sicht des Einzelhan-dels notwendig dafür zu sorgen, dass ein Grossist keinen Einzelhändler von der Belieferung ausschließen kann.

Um die Marketingbemühungen der Grossisten und der Verlage abzu-stimmen und Konflikte zu minimieren, wurde mit dem ›Koordinierten Vertriebsmarketing‹ ein gemeinsamer Leistungsrahmen geschaffen. Das Sortiment des Presse-Grosso umfasst alle entgeltlichen Presse-Produkte, Hardcover-Bestseller und Taschenbücher. Das Zeitschriftensortiment schließt RCR-Artikel (Rätsel, Comics, Romane) ein. Die Remissionsquo-te liegt im Schnitt zwischen 30 und 45 Prozent.

Der über diesen Vertriebskanal belieferte Einzelhandel hat in den letz-ten Jahren zunehmend Veränderungen erfahren. Steht beim Grosso-Modell typischerweise das Leitbild des kleinen Zeitungskiosk im Vordergrund, konnten in der Vergangenheit zunehmend Ketten wie Tankstellen oder Lebensmittelketten Umsatzvolumen hinzugewinnen. Die dort üblichen Verfahren des zentralen Listings und Einkaufs widersprechen der Philosophie des dezentralen Pressegroßhandels. Neue Konzentrationstendenzen auf Seiten des Einzelhandels könnten entstehen, wenn die 2004 begonnenen Aktivitäten der Vermarktung über Discounter (*Bild* bei Lidl) einen stärkeren Niederschlag im Markt finden.

10.1.1.4
Sonderhandel

Der Distributionskanal Sonderhandel umfasst üblicherweise den Straßenverkauf mittels selbstständiger Straßenverkäufer bzw. Kolporteure und den Verkauf über Verkaufsautomaten durch ›stumme Verkäufer‹. In beiden Fällen wird die Abwicklung entweder vom Verlag selbst übernommen, wie im Falle lokal dominierender Kauf- oder Regionalzeitungen, oder aber das Presse-Grosso wird dazwischengeschaltet wie beispielsweise bei nationalen Kaufzeitungen. Stumme Verkäufer finden meist in Großstädten Anwendung, wo vor allem Kaufzeitungen auf diesem Weg vertrieben werden. Dabei muss zwischen offenen Automaten, Halb- und Vollautomaten unterschieden werden. Offene Automaten erfordern keinen Geldeinwurf zur Entnahme der Zeitung, Halbautomaten ermöglichen nach der Bezahlung die Entnahme beliebig vieler Exemplare – lediglich Vollautomaten gewährleisten, dass für jedes entnommene Exemplar bezahlt wird.

Am Beispiel von Großstädten, in denen eine direkte Konkurrenz zwischen regionalen Kaufzeitungen und *Bild* besteht, lässt sich gut darstellen, zu welchen logistischen Besonderheiten diese Vertriebsform führt und auf welcher wirtschaftlichen Grundlage diese Vertriebsschiene betrieben wird. In Köln beispielsweise werden die Automaten des *Express* durch den Verlagsaußendienst von M. DuMont Schauberg bestückt, in Düsseldorf wird der Automatenhandel von der *Westdeutschen Zeitung* betreut. Die *Bild*-Automaten werden vom Außendienst der ortsansässigen Grossisten betreut. Da zwischen den konkurrierenden Titeln direkte Substitutionsbeziehungen bestehen, fahren die jeweiligen Außendienst-Mitarbeiter nicht nur ihre Touren jede Nacht parallel, sondern die Tourenfahrten werden auch zur direkten Konkurrenzbeobachtung genutzt. Dies führte dazu, dass – nach der Devise *Wo die Konkurrenz verkauft, verkaufe ich auch* – die Zahl der Angebotsstellen innerhalb der letzten Jahre stark ausgeweitet wurde. Durch die Ausweitung des Automatenverkaufs entstehen Konflikte mit den Einzelhändlern vor Ort.

Da die verschiedenen Vertriebskanäle in Konkurrenz zueinander stehen, wird jeder Mehrverkauf im einen Sektor von den übrigen Marktpartnern sehr kritisch betrachtet. Das Beispiel Sonderhandel mit Hilfe von stummen Verkäufern zeigt jedoch auch den Doppelaufwand im Pressevertrieb damit nicht eine Vertriebsorganisation ein Konkurrenzobjekt bevorzugt. Dadurch wird die bereits im oberen Teil dieses Abschnitts erhobene Forderung nach Neutralität der Vertriebsorganisationen erneut bekräftigt. Die konkreten logistischen Auswirkungen stellen sich wie folgt dar: Jede Kaufzeitung benötigt zur Bestückung von angenommen 1.500 Automaten in einem Ballungsgebiet 23 Touren. Da bis auf wenige Ausnahmen, beispielsweise bei Automaten auf Werksgeländen, die Automaten nur in Gruppen (*Bild*/regionale Konkurrenztitel) auftreten, muss der Grosso-Außendienst zur Betreuung der *Bild*-Automaten den gleichen Aufwand betreiben. Um das Marktpotenzial dieses klassischen Einzelverkauf-Vertriebsweges abzuschätzen, muss die kalkulatorische Grundlage untersucht werden.

In den Verlagen werden die Tourenfahrer auf der Basis eines Rabattsatzes auf den Endverkaufspreis entlohnt. Da meist noch Halbautomaten im Einsatz sind, ist zusätzlich noch eine Provision als Schwundausgleich notwendig. Hinzu kommt teilweise noch ein Fahrgeldzuschuss, Prämien für die Reinigung und Instandhaltung der Geräte sowie Sonderzahlungen bei verspätetem Druckende, Glatteis etc. Zu diesen Vertriebskosten kommen zusätzlich noch anteilige Kosten der Automaten (Abschreibungsraten bzw. Leasingkosten in Abhängigkeit von der Gesamtausstattung) und Gebühren an die beteiligten Städte. Diese Platzierungsgebühr variiert je nach Preisvorstellungen der Stadt und stellt mittelfristig ein erhebliches Kalkulationsrisiko dar. Wegen der hohen Schwundquote und der engen Kalkulationsbasis ist die Verbreitung des Automatenverkaufs eigentlich nur durch den intensiven Wettbewerb erklärbar. Hinzu kommt die Notwendigkeit, mit hohen Auflagenzahlen im Anzeigenmarkt zu operieren.

Wenn man das künftige Marktpotenzial dieses Vertriebskanals abschätzen möchte, muss man zwei gegensätzliche Tendenzen im Auge behalten. Zum einen ist der Erfolg des Automatenverkaufs eng an den Nachtverkauf gekoppelt, der durch keinen Einzelhändler abgewickelt werden kann. Der Erfolg dieses Segments ist jedoch wiederum sehr eng mit dem Erfolg des örtlichen produzierenden Gewerbes verknüpft, da die Mitarbeiter der Nacht- und Frühschicht die Hauptzielgruppe bilden. Aus diesem Grund zeigen sich in Gebieten mit wirtschaftlichem Strukturwandel rückläufige Tendenzen aufgrund von Werkschließungen. Zum anderen bieten Vollautomaten – beispielsweise die der *Mitteldeutschen Zeitung* in Halle oder die der schweizerischen Firma Journomat – die Möglichkeit, neue Einsatzfelder für den Automatenverkauf zu entwickeln. Durch die Einführung einer bargeldlosen Chipkarte als Zahlungsmittel werden Formen des Automatenabonnements denkbar wie sie beispielsweise in Krankenhäusern oder größeren Wohneinheiten sinnvoll sein können. Ein besonders attraktiver Anwendungsbereich sind Studentenwohnheime, da dort aufgrund der Anonymität Zeitungen häufig gestohlen werden, bevor sie den Abonnenten erreichen. Dieser Trend zum Automatenverkauf würde sich zu Lasten der Zustellabonnements auswirken, doch sind derartige Sonder-Aboformen derzeit erst in der Konzeptphase und auch nicht für den Massenmarkt gedacht.

Der Straßen- bzw. Handverkauf als zweite Form des Sonderhandels wird von allen Zeitungskategorien (Kauf-, regionale und überregionale Abonnementzeitung) betrieben. Beim Einsatz von Handverkäufern gibt es unterschiedliche Formen: den Abend- und Nachtverkauf des ersten Andrucks am Vorabend des Erscheinungstags sowie den Verkauf an Kreuzungen und belebten Plätzen. Während im ersten Fall neben der Erreichung eines besonderen Prestigegewinns auch noch der Aktualitätsvorteil genutzt wird, dient der Verkauf an Kreuzungen und belebten Plätzen zusätzlich dem Prestige sowie der Demonstration von Präsenz. Dem Käufer wird signalisiert, dass ›seine‹ Zeitung immer und überall (Ubiquität) erhältlich ist.

Die Entlohnung erfolgt hier ähnlich wie bei den Tourenfahrern über einen Rabattsatz pro verkauftem Exemplar. Da zusätzlich noch ein Fixum bezahlt wird, schwanken die Rabattsätze von ca. 20 bis 40 Prozent in Abhängigkeit von der Höhe des Fixums. Auch diese Vertriebsform, die als Abrundung der Vertriebsschiene Einzelverkauf eingesetzt wird, basiert auf einer für die Verlage sehr engen Kalkulationsgrundlage. Der Anteil an der Gesamtzahl der verkauften Exemplare liegt jedoch meist sehr niedrig, so dass hier nur ein geringer Marktanteil in Konkurrenz zum übrigen Einzelverkauf und dem Abonnementverkauf vertrieben wird. Beide Sonderhandelsformen (Automaten- und Handverkauf) werden lediglich von Zeitungsverlagen eingesetzt. Der Zeitschriftenmarkt bleibt hiervon unberührt – mit Ausnahme der Stadtzeitungen und Szeneblätter, die im Handverkauf vertrieben werden.

10.1.2
Relativer Direktvertrieb

Für alle Zustellformen, bei denen eine der üblichen Zwischenhandelsstufen ausgeschaltet wird, kann man von einem relativen Direktvertrieb sprechen. Hier wird die Ware direkt vom Verlag zum Einzelhändler geliefert. So bei direkter Belieferung von Tageszeitungen im Verbreitungsgebiet, obwohl die Remissionsabwicklung über den Grossisten erfolgt.

Weitere Besonderheiten ergeben sich beispielsweise dann, wenn zwischen *Bild*-Vertriebsleitung und dem örtlichen Grossist unterschiedliche Auffassungen zum Thema ›Leerorte‹ bestehen und *Bild* eigene Verkaufsstellen direkt beliefert. Zur Erläuterung: Leerorte sind Gebiete, in denen keine Presseverkaufsstelle eingerichtet ist, obwohl eine ausreichende Zahl an Einwohnern vorhanden ist. In solchen Fällen werden abgelegene Kioske und Verkaufsstellen, die sich für den Grossisten als nicht rentabel erwiesen haben, vom *Bild*-Vertrieb direkt beliefert. Ein weiterer Anwendungsfall ist die direkte Belieferung von Nonpress-Händlern wie beispielsweise Sport- und Angelgeschäfte mit Special-Interest-Titeln, die als einziges Presseangebot in der jeweiligen Verkaufsstelle angeboten werden.

10.1.3
Kostenlose Presse zur Auslage in Geschäftsstellen und Filialen

Vereine, Verbände, Handelsorganisationen und Parteien produzieren teilweise recht hochauflagige Mitgliedermagazine, die sie kostenlos in ihren Geschäftsstellen bzw. Filialen auslegen. Diese Produkte ähneln in ihrer Verteilstruktur dem Einzel- bzw. Sonderverkauf – allerdings mit dem Unterschied, dass der Kunde bzw. Leser hierfür nicht bezahlen muss. Im Unterschied zur kostenlosen Abgabe von Presseartikeln an Flughäfen findet auch kein Leistungsaustausch zwischen Verlag und Großabnehmer statt. Zwischen dieser Vertriebsform mit großer Nähe zum Einzelverkauf und den beiden Vertriebsformen kostenloser Presseerzeugnisse bestehen teilweise Komplementär- und Substitutionsbeziehungen.

10.1.4
Lesezirkel

Lesezirkel (LZ) sind selbstständige Unternehmen, die von den Verlagen Teilauflagen zu sehr günstigen Konditionen beziehen. Unterschiedliche Titel stellt der Lesezirkel zu so genannten Lesemappen zusammen, die er an Abonnenten vermietet. Bei der Vermietung erwirbt der Leser kein Eigentum, sondern lediglich das Nutzungsrecht für eine bestimmte Zeit. Der Aufschwung dieses Vertriebsweges stammt aus der Nachkriegszeit, wo in der Bevölkerung zwar ein sehr großes Lesebedürfnis vorhanden, aber das Medienbudget der privaten Haushalte noch sehr begrenzt war. Heute spielt die Vermietung beispielsweise in Arztpraxen, Friseurläden und bei Anwälten noch eine größere Rolle. Jede Woche werden über 10 Millionen Leser erreicht.

Die Titel werden mit sehr hohen Rabatten (bis zu 90 Prozent) eingekauft, ein Remissionsrecht entfällt, da es sich um eine abonnementsähn-
liche Abnahme handelt. Es gibt derzeit ca. 300 Lesezirkelunternehmen,
die 500.000 Privat- und mehr als 200.000 Geschäftskunden versorgen. Le-
sezirkel-Exemplare werden in der IVW-Meldung in einer eigenen Rubrik
erfasst und ausgewiesen.

Die Vermietung erfolgt in der Regel wochenweise und wird in zwei
Versionen angeboten. Bei einer so genannten Festmappe stellt das Unternehmen verschiedene Titel zusammen und bietet sie den Kunden an.
So enthält eine Familienmappe beispielsweise eine Fernsehzeitschrift, eine Illustrierte, ein Comic-Heft und eine Frauenzeitschrift. Bei einer
Punkte- oder Wunschmappe erhalten die Leser keine feste Zusammenstellung von Objekten, sondern eine Punktzahl. Die verschiedenen Titel
im LZ-Angebot besitzen hier – je nach Preis – eine bestimmte Punktzahl:
Hochpreisige Titel haben viele, niedrigpreisige wenige Punkte. Die Kundschaft kann sich so viele Titel zu einer persönlichen Mappe zusammen-
stellen, bis alle Punkte belegt sind. Diese Zusammenstellung kann je
nach Lesebedürfnis aus einigen teuren Produkten bestehen oder aus
zahlreichen preisgünstigen Titeln.

10.1.5
Werbender Buch- und Zeitschriftenhandel

Der Werbende Buch- und Zeitschriftenhandel (WBZ) vertreibt Periodika
im Abonnement an von ihm geworbene Abonnenten. Die Rechnungsle-
gung erfolgt durch den WBZ selbst oder durch seinen Dienstleister, die
Lieferung kann entweder vom WBZ oder direkt ab Verlag mittels DFÜ-
Adressdaten-Übermittlung erfolgen. Oft ist eine eigene Zustellorganisati-
on vorhanden. Rund 200 Unternehmen, neuerdings auch die Deutsche
Post AG mit ihrem ›Leserservice‹, beziehen so Bücher und Zeitschriften
zu günstigen Konditionen ohne Remissionsrecht.

Durch ein sehr breit gestreutes Angebot erhöht sich die Abschluss-
chance, attraktive Geschenke als Zugabe oder Leser-werben-Leser
(LWL)-Prämien erhöhen den Werbeerfolg. Durch Sammelanzeigen bzw.
Beilagen (Folder) und Internetbündelung werden die durchschnittlichen
Titelwerbekosten drastisch gesenkt.

Rund 4 Prozent des Zeitschriftumsatzes wird vom WBZ erzielt. Al-
lerdings hat er durch teilweise unsaubere Methoden (Türdrücker) ein
Imageproblem zu bewältigen. Deshalb haben sich die Abo-Werber
(WBZ) und die Zeitschriftenverlage (VDZ) zur Arbeitsgemeinschaft
Abonnentenwerbung (AGA) zusammengeschlossen, die unsaubere Wer-
bemethoden verhindern soll.

10.1.6
Zustellhandel

Eine besondere Zustellform, der auch kein verpflichtendes Abonnement zugrunde liegt, ist der Zustellhandel. Diese Vertriebsform wird vor allem von *Bild am Sonntag* und *Welt am Sonntag* genutzt, wobei entweder eigene Zustellhändler eingesetzt werden oder der jeweilige Gebietsgrossist den Zustellhandel organisiert. Im Unterschied zur normalen Abonnementzustellung hat der Zustellhändler als Ausgangsbasis eine Liste mit Interessenten, die er zu Hause aufsucht, um ihnen an Ort und Stelle ein Zeitungsexemplar zu verkaufen. Da er somit auch das Inkasso übernimmt, besitzt er eine Zwischenposition zwischen Zusteller und Handverkäufer.

10.1.7
Sonstiger Verkauf

Unter ›Sonstiger Verkauf‹ zählen nach den IVW-Richtlinien »alle verkauften Exemplare, die weder den abonnierten Stücken noch den Einzelverkäufen zuzurechnen sind«. Aufgrund der IVW-Richtlinie müssen Verkäufe, hierzu zählen auch Mehrfachabonnements, ab 25 Prozent Preisnachlass in dieser Kategorie ausgewiesen werden. Dahinter verbergen sich nach den Mehrfachabonnements auch die Lieferung von Zeitungen und Zeitschriften an Messen, Hotels und Fluggesellschaften. Die werbungtreibende Industrie betrachtet diese Anzahl von Verkäufen kritisch, da der Grad der Nutzung unklar ist.

10.1.8
Abonnement

Die Bestellung bzw. der Kauf einer Reihe künftig erscheinender Nummern eines periodischen Druckwerkes zu einem festgelegten Preis ist ein Abonnement – ein Sachkaufvertrag nach BGB § 433. Die Verlage haben durch ein Abonnement den Vorteil, langfristig zu kalkulieren und eine konstante Auslastung der einzelnen Produktionsbereiche zu erreichen. Außerdem ist der Geldeingang wesentlich früher gewährleistet (Liquidität) und das Verkaufsrisiko minimiert (keine Remissionen). Der Abonnent hat den Vorteil, den jeweiligen Titel direkt nach Erscheinen (in der Regel bereits vor dem Erstverkaufstag bei Publikumszeitschriften) ins Haus geliefert zu bekommen. Er muss sich um nichts mehr kümmern.

Einen weiteren Vorteil bieten die meisten Verlage dem Abonnenten

durch einen günstigeren Abonnementspreis als die Summe der Einzel-
verkaufspreise aller Ausgaben, meist sogar inklusive Porto, sowie die
Möglichkeit, Zahlungszeiträume zu bestimmen und die Rechnung bar-
geldlos per Kreditkarte oder Bankeinzug zu begleichen. Die Laufzeiten
eines Abonnements können sehr unterschiedlich sein. Bei provisions-
pflichtig beworbenen Abonnenten liegen die Verpflichtungszeiten meist
zwischen einem halben Jahr und zwei Jahren. Bei den Abonnements ohne Werbepräsente für die Werber werden auch kürzere Laufzeiten bis zu
einem Monat akzeptiert. Diese Art der Abonnements nennt man
Schnupper- oder Testabonnements und sind meist mit Negativ-Option
verbunden: Wenn das Abonnement nicht innerhalb einer vereinbarten
Frist gekündigt wird, geht der Bezug in ein reguläres Abonnement über.
Siehe hierzu auch die Ausführungen über das Abonnement-Marketing
im Kapitel 10.6.1. Man unterscheidet folgende Arten des Abonnements:

BOTENABONNEMENT   Zeitungen/Zeitschriften werden von einer Trägeror-
ganisation zugestellt.

POSTABONNEMENT   Das Abonnement wird von der Post zugestellt; immer
häufiger auch von alternativen Zustellern (Kapitel 10.2.5).

ABHOLABONNEMENT   Der Bezieher holt sich die Zeitung/Zeitschrift beim
Verlag, einer Geschäftsstelle oder Buchhandlung ab.

Der Zugang eines Abonnements kann erfolgen durch:
THEKENSCHEIN   Die Bezieher wenden sich von alleine an den Verlag, haben keine Verpflichtungszeit und niemand erhält eine Werbeprämie.

GESCHENKABONNEMENT   Von einer Person für Dritte bestellt und bezahlt.

GEWORBENES ABONNEMENT   Abschluss eines Abonnements mit einer Ver-
pflichtungszeit durch LWL-Anzeigen (Leser-werben-Leser), Mitarbeiter,
Boten, Mailings, Probelieferungen oder Agenturen, beispielsweise auf
Messen.

Der Umfang eines Abonnements kann bestehen aus:
VOLLABONNEMENT   Lückenloser Bezug aller Ausgaben.

TEILABONNEMENT   Bezug eines Teils der Ausgaben, beispielsweise Messe-
ausgaben, Themenausgaben, bei Zeitungen nur Mittwochs- oder Wo-
chenendausgaben.

Im Gegensatz zu anderen Ländern wie USA oder Großbritannien ver-
längert sich die Laufzeit in der Regel automatisch, das heißt, im Vertrag
ist ein Kündigungszeitraum enthalten, der nicht überschritten werden
darf, beispielsweise Kündigung spätestens 3 Monate vor Ablauf der Jah-
resbezugsdauer. USA und GB haben grundsätzlich eine festgelegte Abon-
nementsdauer. Hier muss das Abonnement ausdrücklich vom Kunden
erneuert werden (= subscription renewal).

Der Buchhandel wird beim Abonnement mit einbezogen, vor allem bei Fachzeitschriften. Häufig überlässt ein Unternehmen einer Buchhandlung den Bezug und die Abwicklung von Abonnements für Mitarbeiter oder Abteilungen, da man im eigenen Haus keine Abwicklungsstelle einrichten möchte. Auch Privatbezieher bestellen häufig über Buchhändler. Der Versand erfolgt entweder an die Buchhandlung oder an den Endbezieher, die Rechnung geht mit einem mengenbezogenen Rabatt (Staffelrabatt) immer an die Buchhandlung, die dann an den Endbezieher zum Ladenpreis weiterberechnet.

10.2
Versand und Logistik

Der Versand von Zeitschriften ist auch heute noch überwiegend eine Domäne der Deutsche Post AG/Pressedistribution. Die Abschaffung des Postmonopols bis zum Jahr 2007 wird aber dazu führen, dass sich auch ›Alternativdienstleister‹ als Konkurrenz zur Post im Markt platzieren. Bereits heute gibt es eine Reihe von Möglichkeiten – sowohl im In- als auch im Ausland -, um die typischen Postprodukte ›alternativ‹ zustellen zu lassen. Zukünftig wird der Post- oder Alternativkunde zwischen Preis/Laufzeit/Qualität/Service entscheiden, um für sich das richtige Produkt auszuwählen.

Bevor jedoch die *Allgemeinen Geschäftsbedingungen der Deutschen Post AG* vorgestellt und unter die Lupe genommen werden, seien drei ›Sonderformen‹ kurz erwähnt.

Verlagseigene Zustelldienste

In diese Kategorie gehören die zum Teil redaktionell angereicherten periodisch erscheinenden Prospekte von Handelsunternehmen ebenso wie die Verteilung von Anzeigenblättern (zum Beispiel Werbeprospekte von Großmärkten). Die Zustellung erfolgt durch private Austräger, die adressunabhängig in die Postkästen verteilen. Zahlreiche lokale oder regionale Organisationen wie Kirchen, Parteien oder Vereine nutzen auch eigene Mitglieder für die Zustellung ihrer Presseerzeugnisse.

Gemeinschaftsauslieferung

In Gebieten, in denen ein einzelner Verlag keine betriebswirtschaftlich ausreichende Bezieherdichte aufweist, aber dennoch auf die frühe Abo-

Zustellung als Service nicht verzichten will, bietet es sich an, mit mehreren Verlagen zu kooperieren. Eine solche Kooperation kann in einer gesellschaftsrechtlich losen Form erfolgen (Vertriebsgemeinschaft, Vertriebsring) oder in einer rechtlich selbstständigen Vertriebsgesellschaft. In der Regel werden vor allem Tageszeitungen in Kooperation von einem Zusteller ausgetragen, aber auch immer mehr Zeitschriften, die als ›Huckepack‹-Sendung mitgenommen wird. Diese Art der Zustellung wird auch im Kapitel 10.2.5 behandelt (Alternativer Zustelldienst/*AZD*).

Kostenlose Presseprodukte per Post

Vorwiegend Kunden- und Mitgliederzeitschriften, aber auch so genannte Kennzifferzeitschriften werden durch die Pressepost zugestellt. Diese Zeitschriften erscheinen meist monatlich oder in noch größeren Zeitabständen (aber mindestens 4 x jährlich). Diese Zeitschriften machen einen nicht unerheblichen Anteil in der Pressepost aus (beispielsweise Zeitschriften von Krankenkassen oder Gewerkschaften).

10.3
Allgemeine Geschäftsbedingungen der Deutschen Post AG/ Pressedistribution National (AGB PrD National)

Nach der Postzeitungsordnung – gültig bis zum Jahre 1990 – wurden erste AGB PP (Allgemeine Geschäftsbedingungen Pressepost) entwickelt und 1998 eine völlig überarbeitete Ausgabe vorgelegt. Aus dem Schrecken aller Auszubildenden und Verlagsmitarbeiter wurde ein praxisorientiertes Vertragswerk. Zum ersten Mal hat die Deutsche Post AG mit Praktikern aus Verlagen und Verlegerverbänden zusammengearbeitet und die AGB allgemein verständlich formuliert.

Im Rahmen der Neuformulierung der Haftungsklauseln aufgrund des zum 1. Juli 1998 geänderten Transportrechtsreformgesetzes wurden die AGB PP zum 1. Januar 1999 noch übersichtlicher gegliedert und am 1. Januar 2000 an die neue Organisationsstruktur der Post angepasst. Jeweils zum Jahresbeginn wurden 2002, 2003 und 2004 eine Reihe von redaktionellen und sachlichen Änderungen vorgenommen. Zum 1. Januar 2005 wurde die Abschaffung des separaten Beilagenentgeltes und der Mehrfachversand neu getextet. Bevor die *AGB PrD National* im Wortlaut zitiert und mit Tipps aus der Praxis versehen werden (dargestellt durch fettkursive Schrift), soll die folgende Übersicht einen ersten Überblick vermitteln. Anschließend werden im Kapitel 10.4 Auszüge aus verschiedenen Produktbroschüren der Deutschen Post AG wiedergegeben und ebenfalls mit Kommentaren versehen, sodass auch weitere Besonderheiten im Pressevertrieb zur Sprache kommen.

AGB PrD National im Überblick

1 Geltungsbereich
2 Vertragsverhältnis
3 Obliegenheiten des Vertragspartners
4 Leistungen der Deutschen Post AG
   Anforderungen an Presseerzeugnisse
   Pressesendung
   Postvertriebsstück
   Sondernummern
   Beilagen
   Streifbandzeitung
   Leistungsangebot
   Zustellung/Adressupdate
5 Entgelt/Abrechnung
6 Haftung
7 Verjährung
8 Sonstige Regelungen

Allgemeine Geschäftsbedingungen der Deutsche Post AG
Presse Distribution National (Stand 1. Januar 2005)

1   GELTUNGSBEREICH

(1) Die vorliegenden AGB gelten für Verträge mit der Deutsche Post AG, nachfolgend Deutsche Post genannt, über den Transport und die Zustellung von Presseerzeugnissen im Inland ohne Nachweis über den Verbleib der Einzelsendungen. Bei Nichterfüllung der AGB PrD National werden besondere Entgelte berechnet.

(2) Das zulässige Höchstgewicht je Sendung, einschließlich aller Beilagen, beträgt 1.000 g. *Es besteht eine Toleranzgrenze bis 1.004 g. Ab 1.005 g. bis 1.100 g handelt es sich um eine vertragswidrige Sendung. Zusätzlich zum normalen Entgelt der Postvertriebsstücke bzw. der Pressesendung verlangt die Post je volle und angefangene 10 g zur Zeit 0,05 EUR.*

Die Beförderung erfolgt innerhalb der Pressedistribution. Über 1.100 g wird das Objekt als Päckchen befördert = 3,68 EUR.

(3) Bestandteil dieser AGB sind die in den Produktbroschüren Postvertriebsstück, Beilagen, Pressesendung, Streifbandzeitung, Werbeversand Postvertriebsstück, Versandservice und der Broschüre Presse Distribution Handling und Adress-Update Leistungen aufgeführten

Bedingungen sowie das Preisverzeichnis Presse Distribution sowie für Sendungen in das Ausland die Produktbroschüre Presse und Buch International.

Die AGB Brief National finden Anwendung in Bezug auf

• ausgeschlossene Güter (Abschnitt 2 Abs.2),

• Behandlung der Sendungen bei Nichterfüllung der AGB PrD National (Abschnitt 2 Abs.3),

• Haftung des Absenders (Abschnitt 3 Abs.5)

Für Sendungen in das Ausland gelten die AGB BRIEF INTERNATIONAL in ihrer jeweils gültigen Fassung. Die vorgenannten AGB werden in allen Geschäftsstellen der Deutschen Post zur Einsichtnahme bereitgehalten.

2   VERTRAGSVERHÄLTNIS

(1) Rechte und Pflichten im Geltungsbereich dieser AGB werden durch den Abschluss eines Vertrages Presse Distribution zwischen der Deutschen Post und dem Vertragspartner (Verleger/Herausgeber) begründet.

(2) Der Vertrag wird auf einem Formblatt abgeschlossen. Für jedes Presseerzeugnis wird jeweils nur ein Vertrag geschlossen. Erscheint ein Presseerzeugnis in mehreren, sich inhaltlich unterscheidenden, je für sich zu beziehenden Unterausgaben, muss für jede Ausgabe ein eigener Vertrag geschlossen werden. Dem Datenblatt zum Vertrag Presse Distribution ist ein aktuelles Musterexemplar des Presseerzeugnisses beizufügen.

Bei Neugründungen von Presseerzeugnissen akzeptiert die Post auch ein redaktionelles Konzept oder eine Nullnummer.

(3) Die Beendigung oder Änderung des Vertragsverhältnisses bedarf der Schriftform.

(4) Die Vertragsparteien können den Vertrag Presse Distribution mit einer Kündigungsfrist von vier Wochen zum Monatsende kündigen oder ändern.

(5) Eine Kündigung durch den Absender gemäß § 415 HGB nach Übergabe/Übernahme der Sendungen in die Obhut der Deutschen Post ist ausgeschlossen.

3   OBLIEGENHEITEN DES VERTRAGSPARTNERS

(1) Der Vertragspartner ist verpflichtet, die Sendungen mit einer Aufschrift zu versehen und nach Maßgabe der Versandbedingungen (Broschüre Presse Distribution Handling) für den Transport zusammenzufassen.

(2) Der Vertragspartner ist verpflichtet einen geeigneten Bevollmächtigten (Formblatt) zu bestimmen, wenn er seine Verpflichtungen nicht in ausreichendem Maße erfüllen kann.

(3) Änderungen, die Inhalt und Umfang des Vertragsverhältnisses betreffen, sind der zuständigen Organisationseinheit des Vertriebs der Deutschen Post unverzüglich schriftlich mitzuteilen.

Nach verschiedenen Namensgebungen wie Verlagspostamt, Zeitungspostamt, Presse-postvertriebszentrum, oder regionale PrD ist jetzt diese neutrale Begrifflichkeit entstanden.

4   LEISTUNGEN DER DEUTSCHEN POST

Die Deutsche Post ist verpflichtet, Exemplare des Presseerzeugnisses, das Gegenstand des Vertrages Presse Distribution ist, einschließlich der Beilagen zu den vereinbarten Bedingungen zu transportieren und zuzustellen. Die Auslieferung erfolgt grundsätzlich innerhalb der in Abschnitt 4.2 und den Versandbedingungen (siehe Broschüre Presse Distribution Handling) genannten Regellaufzeiten, sofern die vereinbarten Einlieferungsstellen und -zeiten eingehalten wurden. Die Deutsche Post behält sich vor, Sendungen auch gemäß Abschnitt 4.3 dieser AGB und Abschnitt 4 der AGB Briefdienst Inland (Ersatzzustellung/Benachrichtigung/Abholung anders zu behandeln. Ist eine Auslieferung nicht möglich, verfährt die Deutsche Post nach Abschnitt 4.3 Abs.2 und 3 (Unzustellbarkeit/Mitteilung der neuen Adresse).

4.1 Anforderungen an Presseerzeugnisse

(1) Presseerzeugnisse sind Zeitungen und Zeitschriften, die eine kontinuierliche innere und äußere Gestaltung aufweisen.

(2) Presseerzeugnisse bestehen überwiegend aus formatgleichen und beidseitig bedruckten Blättern (mindestens 9 cm x 14 cm). Sie werden durch Falzung oder durch eine buchbinderische Verarbeitung zu einer Einheit zusammengefasst.

Das Mindestformat ist sehr klein. Es gibt tatsächlich einige wenige Objekte in dieser Größe.

Zeitungen werden in der Regel gefalzt. Zeitschriften werden geheftet oder gebunden.

(3) Presseerzeugnisse müssen als identische Vervielfältigungen in einem presseüblichen Druckverfahren hergestellt sein, jedermann zugänglich sein sowie periodisch – mindestens einmal im Quartal – erscheinen.

Presseübliche Druckverfahren sind beispielsweise Offsetdruck, Tiefdruck, Hochdruck mit identischen Vervielfältigungen. Fotokopien gehören nicht dazu.

Die bisherige Anforderung einer ›presseüblichen Typografie‹ besteht nicht mehr. Das ergibt Spielräume für neue Layouts.

Die Erscheinungsweise »mindestens einmal im Quartal« ist wörtlich zu nehmen. Vier Hefte im Jahr, beispielsweise zwei Hefte im 1.Quartal und zwei Hefte im 4. Quartal, sind nicht zulässig.

(4) Auf der Titelseite der Presseerzeugnisse muss der Titel und die Nummer oder die Bezeichnung ›Sondernummer‹ angegeben sein.

Der Erscheinungstag oder eine der Erscheinungsweise entsprechende Bezeichnung können aus der Titelseite oder aus dem Impressum hervorgehen.

Früher musste diese Angabe zwingend auf der Titelseite angegeben werden.

4.1.1 Pressesendung

4.1.1.1 Herausgabezweck/Vertragsausschließende Herausgabezwecke

(1) Presseerzeugnisse, die als Pressesendung versandt werden sollen, müssen zu dem Zweck herausgegeben werden, Informationen oder Unterhaltung öffentlich zu verbreiten.

Hierzu zählen Bastelhefte, Comics, Romanserien und Kennziffernzeitschriften.

(2) Der Herausgabezweck des Absatzes 1 wird insbesondere nicht erfüllt von folgenden Druckerzeugnissen:

1. Prospekten, Werbepost (direct mail) oder Bestellkatalogen,

2. Sammelwerken, deren Texte überwiegend nicht aus sich heraus verständlich sind.

4.1.1.2 Mindesteinlieferungsmenge

Die Mindesteinlieferungsmenge je Nummer beträgt 1.000 Exemplare.

4.1.2 Postvertriebsstück

4.1.2.1 Herausgabezweck/Vertragsausschließende Herausgabezwecke

(1) Presseerzeugnisse, die als Postvertriebsstück versandt werden sollen, müssen zu dem Zweck herausgegeben werden, die Öffentlichkeit über Tagesereignisse, Zeit- oder Fachfragen, durch redaktionelle Beiträge, die keine geschäftliche Werbung enthalten, zu unterrichten (presseübliche Berichterstattung). Sie müssen Mannigfaltigkeit der Beiträge, Aktualität, Publizität sowie Kontinuität aufweisen.

Bei einem Streitfall ist das redaktionelle Gesamtkonzept hinsichtlich des Herausgabezwecks und nicht der einzelne Beitrag oder Passagen desselben zu begutachten. Die folgenden Absätze beschreiben konkret, in welchen Fällen der Herausgabezweck nicht erfüllt ist.

(2) Der Herausgabezweck des Absatzes 1 wird nicht erfüllt von Druckerzeugnissen, die durch ihr redaktionelles Konzept erweisen, dass sie unmittelbaren geschäftlichen Interessen dienen. Indizien dafür können sein:

1. Werbesprache,

2. offensichtlich von Firmen herausgegebene Beiträge,

3. Kaufempfehlungen, Ordertipps und Bestellnummern,

4. katalogartige Vorstellungen von Produkten oder Dienstleistungen mit oder ohne Kontaktangabe,

5. der Umfang des Druckerzeugnisses besteht aus weniger als 30 Prozent presseüblicher Berichterstattung.

Hat eine Sondernummer beispielsweise anlässlich einer Messe einen zu geringen redaktionellen Anteil, kann die Sondernummer als Pressesendung versandt werden. Die folgenden normalen Ausgaben wieder als Postvertriebsstück. Siehe auch Abschnitt 4.1.3. Die ISBN (Internationale Standard Buch Nummer) zählt nicht zu ›Bestellnummern‹.

(3) Unmittelbaren geschäftlichen Interessen dienen Druckerzeugnisse, die

1. zu ihrer Kennzeichnung auf der Titelseite Namen von geschäftlichen Unternehmen oder Erzeugnissen, Firmen- oder Markenzeichen im geschäftlichen Interesse dieser Firmen tragen oder

2. Kunden-, Mitarbeiter- oder Kennziffernzeitschriften sind.

Diese können als Pressesendung versandt werden.

(4) Druckerzeugnisse in Form von Sammelwerken deren Texte nicht aus sich heraus verständlich sind, dürfen nicht als Postvertriebsstücke versandt werden.

4.1.2.2 Verbreitungsweise

(1) Presseerzeugnisse, die als Postvertriebsstücke versandt werden sollen, müssen entgeltlich verbreitet werden. Der Anteil der gegen Entgelt verbreiteten Auflage muss mindestens 10 v. H. der Druckauflage betragen.

Bei neuen Objekten gilt eine Anlaufzeit von 5 Jahren. In dieser Zeit muss eine stetige Steigerung der verkauften Auflage erkennbar sein.

(2) Presseerzeugnisse, die als Postvertriebsstücke versandt werden sollen und unentgeltlich abgegeben werden, dürfen weder geschäftliche Werbung noch bezahlte Anzeigen enthalten.

4.1.3 Sondernummern

Sondernummern, die als Postvertriebsstück oder Pressesendung versandt werden, müssen die Voraussetzungen der Abschnitte 4.1 (Anforderungen an Presseerzeugnisse) und 4.1.1 (Anforderungen an Pressesendung) bzw. 4.1.2 (Anforderungen Postvertriebsstück) erfüllen. Vertragswidrige Postvertriebsstücke werden als Pressesendung, vertragswidrige Pressesendungen als Infopost berechnet.

4.1.4 Beilagen

(1) Beilagen können mit den Presseerzeugnissen versandt werden. Hauptversandgegenstand muss das Trägerobjekt sein. Beilagen werden mit dem Gewicht der Sendung abgerechnet. Beilagen müssen in der Regel inhaltsgleich sein. Für Gegenstände über 2 mm Höhe werden Zusatzentgelte berechnet.

(2) Rechnungen und Zahlungsverkehrsvordrucke, die ausschließlich das Entgelt für den Bezug des Trägerheftes betreffen und den gleichen Betrag ausweisen, sind vertragsgemäß. Sie werden mit einem Zusatzentgelt abgerechnet.

4.1.5 Streifbandzeitung

Pressesendungen und Postvertriebsstücke können als Streifbandzeitungen versandt werden.

4.2 Leistungsangebot

(1) Die Deutsche Post bietet den Transport und die Zustellung von Presseerzeugnissen im second-day-service, next-day-service und same-day-service an.

Laut Deutsche Post AG verwendet sie englische Begriffe aus Marketinggründen.

4.2.1 second-day-service (Express-Logistik-Netz)

Die Zustellung erfolgt grundsätzlich am zweiten Werktag nach Übernahme der Sendungen.

Die Distribution der Presseerzeugnisse erfolgt über das ›second-day-Netz‹ mit derzeit 10 Depots und einem ›Hub‹ in Bad Hersfeld. Die richtige Übersetzung aus dem Englischen ist ›Nabe‹. Die Verbindung zu den Depots sind mit den Speichen eines Rades zu vergleichen. Die Deutsche Post AG übersetzt ›Hub‹ in ›Hauptumschlagsbasis‹.

Zeitfenster im second-day-service (Beispiel)

MONTAG

17.00–19.00   Abholung vom Drucker oder Selbsteinlieferung durch Drucker

18.00–20.00   Erreichen des Quelldepots (Am Ort oder in der Nähe des Druckers)

DIENSTAG

23.00–02.00   Erreichen der Hauptumschlagsbasis

bis   6.00   Erreichen des Zieldepots

bis 12.00   Erreichen der Briefzentren

MITTWOCH

ab   8.00   Zustellung beim Empfänger

4.2.1.1   Abholung

Die Abholmenge kann sich aus verschiedenen Titeln sowie Infopost-Sendungen zusammensetzen. Für Presse Distributions- und Infopostsendungen sind getrennte Paletten zu fertigen. Für Presse- und Infopostsendungen, die im Ausland durch das ELN abgeholt werden, ist eine Zusatzvereinbarung abzuschließen.

4.2.1.1.1 Unentgeltliche Abholung

Palettierte Sendungen mit einem Gesamtgewicht von mindestens 5 t je Einlieferung können unentgeltlich abgeholt werden. Bei Abholung dieser Sendungen ist der Einlieferungsdatensatz (EDS) nach Maßgabe des Handbuches EDS zu übermitteln.

4.2.1.1.2 Entgeltliche Abholung

Sendungsmengen unter 5 t je Einlieferung können gegen Entgelt abgeholt werden. Bei Abholung von Titeln mehrerer Vertragspartner bei einem Service-Leister ist ein Zusatzvertrag mit diesem erforderlich. Für die Abholung und Abrechnung gelten die Bedingungen des Formblattverfahrens.

4.2.1.2   Einlieferung

Sendungen, die nicht abgeholt werden, sind vom Vertragspartner nach vorheriger Absprache mit der zuständigen Organisationseinheit des Vertriebs der Deutschen Post bei der vereinbarten Einlieferungsstelle zu der vereinbarten Zeit einzuliefern.

4.2.1.3   Zusatzentgelte

(1) Wird die vereinbarte Abholung aus Gründen, die der Vertragspartner zu vertreten hat, storniert, wird als pauschalierter Aufwendungssatz das Abholentgelt in Rechnung gestellt.
(2) Wird die vereinbarte Abholzeit aus Gründen, die der Vertragspartner zu vertreten hat, überschritten, werden Standgelder in Rechnung gestellt.
(3) Kann die vereinbarte Laufzeit aus Gründen, die die Deutsche Post AG zu vertreten hat, nicht eingehalten werden, erfolgt unverzüglich eine Information an den Vertragspartner. Die Deutsche Post AG wird alle wirtschaftlich vertretbaren Maßnahmen ergreifen, um möglichst eine Zustellung der Sendungen innerhalb der vereinbarten Laufzeit sicherzustellen.

4.2.2   **next-day-service** (Schnellläufernetz)

Die Zustellung erfolgt grundsätzlich am ersten Werktag nach Übernahme der Sendungen. Hierfür ist ein gesonderter Vertrag zu schließen und Zusatzentgelt zu entrichten.

Jedem Objekt steht das ›next-day-Netz‹ zur Verfügung. Die Mehrkosten pro Postvertriebsstück/Pressesendung betragen ab 1. Januar 2005 0,04 EUR über 1.000 Sendungen + 0,06 EUR unter 1.000 Sendungen.

4.2.2.1   Abholung

Sendungsmengen über 1.000 Ex. je Versand werden unentgeltlich abgeholt.

4.2.2.2   Einlieferung

Sendungsmengen unter 1.000 Exemplaren je Versand sind vom Vertragspartner nach vorheriger Absprache mit der zuständigen Organisationseinheit des Vertriebs der Deutschen Post bei der vereinbarten Einlieferungsstelle zu der vereinbarten Zeit einzuliefern.

Die Distribution der Presseerzeugnisse erfolgt mit dem Postpartner Deutsche Post Express GmbH (ehemals EMS Kurierpost) über Regionalniederlassungen (RNL)

Zeitfenster im next-day-service (Beispiel)

MONTAG

19.00–22.00   Abholung vom Drucker und Direktfahrten zu den   Regionalniederlassungen in der Zustellregion.

DIENSTAG

bis 6.00   Erreichen der Briefzentren

ab 8.00   Zustellung beim Empfänger

4.2.3   **same-day-service** (Regelnetz)

Im Nah- und Regionalbereich erfolgt die Zustellung als Regelleistung am Tag der Übernahme der Sendungen in der Leitregion.

Dieser Service ist vor allem für die Zustellung regionaler Tageszeitungen interessant.

4.2.3.1   Einlieferung

Die Einlieferung erfolgt durch den Vertragspartner nach vorheriger Absprache mit der zuständigen Organisationseinheit des Vertriebs der Deutschen Post zu den vereinbarten Zeiten in den Briefzentren oder Zustellstützpunkten.

4.3   Zustellung/Adressupdate

(1) Pressesendungen und Postvertriebsstücke werden wie gewöhnliche Briefsendungen nach den AGB Briefdienst Inland zugestellt. Sie werden – auch bei Vorliegen eines Nachsendeauftrag – nicht nachgesandt.

(2) Unzustellbare Sendungen werden nicht zurückgesandt. Dem Vertragspartner wird die Unzustellbarkeit ggf. mit Angabe der neuen Anschrift unverzüglich mitgeteilt. Zu diesem Zweck können verschlossen versandte Sendungen geöffnet werden.

(3) Die Mitteilung der neuen Anschrift erfolgt nicht, wenn der Empfänger einer Anschriftenmitteilung an den Absender oder Dritte schriftlich widersprochen hat.

Die Post sandte in der Regel bis 31. Dezember 2004 das herausgetrennte Anschriftenetikett bzw. Feld mit Inkjetadressierung oder Anschriftenänderungskarte mit der neuen Anschrift an den Verlag. Die Post erwartet schnelle Änderung der Adresse in der Abo-Verwaltung möglichst vor Versand der nächsten Ausgabe.

Ein elektronisches Adressupdate-Verfahren ist bereits im Einsatz. Nach einer Übergangsfrist bis 30. Juni 2005 müssen alle Titel teilnehmen. Im anderen Fall wird von der Post im Rahmen der AGB PrD keine Adressinformation mehr gegeben. Voraussetzungen sind beispielsweise Benutzung von gelben Etiketten bzw. freigehaltener gelber Raum für InkJet-Adressen (Etikettenform) oder bestimmte Anordnung der Adresse und die Angabe bestimmter Kennzahlen.

Für das Problem ›INK-Jet-Beanschriftung 1- oder 2-zeilig auf Zeitungsrändern‹ werden derzeit Lösungen gemeinsam mit Herstellern der Beanschriftungsgeräte gesucht.

5   ENTGELT/ ABRECHNUNG

(1) Der Vertragspartner ist verpflichtet, für die Leistungen der Deutschen Post Entgelte gemäß Preisverzeichnis Presse Distribution zu zahlen.

(2) Das Belegexemplar muss unverzüglich nach der Einlieferung der zuständigen Organisationseinheit des Vertriebs der Deutschen Post zugesandt werden. Das Belegexemplar ist als »Pressesendung" oder »Postvertriebsstück" zu versenden. Die zuständige Abrechnungsstelle der Deutschen Post Presse Distribution ist in den Abonnenten-/Bezieherbestand des Vertragspartners aufzunehmen. Gleichzeitig ist die Versandliste der zuständigen Abrechnungsstelle unverzüglich vorzulegen. Die Abrechnung im manuellen Verfahren (ohne EDS) erfolgt mit einer Einlieferungsliste-online oder einer Einlieferungsliste in Papierform. Bei Abrechnung im DV-Verfahren (mit EDS) gelten die Bedingungen des Handbuchs EDS.

(3) Das Belegexemplar (Gesamt-/Teilauflage) muss mit den zu versendenden Exemplaren übereinstimmen.

Bei Gewichtsabweichungen von Teilauflagen und durch Teilbelegung mit Beilagen sind zusätzliche Belegexemplare zuzusenden.

(4) Postvertriebsstücke und Pressesendungen im Mehrfachversand werden einzeln entsprechend Ihrer Sendungsart abgerechnet. Hierbei kann es sich um mehrere Exemplare eines oder verschiedener Presseerzeugnisse handeln. Die Abrechnung erfolgt zulasten des Trägerobjektes.

(5) Bei Anmahnung wegen verspäteter oder unvollständiger Vorlage der Abrechnungsunterlagen wird ein Bearbeitungsentgelt berechnet.

(6) Die Entgelte werden in der Regel im Lastschriftverfahren eingezogen.

(7) Bei Nichteinlösung einer Lastschrift werden Bearbeitungsentgelte und ggf. die Rückgabegebühr des jeweiligen Kreditinstituts berechnet.

(8) Die Deutsche Post AG kann in bestimmten Fällen (beispielsweise Einleitung des gerichtlichen Mahnverfahrens) zur Sicherung ihrer Entgeltansprüche eine angemessene Vorauszahlung verlangen.

(9) Kann der Vertragspartner eine Vorauszahlung gemäß Absatz 8 nicht erbringen, ist die Deutsche Post berechtigt, die Übernahme der Sendungen zu verweigern.

(10) Der Vertragspartner ist im Zweifelsfall für die Vollständigkeit und Richtigkeit der Abrechnungsunterlagen beweispflichtig. Weicht das Belegexemplar zum Nachteil der Deutschen Post von den versandten Exemplaren ab, wird für die Gesamtauflage das der Deutschen Post aufgrund dieser AGB zustehende Entgelt berechnet.

6   HAFTUNG

(1) Die Deutsche Post haftet für Schäden, die auf eine Handlung oder Unterlassung zurückzuführen sind, die sie, einer ihrer Leute oder ein sonstiger Erfüllungsgehilfe (§ 428 HGB) vorsätzlich oder leichtfertig und in dem Bewusstsein, dass ein Schaden mit Wahrscheinlichkeit eintreten werde, begangen hat, ohne Rücksicht auf die nachfolgenden Haftungsbeschränkungen. Für Schäden, die auf das Verhalten einer Ihrer Leute oder

sonstigen Erfüllungsgehilfen zurückzuführen sind, gilt dies nur, soweit diese Personen in Ausübung ihrer Verrichtungen gehandelt haben.

(2) In allen anderen als den in Absatz 1 genannten Fällen ist eine Haftung der Deutschen Post, soweit nicht zwingende Rechtsvorschriften entgegenstehen, ausgeschlossen. Dies gilt auch für Ansprüche aus Nebenpflichtverletzungen und für alle außervertraglichen Ansprüche.

(3) Ansprüche nach Absatz 1 erlöschen, wenn der Absender oder Empfänger den Teilverlust, die Beschädigung oder eine sonstige Pflichtverletzung nicht innerhalb von 21 Tagen nach Ablieferung der Deutschen Post schriftlich anzeigt. Dies gilt nicht für Schäden, die auf ein vorsätzliches Verhalten zurückzuführen sind. § 438 Abs. 5 HGB gilt nicht.

(4) Eine Sendung gilt als verloren, wenn sie nicht innerhalb von 14 Tagen nach Einlieferung an den Empfänger abgeliefert ist und ihr Verbleib nicht ermittelt werden kann.

7   VERJÄHRUNG

Alle Ansprüche im Geltungsbereich dieser AGB verjähren in einem Jahr.

Ansprüche nach Abschnitt 6 Abs.1 verjähren in drei Jahren. Die Verjährung beginnt mit Ablauf des Tages, an dem die Sendung eingeliefert worden ist.

8   SONSTIGE REGELUNGEN

(1) Ansprüche gegenüber der Deutschen Post können weder abgetreten noch verpfändet werden. Ausgenommen sind Ansprüche auf Schadenersatz und auf Erstattung von Leistungsentgelten, die abgetreten, aber nicht verpfändet werden können.

(2) Gerichtsstand bei einem Rechtsstreit gegen die Deutsche Post ist der Sitz der zuständigen Organisationseinheit des Vertriebs der Deutschen Post.

(3) Die Deutsche Post unterliegt bei der Verwendung der gespeicherten Daten den Bestimmungen der Postdienst-Datenschutzverordnung.

(4) Formblätter und Aufschriftzettel sind vom Vertragspartner auf eigene Kosten zu beschaffen. Ihre Gestaltung muss den in den Versandbedingungen dargestellten Mustern entsprechen.

10.4
Besonderheiten im Pressevertrieb

Die Deutsche Post AG bietet zusätzlich zu den Allgemeinen Geschäftsbedingungen, Stand 2005, verschiedene Produktbroschüren an. Hier ein Überblick:

Überblick über Produktbroschüren der Deutschen Post AG (Auswahl)

Pressesendung
Beilagen

Postvertriebsstück
Streifbandzeitung
Werbeversand Postvertriebsstück
Versandservice
Presse Distribution Handling
Adressupdate-Leistungen

Diese Produktbroschüren ergänzen die AGB und geben zusätzliche Erläuterungen und Hilfestellung. Im Folgenden sind Auszüge aus den Produktbroschüren beschrieben und mit Tipps und Kommentaren versehen.

10.4.1
Allgemeine Anforderungen an Pressesendungen und Postvertriebsstücke in allen Transportnetzen

Die folgenden Bedingungen dienen vor allem einer leistungsgerechten
Zustellung der Sendungen durch die Deutsche Post AG. Erläuterungen
enthält auch die Broschüre *Presse Distribution Handling*. Die Sendungen – einschließlich Beilagen – müssen sich für den Transport eignen und
dürfen die postbetriebliche Behandlung nicht erschweren. Sie müssen so
beschaffen sein, dass sie zu stapelfähigen Bunden zusammengefasst werden können.

Aufschrift auf den Exemplaren

Die Sendungen müssen mit einer Aufschrift versehen sein, wobei die An-
gaben auch wie folgt abgekürzt werden können:
Postvertriebsstück   = PVSt
Pressesendung   = PSdg
Deutsche Post AG = DPAG (auch der Abdruck des Firmenlogos
                            ›Posthorn‹ ist vertragsgemäß)

Sind mehrere Exemplare des Objekts für denselben Empfänger (Mehrfachbezieher) mit einer gemeinsamen Umhüllung versehen, kann davon
abgesehen werden, auf jedem einzelnen Exemplar die Anschrift anzubringen. In diesem Fall ist die Sendung zusätzlich mit dem augenfälligen
Hinweis Nicht öffnen zu kennzeichnen.

Sendungen ohne Umhüllung müssen die Anschrift lesegerecht im oberen Bereich des Exemplars jeweils an der gleichen Stelle tragen, wenn
sich der Bund oder Falz an der rechten Seite befindet.

Ist das Exemplar mit einer durchsichtigen Umhüllung versehen, so darf sich die Aufschrift sichtbar unter der Umhüllung befinden. Wird ein besonderes Blatt als Anschriftenträger verwendet, so müssen sich alle zur Aufschrift gehörenden Angaben auf diesem Blatt befinden.

Anforderungen an Bunde und Paletten

Die Bundbildung erfolgt nach Maßgabe der jeweils aktuellen Datei Zeitungsbunde (ZEBU). Bei Einlieferungen je Versand ...
a) von weniger als 5.000 Exemplaren nach ZEBU-manuell,
b) von mehr als 5.000 Exemplaren nach ZEBU-ELN im second-day-service oder nach ZEBU-SLN im next-day-service.

Die einzelnen Bunde müssen sicher und den Erfordernissen der Transportnetze entsprechend verpackt sein. Sie können Exemplare verschiedener Objekte enthalten. Das Höchstgewicht eines Bundes soll 10 kg nicht überschreiten, wobei die Post ein wenig höheres Gewicht toleriert.

Die Bunde sind mit einer Aufschrift nach Maßgabe der ›Gestaltung für Bundaufschriftzettel‹ zu versehen. Paletten müssen mit den in der jeweiligen Datei ZEBU vorgegebenen Bezeichnungen versehen sein, die erkennen lassen, wo sie aufzulösen sind.

10.4.2
Express-Logistik-Netz (second-day-service)

Bei entsprechenden Sendungsaufkommen müssen Paletten in folgender Reihenfolge gefertigt werden:
• Leitregion-Paletten (1. und 2. Stelle der Postleitzahl);
• Leitzonen-Paletten (1.Stelle der Postleitzahl).

Leitzonen-Paletten dürfen nur gefertigt werden, wenn für Leitregionen-Paletten nicht mindestens ein Palettengewicht von 200 kg erreicht wird. Nach Abstimmung der Vertragspartner kann diese Gewichtsgrenze je nach Objekt auf 350 kg angehoben werden. Die restlichen Bunde, für die keine Leitzonen-Paletten mit einem Gewicht von mehr als 200 kg gefertigt werden können, sind in aufsteigender Postleitzahlenfolge auf Deutschlandpaletten zusammenzufassen. Das Höchstgewicht einer Palette beträgt 900 kg, die maximale Gesamthöhe 1,80 m. Die Paletten können Bunde verschiedener Objekte enthalten.

Für die einzelnen Versande werden Flachpaletten eingesetzt, die den *Allgemeinen Bestimmungen über den Tausch von Pool-Paletten mit den*

Eisenbahnen in der Bundesrepublik Deutschland und den Grundsätzen für die Beurteilung der Gebrauchsfähigkeit von Pool-Paletten entsprechen. Die Flachpaletten-Gebinde müssen den Anforderungen des Transports entsprechend gesichert sein.

Abholung

Bei der erstmaligen Vereinbarung des Gebindeplans oder bei nachträglicher Änderung wird grundsätzlich eine 2-Wochen-Frist zwischen der Mitteilung des Vertragspartners und der ersten Abholung zugrunde gelegt. Der Gebindeplan muss dem Depot 48 Stunden vor jeder Abholung vorliegen.

Sollte sich die Zahl der Paletten oder die Uhrzeit der Abholung nach Zusendung des Gebindeplans ändern, sind die geänderten Daten bis 12 Uhr des Tages vor der Abholung per Fax auf dem Formblatt Gebindeplan zu avisieren. Mit dieser Voranmeldung gilt die Abholung als verbindlich vereinbart. Der Vertragspartner hat sicherzustellen, dass zum Zeitpunkt des bevorstehenden Versandes ein für die Disposition der Sendungen verantwortlicher Ansprechpartner erreichbar ist.

Sonderfahrten, die für eine zeitgerechte Zustellung bei beispielsweise spätem Druckende erforderlich werden, werden gegen Übernahme der Mehrkosten durch den Vertragspartner in dessen Auftrag durchgeführt. Außerplanmäßige Aufträge sind vom Vertragspartner oder seinem Bevollmächtigten zu erteilen. Sie sind unverzüglich der Depotleitung zuzuleiten. Bei Verwendung des Einlieferungsdatensatzes siehe Handbuch EDS.

Einlieferung

Auskünfte über die jeweiligen Einlieferungsstellen und -zeiten erteilen die zuständigen Organisationseinheiten des Vertriebs der Deutschen Post. Änderungen werden unverzüglich bekannt gegeben. Die gefertigten Bunde sind nach Leitzonen (1.Stelle der Postleitzahl) bzw. Leitregionen (1. und 2. Stelle der PLZ) vorsortiert einzuliefern. Vor der ersten Einlieferung ist der zuständigen Organisationseinheit des Vertriebs der Deutschen Post einmalig ein Gebindeplan zuzuleiten und die von ihm gewählte Einlieferungsstelle mitzuteilen. Ein Wechsel der Einlieferungsstelle bzw. des Servicedienstleisters ist rechtzeitig schriftlich bekannt zu geben.

10.4.3
Schnellläufernetz (next-day-Service)

Die Bedingungen für die Palettenfertigung, Abholung und Einlieferung der Sendungen sind im Sondervertrag SLN geregelt. Den ›next-day-Service‹ nehmen vor allem Wochenzeitschriften in Anspruch, die eine schnellere Laufzeit benötigen als beispielsweise ein Monatstitel.

10.4.4
Regelnetz (same-day-service im Nah- und Regionalbereich)

Der Vertragspartner ist verpflichtet, der zuständigen Vertriebs-Organisationseinheit die von ihm gewählten Einlieferungsstellen mitzuteilen. Die jeweiligen Versorgungsbereiche der Einlieferungsstellen ergeben sich aus der Datei Zeitungsbunde (ZEBU). Bei mindestens 5 Exemplaren/Bund sind die Exemplare regionaler Tageszeitungen zu ZBG- bzw. ZSP-Bunden zusammenzufassen. Die gefertigten Bunde oder Behälter der Größe 2 oder 3 sind in aufsteigender Postleitzahlenfolge geordnet einzuliefern. Bei Titeln mit hohen Auflagen behält sich die Deutsche Post AG vor, für bestimmte Briefzentren dem Verleger die Benutzung von Paletten und die Art der zu fertigenden Paletten vorzugeben.

10.4.5
Unzustellbare Sendungen

Sendungen gelten als unzustellbar, wenn der Empfänger seine Wohnung oder seine Geschäftsräume in den Zustellbereich eines anderen Zustellstützpunktes verlegt hat. An die Stelle der Rücksendung tritt eine Mitteilung über die Unzustellbarkeit an den Vertragspartner. Ist beim Zustellstützpunkt die neue Anschrift bekannt, so wird sie auf der Mitteilung angegeben. Ferner wird der Vertragspartner, auch wenn die Sendungen ausgeliefert werden können, über alle sonstigen Anschriftänderungen, soweit sie der Deutschen Post AG mitgeteilt wurden, sowie über Anschriftenmängel informiert.

10.4.6
Ersatzsendungen

Ersatzsendungen, die der Vertragspartner für verlorengegangene oder stark beschädigte Pressesendungen oder Postvertriebsstücke einliefert, sind einzeln mit einer Umhüllung zu versenden. In der Aufschrift ist außer der Zeitungskennzahl (ZKZ), Sendungsbezeichnung ›Pressesendung‹ oder ›Postvertriebsstück‹ die Bezeichnung ›Ersatzsendung‹ deutlich sichtbar anzugeben:

ZKZ Postvertriebsstück
– Ersatzsendung –
Frau Christine Musterfrau
Musterstr.1
12345 Musterstadt

10.4.7
Beilagenregelung für Postvertriebsstücke und Pressesendungen

Mit Postvertriebsstücken und Pressesendungen können Beilagen (Druckerzeugnisse, Postkarten und Gegenstände) versandt werden. Hauptversandgegenstand muss das Trägerheft sein. Das Gesamtgewicht aller Beilagen darf das Gewicht des Trägerheftes nicht überschreiten wobei in Ausnahmefällen eine Gewichtsüberschreitung der Beilagen von 10 Prozent akzeptiert wird.

Beilagen werden mit den Trägerobjekten gewogen. Für Rechnungen/Zahlungsverkehrsvordrucke für das Bezugsentgelt des Trägerobjektes werden Zusatzentgelte berechnet. Für Gegenstände über 2 mm bis 30 mm Höhe werden Zusatzentgelte berechnet. Druckerzeugnisse werden den Trägerobjekten lose beigefügt oder beigeklebt. Gegenstände müssen mit der Sendung fest verbunden sein.

Überschreiten Beilagen das Format des Trägerheftes um mehr als 1 cm, sind die Sendungen unter Umhüllung zu versenden. Durch Beilagen dürfen das Höchstflächenformat der Sendung von DIN B4, die maximale Höhe der Sendung von 50 mm und das Höchstgewicht je Sendung von 1.000 g nicht überschritten werden. Beilagen können auch nur einem Teil der Auflage beigefügt werden.

Übersicht über Beilagen

DRUCKERZEUGNISSE
Werbeprospekte, Abonnementwerbung, Spendenaufrufe, Postkarten und Presseerzeugnisse ohne Vertrag Presse Distribution (PrD). Sie müssen in der Regel inhaltsgleich sein. Presseerzeugnisse ohne Vertrag PrD sind auf der Titelseite deutlich als Anzeige oder Werbebeilage zu kennzeichnen.
Rechnungen und Zahlungsverkehrsvordrucke müssen ausschließlich das

Bezugsentgelt für das Trägerobjekt betreffen. Sie müssen den gleichen Betrag ausweisen.

GEGENSTÄNDE BIS 2 MM HÖHE

Beispielsweise dünne Muster/Proben, CD/DVD in Papphüllen. Für den Fall, dass Gegenstände außerhalb der Trägerhefte angebracht sind, müssen die Sendungen transportgerecht und sicher unter Umhüllung versandt werden.

GEGENSTÄNDE ÜBER 2MM BIS 30 MM HÖHE

Beispielsweise Werbeartikel und Beigaben. Sendungen mit diesen Gegenständen müssen transportgerecht und sicher verpackt sein.

PRESSEERZEUGNISSE MIT VERTRAG PRD

Folgende Presserzeugnisse werden zur Beilage (Herausnahme aus Mehrfachversandregelung), wenn es sich um einen neuen Titel oder deutliche Kennzeichnung als Sonderdruck, Werbeexemplar, Werbebeilage, Anzeige, Sonderausgabe oder ein Special handelt. Titelseiten derartiger Hefte dürfen keine Heftnummer, keine Zeitungskennzahl, keinen Preis und keinen Barcode enthalten.

10.4.8
Streifbandzeitung

Als Streifbandzeitungen können Vertragspartner (Herausgeber) ihre Presseerzeugnisse an Einzelempfänger versenden. Dies setzt den Abschluss eines Vertrages Pressepost voraus. Darüber hinaus können auch Zeitungsvertriebsstellen (Buchhandlungen, Kioske), die Presseerzeugnisse gewerbsmäßig vertreiben, Streifbandzeitungen an ihre Kunden versenden. Diese Sendungsart gilt nur im Inland. Bei kleinauflagigen Titeln mit Laufzeiterwartung E plus 1, sowie für Nach- und Probeheftversand kommt die Sendungsart zum Einsatz. Gegen Zahlung zusätzlicher Entgelte ist als Zusatzleistung die Eilzustellung möglich, allerdings nur nach vorheriger schriftlicher Vereinbarung mit der regionalen PrD.

Streifbandzeitungen werden wie gewöhnliche Briefsendungen nach den Regeln der AGB Briefdienst Inland an die Empfänger ausgeliefert. Die Regelungen der AGB Briefdienst Inland gelten darüber hinaus für die Nachsendung sowie Rücksendung unzustellbarer Streifbandzeitungen. Der Vertragspartner ist verpflichtet, jede Sendung vor der Einlieferung freizumachen. Die Höhe des Entgelts ergibt sich aus dem Gewicht der Sendung und der im *Entgeltverzeichnis Presse Distribution* festgesetzten Entgeltsätze.

Die Deutsche Post AG ist berechtigt, die Annahme von Streifbandzeitungen zu verweigern, die den Versandbedingungen Pressepost nicht entsprechen. Bereits eingelieferte Sendungen können dem Vertragspartner zu Beseitigung der Mängel zurückgegeben werden. Für Streifbandzeitungen, die nicht oder unzureichend freigemacht sind, wird der Fehlbetrag zuzüglich eines Einziehungsentgelts vom Empfänger nacherhoben. Bei vertragswidrigen Sendungen ist die Deutsche Post AG berechtigt, die Sendungen zu befördern und ein Nachentgelt vom Empfänger zu verlangen. Lehnt der Empfänger die Zahlung ab, so gilt dies als Verweigerung der Sendungsannahme. In diesem Fall wird die Sendung an den Vertragspartner zurückgesandt, der dann verpflichtet ist, das Nachentgelt (Leistungsentgelt für die Rücksendung und Einziehungsentgelt) zu zahlen, auch wenn er die Sendung nicht zurücknimmt.

Streifbandzeitungen sind an einer für die Erreichung der Laufzeit geeigneten Stelle einzuliefern. Die vom Vertragspartner gewünschte Einlieferungsstelle ist der zuständigen Organisationseinheit des Vertriebs der Deutschen Post mitzuteilen. Bei Vorliegen berechtigter Interessen der Deutschen Post AG kann es eine andere Einlieferungsstelle festlegen. Streifbandzeitungen sollen leitgerecht zusammengefasst eingeliefert werden, wenn von einer Nummer mehr als 500 Sendungen zu Einlieferung gelangen. Die zuständige Organisationseinheit des Vertriebs der Deutschen Post berät den Vertragspartner darüber, für welche Leiteinheiten Bunde und gegebenenfalls Beutel gefertigt werden sollen und wie diese zu kennzeichnen sind. Hinsichtlich der Versandbedingungen gilt:

Inhalt   In einer Streifbandzeitung dürfen Exemplare verschiedener Titel eines Vertragspartners enthalten sein. Für diese Titel muss ein Vertrag Pressepost auf der Grundlage der AGB Presse Distribution vorliegen.

Format   Streifbandzeitungen dürfen das Höchstformat von B4 nicht überschreiten. Rollen sind nicht vertragsgemäß.

Gewicht   Das Höchstgewicht beträgt 1.000 g. Die Überschreitung ist nicht vertragsgemäß; es wird ein höheres Entgelt berechnet.

Verpackung   Streifbandzeitungen müssen mit einer Umhüllung versehen sein, die den Inhalt vor dem Herausfallen sichert. Als Umhüllung gelten Umschläge sowie Papierbogen, die um das Exemplar gelegt und befestigt sind. Die Papierbogen müssen mindestens die beiden Längskanten auf der gesamten Länge verschließen. Kunststoffumhüllungen sollen nicht verwendet werden.

Aufschrift   Zur Aufschrift einer Streifbandzeitung gehören: Absenderangabe, Freimachung, Sendungsart ›Streifbandzeitung‹, Vertriebskennzeichen und Empfängeranschrift. Zur Aufschrift gehören darüber hinaus Vermerke für die Zusatzleistung, Eilzustellung sowie über eine Vorausverfügung (beispielsweise Nicht nachsenden, bitte mit neuer Anschrift zurück). Sie sind oberhalb der Anschrift anzugeben.

10.4.9
Werbeversand für Postvertriebsstücke

Damit die Post ihr Transportvolumen erhöht, unterstützt sie die Verlage bei ihrer Abonnementswerbung. Hierzu gehört der Werbeversand, der ein Instrument ist, um neue Abonnenten zu gewinnen. Die Presse Distribution der Deutschen Post macht den Werbeversand mit günstigen Preisen und neuen Gestaltungsmöglichkeiten attraktiv. Allerdings ist der Werbeversand an eine Reihe von Bedingungen geknüpft:

- Der Werbeversand richtet sich ausschließlich an Empfänger, die nicht Regel- oder Wechselversandbezieher (unterschiedliche Empfänger aus Adresspool nach drei Werbeversanden) sind.
- Die Sendung muss ein Response-Element (auch lose) zur Abonnentenwerbung enthalten.
- Die beworbene Publikation muss ein Postvertriebsstück sein und mindestens einmal im Quartal erscheinen. Der Werbeversand setzt eine Dauer des Vertrages PrD von mindestens 6 Monaten oder die erfolgte Einlieferung von mindestens 4 Heftnummern der Zeitschrift voraus.
- Beilagen im Originalheft sind möglich.
- Neu gewonnene Abonnements müssen durch die Presse Distribution zugestellt werden.
- Mindestmenge des Werbeversandes: 1.000 Stück pro Einlieferung. Höchstmenge: Der Werbeversand darf nicht mehr als dreimal hintereinander den Regel/Wechselversand überproportional übersteigen (200 Prozent oder mehr).
- Bei der Leseprobe sind Formatabweichungen vom Original möglich, Mindestformat ist jedoch DIN A5 im Umfang von 8 Seiten. Fremdbeilagen sind nicht möglich.
- Die Frequenz des Werbeversandes richtet sich nach der Erscheinungsweise der Druckschrift (maximal hälftige Erscheinungsweise)

Im Rahmen des Werbeversandes können Originalhefte oder Leseproben versandt werden. Eine Leseprobe gibt nur Inhaltsauszüge des Originals wieder. Sie ist seiten- und umfangreduziert und hat daher ein wesentlich geringeres Heftgewicht. Allerdings muss das Titelblatt von der Grundgestaltung her mit dem Original übereinstimmen, und die Sendung muss die Anmutung einer Zeitschrift haben.

Und so funktioniert es. Der Werbeversand muss zehn Werktage vor Versand mittels Formular schriftlich bei PrD angemeldet werden; für Leseproben ist ein Muster beizulegen. Es gelten die gleichen Versandbedingungen wie für normale Postvertriebsstücke. Sind die Voraussetzungen erfüllt, erhält Kunde unterzeichnete Vertragskopie nach drei Arbeitstagen. Sind die Voraussetzungen nicht erfüllt, wird das Heft zum vollbezahlten Postvertriebsstück befördert. Das folgende Entgeltbeispiel zeigt, wie man durch den Werbeversand Preisreduzierungen von bis zu 30 Prozent in Anspruch nehmen kann.

Entgeltbeispiel (Stand 1. Januar 2005)

Monatszeitschrift als Postvertriebstück, 250 g	Entgelt 0,3963 €
im Werbeversand mit Originalheft	Entgelt 0,2648 €
im Werbeversand als Leseprobe, z. B. 60 g	Entgelt 0,2207 €

10.5
Alternative Zustelldienste

In den vergangenen Jahren wurde das Thema ›Alternativer Zustelldienst‹ immer aktueller. Das liegt an den auf dem Markt agierenden Unternehmen, die Preise und Zustellformen zum Teil sehr einseitig diktieren. Historisch gesehen begann die Geschichte des AZD im Jahre 1991, als die Post die Preise in der Pressepost drastisch erhöhen wollte.

10.5.1
AZD Inland

Unternehmen, die im Verband Deutscher Zeitschriftenverleger (VDZ) organisiert waren, schlossen sich 1991 mit einigen großen Versandhändlern zur AZD GmbH zusammen. Träger waren unter anderem: Burda Medien, Gong Verlag, Gruner + Jahr, Bauer, Handelsblatt, Verlagsgruppe Milchstraße, Deutscher Fachverlag, Robert Klingel, Neckermann, Otto, Schickedanz und Walbusch. Die AZD GmbH arbeitete mit einer Sonderlizenz, befristet auf sechs Monate, in zwei Testgebieten. Aus diesen Testgebieten ließen sich demografische und strukturelle Erkenntnisse für die logistischen und wirtschaftlichen Bedingungen einer möglichen flächendeckenden bundesweiten Verteilung ableiten. Fazit: die in den Testgebieten (die noch ausgeweitet wurden) gesammelten Erfahrungen führten im Jahre 1998 zu intensiven Gesprächen mit der Deutschen Post, die mittlerweile die AZD GmbH als ernsthaften Konkurrenten erkannt hatte. Die Deutsche Post AG (DPAG) signalisierte Bereitschaft, über Preise, Versandhandling und AGB zu reden. Deshalb wurde die AZD GmbH Ende 1998 wieder aufgelöst.

Mittlerweile gibt es eine ganze Reihe von Unternehmen, die alternative Zustellung sowohl im Bereich Presselogistik als auch im Briefdienst anbieten. Hauptproblem bleibt jetzt und auch in naher Zukunft die bundesweite Zustellung. Die meisten Anbieter beschränken sich auf regional begrenzte Bereiche, Mengenuntergrenzen und Gewichtsgrenzen. Die Logistik der Unternehmen kann sich aber sehen lassen: in der Regel werden Pressepost-Sendungen, Infopost, adressierte Mailings und Postwurfsendungen zugestellt, dazu bieten die Unternehmen ein Reklamationsmanagement, Rückführung unzustellbarer Sendungen, Sendungsüberwachung und wählbare Laufzeit.

Immer mehr ausländische Postverwaltungen beteiligen sich an deutschen Unternehmen, die Zustelldienste anbieten. In den kommenden Jahren wird es einen verschärften Wettbewerb zwischen dem Hauptlogistiker DPAG und den AZD-Firmen geben, der spätestens nach Ende des Postmonopols 2007 gravierende Folgen für die Zustellung von Briefen und Pressepostprodukten haben wird.

Mit Hilfe der Netze eines alternativen Zustelldiensts sind viele regionale Zeitungsverlage in das Geschäft des regionalen Werbemailings eingestiegen. Dieses Geschäftsfeld ist auch unter den derzeit eingeschränkten Lizenzbedingungen attraktiv, da im regionalen Umfeld – beispielsweise für den Versand der Rechnungen regionaler Stromanbieter – eine schnellere Brieflaufzeit gewährleistet werden kann und damit auch ›normale Briefgewichte‹ von privaten Diensten angeboten werden können. Im Jahr 2004 haben die großen Pressekonzerne nochmals ihr Interesse am Geschäftsfeld Zustellung dokumentiert. Axel Springer und Holtzbrinck übernahmen beispielsweise die Mehrheit am zweitgrößten deutschen Briefzusteller, um in diesem Geschäftsfeld weiter expandieren zu können.

10.5.2
AZD Ausland

Auch und vor allem für Auslandssendungen gibt es alternative Möglichkeiten zur Postzustellung. Zunächst eine Erläuterung der Remailing-Arten:

A—B—A REMAILING Post aus Land (A) nach Land (B) transportieren, frankieren und von Land (B) wieder nach Land (A) zurücksenden. Beispiel: Sie lassen Ihre Sendungen in Deutschland fertigen, transportieren sie in die Schweiz, frankieren die Sendungen und lassen sie nach Deutschland zurücksenden. Die Deutsche Fachpresse empfiehlt, diese Versandart aus rechtlichen Gründen nicht anzuwenden.

A—B—B REMAILING Post aus Land (A) nach Land (B) transportieren, frankieren und innerhalb von Land (B) versenden. Beispiel: Sie lassen Ihre Sendungen in Deutschland fertigen, transportieren sie nach den Niederlanden, frankieren dort und liefern innerhalb der Niederlande aus. Viele Verlage nutzen dadurch das günstige Inlandsporto der jeweiligen

Länder. Die Deutsche Fachpresse empfiehlt diese Art des Remailing aber nur bei entsprechender Auflage (>50).

A—B—C REMAILING Post aus Land (A) nach Land (B) transportieren, im Land (B) Frankieren lassen und nach Land (C) versenden. Beispiel: Sie lassen Ihre Sendungen in Deutschland fertigen, transportieren sie nach Österreich, frankieren dort und liefern in Drittländer (außer Deutschland!) aus. Lohnenswert und auch von der Deutschen Fachpresse empfohlen: auch bei kleinen Auflagen ab einer Stückzahl von 20 möglich, da hier das komplette Ausland abgewickelt werden kann.

FAZIT: Für Briefe und vor allem Zeitschriften lassen sich bei einem Versand über Drittländer Portokosten sparen. Es gibt eine ganze Reihe von Anbietern, die sich darauf spezialisiert haben, Sendungen aus Deutschland zu übernehmen, in Drittländern zu frankieren und zu versenden. Mittlerweile gibt es sogar in Deutschland Agenturen und deutschsprachige Ansprechpartner ausländischer Postverwaltungen, die nicht nur den Versand, sondern auch gleichzeitig Handling, Transport und Abholung anbieten.

10.6
Vertriebsmarketing im Pressebereich

Zum Vertriebsmarketing gehören Werbung und Verkaufsförderung. Im Bereich Zeitschriftenvertrieb unterscheidet man Marketingmaßnahmen in Vertriebsmarketing für den Einzelverkauf und Vertriebsmarketing für das Abonnement. Im Einzelnen hängt es davon ab, welche Vertriebsart der jeweilige Verlag in den Vordergrund stellt. Auf jeden Fall haben Print-Medien einen großen Anteil an den monatlichen Medienausgaben der Haushalte.

MEDIEN	BETRÄGE IN €
Fernsehen	9,10
Videokassetten	3,10
Tonträger (CD etc.)	6,40
Tageszeitungen	**9,30**
Zeitschriften	**6,30**
Bücher	8,90
Sonstiges	4,90
Gesamt pro Monat	48,00

Quelle: Presse- und Informationsamt der Bundesregierung. 2003

10.6.1
Vertriebsmarketing für das Abonnement

Vertriebswerbung ist die Summe aller Aktivitäten zur Gewinnung neuer und Bindung bestehender Abonnenten, zur Förderung des Abverkaufes im Handel und zur Direktvermarktung von Sonder-Produkten. Warum Marketing für Abonnements gemacht wird, liegt auf der Hand. Denn die Abonnementsauflage als Teil der Gesamtauflage ist ein relativ stabiler Faktor mit einer großen Planungssicherheit.

Die Schwierigkeit beim Abonnementsmarketing besteht darin, den Neukunden davon zu überzeugen, dass die Zeitung/Zeitschrift so gut ist, dass es sich lohnt, eine dauerhafte Abnahmeverpflichtung einzugehen. Dabei muss man beachten, dass die Hemmschwelle für den Abschluss eines Abonnements viel höher ist als der Kauf im Handel (Kiosk), da es sich hierbei um deutlich höhere Beträge handelt. Die Verlage mit Titeln im Presse-Grosso legen dabei Wert auf die Ansprache der Gelegenheitskäufer. In den Titeln sind Anzeigen und/oder Coupons enthalten, die zu einem Abonnement einladen.

Das Marketing-Mix eines Verlages ist die Kombination aus den Marketing-Instrumenten der organisatorischen Einheiten Redaktion, Vertrieb und Anzeigen, die der Verlag zur Erreichung seiner Marketingziele in den entsprechenden Märkten (Redaktion, Anzeigen, Vertrieb) einsetzt. Im Kapitel 5.3 ist das Marketing-Mix allgemein erklärt worden. Für den Zeitschriftenvertrieb konkretisiert es sich wie folgt.

PRODUKTPOLITIK Welches Abonnement soll verkauft werden? Jahres-, Halbjahres-, Studenten-, LWL (Leser-werben-Leser)-, Geschenk-, Mini-, Probe-, Test- oder Kombi-Abonnements?

PREIS- UND KONTRAHIERUNGSPOLITIK Welchen Preisvorteile hat der Käufer eines Abonnements? Welche Nachlässe gibt es für Studenten, Mehrfach- und Sammelabonnements? Wie steht es um Treuerabatte und Zahlungsmodalitäten?

DISTRIBUTIONSPOLITIK Wie soll das Abonnement verbreitet werden? Per Zustellabonnement oder über das Abholfach der Buchhandlung? Wie ist der Nachversand geregelt? Welche vertriebsorientierten Kooperationspartner gibt es?

KOMMUNIKATIONSPOLITIK Wie mache ich auf das Abonnement aufmerksam? Durch Direktmarketing, persönlicher Verkauf (WBZ), Anzeigen oder auf Messen?

Um Neukunden vom Abonnement zu überzeugen, gibt es durchaus variationsreiche Ansprachen der Zielgruppe.

KOSTENLOSES PROBEABONNEMENT Diese häufig genutzte Variante ist stark reglementiert. Nach den Vertriebsrichtlinien des Verbandes der Zeitungsverleger darf der Kunde maximal zwei Wochen kostenlos beliefert werden.

SCHNUPPER-, KURZZEIT- ODER TESTABONNEMENT Bei dieser Form des Angebotes wird dem Kunden ein zeitlich begrenztes Abonnement offeriert. Der Kunde hat dadurch eine deutlich niedrigere Hemmschwelle, zumal der Preis für diese Art der Abonnements reduziert ist. Allerdings gibt es auch hier wettbewerbsrechtliche Gegebenheiten, die unbedingt einzuhalten sind. Wettbewerber achten sehr stark darauf, dass die Werbeaktionen nicht mit den jeweils gültigen Richtlinien kollidieren. In der Regel werden diese Abonnements mit aktuellen Ereignissen oder Themen verbunden. Beispiele: Bezug nur während eines größeren, über einen gewissen Zeitraum stattfindenden Sportereignisses (Olympische Spiele, Weltmeisterschaften) oder politischer Ereignisse.

Aber Vorsicht: die bestehenden Bezieher sollten nicht verprellt werden. Alle Angebote, die unter dem regulären Bezugspreis der bestehenden Abonnenten liegen, sind nicht unproblematisch. Deshalb achten Verlage darauf, die ›Alt-Abonnenten‹ zu binden, das heißt, Angebote zu erstellen, die nur Abonnenten angeboten werden. Das kann beispielsweise der Zugriff auf die Internet-Seite mit tagesaktuellen Beiträgen durch Einwahl über die Kundennummer sein oder vergünstigte Angebote für Fachbücher, verbilligte Eintrittskarten für Messen und Ausstellungen oder dergleichen. Fachzeitschriftentitel sind teilweise austauschbar. Deshalb entscheidet der gebotene Zusatznutzen für den Kunden. Die Bedeutung der Leser-Blatt-Bindung ist in der heutigen Zeit sehr wichtig, denn die Neuakquisition von Abonnenten wird immer schwieriger und kostenintensiver. In der Verlagsbranche entwickelt sich tendenziell eine Verlagerung der Marketingbudgets vom Pre-Marketing zum After-Marketing, mit dessen Hilfe die Verlage sich ihre Abonnententreue und damit langfristig ihren Umsatz sichern.

Eine besonders interessante Form der Abonnentenwerbung ist die Prämienwerbung. In Form einer LWL (Leser-werben-Leser)-Anzeige werden die bestehenden Abonnenten aufgefordert, Neukunden zu akquirieren. Der Vorteil: Altkunden wissen besonders gut über den Nutzen der Zeitschrift Bescheid, müssen also nicht erst überzeugt werden. In der Regel können auch Nicht-Abonnenten in den Genuss der Prämie kommen, denn der Passus »man muss nicht Kunde sein, um einen neuen Leser zu werben«, wird immer häufiger angewandt. Die Prämienwerbung ist relativ teuer (man kalkuliert mit Kosten, die ungefähr den Preis für ein Jahresabonnement erreichen), das heißt, der Verlag macht erst im zweiten Bezugsjahr positiven Umsatz. Auch hier sind unbedingt die Regeln des Gesetzes gegen unlauteren Wettbewerb (UWG) zu beachten.

Eine weitere Form, die gerne genutzt wird, ist die Variante der ›Negativ-Option‹, die bei Test-, Probe- oder Schnupperabonnements angewandt wird. Der Verlag gibt dem Neukunden die Möglichkeit, die Zeitschrift über einen gewissen Zeitraum ›zu testen‹. Anschließend muss sich der Neukunde »[...] nach Erhalt der dritten Ausgabe/[...] eine Woche nach Erhalt der letzten Ausgabe etc.« beim Verlag melden, um die Zeitschrift wieder abzubestellen, ansonsten geht der Testbezug in einen Festbezug über. Die Verlage kalkulieren eine gewisse Stornoquote in die Werbeaktion mit ein, denn zumeist ist das Testabonnement mit einer Prämie verbunden, die der Leser in jedem Fall behalten darf.

Neben der bereits erwähnten konsequenten Ausrichtung am Leser (Leser-Blatt-Bindung) gibt es gezielte Aktionen zur Einbindung von Gelegenheitslesern, beispielsweise redaktionelle Serien zu aktuellen Themen, Fortsetzungsromane oder Preisausschreiben über mehrere Ausgaben. Vor allen bei Zeitschriften mit hohem Einzelverkaufsanteil erhofft sich der Verlage dadurch vermehrte Abo-Kunden.

10.6.2
Marketing für den Einzelverkauf

Im Bereich Einzelverkauf müssen die Marketingmaßnahmen – ähnlich wie beim Buchhandel – danach getrennt werden, ob sie den Verbraucher oder den Händler ansprechen. Bei den verbraucherorientierten Aktionen wird meist die Werbung in Fremdmedien genutzt. War dies traditionell die so genannte Händlerschürze, ein Plakat mit der Hauptschlagzeile des Tages am Zeitungsautomaten, oder die Aufkleber und Leuchtreklame mit Titellogo, so hat sich das Spektrum mittlerweile stark ausgeweitet. Plakate, Rundfunk- (Hörfunk und TV) und Kinowerbung sind ebenso selbstverständlich für Zeitungen und Zeitschriften, wie die Werbeschaltung in Fremdtiteln der eigenen Gattung.

Neben den bereits geschilderten Maßnahmen der Förderung des Wiederholungskaufes durch redaktionelle Serien, Gewinnspiele etc. muss im Hinblick auf den Kioskverkauf vor allem Titelaufmachung im Rahmen der Produktpolitik optimiert werden. Kaufzeitungen versuchen durch besonders wirksame Schlagzeilen in der ersten Hälfte der Titelseite die Aufmerksamkeit der Leser zu erreichen. Wenn man vor den Regalen im Handel steht, fällt auf, dass meist nur der äußerste linke Rand sichtbar ist, da der andere Teil des Covers durch andere Titel verdeckt ist. Also versucht man, vor allem auf der linken Seite die wichtigsten redaktionellen Themen abzubilden.

Bei Zeitschriften ist meist die Komposition aus Covergestaltung und Schlagzeilen ausschlaggebend. Häufig kann die Bemühung um hohe Einzelverkaufsauflagen bereits daran erkannt werden, dass eine möglichst erotische Titelgestaltung für TV-Magazine, Lifestyle-Titel etc. gewählt wird. Selbst die deutschen Nachrichtenmagazine greifen in regelmäßigen Abständen auf das bewährte Prinzip ›Sex sells‹ zurück.

Bei den handelsorientierten Maßnahmen dominiert die Hilfestellung im Rahmen der Verkaufsförderung. Platzierungs- und Dekorationswettbewerbe können für den Kioskbetreiber ebenso ein Anreiz für verstärktes Engagement sein wie eine Händlermesse des Verlags, bei der die Verlage sich unter Schirmherrschaft des jeweiligen Ortsgrossisten dem Einzelhändler präsentieren. Zeitungen können sich bei dieser Gelegenheit gegenüber dem Händler beispielsweise als Frequenzbringer positionieren, der dafür sorgt, dass viele Kunden den Weg in die Verkaufsstelle finden, die durch weitere Käufe (Zigaretten, Süßigkeiten etc.) für zusätzlichen Umsatz sorgen. Bei den zeitlich begrenzten Verkaufsförderungsaktionen muss der Verlag stets die Situation und Motivation des Handels berücksichtigen. Neben dem Überlassen von Dekorationsmaterial und einer rechtzeitigen Ankündigung der Aktionen ist es wichtig, die Auswirkungen auf den Handel zu analysieren. So mag es für den Verlag erfolgreich sein, durch zeitweilige Preissenkungen einer Zeitschrift die Verkaufsauflage zu erhöhen und damit den Anzeigenverkauf zu fördern. Für den Händler bedeuten solche Aktionen jedoch eine Verringerung des über den Rabatt erzielten Stückerlöses, der ihm wenig Freude bereiten wird.

Beim Vergleich der Systeme des Buch- und Presseverkaufs fällt auf, dass es bei Presseverlagen nur wenig Außendienstmitarbeiter gibt, die mit dem Einzelhändler in Kontakt stehen. Eine Erklärung ist schnell zur Hand: das bereist geschilderte Dispositionsrecht der Verlage. So ist es für die Verlage lediglich wichtig, die entsprechende Stückzahl in Einklang mit den Branchenrichtlinien an den Großhandel auszuliefern. Sie müssen keinen Anreiz beim Einzelhandel für Titelbestellungen im eigentlichen Sinne schaffen. Es findet kein eigentlicher Verkauf in den Handel hinein statt.

10.7
Customer Relationship Management (CRM)

Wie in anderen Wirtschaftsbranchen geht es auch im Presseverlag zunehmend darum, die Kundenbeziehung auszuweiten, das heißt, auf Basis des bestehenden Kundenkontakts ein größeres Dienstleistungspaket zu verkaufen. Denn die Kundenbindung entscheidet darüber, ob man mittel- und langfristig mit den eigenen Titeln erfolgreich ist. Aus diesem Grund nutzen Presseverlage zunehmend für die erhöhte Kundenbindung der bereits bestehenden Kunden, die Akquise neuer Kunden und die Ver-

marktung neuer Dienstleistungen die Möglichkeiten der datenbankgestützten Kundenbetreuung. Häufig werden diese Customer-Relationship-
Management-Konzepte primär unter dem Gesichtspunkt unterschiedlicher Softwarelösungen diskutiert. Für den langfristigen Erfolg im Verlagsbereich ist dieses Thema jedoch in erster Linie eine Organisations-
und Marketingaufgabe, bei der zu Beginn eine klare Definition der Ziele
des CRM-Einsatzes voraus gehen muss. Datenkategorien für CRM sind:

STAMMDATEN Grunddaten von Kunden und Interessenten

POTENZIALDATEN   Welches Potenzial steckt im Kunden und in der Kundenbeziehung?

AKTIONSDATEN Wer wurde wann und wie kontaktiert?

REAKTIONSDATEN Hat sich der Kunde beschwert, worauf hat er reagiert?

Die Aufgabenstellung von CRM lässt sich dabei in analytisches und ope-
ratives CRM unterscheiden. Beim analytischen CRM geht es darum, Kundenkontakte und Kundenreaktionen zu analysieren. Hierfür müssen
zunächst alle Angaben – beispielsweise Probebestellungen, Abbestell-
gründe etc. bei einer Abonnementwerbeaktion – systematisiert und in ein
so genanntes Data-Warehouse eingespeist werden. Häufig findet in der
Praxis eine enge Kopplung zwischen dem Einsatz von CRM-Systemen
und dem Einsatz aktiver Marketingstrategien mit Hilfe eigener oder bei
fremden Unternehmen beauftragten Call-Centern statt, die Telefonmarketing oder auch die Beantwortung von Mails und weitere Service-Funk-
tionen übernehmen. Das operative CRM hingegen umfasst alle direkten
Kundenkontakte. Dies kann entweder die Kontaktaufnahme durch den
Kunden sein, wie es beispielsweise beim Inbound-Telemarketing stattfindet, wenn Anrufe von Interessenten entgegengenommen werden, die beispielsweise ein Probeabonnement wünschen oder an einem Gewinnspiel
teilnehmen möchten.

Beim Outbound-Telemarketing findet hingegen ein Kundenkontakt
nach Außen hin statt. Dies setzt jedoch eine Geschäftsbeziehung voraus,
da insbesondere bei Privatkunden keine Kontaktaufnahme durch ein
Call-Center erfolgen darf, wenn noch keine Geschäftsbeziehung besteht.
Diese so genannten Cold Calls, bei denen x-beliebige Privatpersonen als
Abonnenten per Telefon geworben werden sollen, sind nicht gestattet.
Die Rahmenbedingungen für Telemarketing im Outbound-Prinzip, beispielsweise durch das Nacharbeiten von Abbestellern, indem die Abbe-
stellgründe erfragt werden, könnten nach Plänen der Bundesregierung jedoch in Deutschland durch eine restriktive Umsetzung der EU-Gesetz-
gebung in nächster Zeit stark eingeengt werden. Hier wäre künftig das
vorherige Einverständnis der Leser oder Probeleser einzuholen, um einen späteren Anruf zu rechtfertigen.

Fragen zu Kapitel 10

84. Welches sind die drei Versandarten der Pressepost?
   a) Streifbandzeitung
   b) Infopost
   c) Postvertriebsstück
   d) Infobrief
   e) Postwurfsendung
   f) Pressesendung

85. Welche drei Remissionsarten gibt es ?

86. Welche Art des Remailing ist im Rahmen der alternativen Zustelldienste mit dem Ausland nicht erlaubt?
   a) A–B–A Remailing
   b) A–B–B Remailing
   c) A–B–C Remailing

87. Wie hoch muss die ›verkaufte Auflage‹ in Prozent lt. AGB Pressepost für die Versandart ›Postvertriebsstück‹ sein?
   a)   5 Prozent
   b) 10 Prozent
   c) 20 Prozent
   d) keine Mindestverkaufsauflage

88. Die Mindesteinlieferungsmenge bei Pressesendungen beträgt:
   a)   500 Exemplare
   b) 1.000 Exemplare
   c) 1.500 Exemplare
   d) 2.000 Exemplare
   e) keine Mindestmenge

89. In welchem Fall ist der Herausgabezweck gemäß AGB Pressepost
   für ein Postvertriebsstück nicht erfüllt?
   a) Titelseite nur in schwarzweiß
   b) Weniger als 30 Prozent presseübliche Berichterstattung
   c) 6 x jährliches Erscheinen
   d) Versandmenge 2.500 Exemplare

90. Was bedeuten die Abkürzungen LWL, CPO, PVST und WBZ?

91. Nennen Sie mindestens 4 Instrumente der Preis- und Kontrahierungspolitik bei Zeitschriften.

92. Nennen Sie die drei Arten des Abonnements.

93. Beschreiben Sie die Aufgabenstellung eines Nationalvertriebs.
   Welche Verlage nutzen diese Art von Dienstleister vorrangig?

94. Wie funktionieren ›Stumme Verkäufer‹?

95. Wie unterscheidet sich die Produktgestaltung von Titeln, die überwiegend im Einzelverkauf vertrieben werden, von Pressetiteln, die
   vorwiegend im Abonnement vermarktet werden?

11
Online-Vertrieb

In den Online-Bereich haben wir bereits in Kapitel 7 aus Perspektive des Marketings eingeführt. Die zunehmende Verbreitung der Online-Medien führt jedoch nicht nur zu neuen Herausforderungen für Presseverlage im Werbemarkt. Sowohl Buch- als auch Presseverlage werden durch das Internet mit neuen vertriebspolitischen Chancen und Herausforderungen konfrontiert.

11.1
Online-Angebote von Presseverlagen

Mit dem Aufkommen der ersten redaktionellen Online-Angebote der Presseverlage wurde sehr schnell die Diskussion eröffnet, ob die Veröffentlichung redaktioneller Inhalte in einem konkurrierenden Medium nicht das Ende der gedruckten Zeitung bedeuten würde. Schließlich werden die Inhalte im Internet ja in der Regel kostenlos angeboten, während Presseverlage (mit Ausnahme der Anzeigenblattverlage) eine Bezahlung der gedruckten, redaktionellen Beiträge erwarten. Nach den ersten fünf Jahren Internet-Erfahrung zeigt sich jedoch, dass die Substitutionseffekte durch Online-Medien keinesfalls in redaktioneller Hinsicht so bedeutend sind, wie ursprünglich befürchtet.

Die Funktion der Zeitung beispielsweise, einen Überblick über die aktuellen Geschehnisse zu bieten, wird nicht durch die entsprechenden Online-Angebote komplett abgedeckt. Der Informationsgehalt längerer Textbeiträge wird nach wie vor leichter auf dem Papier als durch Bildschirmmedien vermittelt. Erste Versuche mit digitalen, papierähnlichen Bildschirmen und so genannter elektronischer Tinte zeigen jedoch, dass es sich hierbei nicht auf alle Zeiten um traditionelle Printmedien handeln muss. Die stärkste Bedeutungsverschiebung hin zu Online-Medien findet im Bereich der Rubrikanzeigen statt. Zeitungsverlage, die ihre Kern-Rubriken (Auto-, Immobilien-, Stellenanzeigen) kostenlos im Internet veröffentlichen, merken an den Rubrikentagen einen deutlichen Rückgang des Einzelverkaufs, der sich vor allem an den Rändern des Verbreitungsgebiets bemerkbar macht. Viele Gelegenheitsleser nutzen offenbar das Online-Substitut. Da diese Zielgruppe auch für das Abonnementmarketing besonders interessant ist, muss somit aus Sicht des Vertriebs nicht nur der Einzelverkaufsrückgang, sondern auch eine Schwächung insgesamt hingenommen werden.

Ein breiter Einsatzbereich von Online-Medien im Bereich des Pressevertriebs ist die Kundenbetreuung via Internet. Gerade Abonnenten haben häufig das Bedürfnis mit dem Verlag in Kontakt zu treten, wenn sie beispielsweise für die Zeit ihres Urlaubs nicht mit der Zeitung oder Zeitschrift beliefert werden möchten, umziehen oder eine Reisenachsendung wünschen. Während hier rein administrative Funktionen statt über Telefon letztlich via E-Mail abgewickelt werden, gibt es Online-Aktivitäten der Verlage, die auf einen positiven Effekt auf das Gesamtunternehmen abzielen. Alle Presseverlage versuchen, mit Hilfe ihrer Online-Auftritte ein innovatives Image zu vermitteln, um dem Leser auch im neuen Medium Kompetenz zu signalisieren. Zeitungsverlage schätzen am Internet, dass es sich um eine vergleichsweise junge Zielgruppe handelt, die eine hohe Affinität zum Lesen und zu Informationen besitzt. Dennoch gelingt es nur vergleichsweise selten, Online-Nutzer über entsprechende Bestellfunktionen für Probeabonnements als Zeitungsleser zu gewinnen. Allerdings wurden bei den meisten Verlagsangeboten auch noch nicht alle Möglichkeiten des Vertriebsmarketings umgesetzt. Die hohe Akzeptanz von Gewinnspielen und Werbegeschenken bei Internet-Nutzern lässt die Vermutung zu, dass über offensiv propagierte Leser werben Leser-Aktionen eine Akquise von Neukunden möglich ist. Es mag am bei weitem noch nicht ausgeschöpften Potenzial im gestalterischen Bereich liegen, dass die für das Vertriebsmarketing relevanten Punkte noch nicht an vorderster Stelle der Web-Sites sichtbar sind.

Generell ist zu überlegen, welche Funktionen dem Pressevertrieb künftig in Konkurrenz mit Online-Medien zukommen werden. Denn Online-Produkte werden mehr und mehr die Zeitlücke zwischen den Erscheinungs- und Distributionsintervallen der Printtitel schließen. Für die Zeitungslandschaft kann dies bedeuten, dass es wichtig wird, den Zeitnachteil des gedruckten Wortes immer weiter zu begrenzen. Angesichts der notwendigen Vertriebslogistik bei gedruckten Produkten kann ein Weg darin bestehen, die Daten möglichst lange in elektronischem Zustand zu belassen und erst kurz vor dem Übergang an den Kunden den Titel zu drucken. Erste Versuche mit Printing-On-Demand-Versionen zeigen, dass es zum Beispiel beim Auslandsvertrieb möglich ist, die Daten lediglich digital zu senden und den Druckvorgang kleiner Auflagen mit digitalen Druck-(Kopier-)Maschinen vorzunehmen. Dies würde dazu führen, dass die herkömmliche Logistik zunehmend aus dem Aufgabenbereich des Vertriebs herausgelöst wird und sich der Vertrieb auf die

Aufgabe des Lesermarketings konzentrieren kann. Parallel zur Stärkung der Marketingfunktion des Vertriebs findet jedoch eine Entwicklung statt, die sich ebenfalls auf den Vertriebssektor der Zeitungs- und Anzeigenblattverlage auswirkt. So führt die Zunahme der Direktwerbung zu einer Aufgabenverlagerung des klassischen Zustellapparats hin zu verlagsfremden Zustellobjekten. Da es bei den immer größer werdenden Warenströmen der E-Commerce-Wirtschaft zunehmend von Bedeutung sein wird, über einen funktionsfähigen Logistik-Background zu verfügen, gibt es in einzelnen Verlagshäusern bereits Überlegungen, die Zustellung von Waren in den Logistiksektor des Verlagsvertriebs zu integrieren. Dies wäre wiederum eine Stärkung des Logistikbereichs, der sich jedoch von der Logistik für die Zustellung des eigentlichen Redaktionsprodukts entfernen könnte.

Seit dem Jahr 2002 hat in Deutschland unter dem Label ›E-Paper‹ der elektronische Vertrieb von Printprodukten Einzug gehalten. Während zu Beginn der 90er Jahre Faksimile-Ausgaben der gedruckten Zeitung als Vorläufer der kurz darauf beginnenden Online-Entwicklung als sehr innovativ galten, aber keinen Markt erobern konnten, haben diese Produkte in den letzten Jahren den Sprung zum alternativen Vertriebsweg geschafft. Printidentische Produkte werden auch von der Auflagenkontrollorganisation IVW gezählt, sodass mehr und mehr Zeitungsverlage dazu übergegangen sind, diese Produkte anzubieten. Dabei gibt es jedoch erhebliche Unterschiede, was den Funktionsumfang und den Implementierungsaufwand betrifft. Je mehr Navigationsfunktionen die PDF-Dateien haben, die an die Abonnenten ausgeliefert werden, desto größer ist der Aufwand, um die entsprechenden Prozesse und Softwaresysteme auf Verlagsseite zu installieren. Auf der anderen Seite sind in diesen Lösungen auch attraktivere Formen der Einbindung von Werbekunden möglich, was für die Kommerzialisierbarkeit dieser Presseprodukte entscheidend ist.

Ein weiterer Trend zum Ausbau des Online-Vertriebs im Pressesektor ist der Ausbau des Verkaufs redaktioneller Inhalte. Die ›Kostenlos-Kultur‹ im Internet ist den Presseverlagen mit ihren redaktionellen Angeboten im Internet bereits seit einiger Zeit ein Dorn im Auge. Unter Federführung des Verbandes Deutscher Zeitschriftenverleger haben im Jahr 2002 eine Reihe von Verlagen damit begonnen, erhebliche Teile ihres redaktionellen Angebots im Internet nur noch gegen Bezahlung verfügbar zu machen. Mit Kampagnen und Studien versuchen die Zeitschriftenverleger, das Paid-Content-Segment – den Anteil kostenpflichtiger Inhalte im Netz – zu erhöhen. Einzelne Verlage, wie beispielsweise die Stiftung Warentest mit ihren Testberichten, können hier auch bereits über Erfolge berichten. Die Frage, ob ein redaktioneller Bericht im Internet sich tatsächlich für eine kostenpflichtige Vermarktung eignet, entscheidet sich

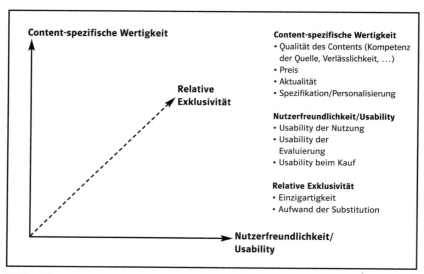

Erfolgsfaktoren für Paid-Content. Quelle: VDZ (Hrsg.), Paid Content

anhand der Eigenschaften dieser redaktionellen Inhalte. Die Qualität des redaktionellen Contents (Wertigkeit), die relative Exklusivität (sind diese Inhalte sonst nicht ohne weiteres zu bekommen) und die nutzerfreundliche Aufbereitung entscheiden über den Markterfolg.

11.2
Printing-on-Demand-Produkte

Vielleicht mag es überraschen, dass unter der Überschrift Online-Vertrieb Printing-on-Demand-Produkte (PoD-Produkte) thematisiert werden: Bücher, Zeitungen und Zeitschriften, die auf Bestellung mit Hilfe digitaler Druckverfahren erstellt werden. Denn letztlich geht es hier um die Möglichkeiten des Vertriebs via Internet und nicht um die Anwendungsbereich einzelner Druckverfahren. Der Grund hierfür liegt in den Anwendungsbereichen, die sich aus der Kombination der beiden Verfahren ergeben.

Im Pressesektor gibt es bereits seit Mitte der 90er Jahre unterschiedliche Produkte (z. B. einen *Newsletter* des *Handelsblatts* für die Fluggäste der Lufthansa-Business-Class), die dezentral mehr oder minder in letzter Minute mit digitalen Druckverfahren produziert werden. Die Daten werden mit Hilfe elektronischer Netze online an die einzelnen Anwendungsorte übertragen. Neben der Möglichkeit, tagesaktuelle Newsletter aus Deutschland in den Hotels deutscher Reiseveranstalter im Ausland zu produzieren, hat der Spiegel-Verlag in Kooperation mit der Deutschen Bahn AG mit *ICE Press* die Produktion aktueller, gedruckter Zeitungen in fahrenden Zügen erprobt. Neben den genannten Beispielen und Modellversuchen sind weitere Anwendungen vorstellbar. Französische Zeitungen haben beispielsweise bereits Versuche unternommen, den Auslandsvertrieb kleinauflagiger Zeitungen zu vereinfachen. So wurde in St. Petersburg mit Hilfe großformatiger Druckeinrichtungen wenige Exemplare der Zeitungen digital gedruckt und dem Einzelhandel zur Verfügung gestellt. Mit zunehmender Perfektionierung der Technik sind hier weitere Anwendungsbereiche zu erwarten.

Im Buchsektor gelten Printing-on-Demand-Verfahren bereits seit längerem als ein Weg, hohe Aufwendungen für Lagerbestände zu vermeiden und damit das verlegerische Risiko zu reduzieren. Denn der Beruf und Begriff des Verlegers kommt letztlich ja von der Funktion des ›Vorlegens‹, d. h. des Auslegens der Kosten für die Vorproduktion der Auflage, deren Absatzrisiko er trägt. Aber neben diesen Vorteilen ist auch hier das Internet ein interessantes Medium, mit dessen Hilfe Produktion und Vertrieb solcher PoD-Produkte koordiniert werden können. Allerdings besteht die Schwierigkeit des Vertriebs neben der mangelnden körperlichen Präsenz des Titels im Buchhandel in der Koordination der Bestellung und Auslieferung solcher Werke. Das Hamburger Unternehmen Libri, eine der führenden Firmen im Bereich des Zwischenbuchhandels, hat mit Books-On-Demand (BOD) hier erste Lösungsmöglichkeiten präsentiert. Der Autor, der sein Werk bei BOD veröffentlichen möchte, übersendet seine Daten online an BOD. Dort wird eine digitale Masterkopie des Werkes erstellt, eine ISBN vergeben und die VLB-Aufnahme geregelt. Das Buch kann in allen Buchhandlungen bestellt werden und wird bei Libri/BOD produziert und über den Buchhandel ausgeliefert. Darüber hinaus sind die Titel im Katalog von Libri enthalten und können direkt über das Internet bestellt werden. Dies bildet bereits die Brücke für den Online-Vertrieb von Büchern. Die von Libri angebotene Plattform wird in ähnlicher Form mittlerweile von unterschiedlichen Herstellern betrieben. All diese Veröffentlichungsformen eignen sich nicht nur für ambitionierte Hobbyautoren, sondern vor allem für Doktoranden und Wissenschaftler, die einen Mittelweg zwischen einer (meist kaum genutzten) reinen Online-Veröffentlichung und dem aufwendigen Druck der kompletten (Pflicht-)Auflage suchen. Dass sich der Bereich des digitalen Buchdrucks-on-Demand künftig weiterentwickeln wird, zeigt auch eine strategische Allianz zwischen dem weltgrößten Kopiermaschinenhersteller Xerox und der Bertelsmann-Arvato AG. Dem Joint-Venture liegt die Annahme zugrunde, dass der Anteil der POD-Produkte sich von rund 8 % im Jahr 1999 in den nächsten Jahren auf 30 % ausdehnen kann.

11.3
Online-Vertrieb von Büchern

Als Mitte der 90er Jahre das anwenderfreundliche World Wide Web zunehmend Verbreitung fand, stellten sich viele Marketing- und Vertriebsexperten die Frage, wie dieses neue Medium die bestehenden Distributions- und Kommunikationsstrukturen verändern könnte. Solange die Anwendung des Internet noch auf wenige spezielle Zielgruppen beschränkt war, konzentrierten sich die Einsatzfelder auf den Special-Interest-Bereich bzw. Business-to-Business-Anwendungen. Mit zunehmender Verbreitung stellt sich die Frage, in welchen Konsumgütermärkten das Internet über die entsprechenden Anwendungsvorteile verfügt.

Aus der Marketingtheorie heraus lässt sich feststellen, dass ein Produkt – um für die Online-Vermarktung geeignet zu sein – eine mäßig hohe Emotionalität während des Kaufvorgangs besitzen muss, da Güter mit großer emotionaler Wirkung (Schmuck etc.) meist beim stationären Handel begutachtet und gekauft werden. Mit dieser Komponente eng verbunden ist die Frage der Komplexität des Produkts. Sehr einfache Produkte können ebenfalls schwerlich online verkauft und zugeschickt werden, da es problematisch sein wird, dem Nutzer einen Mehrwert zum herkömmlichen Vertrieb zu bieten. Im Buchbereich hingegen bestehen für den Online-Vertrieb recht gute Voraussetzungen. Denn die Logistik des Buchhandels ist auf ein rasches Bestellwesen ausgelegt, das der Großhandel perfekt und flexibel organisiert. Die immense Titelzahl von allein 800.000 deutschsprachigen Titeln ist aufgrund unterschiedlicher Suchkriterien auch elektronisch gut recherchierbar. Das Produkt ist informationsnah, d. h. der zentrale Nutzen lässt sich leicht über eine verbale Beschreibung darstellen (Rezension, Inhaltsangabe etc.). Das haptische Erlebnis beim Kauf steht (vor allem im Fachbuchbereich) meist nicht im Vordergrund, eine nüchterne Beschreibung der Ausstattung mit Einbandsart, Seitenangabe und Zahl der Abbildungen in Verbindung mit einer Coverabbildung reicht in vielen Fällen aus, um die physischen Produkteigenschaften darzustellen. Wie für Bücher, so gilt das bisher dargestellte auch in ähnlicher Form für andere Informationsprodukte. Und so verwundert es nicht, dass die umsatzstärksten Produkte und Dienstleistungen im Internet Software, Bücher, PCs und Consumer Electronics sind.

Da sich die Verbreitung des neuen Mediums zunächst auf den wissenschaftlichen Bereich konzentrierte, waren es folgerichtig die Fachbuchhandlungen (u. a. Lehmanns), die eigene Internet-Filialen für den deutschsprachigen Markt anboten. Später zogen andere Anbieter nach, die ihre Bemühungen auf den Endkundenbereich zugeschnitten hatten. Dabei ist auffällig, dass zahlreiche Wettbewerber des Internet-Buchhandels nicht aus der Buchhandelsbranche stammen. Bemerkenswert ist ferner die Tatsache, dass nicht immer die Startvoraussetzungen den Markterfolg in der Frühphase der Marktentwicklung bestimmen. So hatte der Bertelsmann-Konzern eigentlich die besten Voraussetzungen, das Marktgeschehen von Anfang an zu dominieren. Über die Bertelsmann-Buchclubs und die zahlreichen konzernzugehörigen Buchverlage besteht ein sehr breites Know-how im Bereich des Buchwesens, das alle Stufen der Wertschöpfungskette umfasst. Die Tochtergesellschaft AOL Europe sowie der Hintergrund zahlreicher anderer Aktivitäten im Bereich der elektronischen Medien boten einen hervorragenden Hintergrund für ein offensives Vorgehen im Bereich des Online-Buchhandels. Dennoch gestaltete sich der Start eher schwierig. Im Vergleich zur Konkurrenz kamen viele Initiativen sehr spät und in der Anfangsphase zu halbherzig. Ein Grund hierfür lag sicherlich auch in der engen Einbindung in die Buchbranche. Wie bereits erläutert gibt es im Vertriebssektor häufig einen Konflikt zwischen unterschiedlichen Distributionskanälen. Aufgrund der Substitutionsbeziehung bedeutet die Stärkung des einen stets eine Schwächung des anderen Vertriebskanals. Für Bertelsmann bedeutete dies, dass ein offensives Engagement im Online-Vertrieb zu Problemen im Bereich der Stammmärkte hätte führen können. Es spricht Einiges dafür, dass – ähnlich wie beim Online-Engagement der Presseverlage – die Rücksichtnahme auf das Stammgeschäft rechtzeitige Entscheidungen für das neue Marktumfeld behindern.

Ganz im Gegensatz zu den Startproblemen etablierter Medienhäuser stellt sich der Erfolg von Amazon dar. Bereits im Juli 1994 entschied sich Jeff Bezos, ein 32-jähriger Fonds-Manager an der Wall-Street, für den Einstieg in den Online-Verkauf von Konsumgütern. Nach einer eingehenden Analyse von 20 Produkten entschied sich Bezos für den Bereich der CDs und Bücher, denen er das größte Potenzial für den Online-Verkauf zusprach. Da im Buchmarkt eine größere Zahl von Anbietern (Verlagen) vorhanden ist als im Markt der Musik-CDs, entschied sich Bezos zunächst für den Buchmarkt. AMAZON.COM konnte sich innerhalb kurzer Zeit zum führenden Online-Buchhändler der Welt entwickeln, der im Zuge einer Globalisierungsstrategie nicht nur internationale Kunden mit amerikanischer beziehungsweise englischsprachiger Literatur versorgt, sondern auch nationale Niederlassungen betreibt. Nach der erfolgreichen Etablierung im Buchmarkt hat Amazon seine Produktpalette auf Software und CDs ausgedehnt. Da die selbstprogrammierte Handelssoftware sehr einfach auf diese Produktbereiche ausgedehnt werden kann und viele Großhändler im Buchbereich auch diese angrenzenden Sortimente mit betreuen, war diese Expansion noch nicht als Diversifikation zu beurteilen. Der Erfolg des Markteinstiegs führte zu einer erfolgreichen Kursentwicklung des börsennotierten Unternehmens. Die Ende 1999 eingeleitete Diversifikation (Verkauf von Elektrowerkzeugen etc.) bedeutet einen Wechsel in der Unternehmensstrategie. Ziel von Amazon ist es nun, der größte Internet-Händler zu sein. Für den Buchhandel bedeutet dies eine partielle Re-Integration in die Welt des Handels mit anderen (Konsum-)Gütern.

Mittlerweile wird der deutsche Online-Buchhandel durch eine Vielzahl von Anbietern (bereits über 1.000 Online-Buchhändler im Jahr 1999) geprägt. Führend sind AMAZON.DE, sowie ebenfalls das börsennotierte Unternehmen BUECHER.DE. 1999 entstand aus einem Joint-Venture von Axel-Springer-Verlag, Holtzbrinck, T-Online und Weltbild BOOXTRA.DE, das sich ebenfalls zu einer führenden Online-Buchhandlung entwickelt. Maßgeblichen Anteil an der Internetbuchhandlung BUCH.DE besitzt Thalia, die Buchhandelskette der Douglas Holding. Alle genannten Online-Buchhändler bieten die Titel im Internet an und liefern die Bücher über Paketdienstleister direkt an die Endkunden aus, während die Internet-Unternehmen des Zwischenbuchhandels lediglich über den Sortimentsbuchhandel ausliefern, um sich nicht dem Vorwurf auszusetzen, ihre Kunden (die Sortimentsbuchhandlungen) mit den Online-Aktivitäten in ihrer Marktposition zu schwächen.

Neben den großen Anbietern hat sich auch eine Reihe von Spezialanbietern etabliert, die Bücher zu bestimmten Bereichen offerieren und damit dem community-Bedürfnis im Netz entgegen kommen. Beispielsweise wurde auf der Buchmesse 1999 mit HOMO.DE eine Website für Schwule als beste Themenbuchhandlung ausgezeichnet. Auf Platz zwei landete mit PROEGEL.DE ein Angebot für Lehrer, die bei der Münchner Buchhandlung Prögel Unterrichtsmaterialien online bestellen können. Dies verdeutlicht, welch breites Spektrum sich für Themen- und Spezialbuchhandlungen im Internet anbietet.

Neben den breit aufgestellten Online-Buchhandlungen haben sich eine Reihe von Nischenanwendungen etabliert. Neben dem klassischen Buchantiquariat konnte sich auf unterschiedlichen Plattformen auch das Geschäft mit gebrauchten Büchern etablieren. Ein Geschäftszweig, der beispielsweise von AMAZON.DE mit dem Begriff ›market place‹ besetzt wird und der mit dem Hauptgeschäftsfeld der ›fabrikneuen‹ Bücher kombiniert wird: Der Nutzer erhält die Wahl zwischen dem Kauf eines neuen oder gebrauchten Buchs.

Eine weitere Variante sind Preisvergleichsagenturen, die die Preise der ausgewählter Online-Buchhandlungen vergleichbar machen. Der Kunde findet im Internet ein interessantes Buch und kann bei der Preisvergleichsagentur einen Preisvergleich anfordern, sodass er die preiswerteste Bezugsquelle kennt. Eine solche Preisagentensoftware lässt sich einerseits aufgrund der Standardisierung der Produkte per ISBN sehr gut im Buchmarkt einsetzen, auf der anderen Seite lässt die Buchpreisbindung hier im deutschsprachigen Raum nur die Konzentration auf gebrauchte Bücher zu. Dieses Prinzip wurde im Ausland in Märkten ohne Buchpreisbindung bereits erfolgreich angewandt. In Deutschland macht WWW.DEAL-PILOT.COM die Preise der führenden Online-Buchhandlungen vergleichbar. Der Kunde besucht eine Online-Buchhandlung, sieht ein für ihn interessantes Buch und fordert bei Dealpilot per Mausklick einen Preisvergleich an, sodass er innerhalb kürzester Zeit die preiswerteste Bezugsquelle kennt. Eine solche Preisagentensoftware lässt sich einerseits aufgrund der Standardisierung der Produkte per ISBN sehr gut im Buchmarkt einsetzen, andererseits kann sie nur in den Fällen weiterhelfen, in denen die Bücher nicht preisgebunden sind wie im Fall ausländischer Literaturen.

Die Frage, wie groß der Marktanteil des Online-Buchhandels künftig sein wird, lässt sich nicht ohne weiteres beantworten. Die derzeit noch begrenzte Marktbedeutung hat damit zu tun, dass wir auch im Buchsektor noch einen begrenzten Markt für den Online-Vertrieb haben. In der Pionierphase unterscheidet sich die Anwendung des Online-Buchhandels noch vom Marktsegment des klassischen Sortimentsbuchhandels, da der Kauf außerhalb der Öffnungszeiten und Kauf spezieller Titel im Vordergrund steht. Wie groß künftig der Anteil des Online-Buchhandels sein wird, hängt unter anderem auch davon ab, wie stark das Besorgungsgeschäft in Verbindung mit den dazugehörigen Spontankäufen in den Online-Buchhandel abwandert.

Neben den Buchhandelsbemühungen gibt es natürlich auch neue Herausforderungen an die Buchverlage, die ihre Titel und ihr Programm in geeigneter Form den Online-Nutzern präsentieren müssen. Wobei die Nutzer nicht nur die Endabnehmer sind. Ausgehend von der skizzierten Unterscheidung von Publikumswerbung und Händlerwerbung gehen einige Verlage dazu über, ihre Werbemittel (Schutzumschläge etc.) im Netz anzubieten, um dem Buchhändler bei der Erstellung seiner eigenen Werbemittel zu unterstützen.

Auf jeden Fall gilt: Verlage, die aufgrund der speziellen Inhalte ihres Programms nur wenig vom Buchhandel abhängig sind, erhalten mit Hilfe des Internets eine Chance für die Steigerung des Direktvertriebs. So kann insbesondere für kleinere Fachverlage das Aufkommen an Direktbestellungen durch geeignete Internetauftritte forciert werden. Insgesamt ist daher die Struktur des Buchverlages ausschlaggebend, ob sich die Online-Aktivitäten eher auf den kommunikationspolitischen, werblichen Themenbereich konzentrieren oder sehr konkret der Online-Vertrieb im eigenen Haus gefördert wird. Mittelfristig ist jedoch damit zu rechnen, dass sich in den meisten Buchverlagen neue Formen des Direktvertriebs durchsetzen werden.

Fragen zu Kapitel 11

96. Was verstehen Sie unter E-Paper? Wo lässt sich diese Produktkategorie einsetzen?

97. Wie können die Zeitungsverlage ihre sinkende Attraktivität im Markt der gedruckten Rubriken feststellen?

98. Welches Zielgruppenproblem versuchen die Zeitungsverlage durch Online-Aktivitäten zu lösen?

99. Welche Anwendungsbereiche im Buch- und Pressemarkt kennen Sie für Printing-On-Demand-Produkte?

100. Wie kann sich das Internet auf den Pressevertrieb auswirken?

101. Wo liegt die Einbeziehung des Internet beim Printing-On-Demand-Geschäft mit Büchern?

102. Welche Schwierigkeiten bestehen bei der Vermarktung von Paid-Content?

103. Welche Kernfunktion haben die meisten Plattformen des Online-Buchhandels als Hauptbestandteil?

104. Welche Rolle spielen gebrauchte Bücher im Internet-Handel?

105. Welche Gefahr geht vom Online-Buchhandel für den stationären Buchhandel aus?

12
Controlling als Steuerungsinstrument

Häufig wird Controlling als Kontrolle *miss*verstanden – als eine Instanz in der Verlagshierarchie, die jeden Bereich unter Kostengesichtspunkten überwacht. Dabei lässt sich Controlling am besten mit den Begriffen *Regeln* oder *Steuern* übersetzen. Dementsprechend dient Controlling nicht einer nachträglichen Kontrolle, sondern leistet als Steuerungsinstrument der Verlagsleitung wichtige Hilfestellungen bei der Vorbereitung zukunftsorientierter Entscheidungen. Wenn dieses Kapitel einige beispielhafte Analyse- und Steuerungsinstrumente des Controlling und der Kostenrechnung verdeutlicht, rundet es einerseits die Darstellung der kaufmännischen Funktionen der Verlagsbranche ab und bildet andererseits die Schnittstelle zu den Problemstellungen des Rechnungswesens. Keinesfalls sind die Ausführungen als Ersatz für die gängigen Darstellungen des internen Rechnungswesens gedacht, wie sie in zahlreichen Fachbüchern umgesetzt sind. An dieser Stelle sei exemplarisch auf die Titel von Schneider/Knobloch und Stephan Wantzen hingewiesen (siehe Literaturverzeichnis). Hier geht es einzig darum, dass den Mitarbeitern, die selbst keine Verantwortung im Bereich Rechnungswesen tragen, aber als Anwender mit Informationen und den eingesetzten Methoden des Controlling in Kontakt kommen, die Aufgabenstellungen des Controlling präsent sind.

Wer einen Verlag oder ein anderes Unternehmen führt, muss die wesentlichen Entwicklungen in seinem Unternehmen kennen, um notwendige Entscheidungen rechtzeitig treffen zu können. Wenn sich ein Verlag für den Aufbau eines neuen Produkts – beispielsweise einer Zeitschrift, eines Anzeigenblattes oder eines Internet-Portals – entscheidet, benötigt er nicht nur Informationen über die Marktbedingungen wie Marktwachstum, zu erwartende Investitionskosten etc., sondern auch Daten über das Potenzial des eigenen Unternehmens. Dabei geht es nicht darum, alle möglichen Informationen zusammenzutragen, sondern es geht gezielt um die Informationen, die dazu beitragen, die Entscheidungsunsicherheit zu reduzieren – und da sprechen Zahlen aus dem Rechnungswesen und der Statistik in der Regel die klarste und eindeutigste Sprache. Dabei wird das Rechnungswesen in ein internes und externes unterteilt.

Das externe Rechnungswesen dient der Information Außenstehender (Kapitalgeber, Staat etc.). Diese Informationen bilden die finanziellen Beziehungen zwischen Verlag und Umwelt, und die Anordnung dieser Daten ist gesetzlich normiert, damit eine möglichst große Einheitlichkeit in der Darstellung den Aussagewert der Informationen leichter erkennbar macht. Das interne Rechnungswesen versucht, den Verbrauch von Ressourcen und die Erstellung von Leistungen abzubilden. Der Kernbereich des innerbetrieblichen Rechnungswesens, die Kosten- und Leistungsrechnung, liefert damit die Datengrundlage für die in den folgenden Abschnitten dargestellten Analysemethoden.

12.1
Aufgaben und Ziele der betrieblichen Planung

Planung ist die gedankliche Vorwegnahme künftiger Entscheidungen und Aktionen, die zur Erreichung selbst gesteckter Ziele notwendig sind. Doch wer kennt nicht aus dem privaten Bereich die Pläne (z. B. Urlaubspläne), die teilweise detailliert ausgearbeitet werden, deren Umsetzungen am Ende jedoch völlig anders aussehen als ursprünglich angenommen?

Der Planungsprozess im Unternehmen ist ein fester Bestandteil der Unternehmensführung. Ausgehend von den Unternehmenszielen werden in der Unternehmensplanung die konkreten Einzelziele fixiert und aufeinander abgestimmt, sodass die einzelnen Maßnahmen und Strategien festgelegt werden können. Die dabei fixierten Sollwerte liefern einen Maßstab, nach dem der künftige Geschäftsverlauf bewertet werden kann. Da unterschiedliche Handlungsalternativen im Rahmen der Planung durchgerechnet und bewertet werden, stehen den Entscheidern in den Verlagen durch die Planung Hilfsmittel zur Verfügung, die die Reaktionsmöglichkeiten und -geschwindigkeiten verbessern. Eines der Hauptziele der Planung liegt jedoch in der Harmonisierung und Abstimmung

Regelkreis des Controlling

der künftigen Maßnahmen und Entscheidungen, um zu vermeiden, dass die einzelnen Unternehmensbereiche sich am Ende gegenseitig in ihrer Marktarbeit behindern. Damit Planung ihre Ziele erreichen kann, muss ein in sich geschlossenes System aufgebaut werden, da nur bei einem Vergleich der geplanten Soll-Werte mit den tatsächlich erreichten Ist-Werten Veränderungen sichtbar werden, sodass eine Analyse der Ursachen und Auswirkungen (verlagsintern oder im Markt) vorgenommen werden kann. Daraus ergibt sich der Regelkreis des Controlling.

Erst dieser Kreislauf macht eine sinnvolle Wirkung der Planung im Verlagsunternehmen möglich. Da die geplanten Ziele sehr stark in den Zeithorizonten variieren können, wird allgemein folgende Differenzierung vorgenommen:

Planerische Maßnahmen in Bezug auf Zeithorizonte

OPERATIVE (KURZFRISTIGE) PLANUNG
Dies ist der kürzeste Zeithorizont, er umfasst ein Jahr. Die für diesen Zeitraum ausgelegte Planung wird in Struktur und Aufteilung an Buchhaltung und Kostenrechung angelehnt.

TAKTISCHE (MITTELFRISTIGE) PLANUNG
Mit einem Zeithorizont von mehr als einem bis zu fünf Jahren lassen sich einerseits globale Vorgaben der Unternehmensziele konkretisieren und andererseits die operativen Ziele in einen zeitlichen Ablauf einordnen.

STRATEGISCHE (LANGFRISTIGE) PLANUNG
Es werden auf Basis eines offenen oder sehr langen Zeithorizonts allgemeine Globalziele definiert.

Der Vorwurf der Praktiker aus den Fachabteilungen der Verlage zielt meist darauf ab, dass Planung nichts bringe, da die Zukunft in einem dynamischen Markt nicht planbar sei. Dies ist zwar insofern richtig, als es auch bei einer sorgfältigen, korrekten Planung immer wieder zu Abweichungen kommen wird. Die offenbar unmöglich planbaren Zustände lassen sich jedoch leichter analysieren, wenn eine retrograde Planungsmethode angewandt wird, d.h. von einem bekannten Zustand aus ›rückwärts‹ gerechnet wird. Dabei werden die gewünschten Ergebnisse wie die Auflagenentwicklung im Planungszeitraum, der Abverkauf eines Titels daraufhin untersucht, welche Voraussetzungen für die Erreichung dieses Ziels notwendig sind. Diese theoretischen Voraussetzungen für das Wunschergebnis werden anschließend mit den Daten aus der Vergangenheit und Erfahrungen aus ähnlichen Entwicklungen und Bereichen verglichen, um festzustellen, ob die implizierten Prämissen auch weiterhin gehalten werden könnnen.

Gut gemachte Planung erleichtert das betriebliche Arbeiten nicht unerheblich. Dennoch gibt es auf Seiten der Kritiker das Bonmot, dass durch Planung lediglich der Zufall durch den Irrtum ersetzt wird.

12.2
Controlling-Instrumente und ihre Anwendung in der Praxis

In diesem Abschnitt werden sowohl operative als auch strategische Controlling-Instrumente vorgestellt, um die Bandbreite möglicher Controlling-Anwendungen anzudeuten. Einige Analysemethoden (z. B. Potenzial-, Portfolio-, Konkurrenz-Analyse) haben wir bereits im Kapitel 5 im Kontext des Marketings erläutert. Dies verdeutlicht, dass Controlling-Methoden in allen Verlagsabteilungen benötigt werden, um Entscheidungen auf qualifizierter und quantifizierbarer Basis treffen zu können. Keinesfalls handelt es sich hierbei um das Geheimwissen einer Fachabteilung, die den übrigen Abteilungen des Verlags mit ihrer Zahlenwelt mehr oder minder hilfreich zur Seite steht. Letztlich ist es für ein funktionsfähiges Controlling entscheidend, dass diese Fachabteilung (so der Verlag groß genug ist, um sich eine Fachabteilung Controlling zu leisten) nur in sehr enger Kommunikation und Abstimmung mit den übrigen betriebswirtschaftlichen Funktionsbereichen und Abteilungen des Verlags erfolgreich arbeiten kann.

12.2.1
ABC-Analyse

Die ABC-Analyse ist eine Methode um Prioritäten zu ermitteln und deren Einhaltung/Berücksichtigung im Arbeitsablauf vorzubereiten. Dabei ermöglicht die ABC-Analyse auch das Erkennen von Abhängigkeiten, wenn die Analyse auf den Kundensektor angewandt wird. Grundsätzlich werden bei dieser Analyse Mengen und Werte verglichen und in ein Ranking, d. h. eine nach Größe sortierte Auflistung einsortiert. Die Anwendungsbereiche sind dabei sehr breit. In der Materialwirtschaft kann beispielsweise ermittelt werden, welche Teile und Lieferanten von besonders großer Bedeutung sind. Bei Verlagen wird dies auf der geistigen Produktebene eher weniger zur Anwendung kommen, auch wenn es durchaus interessant sein dürfte festzustellen, welche Redakteure, freie Journalisten, Autoren etc. eine besonders große Bedeutung für die Entwicklung der Inhalte besitzen. Wenn wenige Journalisten für 70 % der Inhalte sorgen und der Rest lediglich einen Beitrag zu den restlichen 30 % leistet, ist die Abhängigkeit von der Leistungsfähigkeit der kleinen Gruppe nicht unkritisch. Auf der physisch-materiellen Produktebene liegt es – zumindest bei Buchverlagen – auf der Hand, die Lagerplätze in der Auslieferung bewusst nach Top-Titeln (10 von 100 Titeln machen 75 % des Umsatzes) und en Langsamdrehern zu sortieren, um kurze Wege beim Kommissionieren der Sendung zu ermöglichen.

Im klassischen Fall der Materialwirtschaft können externe Druckpartner oder Papierlieferanten in eine solche Bewertung einbezogen werden. Im Rahmen des Qualitätsmanagements nach DIN/ISO 9000 ff. wird diese Analyse noch zusätzlich ausgeweitet, indem nicht nur auf die Quantität (z. B. drei Lieferanten sind für 80 % der Aufträge maßgebend) hingewiesen wird, sondern darüber hinaus auch die Qualität (z. B. die Fehlerrate der Zulieferer) in die Wertung einbezogen wird. So können Lieferanten mit geringer Fehlzahl der Kategorie A zugewiesen werden, Lieferanten mit etwas größerer Fehlzahl der Kategorie B und schlechte Lieferanten in die Kategorie C. Wenn nun eine Druckerei sehr viele Druckaufträge eines Buchverlags erhält (Kategorie A), jedoch eine eher höhere Fehlerrate in der Produktion aufweist (Kategorie B), muss die Bedeutung des Lieferanten auf der Ebene des Auftragsvolumens kritisch betrachtet werden. Die Tabelle verdeutlicht diesen Zusammenhang.

	Anzahl der Aufträge	Anteil Druckausgaben	Bedeutung als Lieferant	Fehlerrate	Qualitäts-Kategorie
Druckerei A	10	5 %	C	5 %	A
Druckerei B	50	70 %	A	14 %	C
Druckerei C	15	5 %	C	7 %	B
Druckerei D	35	20 %	B	6 %	B

Wesentlich bedeutsamer ist die ABC-Analyse im Verlagswesen jedoch für die Bestimmung der Vertriebspotentiale im Absatzmarkt. Presseverlage sind immer wieder gefordert, ihre Absatzbemühungen im Werbemarkt auf den Prüfstand zu stellen. Da man in der Regel keine Möglichkeit besitzt, mit Hilfe des Außendiensts alle Kunden gleichmäßig zu betreuen, muss man Schwerpunkte bilden. Hierfür hilft eine Analyse der Verteilung des Werbeumsatzes nach Kundengruppen.

	Anteil am Umsatz	Anteil der Aufträge
A-Kunden	75 %	20 %
B-Kunden	20 %	30 %
C-Kunden	5 %	50 %

Wenn sichtbar wird, dass die Kunden der Kategorie A mit 20 % des Auftragsvolumens für 75 % der Werbeerlöse verantwortlich sind, muss
sichergestellt werden, dass diese Kundengruppe eine ausreichende Betreuung durch den Außendienst erhält. Neben dieser rein operativen
Schlussfolgerung kann ein solches Ergebnis jedoch auch auf strategischer
Ebene zum Nachdenken anregen. Wenn eine Zeitschrift feststellt, dass
die zahlenmäßig wenigen wirklich bedeutsamen Werbekunden alle aus
einer Branche kommen (z. B. Zigarettenhersteller), bedeutet dies eine ex-
treme Abhängigkeit von der Branchenentwicklung dieser A-Werbekun-
den. Im vorliegenden fiktiven Beispiel würde beispielsweise ein Tabak-
werbeverbot den Fortbestand der Zeitschrift sehr stark gefährden.

Ähnliche kundenorientierte ABC-Analysen sind in vielen Buchverlagen üblich, um die Händler und Handelsketten zu ermitteln, die den
höchsten Umsatzanteil besitzen. Häufig gibt es in den Verlagen festgesetzte Regeln, wie A-, B- oder C-Kunden betreut werden sollen. So werden beispielsweise A-Kunden von der Vertriebsleitung persönlich besucht, B-Kunden von dem ›normalen‹ Außendienst, während der Kontakt zu C-Kunden in der Regel ausschließlich durch Telefon oder andere
Kommunikationsdienste erfolgt. Ebenso können Führungskräfte ihren
Tagesablauf überprüfen, indem sie ermitteln, wie viel Zeit sie mit Aufgaben untergeordneter Wichtigkeit (B und C) zubringen und wie viel Zeit
tatsächlich für die wichtigen Aufgaben (Kategorie A) übrig bleibt. Hier
muss ebenfalls die Priorität der Aufgaben berücksichtigt werden und eine Delegation von Aufgaben der Kategorie B und C erfolgen.

12.2.2
Überprüfung der Provision des Außendienstes

Wie bereits an anderen Stellen erläutert sind die Vergütungsregelungen
für die Außendienstmitarbeiter im Vertriebs- und Anzeigenbereich maßgebend für den Absatzerfolg des Verlags im Leser- und Werbemarkt. Darüber hinaus hat die Wahl der richtigen Rechtsstellung und Vergütungs-
form der Verkaufsmannschaft entscheidenden Einfluss auf die Wirtschaftlichkeit des Verlags. Die gängigste Variante bei der leistungsabhän-

gigen Vergütung der Außendienstmitarbeiter ist derzeit immer noch die Umsatzprovision. Dabei wird unterstellt, dass der Umsatz ein Indiz für den Erfolg des Verlags ist.

In vielen Bereichen der Wirtschaft wie z. B. bei der Entlohnung der Verkaufsmitarbeiter von Akzidenz-Druckereien wurde inzwischen erkannt, dass eine Entlohnung auf Basis des Beitrags zur Wertschöpfung wichtiger ist, da der Verkäufer beim Angebot von entsprechend niedrigen Preisen Aufträge mit hohem Umsatzvolumen einbringen kann, die jedoch gar keinen oder nur einen geringen Wert für das Unternehmen besitzen. Diese erste Hürde einer sinnvollen Außendienstentlohnung wird umgangen, wenn man in Branchen mit variabler Preisgestaltung als Bemessungsgrundlage für die Provision nicht den Umsatz, sondern den Deckungsbeitrag heranzieht. Der Deckungsbeitrag ergibt sich, wenn man von den Erlösen (Umsatz) des Auftrags die dem Auftrag direkt zurechenbaren Kosten (variable Kosten und die zugeschlüsselten Verwaltungs- und Marketingkosten) abrechnet. Da im Verlagswesen das Preisniveau in der Regel durch die Preisliste vorgegeben ist, stellt dies noch keinen großen Unterschied in der Zielorientierung des Außendienstes im Vergleich zur Umsatzprovision dar. Letztlich soll eine Außendienstentlohnung folgenden Anforderungen Rechnung tragen, die dem Buch *Vollmuth, Controlling Instrumente von A–Z*, S. 141 entnommen sind.

Anforderungsprofil an ein Entlohnungssystem für den Außendienst

Zuverlässige Steuerung des Außendienstes unter Berücksichtigung
   der Unternehmensziele und speziell der Marketingziele
Hohe Selbststeuerung der Außendienstmitarbeiter
Einfaches und für alle Beteiligten durchschaubares System
   trotz hoher Zielorientierung und differenzierter Steuerung
Verstärkung des unternehmerischen Denkens und Handelns im Außendienst
Gerechte Honorierung der eigenen Leistungen
Bessere Motivation durch höheres Einkommen
Vorteile für das Unternehmen und für den Außendienst
   durch eine stärkere Renditeorientierung
Begrenzung der Zahl der Einflussfaktoren im System
Möglichkeiten der Beeinflussung und Kontrolle der einzelnen Faktoren
Möglichst große Gerechtigkeit

Im Fall des Anzeigenaußendiensts kann man die meisten Provisionsregelungen durchaus dahingehend befragen, ob die reine Umsatzprovision diesem Ziel gerecht wird. So werden in Zeitungsverlagen die alteingesessenen Traditionskunden aufgesucht und zur Wiederholung der bereits in den Vorjahren vorgenommenen Schaltung bewegt. Diese Kunden bringen mit vergleichsweise geringem Beratungsaufwand (»Welche Schmuck-farbe wollen Sie in diesem Jahr?«) beträchtliche Umsätze. Ein ökono-misch denkender Außendienstmitarbeiter, der auf Basis einer Umsatz-provision bezahlt wird, wird solche Kunden daher immer der wesentlich mühsameren Neukundenakquise vorziehen. Einige Verlage haben sich je-doch mittlerweile entschieden, von der reinen Umsatzprovision abzu-rücken und im Rahmen eines Punktesystems die Neukundengewinnung und die Pflege und Weiterentwicklung von Kundenbeziehungen geson-dert zu honorieren. Dabei ist ein großer interner Kommunikationsauf-wand notwendig, denn der Außendienst muss von den neuen Arbeits- und Vertragsbedingungen erst einmal überzeugt werden. Die Furcht, dass die Neuordnung Gewinner und Verlierer schaffen wird und man selbst zu den Verlierern zählt, kann meist nur dadurch genommen werden, dass den Mitarbeitern zumindest für eine Übergangzeit eine Art Bestands-schutz im Einkommen garantiert wird.

12.2.3
Produkt-Lebenszyklus

Bei der Vorstellung der Portfolio-Analyse (Marktanteils-Marktwachs-tums-Portfolio) ist bereits darauf hingewiesen worden, dass einzelne Pro-dukte einem Lebenszyklus unterliegen, der sich in der Absatz-, Umsatz- und Cash-Flow-Entwicklung widerspiegelt. Die Produktphasen lassen sich am leichtesten mit den Stadien Entwicklung, Einführung, Wachs-tum, Reife und Rückgang (Sättigung) umschreiben.

In den vergangenen Jahren ist die Entwicklungsphase häufig verhält-nismäßig lang gewesen – im Vergleich zu den im Markt präsenten Le-bensphasen des Produkts. Dabei ist vor allem bei technologieorientierten Produkten diese Phase entscheidend. Für Verlage bilden die meisten Technologien lediglich die Basis-Innovation für neue Produkte, deren Lebenszyklus im Rahmen eines Technologie- und Innovationsmanage-ments berücksichtigt werden muss. Dies ist z. B. der Fall bei einem Ver-lag, der größere Investitionen im Rahmen einer CD-ROM-Produktion plant. Denn er hat sich darüber Gedanken zu machen, wie lange CD-ROMs zu den gängigen Speichermedien gehören bzw. welche Alternati-ven in naher Zukunft sich am Markt etablieren könnten.

Auch bei Zeitschriften kann die Entwicklungsphase einen sehr langen Zeitraum in Anspruch nehmen. Nur ein Bruchteil der geplanten Projek-te überspringt die Hürde der verlagsinternen Prüfungen und gelangt tatsächlich zur Markteinführung.

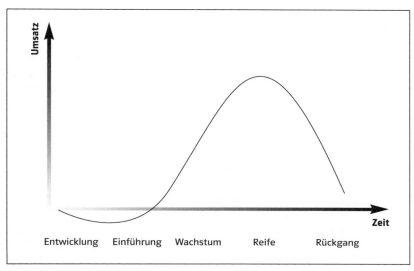

Produkt-Lebenszyklus

Die Markteinführungsphase zeichnet sich in der Regel durch langsam entwickelnde Umsätze aus. Hier ist es Aufgabe des Verlags, durch geeignete Werbe- und Marketingmaßnahmen eine rasche Transformation in die Wachstumsphase sicherzustellen. Mit zunehmendem Wachstum entsteht auch erstmalig ein positiver Cash-Flow. Da in der anschließend beginnenden Reifephase der Wettbewerb zunimmt, sollte die vorangegangene Phase möglichst kurz gehalten werden. Wenn beispielsweise ein Verlag eine neue Zeitschrift kurzfristig, aber unter Berücksichtigung des Mindestzeitraum des *Koordinierten Vertriebsmarketings* beim Handel angekündigt, wird sie erst spät für den Wettbewerber nachahmbar. Ferner ist es entscheidend, auf Basis einer Einführungswerbung in den anderen Mediengattungen eine ausreichende Aufmerksamkeit beim Endkunden zu erzielen und mit Hilfe breiter Leitverteiler eine große vertriebliche Abdeckung in der Startphase zu gewährleisten. Da während der Reifephase aufgrund des Wettbewerbs der Cash-Flow und in der Phase des Rückgangs (Sättigung) der Umsatzerlös zurückgeht, muss nun über eine Neupositionierung nachgedacht werden, die einen neuen Produkt-Lebenszyklus ermöglicht. Dies ist häufig der Fall mit Hilfe eines Relaunch, d. h. einer optischen und inhaltlichen Neustrukturierung des Produkts. Sollte eine Neupositionierung nicht erfolgversprechend sein, muss in dieser Phase über die Eliminierung des Produkts nachgedacht werden.

12.2.4
Kalkulation am Beispiel Buch

An dieser Stelle soll mit einem kurzen Beispiel aus dem Bereich der Buchverlage der Themenkomplex der Vor- und Nachkalkulation kurz angerissen werden. Dabei geht es um ein Taschenbuch, das in einer Auflage von 20.000 Exemplaren nach Einschätzung der Marketingexperten mit einem Ladenpreis von 9,80 € positioniert werden soll. Wie aus der folgenden Darstellung hervorgeht, kann man das Buchprojekt entweder als Stückkalkulation oder als Gesamtauflagenkalkulation durchrechnen. Interessant ist hierbei die Betrachtung der unterschiedlichen Deckungsbeiträge. In Deckungsbeitrag I sind lediglich die Kosten für den Vertrieb und Handel abgedeckt, Deckungsbeitrag II berücksichtigt darüber hinaus auch die direkt zurechenbaren Kosten der Herstellung und Honorare bzw. Lizenzen. Am aussagekräftigsten ist der Deckungsbeitrag III, da hier auch die Aufwendungen für Werbung/Marketing mit berücksichtigt sind. Der Deckungsbeitrag ist ein Mittel der *Teilkostenrechnung*, der angibt, welchen Beitrag ein Titel zur Abdeckung der Gemeinkosten (Miete, Verwaltungkosten, Personalkosten etc.) sowie zur Erwirtschaftung eines Gewinns beträgt. Häufig werden vom letzten Deckungsbeitrag noch anteilig die Gemeinkosten abgerechnet, die dem einzelnen Titel oder dem Projekt zugeschlüsselt werden. Erst danach erfolgt im Rahmen einer *Vollkostenrechnung* die Überschuss- und Gewinnermittlung.

	Stückkalkulation		Kalkulation der Auflage (20.000 Exemplare)
1	Brutto-Ladenpreis	9,80 €	196.000,00 €
2	./. Umsatzsteuer 7 % von **3**	0,64 €	12.822,43 €
3	**Netto-Ladenpreis**	9,16 €	183.177,57 €
4	./. Durchschnittsrabatt 45 % von **3**	4,12 €	82.429,91 €
5	**Netto-Preis** (= Vertriebserlös)	5,04 €	100.747,66 €
6	./. Vertreterprovision 8 % von **5**	0,40 €	8.059,81 €
7	./. Auslieferung 10 % von **5**	0,50 €	10.074,77 €
8	**Deckungsbeitrag I**	4,13 €	82.613,08 €
9	./. Honorar 5 % von **3**	0,46 €	9.158,88 €
10	./. Herstellungskosten	1,50 €	30.000,00 €
11	**Deckungsbeitrag II**	2,17 €	43.454,20 €
12	./. Werbung 10 % von **5**	0,50 €	10.074,77 €
13	**Deckungsbeitrag III**	1,67 €	33.379,43 €

Beispiel einer Buchkalkulation

Die Analyse der Kostenentwicklung bei Abverkauf der gesamten Erstauflage ist für viele kleinere Projekte jedoch eine höchst theoretische Angelegenheit, da man den Zeitpunkt des Komplett-Abverkaufs sowie etwaige Remittenden nur sehr vage voraussehen kann. Wir wollen in unserer kurzen Betrachtung der Controlling-Methoden die unterschiedlichen Kalkulationsziele im Bereich der Buchverlage nicht überstrapazieren. Es ist jedoch wichtig zu erkennen, dass einerseits ein funktionsfähiges Kostenrechnungssystem im Verlag notwendig ist, um Gemeinkosten im Rahmen einer Vollkostenrechnung zuschlüsseln zu können. Andererseits ist es notwendig, die Preiskalkulation dazu einzusetzen, um mit Hilfe einer qualifizierten Markteinschätzung die Break-Even-Punkte solcher Projekte zu kalkulieren. Im Folgenden wird anhand eines Beispiels dieses Rechenziel kurz verdeutlicht. Es handelt sich dabei um einen Fachtitel, der im Preissegment zwischen 16,00 € und 29,80 € im Markt platziert werden soll.

Preisvariante	1	2	3
Brutto-Ladenpreis	16,00 €	19,80 €	29,80 €
./. Mehrwertsteuer	1,05 €	1,30 €	1,95 €
Netto-Ladenpreis	14,95 €	18,50 €	27,85 €
./. Rabatt 25 %	3,74 €	4,63 €	6,96 €
Netto-Preis	11,21 €	13,88 €	20,89 €

Zur Abdeckung der Herstellungskosten ist folgender Verkauf notwendig:

Herstellungskosten	2.200,00 €	2.200,00 €	2.200,00 €
Nettopreis	11,21 €	13,88 €	20,89 €
Break-Even-Auflage	**197**	**159**	**106**

Zur Abdeckung der Herstellungs- und Gemeinkosten ist folgender Verkauf notwendig:

Herstellungskosten	2.200,00 €	2.200,00 €	2.200,00 €
zzgl. 10 % Gemeinkosten	220,00 €	220,00 €	220,00 €
Nettopreis	11,21 €	13,88 €	20,89 €
Break-Even-Auflage	**216**	**175**	**116**

Auswirkungen unterschiedlicher Preisvarianten auf die Break-Even-Auflage

Das Ergebnis verdeutlicht einen elementaren Zusammenhang: Je niedriger der Ladenpreis, um so höher muss die verkaufte Auflage sein. Und andererseits gilt: Je höher der Ladenpreis, um so weniger Exemplare müssen – gleiche Herstellkosten vorausgesetzt – bis zu einem positiven Deckungsbeitrag verkauft sein. Aber bekanntermaßen können die Preise nicht immer so festgesetzt werden, wie Verlage es vielleicht gerne möchten. Denn da gibt es ja noch die Preise der Konkurrenz...

12.2.5
Anzeigen-Controlling

Wie bereits im Kapitel Anzeigenmarketing dargestellt, ist es ein wichtiger Ausgangspunkt des Anzeigen-Controllings, die jeweilige Marktposition des Mediums zu analysieren. Unabhängig davon, ob es sich um einen Zeitungs- oder Zeitschriftentitel handelt, ist es daher wichtig, die Reichweiten- und Leserstruktur der eigenen Titel und der Wettbewerbstitel im jeweiligen Segment zu analysieren. An diese Aufgaben kann sich eine ABC-Analyse nach Kundengruppen anschließen, die die Bedeutung einzelner Kundensegmente transparent macht.

Im Rahmen des taktisch-operativen Anzeigen-Controllings werden – ausgehend vom Vergleich der Anzeigenbranchenstatistiken der Branche (VDZ, ZMG, Nielsen S+P) und den daran anschließenden Potenzialabschätzungen für die eigenen Titel – Anzeigenerlösrechnungen notwendig. Gegliedert nach Anzeigenarten (Farbigkeit, Beilage etc.) werden die Nettoergebnisse ohne Skonti, Boni und Rabatte strukturiert dargestellt, sodass ein Überblick über die Anzeigenerlössituation möglich wird. Um eine Möglichkeit zu schaffen, die Kundenbeziehungen des Key-Account-Managements auf ihre Wertschöpfung für das Unternehmen zu überprüfen, lassen sich Kundendeckungsbeitragsrechnungen durchführen.

Um innerhalb der Funktion Anzeigen noch eine zusätzliche Kostentransparenz zu erhalten, werden die Kosten nach Anzeigenverkauf, Anzeigenmarketing und Anzeigenservice (Innendienst) aufgegliedert, sodass auch Veränderungen beispielsweise auf der Ebene der Prozesskos-

---

Beispiel für eine Kundendeckungsbeitragsrechnung

1 Netto-Anzeigenerlöse pro Kunde und Titel

2 ./. Erlösschmälerungen (Skonto, Rabatte etc.)

3 ./. Durchschnittliche Fertigungskosten pro belegter Anzeigenseite und Titel

4 **Kunden-Deckungsbeitrag I**

5 ./. zurechenbare Servicekosten (Zählungen, Ausarbeitungen, Kulanzleistungen, bei Zeitungen und Anzeigenblättern z. T. Gestaltungsleistungen)

6 **Kunden-Deckungsbeitrag II**

7 ./. zurechenbare Kosten des Außendiensts (Bewirtungs-, Reise-, Beratungskosten, Präsente etc.)

8 ./. zurechenbare Kosten des Innendienstes, die nicht bereits in den Servicekosten enthalten sind

9 ./. zurechenbare Kosten des zuständigen Key-Accounters im Außendienst

10 **Kunden-Deckungsbeitrag III**

ten sichtbar werden. Ein Beispiel, wo im Bereich der Anzeigenverwaltung Prozesskosten gesenkt werden können, ist das Angebot von Kundenschnittstellen im Internet, wo Kunden ihre Anzeigendaten selbst einpflegen und verwalten und damit entsprechende Arbeitszeit im Verlag selbst eingespart werden kann.

12.2.6
Vertriebs-Controlling

Auf die Bedeutung der Kombination der unterschiedlichen Vertriebskanäle als Voraussetzung für einen Erfolg haben wir im Marketingteil dieses Buches bereits hingewiesen. Im Vertriebsbereich geht es darum, die unterschiedlichen Vertriebskanäle auf deren Rentabilität zu überprüfen, um am Ende den Erfolgsbeitrag für den Verlag messbar zu machen. Das Controlling im Vertriebssektor befasst sich jedoch auch mit dem Abschätzen des Marktpotenzials. Schließlich geht es darum, die langfristige Vermarktungsperspektive der einzelnen Titel zu sichern. Gerade für Presseverlage ist hier eine realistische Einschätzung notwendig, um das Potenzial des Titels in Kombination mit den Einschätzungen aus dem

Beispiel einer Deckungsbeitragrechnung für eine Titelgruppe

1 Vertriebserlöse

2 ./. Rückstellungen für Remissionen

3 **Summe Vertriebserlöse**

4 ./. Wareneinsatz (gem. Preisliste)

5 **Deckungsbeitrag I**

6 ./. Transportkosten

7 ./. Versandkosten

8 ./. Werbekostenzuschlag (WKZ)

9 + oder ./. sonstige direkt zurechenbare Kosten/Erlöse

10 **Deckungsbeitrag II**

11 ./. Werbung für Verlagsobjekte

12 **Deckungsbeitrag III**

13 ./. Personalkosten (Außen- und Innendienst)

14 + oder ./. Abweichung Richtremission

15 ./. Anteilige Kostenumlage PR etc.

16 **Objektergebnis Vertrieb**

Anzeigenbereich vornehmen zu können. Ein weiterer Controllingbereich im Vertriebssektor ist die Kalkulation der einzelnen Profit-Center (Titel, Titelgruppen etc.). Hierzu ein Beispiel auf Seite 359.

Im Rahmen des Vertriebs-Controllings können auch Abonnement-Vertrieb, (unterschiedliche Abonnementakquisewege), Einzelverkauf, Kundenservice, Zustellung und Logistik analysiert werden.

Fragen zu Kapitel 12

106. Beschreiben Sie den Regelkreis des Controllings?

107. Was ist für die Durchführung von Controlling in Unternehmensbereichen oder Projekten unabdingbar?

108. Definieren Sie die Zeithorizonte der Planung.

109. Wozu dient eine ABC-Analyse?

110. Worin besteht das Problem der Außendienstentlohnung?

111. Wozu dient die Analyse von Produktlebenszyklen?

112. Nennen Sie zwei Themen, die neben der Anzeigen-Deckungsbeitragsrechnung in das Spektrum des Anzeigen-Controllings gehören?

113. In welchen Fällen arbeiten Sie im Verlagscontrolling mit Deckungsbeiträgen? Was sagt ein Deckungsbeitrag aus?

114. Ermitteln Sie die Deckungsbeiträge I, II und III für eine Buchkalkulation (Stück- und Auflagenkalkulation) anhand des Schemas im Kapitel 12.2.4, wenn folgende Daten vorliegen:

Ladenpreis	34,00 €	
Durchschnittliche Rabatt	38,4 %	
Auslieferungsgebühr	9,2 %	
Honorar	8,0 % vom Netto-Ladenpreis	
Herstellungskosten	4,80 €/Exemplar	
Werbung	7,0 % vom Vertriebserlös	
Auflage	2.500	

Lösungsteil

Antworten zu Kapitel 1

1. Trend zur Titeldiversifikation. Mehr und mehr Special-Interest-Titel füllen kleine inhaltliche Segmente im Markt. Diese Titel können in den jeweiligen Nischen keine allzu großen Auflagen und Reichweiten realisieren. Aufgrund des hohen Fixkostenanteils bei Presseprodukten führt dies zu einer Verschlechterung der Wirtschaftlichkeitskennziffern.
2. Verlagsprodukte sind ein wichtiger Bestandteil der Kultur und des Geisteslebens einer Gesellschaft. Presseprodukte haben eine wichtige Funktion für die politische Willensbildung. Bücher und Literatur sind Ausdruck der kulturellen Vielfalt und der inhaltlich-wissenschaftlichen Weiterentwicklung.
3. a) Deutsche Fachpresse (Börsenverein des Deutschen Buchhandels und Verband Deutscher Zeitschriftenverleger)
   b) Verband Deutscher Zeitschriftenverleger (VDZ)
   c) Bundesverband Deutscher Zeitungsverleger (BDZV), ZMG Zeitungs Marketing Gesellschaft
   d) Bundesverband Deutscher Anzeigenblätter (BVDA)
   e) Börsenverein des Deutschen Buchhandels
   f) Informationsgemeinschaft zur Feststellung der Verbreitung von Werbeträgern (IVW)

Antworten zu Kapitel 2

4. Im Buchverlag beschreibt Redaktion meist die formale Korrektur und Überarbeitung eines Manuskripts. Ausnahmen: Lexika- oder Fachverlage, wo von Seiten der Redaktion die Inhalte entweder in Auftrag gegeben oder zentral erarbeitet werden. Im Presseverlag ist die Redaktion mit der Erstellung der Inhalte befasst.
5. 1) Nach Verbreitungsgebiet: lokale, regionale, überregionale Zeitungen, z.B. *Solinger Tageblatt, Bonner Generalanzeiger, Süddeutsche*

Zeitung – **2)** nach Periodizität: Wochen- und Tageszeitungen, z. B. *Die Zeit, Frankfurter Allgemeine Zeitung* – **3)** nach Distributionsform: Kauf- und Abonnementzeitungen, z. B. *Bild* oder *Südkurier*

6. Die Abgrenzung orientiert sich daran, ob der Nutzer die Zeitschrift aus privaten persönlichen (Special-Interest-Zeitschrift) oder beruflichen Gründen (Fachzeitschrift) liest. Im Einzelfall kann die Abgrenzung schwierig sein (z. B. bei Computerzeitschriften).

7. a), c)

8. **1)** Recherchieren – **2)** Schreiben und Redigieren – **3)** Auswählen und Bewerten

9. c)

10. b), c)

Antworten zu Kapitel 3

11. **1)** Autorenakquise – **2)** Textredaktion – **3)** Produktmanagement

12. ☒ Professionelle Präsentation
    ☒ Übernahme der Vorselektion

13. 1. Annahme oder Ablehnung – 2. Redigieren – 3. Layout – 4. Erstkorrektur – 5. Imprimatur – 6. Kollationieren

14. ☒ deutlich gesunken,

15. ☒ Vorschüsse müssen vom Autor keinesfalls zurückgezahlt werden.

16. ☒ Taschenbücher erzielen wegen der niedrigeren Ladenpreise geringere Erlöse.

17. ☒ 1.800

18. ☒ hälftig

Antworten zu Kapitel 4

19. *BGB Bürgerliches Gesetzbuch.* Als Gesetz zählt es zu den ›amtlichen Werken‹, die nach § 5 UrhG keinen urheberrechtlichen Schutz genießen.

20. Das deutsche Urheberrecht ist materielles Recht. Mit der Schaffung einer »persönlich geistigen Schöpfung« entsteht für den Urheber ein Recht an seinem geschaffenen Werk. Hierfür ist keine formelle Anmeldung notwendig.

21. VG Wort, VG Bild-Kunst, GEMA

22. Verwertungsrechte sind die Teile des Urheberrechts, die der Urheber als Nutzungsrechte Dritten abtreten kann. Entsprechend sind sie das Gut, mit dem Verlage entweder selbst handeln können (Lizenzvergabe) oder auf dessen Grundlage der wirtschaftliche Erfolg des

Verlags basiert, indem er auf Basis eines Nutzungsrechts Bücher produziert und vermarktet.

23. a) 50 Jahre nach Erscheinen
b) 70 Jahre nach Tod des Urhebers
c) 70 Jahre nach Erscheinen
d) 25 Jahre nach Erscheinen

24. Veröffentlicht: das Werk ist der Öffentlichkeit zugänglich gemacht worden. – Erschienen: das Werk ist in genügender Anzahl der Öffentlichkeit angeboten und in Verkehr gebracht worden.

25. a), d)

26. Rückrufsrecht wegen Nichtausübung und wegen gewandelter Überzeugung

27. Änderungsverbot und Quellenangabe

28. Ein Rahmenvertrag, der als ›Mustervertrag‹ genutzt werden kann.

29. c)

30. Partie- und Portoersatzstücke gelten als honorarpflichtig.

31. b) – da sie weder als Person der Zeitgeschichte, noch als Beiwerk zu einer Örtlichkeit oder als Teil einer größeren Personengruppe zählt.

32. zwei

33. d)

34. Name und Firma des Druckers und des Verlags sowie der verantwortlichen Redakteure.

35. BDZV, VDZ, DJV und ver.di, Fachbereich Medien.

Antworten zu Kapitel 5

36. Der Käufer hat die Möglichkeit, zwischen vergleichbaren Produkten bzw. Dienstleistungen zu entscheiden. Dadurch ergibt sich für den Hersteller eine größere Abhängigkeit von den Vorlieben der Verbraucher.

37. Analyse der Wettbewerbssituation, Verbraucheranalysen, Nutzung von Produkten, Akzeptanz von Themen und Produkten, Suche nach neuen Produkten o. Ä.

38. Primärdaten: Daten, die eigens für ein spezielles Untersuchungsziel gewonnen werden. Sekundärdaten: Daten, die aus anderen Quellen übernommen werden.

39. a) ❷; b) ❷; c) ❶; d) ❸; e) ❹; f) ❷

40. a) ❸; b) ❶; c) ❸; d) ❸; e) ❷; f) ❷

41. a) VDZ, Deutsche Fachpresse
b) Börsenverein des Deutschen Buchhandels
c) ZMG (zeitungen-online), IVW
d) ZAW und Fachzeitschriften wie *Horizont, werben und verkaufen*

   e) IVW, VDZ (pz-online)

   f) Statistisches Bundesamt

   g) Fachzeitschriften wie *Börsenblatt, Buchreport, Buchmarkt*

42. a) Potenzialanalyse – Stärken-Schwächen-Analyse der unternehmerischen Kompetenzbereiche.

   b) Umfeldanalyse – Analyse der allgemeinen wirtschaftlichen Rahmenbedingungen von Unternehmen.

   c) Inhaltsanalyse – Untersuchung inhaltlicher Standpunkte bei unterschiedlichen Medien. Auch: Untersuchung der inhaltlichen Struktur von Internet-Auftritten.

43. Marketing hat die Aufgabe, alle Unternehmensaktivitäten auf die Absatzmärkte und die Kundenbedürfnisse hin zu orientieren.

44. b),   d),   f),   g)

45. b),   d)

Antworten zu Kapitel 6

46. Der Erfolg im Lesermarkt ist Voraussetzung für den Erfolg im Anzeigenmarkt. Daher muss im Anzeigenmarketing die erreichte Zielgruppe dokumentiert und deren Wert für die Werbekundschaft dargestellt werden.

47. Leser-Blatt-Bindung, Verweildauer pro Seite, Lesedauer, Werbeklima o. Ä.

48. 17,31 €

49. Eckfeldanzeige, Inselanzeige, Titelkopfanzeige, Shadow-Anzeige, Textteilanzeige, Streifenanzeige o. Ä.

50. Preis aufgrund belegter Millimeter-Fläche:

   $2,40 \times 120 \times 3 \times 12 = 10.368,00$ €

Belegte Millimeter insgesamt	10.368,00 €
+ 40 % Farbaufschlag	4.147,20 €
Zwischensumme	14.515,20 €
− 15 % Mengenstaffel	2.177,28 €
Anzeigenkampagne netto	12.337,92 €
+ 16 % Ust.	1.974,07 €
Anzeigenkampagne brutto	14.311,99 €

Antworten zu Kapitel 7

51. **1)** Print-Online-Kombinationsmöglichkeiten mit dem Ziel der Attraktivität im Anzeigenmarkt. – **2)** Eigene Internet-Berichterstattung mit dem Ziel des Ausbaus von Informationskompetenz. – **3)** Anzeigenbuchung und -gestaltung für gewerbliche Kunden mit dem Zielen Kundenservice einerseits und Kostensenkung andererseits.

52. a) Anzahl der Dateien, die innerhalb einer bestimmten Zeit von einem Server abgerufen werden.
   b) Anzahl der abgerufenen Seiten einer besuchten Website.
   c) Anzahl der Besuche anonymer Nutzer, die von außerhalb auf ein Online-Angebot gestoßen sind.
   d) Anzahl der Kontakte mit einem Werbemittel, messbar durch Einfügung eines Pixels in das Werbemittel.

53. InfOnline GmbH

54. Die CTR gibt an, wie viele Nutzer ein Online-Werbemittel aktiv ansteuern und draufklicken.

$$\text{CTR } [\%] = \frac{\text{Summe der AdClicks x 100}}{\text{Summe der AdImpressions}}$$

55. a) ❷; b) ❷; c) ❶; d) ❷

56. CPO: Der finanzielle Aufwand, der von Seiten des Anbieters für die Erlangung einer Bestellung erbracht wird. – CPL: Der finanzielle Aufwand, der für die Gewinnung von Kundeninformationen erbracht wird.

57. Identifikationsnummern, die Nutzern einer Website zugeteilt werden, sodass sie bei erneuter Nutzung der Website wiedererkannt werden können.

58. c)

59. Unterschiedlich. Zum Teil gibt es eigenständige Online-Redaktionen. Dies ›lohnt‹ sich aber erst ab einer bestimmten Größenordnung. Meistens sind Online- und Print-Redaktionen miteinander verzahnt, damit Synergien besser genutzt werden können. Ziel in diesem Fall: die einmal aufbereiteten Inhalte plattformunabhängig für Print- oder Online-Produkte zu nutzen.

60. Online-Werbung, Verkauf von Inhalten (Paid-Content), Transaktionserlöse (E-Commerce), Verkauf der Inhalte an Dritte, z.B. an andere Medien oder Web-Sites (Syndication).

Antworten zu Kapitel 8

61. Die ›Preisbindung der zweiten Hand‹ ermöglicht es den Verlagen, dem Handel Preise für Endverbraucher vorzuschreiben. Diese Form der Preisbindung ist grundsätzlich kartellrechtlich nicht gestattet. Ausnahmen bestehen bei Verlagsprodukten wie Presse und Büchern.

62. Revers für Fachzeitschriften und Vertragsstrafenvereinbarung bei Preisbindungsverstößen.

63. a), d), f), i)

64. Subskriptionspreis

65. Barsortiment

66. Lehrer (Prüfstücke), Mitarbeiter buchhändlerischer Betriebe (Kollegen), Autoren des jeweiligen Verlags

67. Mitgliedsbindung, Zeitabstand, Ausstattungsunterschied, Preisdifferenz

68. unverbindliche Konditionenempfehlung

69. Dispositionsrecht, Remissionsrecht, Gebietsmonopol des Großhandels, Erstverkaufstag, Vertriebs- und Verwendungsbindung, festgelegte Handelsspannen, Neutralität des Handels

70. a) – Remission des ganzen Presseobjekts
b) – ausgerissene Titelleisten werden zurückgesandt
c) – es wird nichts remittiert, sondern es wird nur die Anzahl der remissionsberechtigten Exemplare gemeldet.

71. a) – Vereinbarung zwischen Verlagen und Presse-Grosso, das Dispositionsrecht der Verlage an den Erfordernissen des Handels auszurichten.
b) – Wettbewerbsregeln/›Standesregeln‹ des BVDZ für den Abonnementvertrieb

72. a) ❶; b) ❷; c) ❷; d) ❶; e) ❶; f) ❷

Antworten zu Kapitel 9

73. d) – die Städte können den Reisegebieten zugeordnet werden.

74. Neues Programm vorstellen, Aufträge akquirieren, Marketingaktionen erklären, Remittenden klären/genehmigen, Gespräche über Konditionen führen o. Ä.

75. VLB: Nach Erscheinen korrigiert Die Deutsche Bibliothek (DDB) gegebenenfalls die falschen oder unvollständigen Ersteinträge der Verträge. DDB ihrerseits praktiziert die Autopsie, weil sie die *Deutsche Nationalbibliografie* verlegt, die wissenschaftlichen und internationalen Ansprüchen genügen muss. – Barsortimentsverzeichnisse: Die Barsortimentsverzeichnisse sind ›Verkaufskataloge‹.

Die Daten müssen stimmen und die Titel leicht auffindbar sein.

76. Gruppennummer, Verlagsnummer, Titelnummer, Prüfziffer

77. a) ❷;   b) ❶;   c) ❷;   d) ❶

78. Defektexemplare weisen herstellungsbedingte Mängel auf, Mängelexemplare ›behandlungsbedingte‹.

79. a) ❶;   b) ❶;   c) ❷;   d) ❶;   e) ❶;   f) ❷;   g) ❶

80. c),   d)

81. Die Stärkung eines Vertriebskanals führt entweder zu einer Marktausweitung oder zu Substitutionseffekten bei etablierten Vertriebskanälen. Wenn ein Ratgeberverlag seine Bücher in Nebenmärkten (z. B. in Apotheken) anbietet, wird er zusätzliche Kunden ansprechen, die zwar in die Apotheke gehen, aber keine Buchhandelskunden sind. Damit können neue Zielgruppen angesprochen werden. Es werden aber auch Kaufvorgänge in die Nebenmärkte verlagert.

82. Sortiments- und Warenhausbuchhandel, Versandhandel und Online-Buchhandel, Nebenmärkte (z. B. Papier Büro Schreibwaren), Bahnhofsbuchhandel. Dabei wird zweistufiger Vertrieb sinnvoll sein und Barsortiment sowie Presse-Grosso zum Einsatz kommen.

83. Zielgruppe und Budget stehen in einem ungünstigen Verhältnis. Die Zielgruppe im Bereich belletristischer Literatur ist nicht nach klaren soziodemografischen oder fachspezifischen Kriterien abgrenzbar. Wegen ihres Budgets können kleinere Verlage in Publikumszeitschriften etc. nur begrenzt werben. Es bleibt nur eine Strategie, die verstärkt auf PR-Arbeit setzt.

Antworten zu Kapitel 10

84. a),   c),   f)

85. Ganzstückremission, Titelseitenremission, Körperlose Remission

86. a)

87. b)

88. b)

89. b)

90. LWL – Leser werben Leser
CPO – Cost per Order
PVST – Postvertriebsstück
WBZ – Werbender Buch- und Zeitschriftenhandel

91. Preisvorteil beim Abonnement, Nachlass für Studenten, Nachlass für Mehrfachbezieher, Treuerabatt o. Ä.

92. Botenabonnement, Postabonnement, Abholabonnement

93. Nationalvertriebe übernehmen für Presseverlage die Vertriebs- und

Vermarktungsfunktion, die neben der Vertriebslogistik auch die Vertretung des Titels beim Pressegroßhandel und Presseeinzelhandel umfasst. Die Dienstleistung soll vor allem den kleineren Verlagen aus dem Special-Interest-Bereich den Zugang zum Markt sicherstellen.

94. Vor allem im Zeitungsbereich kommen stumme Verkäufer (Verkaufsautomaten) zum Einsatz, die entweder als offene Automaten sich auf die Ehrlichkeit der Kunden verlassen, als Halbautomaten die Zahlung zumindest eines einmaligen Kaufpreises erfordern oder als Vollautomaten exemplargenau abrechnen.

95. Pressetitel, bei denen der Einzelverkauf dominiert, müssen durch Cover-Gestaltung und Schlagzeilen Kaufargumente liefern. Bei ›Abonnement-Titeln‹ kann die Zielgruppe ›seriöser‹ angesprochen werden.

Antworten zu Kapitel 11

96. Digitale Ausgaben von Print-Produkten, die meist in Art eines Faksimiles elektronisch versandt werden. Anwendungsbereiche: als Zeitungsversion zum Ausdrucken oder als elektronische Zeitung für mobile Endgeräte (Palmtopps, Notebooks etc.).

97. Durch Rückgang des Anzeigenvolumens in den Rubriken und Rückgang des Einzelverkaufs an den Rubrikentagen.

98. Das mangelhafte Erreichen jüngerer Zielgruppen in Printmedien soll durch die Online-Angebote korrigiert werden. Das Internet bildet hierzu das technische Rückgrat für die Distribution.

99. Pressesektor: hauptsächlich für den Vertrieb von Zeitungen, die vor Ort erst ausgedruckt werden. Buchsektor: hier können bei kleinauflagigen Büchern die Risiken aus der Nachfrageschwankung umgangen werden.

100. Es gibt bereits dezentrale Druckmöglichkeiten, wonach Zeitungen an Terminals (z. B. an Flughäfen) kundenbezogen ausgedruckt werden können. Dies bildet den Einstig in das Printing-On-Demand-Geschäft im Pressemarkt.

101. Die Bücher werden über das Internet beworben, da die Nischen-Konzeption sonst keine sinnvolle Bewerbung zulässt, z. B. bei stark spezialisierten Fachtiteln.

102. Die Nutzer im Internet sind nur dann bereit, für Inhalte zu bezahlen, wenn sie diese Inhalte nicht an anderer Stelle kostenlos erhalten und wenn sie diese Inhalte tatsächlich benötigen. Kategorien wie die Exklusivität der Inhalte und der Nutzwert sind daher entscheidend. Da im Internet viele Inhalte kostenlos verfügbar

sind, ist das Kriterium der Exklusivität kaum zu erfüllen.

103. Eine Such- und Recherchierfunktion. Sie ersetzt die Information und Beratung im konventionellen stationären Buchhandel.

104. Neben dem klassischen Antiquariat, das aufgrund der Spezialisierung und des nationalen Kundenstamms auf das Internet als Kommunikationsmittel zurückgreift, werden mehr und mehr jüngere gebrauchte Bücher direkt vom Endkunden verkauft.

105. Der Verlust des Besorgungsgeschäftes (Umsatzeinbußen) und der Verlust des Kontaktes zum Kunden (Kundenbindung wird schwieriger).

Antworten zu Kapitel 12

106. Kreislauf aus Zielsetzung, Festlegung von Maßnahmen, Abweichungsanalyse und Neudefinition der Ziele.

107. Die Setzung von Zielen, da sonst der Maßstab zur Bewertung und Steuerung fehlt.

108. Operativ – bis zu einem Jahr; taktisch – 2–5 Jahre; strategisch – ab 5 Jahren aufwärts.

109. Zur Festlegung von Prioritäten der wichtigsten Kunden, Lieferanten, Materialien etc.

110. Die Mitarbeiter sollen leistungsorientiert bezahlt werden. Die Bezugsgröße, die jedoch tatsächlich der Leistung entspricht, die der Mitarbeiter für die Wertschöpfung des Verlags erbringt, kann im Einzelfall schwierig zu bestimmen sein.

111. Zur rechtzeitigen Steuerung des Produktmanagements (Diskussion über Weiterentwicklung oder Aufgabe des Produkts).

112. Potenzialabschätzungen auf Basis der Branchendaten von ZMG, VDZ, IVW etc. und Wettbewerbsanalyse durch Umfangserhebungen.

113. *Fall 1:* Vollkostenrechnung. Hier geht es darum, alle anfallenden Kosten den in dieser Zeit erzeugten Produkten zuzuordnen. Ziel ist es, eine Information darüber zu erhalten, wie viel Gewinn unter Berücksichtigung aller Kosten ein einzelnes Produkt erzielt hat. *Fall 2:* Teilkostenrechnung. Hier werden nur die Kosten des jeweiligen Endproduktes berücksichtigt, die direkt zuzuordnen sind. Die Gemeinkosten (z. B. Kosten für Geschäftsführung) müssen anschließend mit Hilfe der Deckungsbeiträge der einzelnen Produkte abgedeckt werden. Diese Rechung wird stufenweise durchgeführt, sodass in der Kalkulation deutlich wird, welcher Deckungsbeitrag für die Deckung der noch ausstehenden Kosten zur Verfügung steht.

114.

Stückkalkulation		Kalkulation der Auflage (2.500 Exemplare)
1	Brutto-Ladenpreis	34,00 €	85.000,00 €
2	./. Umsatzsteuer	2,22 €	5.560,75 €
3	**Netto-Ladenpreis**	31,78 €	79.439,25 €
4	Durchschnittliche Rabatt	12,20 €	30.504,67 €
5	**Vertriebserlös**	19,58 €	48.934,58 €
6	./. Auslieferungsgebühr	1,80 €	4.501,98 €
7	**Deckungsbeitrag I**	17,78 €	44.432,60 €
8	./. Honorar	2,54 €	6.355,14 €
9	./. Herstellungskosten	4,80 €	12.000,00 €
10	**Deckungsbeitrag II**	10,44 €	26.077,46 €
11.	./. Werbung	1,37 €	3.425,42 €
12	**Deckungsbeitrag III**	9,07 €	22.652,04 €

Anhang

VERTRIEBSRICHTLINIE
DES BUNDESVERBANDES DEUTSCHER ZEITUNGSVERLEGER E. V.

Wettbewerbsregeln für den Vertrieb von abonnierbaren Tages- und Wochenzeitungen in der Fassung vom 10. 1. 2002

1. Allgemeine Grundsätze der Werbung
Die Zeitungsverlage haben in der Vertriebswerbung alles zu vermeiden, was das Ansehen des Zeitungsverlagsgewerbes in der Öffentlichkeit herabsetzt.

2. Werbeexemplare
Werbeexemplare sind Zeitungen, die unentgeltlich geliefert oder verteilt werden, um die Empfänger als Bezieher zu gewinnen.

Zur Vermeidung einer Marktverstopfung dürfen Tageszeitungen an dieselben Empfänger in der Regel nicht länger als zwei Wochen, Wochenzeitungen nicht mehr als 4 Ausgaben geliefert werden. Zwischen zwei Werbelieferungen muss ein zeitlicher Abstand von mindestens einem Kalendermonat liegen.

Beim Angebot eines kostenlosen Probezugs dürfen keine Anreize geschaffen werden, die einen psychologischen Kaufzwang bewirken. Deshalb sollte der Wert des Anreizes die Höhe des Wochenbezugspreises nicht überschreiten, wobei die Rückforderung des Präsents auf jeden Fall ausgeschlossen ist.

3. Prämienwerbung
Prämienwerbung ist die Auslobung einer Prämie über eine Anzeige, Beilage oder ein Prospekt für die Vermittlung eines neues Abonnenten. Die Stückelung einer Prämie ist zulässig, wenn die Einzelstücke der Prämie in einem inneren Zusammenhang stehen.

Der Wert der für die Vermittlung eines neuen Abonnenten gewährten Prämie (Ladenverkaufspreis) darf bei zwölfmonatiger und einer darüber hinausgehenden Verpflichtungsdauer des Geworbenen den sechsfachen monatlichen Bezugspreis nicht übersteigen. Bei einer Mindestverpflichtungszeit unter einem Jahr darf der Prämienwert die Hälfte des zu entrichtenden Abonnemententgeltes nicht überschreiten.

Wenn der Werber im Rahmen eines Gesamtprämienangebots eine Wahlmöglichkeit unter mehreren Prämien hat, dann ist ein kleiner Teil von Prämien mit Zuzahlung zulässig. Die Zuzahlung sollte erheblich unter dem zulässigen Prämienwert liegen.

Die Prämie ist nur für den Laienwerber bestimmt und darf weder vom Verlag noch vom Werber an den Geworbenen gegeben werden. Darauf sollte der Werber hingewiesen werden.

4. Verpflichtungsdauer

Die erstmalige Verpflichtungsdauer für den geworbenen Abonnenten darf 2 Jahre nicht überschreiten. Wird in den Bestellvertrag eine Verlängerungsklausel aufgenommen, kann die stillschweigende Verlängerung des Abonnementvertrages maximal 1 Jahr betragen. Die Möglichkeit, dass nach Ablauf der Verpflichtungszeit der Abonnementvertrag unbefristet weitergeführt wird, bleibt davon unberührt.

5. Außendienst-Mitarbeiter

Die Unternehmen müssen die Außendienst-Mitarbeiter vertraglich zur Einhaltung der folgenden Regeln verpflichten:

Der Außendienst-Mitarbeiter darf nicht versuchen, durch die Erregung von Mitleid, insbesondere durch Vorspiegelung von Bedürftigkeit oder unter dem Vorwand besonderer Förderungswürdigkeit seiner Person oder des von ihm vertretenen Unternehmens Abonnenten zu gewinnen. Der Außendienst-Mitarbeiter darf ferner nicht in irreführender Weise mit dem Hinweis werben, der Erlös oder ein Teil des Erlöses aus dem Abonnement fließe gemeinnützigen oder mildtätigen Zwecken zu.

Die Unternehmen sind verpflichtet, die Vertragstexte auf den Bestellscheinen nach den bestehenden gesetzlichen Bestimmungen zu gestalten. Der Außendienst-Mitarbeiter muss dem Besteller eine vollständige Durchschrift des Bestellscheines aushändigen. Der Bestellschein muss außer der eigenhändigen Unterschrift des Neubeziehers auch die Unterschrift des Außendienst-Mitarbeiters tragen, die durch einen vollen Namen in Stempel oder Druckschrift ergänzt werden muss. Im Bestellschein müssen Preis, Erscheinungsweise, Laufzeit des Abonnements, Kündigungsfrist, Widerrufsfrist und Widerrufsadresse sowie die Bezugsbedingungen angegeben werden. Der Bestellschein und die dem Neubezieher auszuhändigende und belassene Durchschrift müssen gleichlautend sein und die genannten Angaben vollständig und übersichtlich enthalten.

6. Studentenabonnements

Verbilligte Abonnements für Studierende, Zivildienstleistende und Wehrpflichtige sind zulässig, wenn die Voraussetzungen nachgewiesen werden. In diesem Fall ist eine regelmäßige Überprüfung der Berechtigung erforderlich. Verbilligte Schülerabonnements sollen nur bei einer eigenen Haushaltsführung des Schülers abgeschlossen werden.

7. Kurzabonnements, Mitarbeiterexemplare, Mengennachlässe

Ebenfalls zulässig sind:

- Kurzabonnements bis zu drei Monaten bei einer maximalen Rabattierung von 35 Prozent des Normalpreises, sofern diese für den Besteller nicht beliebig oft wiederholbar sind;
- Mitarbeiterexemplare;
- Mengennachlässe für Großabnehmer, wenn diese die Zeitung für ihren Gewerbebetrieb nutzen.

8. Eigenbestellung

Von Prämien, die im Zusammenhang mit Eigenbestellungen gegeben werden, darf kein wettbewerbswidriger Lockeffekt ausgehen. Bei einer zwölfmonatigen oder darüber hinausgehenden Verpflichtungsdauer darf der Wert der Prämie (Ladenverkaufspreis) einen Monatsbezugspreis nicht übersteigen. Der Besteller ist in jedem Fall darauf hinzuweisen, dass er die Prämie auch dann behalten darf, wenn er von seinem Widerrufsrecht Gebrauch macht.

AGB DES ZENTRALVERBANDES DER DEUTSCHEN WERBEWIRTSCHAFT (ZAW)

Der Zentralverband der deutschen Werbewirtschaft (ZAW) empfiehlt die folgenden Allgemeinen Geschäftsbedingungen zur Anwendung im Anzeigen- und Fremdbeilagengeschäft unverbindlich. Es bleibt den Vertragsparteien unbenommen, abweichende Vereinbarungen zu treffen.

Ziffer 1   Anzeigenauftrag im Sinn der nachfolgenden Allgemeinen Geschäftsbedingungen ist der Vertrag über die Veröffentlichung einer oder mehrerer Anzeigen eines Werbungtreibenden oder sonstigen Inserenten in einer Druckschrift zum Zweck der Verbreitung.

Ziffer 2   Anzeigen sind im Zweifel zur Veröffentlichung innerhalb eines Jahres nach Vertragsabschluss abzurufen. Ist im Rahmen eines Abschlusses das Recht zum Abruf einzelner Anzeigen eingeräumt, so ist der Auftrag innerhalb eines Jahres seit Erscheinen der ersten Anzeige abzuwickeln, sofern die erste Anzeige innerhalb der in Satz 1 genannten Frist abgerufen und veröffentlicht wird.

Ziffer 3   Bei Abschlüssen ist der Auftraggeber berechtigt, innerhalb der vereinbarten bzw. der in Ziffer 2 genannten Frist auch über die im Auftrag genannte Anzeigenmenge hinaus weitere Anzeigen abzurufen.

Ziffer 4   Wird ein Auftrag aus Umständen nicht erfüllt, die der Verlag nicht zu vertreten hat, so hat der Auftraggeber unbeschadet etwaiger weiterer Rechtspflichten, den Unterschied zwischen dem gewährten und dem der tatsächlichen Abnahme entsprechenden Nachlass dem Verlag zu erstatten.

Die Erstattung entfällt, wenn die Nichterfüllung auf höherer Gewalt im Risikobereich des Verlages beruht.

Ziffer 5 Bei der Errechnung der Abnahmemengen werden Text-Millimeterzeilen dem Preis entsprechend in Anzeigen-Millimeter umgerechnet.

Ziffer 6 Aufträge für Anzeigen und Fremdbeilagen, die erklärtermaßen ausschließlich in bestimmten Nummern, bestimmten Ausgaben oder an bestimmten Plätzen der Druckschrift veröffentlicht werden sollen, müssen so rechtzeitig beim Verlag eingehen, dass dem Auftraggeber noch vor Anzeigenschluss mitgeteilt werden kann, wenn der Auftrag auf diese Weise nicht auszuführen ist. Rubrizierte Anzeigen werden in der jeweiligen Rubrik abgedruckt, ohne dass dies der ausdrücklichen Vereinbarung bedarf.

Ziffer 7 Textteil-Anzeigen sind Anzeigen, die mit mindestens drei Seiten an den Text und nicht an andere Anzeigen angrenzen.

Anzeigen, die aufgrund ihrer redaktionellen Gestaltung nicht als Anzeigen erkennbar sind, werden als solche vom Verlag mit dem Wort ›Anzeige‹ deutlich kenntlich gemacht.

Ziffer 8 Der Verlag behält sich vor, Anzeigenaufträge — auch einzelne Abrufe im Rahmen eines Abschlusses — und Beilagenaufträge wegen des Inhalts, der Herkunft oder der technischen Form nach einheitlichen, sachlich gerechtfertigten Grundsätzen des Verlages abzulehnen, wenn deren Inhalt gegen Gesetze oder behördliche Bestimmungen verstößt oder deren Veröffentlichung für den Verlag unzumutbar ist. Dies gilt auch für Aufträge, die bei Geschäftsstellen, Annahmestellen oder Vertretern aufgegeben werden.

Beilagenaufträge sind für den Verlag erst nach Vorlage eines Musters der Beilage und deren Billigung bindend. Beilagen, die durch Format oder Aufmachung beim Leser den Eindruck eines Bestandteils der Zeitung oder Zeitschrift erwecken oder Fremdanzeigen enthalten, werden nicht angenommen.

Die Ablehnung eines Auftrags wird dem Auftraggeber unverzüglich mitgeteilt.

Ziffer 9 Für die rechtzeitige Lieferung des Anzeigentextes und einwandfreier Druckunterlagen oder der Beilagen ist der Auftraggeber verantwortlich. Für erkennbar ungeeignete oder beschädigte Druckunterlagen fordert der Verlag unverzüglich Ersatz an.

Der Verlag gewährleistet die für den belegten Titel übliche Druckqualität im Rahmen der durch die Druckunterlagen gegebenen Möglichkeiten.

Ziffer 10 Der Auftraggeber hat bei ganz oder teilweise unleserlichem, unrichtigem oder bei unvollständigem Abdruck der Anzeige Anspruch auf Zahlungsminderung oder eine einwandfreie Ersatzanzeige, aber nur in dem Ausmaß, in dem der Zweck der Anzeige beeinträchtigt wurde. Lässt der Verlag eine ihm hierfür gestellte angemessene Frist verstreichen oder ist die Ersatzanzeige erneut nicht einwandfrei, so hat der Auftraggeber ein Recht auf Zahlungsminderung oder Rückgängigmachung des Auftrags.

Schadensersatzansprüche aus positiver Forderungsverletzung, Verschulden bei Vertragsabschluss und unerlaubter Handlung sind – auch bei telefonischer Auftragserteilung – ausgeschlossen; Schadensersatzansprüche aus Unmöglichkeit der Leistung und Verzug sind beschränkt auf Ersatz des vorhersehbaren Schadens und auf das für die betreffende Anzeige oder Beilage zu zahlende Entgelt. Dies gilt nicht für Vorsatz und grobe Fahrlässigkeit des Verlegers, seines gesetzlichen Vertreters und seines Erfüllungsgehilfen. Eine Haftung des Verlages für Schäden wegen des Fehlens zugesicherter Eigenschaften bleibt unberührt.

Im kaufmännischen Gesetzverkehr haftet der Verlag darüber hinaus auch nicht für grobe Fahrlässigkeit von Erfüllungsgehilfen; in den übrigen Fällen ist gegenüber Kaufleuten die Haftung für grobe Fahrlässigkeit dem Umfang nach auf den voraussehbaren Schaden bis zur Höhe des betreffenden Anzeigenentgelts beschränkt.

Reklamationen müssen – außer bei nichtoffensichtlichen Mängeln – innerhalb von vier Wochen nach Eingang von Rechnung und Beleg geltend gemacht werden.

Ziffer 11   Probeabzüge werden nur auf ausdrücklichen Wunsch geliefert. Der Auftraggeber trägt die Verantwortung für die Richtigkeit der zurückgesandten Probeabzüge. Der Verlag berücksichtigt alle Fehlerkorrekturen, die ihm innerhalb der bei der Übersendung des Probeabzuges gesetzten Frist mitgeteilt werden.

Ziffer 12   Sind keine besonderen Größenvorschriften gegeben, so wird die nach Art der Anzeige übliche, tatsächliche Abdruckhöhe der Berechnung zugrunde gelegt.

Ziffer 13   Falls der Auftraggeber nicht Vorauszahlung leistet, wird die Rechnung sofort, möglichst aber 14 Tage nach Veröffentlichung der Anzeige übersandt. Die Rechnung ist innerhalb der aus der Preisliste ersichtlichen vom Empfang der Rechnung anlaufenden Frist zu bezahlen, sofern nicht im einzelnen Fall eine andere Zahlungsfrist oder Vorauszahlung vereinbart ist. Etwaige Nachlässe für vorzeitige Zahlung werden nach der Preisliste gewährt.

Ziffer 14   Bei Zahlungsverzug oder Stundung werden Zinsen sowie die Einziehungskosten berechnet. Der Verlag kann bei Zahlungsverzug die weitere Ausführung des laufenden Auftrages bis zur Bezahlung zurückstellen und für die restlichen Anzeigen Vorauszahlung verlangen.

Bei Vorliegen begründeter Zweifel an der Zahlungsfähigkeit des Auftraggebers ist der Verlag berechtigt, auch während der Laufzeit eines Anzeigenabschlusses das Erscheinen weiterer Anzeigen ohne Rücksicht auf ein ursprünglich vereinbartes Zahlungsziel von der Vorauszahlung des Betrages und von dem Ausgleich offenstehender Rechnungsbeträge abhängig zu machen.

Ziffer 15   Der Verlag liefert mit der Rechnung auf Wunsch einen Anzeigenbeleg. Je nach Art und Umfang des Anzeigenauftrages werden Anzeigenausschnitte, Belegseiten oder vollständige Belegnummern geliefert. Kann ein Beleg nicht mehr beschafft werden, so tritt an seine Stelle eine rechtsverbindliche Bescheinigung des Verlages über die Veröffentlichung und Verbreitung der Anzeige.

Ziffer 16   Kosten für die Anfertigung bestellter Druckstöcke, Matern und Zeichnungen sowie für vom Auftraggeber gewünschte oder zu vertretende erhebliche Änderungen ursprünglich vereinbarter Ausführungen hat der Auftraggeber zu tragen.

Ziffer 17   Aus einer Auflagenminderung kann bei einem Abschluss über mehrere Anzeigen ein Anspruch auf Preisminderung hergeleitet werden, wenn im Gesamtdurchschnitt des mit der ersten Anzeige beginnenden Insertionsjahres die in der Preisliste oder auf andere Weise genannte durchschnittliche Auflage oder – wenn eine Auflage nicht genannt ist – die durchschnittlich verkaufte (bei Fachzeitschriften gegebenenfalls die durchschnittlich tatsächlich verbreitete) Auflage des vergangenen Kalenderjahres unterschritten wird. Eine Auflagenminderung ist nur dann ein zur Preisminderung berechtigter Mangel, wenn sie
– bei einer Auflage bis zu   50 000 Exemplaren   20 v. H.
– bei einer Auflage bis zu   100 000 Exemplaren   15 v. H.
– bei einer Auflage bis zu   500 000 Exemplaren   10 v. H.
– bei einer Auflage über   500 000 Exemplaren   5 v. H. beträgt.
　　Darüber hinaus sind bei Abschlüssen Preisminderungsansprüche ausgeschlossen, wenn der Verlag dem Auftraggeber von dem Absinken der Auflage so rechtzeitig Kenntnis gegeben hat, dass dieser vor Erscheinen der Anzeige vom Vertrag zurücktreten konnte.

Ziffer 18   Bei Ziffernanzeigen wendet der Verlag für die Verwahrung und rechtzeitige Weitergabe der Angebote die Sorgfalt eines ordentlichen Kaufmanns an. Einschreibebriefe und Eilbriefe auf Ziffernanzeigen werden nur auf dem normalen Postweg weitergeleitet.
　　Die Eingänge auf Ziffernanzeigen werden vier Wochen aufbewahrt. Zuschriften, die in dieser Frist nicht abgeholt sind, werden vernichtet. Wertvolle Unterlagen sendet der Verlag zurück, ohne dazu verpflichtet zu sein.
　　»Dem Verlag kann einzelvertraglich als Vertreter das Recht eingeräumt werden, die eingehenden Angebote anstelle oder im erklärten Interesse des Auftraggebers zu öffnen. Briefe, die das zulässige Format DIN A4 (Gewicht … g) überschreiten, sowie Waren, Bücher-, Katalogsendungen und Päckchen sind von der Weiterlei-

tung ausgeschlossen und werden nicht entgegengenommen. Eine Entgegennahme und Weiterleitung kann jedoch ausnahmsweise für den Fall vereinbart werden, dass der Auftraggeber die dabei entstehenden Gebühren/Kosten übernimmt.«

Ziffer 19   Matern werden nur auf besonderer Anforderung an den Auftraggeber zurückgesandt. Die Pflicht zur Aufbewahrung endet drei Monate nach Ablauf des Auftrages.

Ziffer 20   Erfüllungsort ist der Sitz des Verlages.
Im Geschäftsverkehr mit Kaufleuten, juristischen Personen des öffentlichen Rechts oder bei öffentlich-rechtlichen Sondervermögen ist bei Klagen Gerichtsstand der Sitz des Verlages. Soweit Ansprüche der Verlages nicht im Mahnverfahren geltend gemacht werden, bestimmt sich der Gerichtsstand bei Nicht-Kaufleuten nach deren Wohnsitz.

Ist der Wohnsitz oder gewöhnliche Aufenthalt des Auftraggebers, auch bei Nicht-Kaufleuten, im Zeitpunkt der Klageerhebung unbekannt oder hat der Auftraggeber nach Vertragsabschluss seinen Wohnsitz oder gewöhnlichen Aufenthalt aus dem Geltungsbereich des Gesetzes verlegt, ist als Gerichtsstand der Sitz des Verlages vereinbart.

RICHTLINIEN FÜR DIE IVW-AUFLAGENKONTROLLE

Die Auflagenmeldung

 Jeder IVW-Mitgliedsverlag ist nach § 5 in Verbindung mit §14 der IVW-Satzung verpflichtet, seine Auflagenmeldung regelmäßig, pünktlich und vollständig zu erstatten. Verlage, die diese Pflicht verletzen, können vom IVW-Verwaltungsrat mit einem Verweis gerügt oder aus der IVW ausgeschlossen werden. Der Verwaltungsrat kann auf Zeit oder Dauer die Führung des IVW-Zeichens untersagen.

1. Meldeform
Alle Auflagenmeldungen sind nach dem im Meldeformular vorgegebenen Schema zu erstellen.

2. Quartalsdurchschnitt
Zu melden sind die Durchschnittszahlen für das jeweilige Vierteljahr. Exemplare, die vor oder nach diesem Zeitraum verbreitet wurden, dürfen nicht in diesem Berichtsquartal gemeldet werden.

3. Reduzierung der Erscheinungshäufigkeit

Soweit das Erscheinen von Druckschriften durch besondere Umstände, z. B.
Arbeitskämpfe oder Katastrophen, beeinträchtigt wird, trifft die IVW im Beneh-
men mit den Verlegerverbänden von Fall zu Fall Regelungen über die Art der
Auflagenmeldungen.

4. Belegungseinheiten von Zeitungen

a) Meldung der Belegungseinheiten

Die Auflagenmeldungen der Zeitungen richten sich grundsätzlich nach den für das
jeweilige Quartal gültigen Anzeigenpreislisten. Danach sind alle Anzeigenbele-
gungseinheiten zu melden, die als kleinste Belegungsmöglichkeiten mit einem
Grundpreis angeboten werden. Zusätzlich sind zu melden die Auflage der Gesamt-
belegung des Titels sowie die Auflage der maximalen Belegungseinheit, in der der
Titel mit seiner Gesamtauflage vertreten ist.

b) Kombinationen

Belegungseinheiten, die sich aus mehreren Titeln/Gesamtbelegungen bzw. aus
Gesamtbelegungen und Einzelbelegungen zusammensetzen, können zusätzlich
gemeldet werden. Kombinationen, die ausschließlich aus zu meldenden Einzelbelegungen bestehen, werden nicht berücksichtigt.

c) Nicht belegbare Auflagenteile

Gliedern sich Belegungseinheiten in zu meldende Einzelbelegungen, deren
Auflagensumme nicht die Auflage der nächst übergeordneten Belegungseinheit
ergibt, sind zusätzliche Auflagenmeldungen für die verbleibende Auflagendiffe-
renz als »nicht getrennt belegbar« zu erstatten. Diese Auflagenteile werden nicht
ausgewiesen.

5. Tage mit besonderem Anzeigentarif

Für Belegungseinheiten von Tageszeitungen, die an einem bestimmten Tag einen
abweichenden Anzeigenpreis aufweisen, sind der IVW zu melden
a) die Durchschnittsauflage aller Erscheinungstage,
b) die Durchschnittsauflage für den Tag mit besonderem Anzeigenpreis,
c) die Durchschnittsauflage der übrigen Erscheinungstage.

Wenn eine Anzeigenbelegungseinheit mit einem in der Anzeigenpreisliste
angebotenen Anzeigenpreis mehrere aufeinander folgende Ausgaben umfasst, für
die Folgeausgaben aber keine gesonderten Belegungsmöglichkeiten bestehen
und in allen Ausgaben ein vollständig identischer Anzeigenteil erscheint, so ist die
Auflage dieser Anzeigenbelegungseinheit die Summe der Auflagen der einzelnen
Ausgaben. Diese Summe ist auch maßgebend für die Durchschnittsermittlung
nach Abs. 1.*

---

* Beispiel: Eine täglich erscheinende Zeitung gibt am Sonntag eine Ausgabe heraus, die als Anzeigenbele-
  gungsmöglichkeit nicht angeboten wird, sondern den vollständigen Anzeigenteil der Samstagsausgabe
  enthält. In der Anzeigenpreisliste wird neben dem Anzeigenpreis für die Ausgaben Montag bis Freitag
  ein abweichender Anzeigenpreis für Samstag (Wochenende) angegeben. Die Auflagen sind wie folgt zu
  errechnen und auszuweisen:

Durchschnitt Sa/So = Sa + So
Durchschnitt Mo–Sa = (Mo + Di + Mi + Do + Fr + Sa/So) : 6
Durchschnitt Mo–Fr = (Mo + Di + Mi + Do + Fr) : 5

6. Modifizierte Ausgaben von gleichen Heftnummern

a) Exemplare mit reduziertem Heftumfang

Exemplare, deren Umfang durch Weglassen des redaktionellen oder Anzeigen-Teiles reduziert ist, dürfen nicht in die Durchschnittszahlen der Auflage eingerechnet werden.

b) Formatveränderte Ausgaben

Exemplare eines Heftes, die in Ausgaben mit unterschiedlichen Formaten bei durchlaufender Anzeigenbelegungseinheit erscheinen, können in einer Gesamtsumme gemeldet werden, wenn der Werbeträger ansonsten in Aufmachung, Inhalt und Umfang unverändert bleibt.

Die vom Standardformat abweichenden Ausgaben müssen in diesen Fällen zusätzlich gesondert als »davon« gemeldet und ausgewiesen werden.

7. Ausgaben mit Sondertarif

Liegt für eine Sonderausgabe ein eigener Anzeigentarif vor, können diese Auflagenzahlen gesondert gemeldet werden. Bei der Ermittlung der Gesamtdurchschnittszahlen dürfen sie nicht berücksichtigt werden.

8. Auslandsexemplare

Im Ausland verbreitete Exemplare dürfen nur dann in die Auflagenmeldung eingerechnet werden, wenn der Anzeigenteil der Auslandsauflage mit dem der Inlandsauflage vollständig übereinstimmt.

Die im Ausland verbreiteten und verkauften Zeitschriftenexemplare sind zu melden und werden zusätzlich gesondert ausgewiesen.

9. Auslandsexemplare mit eigenem Anzeigenteil

Für Auslandsausgaben mit eigenem Anzeigenteil kann eine eigene Auflagenmeldung erstattet werden, wenn die Zahlen dieser Meldung prüfbar sind. Die Zahlen dieser separaten Meldung dürfen dann in der Gesamtausgabe nicht enthalten sein. Diese Bestimmung gilt auch für solche Ausgaben, deren gesamter Inhalt im Ausland übersetzt, neugedruckt und verbreitet wird.

10. Veränderungen

Alle Veränderungen der Bezeichnung und der Anschrift des Verlages, des Titels der Druckschrift, der Erscheinungsweise, der Preisliste usw. sind der IVW unverzüglich bekannt zu geben. Zu jedem Meldequartal ist der IVW die jeweils gültige Preisliste einzusenden.

11. Meldeschlusstermine

Die Auflagenmeldungen sind in doppelter Ausfertigung jeweils pünktlich
bis zum 14. des dem Berichtszeitraum folgenden Monats an die IVW einzureichen
(14. Januar, 14. April, 14. Juli und 14. Oktober).

12. Nichterstattung der Meldung

Wird keine Auflagenmeldung erstattet, so können Ordnungsmaßnahmen nach
§ 20 der IVW-Satzung eingeleitet werden, insbesondere wenn der Verlag mehr als
einmal hintereinander keine Auflagenmeldung abgibt.

13. Druckauflage

Die Druckauflage ist die Stückzahl der gedruckten Exemplare abzüglich der
Makulatur.

14. Tatsächlich verbreitete Auflage

Die tatsächlich verbreitete Auflage ist die verkaufte Auflage zuzüglich der Freistücke. Diese Zahl wird von der IVW errechnet und in der Auflagenliste unter der
Rubrik »Verbreitung« angegeben.

15. Verkaufte Auflage

Die verkaufte Auflage ist die Summe der für den Einzelverkauf gelieferten
Exemplare zuzüglich der abonnierten Exemplare, der Bordexemplare, der Lesezirkelstücke sowie der als Sonstiger Verkauf ausgewiesenen Exemplare abzüglich der
im Berichtszeitraum eingegangenen Remittenden. Diese Zahl wird von der IVW
errechnet und in der Auflagenliste unter der Rubrik »Verkauf« angegeben.

16. Abonnierte Exemplare

Zu den abonnierten Exemplaren zählen nur solche, die der Verlag oder ein
Wiederverkäufer (WBZ, Buchhändler) zum regulären Abonnementpreis verkauft
und an feste Einzelbezieher liefert.

Den abonnierten Exemplaren werden auch zugerechnet:
– Personalstücke (Ziffer 17);
– Mitgliederstücke (Ziffer 18);
– Mehrfachlieferungen von Zeitschriften gegen Berechnung, sofern ein Mengen-
  nachlass von nicht mehr als 25 % auf den regulären Abonnementpreis gewährt
  wird. Diese Exemplare sind zusätzlich gesondert zu melden und auszuweisen.

Nicht unter abonnierte Exemplare fallen die unbezahlten Vorauslieferungen an
neu geworbene Bezieher; sie sind als Freistücke zu melden.

Entgeltlich angebotene Probe-Abonnements werden den abonnierten Exemplaren zugerechnet, sofern sie mit einer Negativoption versehen sind.

17. Personalstücke

Der Zahl der abonnierten Exemplare können Personalstücke (an Betriebsangehöri-
ge, Träger, Vertriebsagenturen und ständige Mitarbeiter gelieferte Freiexemplare)
mit je einem Exemplar hinzugezählt werden.

Mitarbeiter organisatorisch ausgegliederter Fachbereiche des die Druckschrift verlegenden Verlags- und Druckereiunternehmens, die für die Druckschrift tätig sind, sowie Rentner und Pensionäre dieses Unternehmens stehen Betriebsangehörigen gleich.

Die Personalstücke müssen jederzeit nachgewiesen werden können. Bei Fachzeitschriften ist das fachliche Interesse des Empfängers des Personalstücks anzugeben.

18. Mitgliederstücke

Stücke einer Zeitschrift, deren Lieferung laut Impressum im Rahmen eines Mitgliedsbeitrages oder eines gesonderten Mitgliederbezugspreises mit einem maximalen Nachlass von 25 % auf den regulären Abonnementpreis an Einzelbezieher erfolgt, gelten als Mitgliederstücke. Die Zahl der Mitgliederstücke wird den abonnierten Exemplaren hinzugerechnet. Sie ist jedoch gesondert zu melden und wird in der IVW-Liste unter »davon Mitgliederstücke« ausgewiesen.

19. Teilbezieher

Die Zahl der Teilbezieher von Zeitungen (1-, 2-, 3-, 4- und 5-Tage-Bezieher) wird der Zahl der abonnierten Exemplare anteilig, d. h. im Verhältnis zur Zahl der wöchentlichen Erscheinungstage zugerechnet.

20. Mikroverfilmte Druckschriften

Werden Druckschriften vollständig auf Mikrofilm übertragen und regelmäßig an feste, zahlende Einzelbezieher geliefert, so können diese »Exemplare« den Abonnenten hinzugerechnet werden, wenn sie als solche ordnungsgemäß belegt werden können. Die Richtlinien für herkömmliche Druckschriften werden entsprechend angewandt.

21. EV-Lieferungen

EV-Lieferungen sind regelmäßige Lieferungen preisgebundener Exemplare mit Remissionsrecht an Wiederverkäufer (Presse-Großhändler, Einzelhändler, Bahnhofsbuchhändler, Importeure und Exporteure) gegen Rechnung zu handelsüblichen Konditionen im In- und Ausland.

Hinzugerechnet werden Verkäufe von einzelnen Exemplaren an den Endverbraucher zum Einzelverkaufspreis.

22. EV-Verkauf

In der IVW-Auflagenliste wird unter »EV-Verkauf« die Stückzahl ausgewiesen, die sich nach Abzug der Remittenden von den EV-Lieferungen ergibt.

23. Sonstiger Verkauf

Alle verkauften Exemplare, die weder den abonnierten Stücken noch den Einzelverkäufen, Lesezirkelstücken oder Bordexemplaren zuzurechnen sind, werden dem Sonstigen Verkauf zugerechnet und in einer gesonderten Spalte ausgewiesen.

24. Lesezirkel-Exemplare

An Lesezirkel zum Zwecke der Vermietung zu Lesezirkel-Konditionen verkaufte Exemplare werden gesondert erfasst und ausgewiesen. Quartalsaufstellungen mit den Namen der Lesezirkelfirmen, Objekten, Heftnummern, Liefermengen und Vertragsdaten sind Voraussetzung zur Anerkennung dieser Exemplare als Lesezirkelstücke.

25. Bordexemplare

An Unternehmen des öffentlichen Personenverkehrs verkaufte Exemplare, die der unentgeltlichen Weitergabe an deren Kunden an Bord bzw. in deren Wartebereichen dienen, werden gesondert erfasst und als Bordexemplare ausgewiesen. Voraussetzung zur Anerkennung dieser Exemplare als Bordexemplare sind Quartalsaufstellungen mit den Namen der Verkehrsunternehmen, Objekten, Heftnummern, Liefermengen, Vertragsdaten sowie Nachweise über die zweckgebundene Verwendung der gelieferten Exemplare.

26. Remittenden

Nur die im Berichtsquartal eingegangenen bzw. im KR-Verfahren gemeldeten Remittenden sind als solche zu erfassen und zu melden. Aus welchem Quartal die zurückgegebenen Stücke stammen, ist dabei unbeachtlich.

27. Remittendendurchschnitt

Die Durchschnittszahl der Remittenden wird errechnet durch Division der Anzahl aller in der Berichtszeit remittierten Stücke durch die Zahl der Erscheinungstage im jeweiligen Vierteljahr.

Weichen Erscheinungshäufigkeit und Anzahl der Hauptremissionen regelmäßig in mehreren aufeinander folgenden Quartalen voneinander ab, kann der Remittendendurchschnittsermittlung auf Antrag die Anzahl der Hauptremissionen zugrunde gelegt werden. Grundlage zur Feststellung der Erscheinungshäufigkeit und der Remissionstermine ist der verbindliche Jahres-EVT-Kalender.

28. Schwankende Erscheinungshäufigkeit

Liegt regelmäßig eine quartalsweise schwankende Erscheinungshäufigkeit vor, so kann die auf Jahresbasis errechnete durchschnittliche Erscheinungshäufigkeit auf jedes Quartal angewandt werden.

29. KR-Verfahren

Rechnet ein Verlag die Remittenden nach dem von der IVW anerkannten Verfahren der Körperlosen Remission (KR-Verfahren)* ab, so sind in der Auflagenmeldung diejenigen Remittendenzahlen zugrunde zu legen, für die der Verlag Gutschriften gemäß den Bestimmungen des KR-Verfahrens während der Berichtszeit erteilt hat. Die abgeschlossenen bei den zuständigen Verlegerverbänden zu hinterlegenden Verträge sind Voraussetzungen zur Anwendung des KR-Verfahrens. Sie sind der IVW unmittelbar in Kopie vorzulegen. Eine Lagerrestzählung soll regelmäßig durchgeführt werden.

  Das Verfahren der Körperlosen Remission. Herausgeber: Verband Deutscher Zeitschriftenverleger e.V. Die Publikumszeitschriften im VDZ, Presse-Grosso-Bundesverband Deutscher Buch-, Zeitungs- und Zeitschriften-Grossisten e.V., Bundesverband Deutscher Zeitungsverleger e.V., Bonn und Köln, 1999.

30. Zurückgenommene oder gutgeschriebene Remittenden

Aus früheren Berichtszeiträumen stammende, im laufenden Berichtszeitraum verbreitete Stücke dürfen in die Auflagenzahlen des laufenden Berichtszeitraums nicht eingerechnet werden. Sie können jedoch außerhalb dieser Zahlen mitgemeldet und ausgewiesen werden. Zu melden ist nicht die tatsächliche Zahl, sondern die Durchschnittszahl pro Nummer/Vierteljahr.

Der Remission des laufenden Quartals entnommene, kostenlos oder entgeltlich weiterverbreitete Stücke können ebenfalls in einer zusätzlichen Meldung erfasst und ausgewiesen werden.

Die im Meldequartal eingegangene Remission ist unabhängig von der Wiederverwendung in der Hauptmeldung in voller Höhe zu erfassen.

31. Zeitschriften im Phasenvertrieb

Bei Zeitschriften, die nach einem festgelegten Erscheinungsplan in aufeinander folgenden Zeiträumen innerhalb eines Meldequartals auf voneinander abgegrenzten Märkten vertrieben werden, ist für jede dieser Vertriebsphasen eine gesonderte Auflagenmeldung zu erstatten.

Während für die erste Vertriebsphase die Zeitschriften-Meldeformulare in unveränderter Form zu verwenden sind, ist für jede weitere Vertriebsphase anstelle der »Druckauflage« die Anzahl derjenigen Remittenden zuzüglich eventuell nachgedruckter Auflage zu nennen, die für den Vertrieb der jeweiligen Phase zur Verfügung gestellt wird.

32. Freistücke

In dieser Position sind alle unentgeltlich verbreiteten Exemplare mit Ausnahme der Rest-, Archiv- und Belegexemplare zu melden und auszuweisen. Die Regelmäßigkeit der Lieferung ist für die Anerkennung als Freistücke nicht maßgebend. Überschreitet die Zahl der Freistücke 20 Prozent der tatsächlich verbreiteten Auflage (Ziffer 14), so sind diejenigen Freistücke zusätzlich gesondert zu melden und auszuweisen, die durch Auslegen verbreitet werden. Darüber hinaus ist die Anzahl der Auslegestellen anzugeben.

33. Rest-, Archiv- und Belegexemplare, WBZ-Dispo-Reserve

Rest-, Archiv- und Belegexemplare sind:

a) Reststücke;

b) Arbeits- und Archivstücke des Verlages;

c) die Stücke, die als Belege für Anzeigen- und sonstige Veröffentlichungen
   versandt werden;

d) die Stücke, die dem WBZ-Handel im Rahmen der vereinbarten Dispositions-
   reserve unentgeltlich geliefert werden.

Die rechnerische Angleichung der Positionen der Auflagenmeldungen erfolgt in
dieser Rubrik.

Die Veröffentlichung der Auflagenmeldung

34. Anzeigentarif als Veröffentlichungsgrundlage

Maßgeblich für alle Eintragungen in der IVW-Auflagenliste ist die für das Berichtsquartal geltende Anzeigenpreisliste. Das bedeutet, dass die in den Preislisten ausgewiesenen Teilbelegungseinheiten mit einem in der gesamten Teilbelegungs-
einheit durchlaufenden Anzeigenteil zu melden und zu veröffentlichen sind.
Kombinationen von Belegungseinheiten können nach Maßgabe der Bestimmungen für die Auflagenmeldung gemeldet werden und werden in diesem Fall
veröffentlicht (siehe Ziffer 4b).

35. Nichteintreffen der Meldung

Die vierteljährlichen Auflagenmeldungen werden in der IVW-Auflagenliste
veröffentlicht, sofern sie am Meldeschlusstermin vollständig ausgefüllt vorliegen.
Liegt die Meldung bis zu diesem Termin nicht vor, so wird hinter dem Titel
ausgedruckt:»Auflagenmeldung nicht eingetroffen«. Sollte ein anderer Grund für
die Nichterstattung der Meldung maßgebend sein, so kann ein entsprechender
erklärender Hinweis ausgedruckt werden.

36. Gliederung der Auflagenliste

Die vierteljährlichen Meldungen der Verlage werden in der IVW-Auflagenliste nach
folgender Gliederung veröffentlicht:

a) Tageszeitungen

Die Tageszeitungen werden in der IVW-Auflagenliste ortsalphabetisch veröffentlicht.

Innerhalb der Orte erfolgt die Darstellung aller Belegungseinheiten nach
folgender Gliederung:

• Maximale Belegungseinheit

• Titel/Gesamtbelegung

• Einzelbelegung

Als maximale Belegungseinheiten gelten alle Einheiten, die selbst nicht
Bestandteil weiterer, größerer Belegungseinheiten sind. Dazu zählen Anzeigen-

Anlage zu den Richtlinien für die IVW-Auflagenkontrolle, Ziffer 36

ZEITSCHRIFTENGLIEDERUNG

PUBLIKUMSZEITSCHRIFTEN

I. Publikumszeitschriften mit nationaler Verbreitung

1. Aktuelle Zeitschriften und Magazine
2. Programmpresse (-Zeitschriften)
3. Wöchentliche Frauenzeitschriften
4. Vierzehntägliche Frauenzeitschriften
5. Monatliche Frauenzeitschriften
6. Familienzeitschriften
7. Jugendzeitschriften
8. Zeitschriften für Wohnen und Leben
9. Ess-Zeitschriften
10. Gesundheits-Zeitschriften
11. Erotik-Zeitschriften
12. Lifestyle-Zeitschriften
13. Motorpresse
14. Sportzeitschriften
15. Kino-Video-Audio-Zeitschriften
16. Natur-Zeitschriften
17. Wissenschafts-Zeitschriften
18. EDV-Zeitschriften
19. Online-Zeitschriften
20. Wirtschaftspresse
21. Reisezeitschriften
22. Sonstige Zeitschriften

II. Publikumszeitschriften mit regionaler Verbreitung

23. Stadt- und Veranstaltungsmagazine
24. Bistums- und Kirchengebietszeitungen, Konfessionelle Presse
25. Sonstige

KUNDENZEITSCHRIFTEN

I. Branchenbezogene Kundenzeitschriften

1. Apotheken, Medizin und Gesundheit
2. Buch, Musik, Computer und Video
3. Eltern und Kinder
4. Friseure, Drogerien und Parfümerien
5. Handwerk
6. Lebensmittel
7. Sonstige

II. Unternehmens-, produkt- und dienstleistungsbezogene Kundenzeitschriften

8. Fahrzeuge und Mineralöl
9. Finanzdienstleistungen
10. Friseure, Drogerien und Parfümerien
11. Heimwerker, Haus und Garten
12. Lebensmittel, Kochen und Haushalt
13. Medizin und Gesundheit
14. Reisen und Verkehrsgesellschaften
15. Telekommunikation
16. Sonstige

FACHZEITSCHRIFTEN

1. Wirtschaft allgemein
2. Konsumgüter
3. Fertigungsindustrie
4. Dienstleistungen
5. Bauen und Planen
6. Natur und Umwelt
7. Kunst und Kultur
8. Erziehung und Bildung
9. Wissenschaftliche Zeitschriften
10. Recht und Verwaltung
11. Medizin und Gesundheit
12. Veterinärmedizin
13. Pharmazie
14. Freizeit und Hobby
15. Sonstige

gemeinschaften und Anzeigenkooperationen, die sich aus mehreren Titeln zusammensetzen, und Titel, die selbst keine weitere Anzeigengemeinschaft oder -Kooperation eingehen. Als Titel/Gesamtbelegung gelten diejenigen Belegungseinheiten, die einerseits in maximale Belegungseinheiten eingebettet sind, andererseits Einzelbelegungen aufweisen. Als Einzelbelegungen gelten diejenigen Belegungsmöglichkeiten, die als kleinste Einheiten in der Anzeigenpreisliste mit einem Grundpreis angeboten werden.

Maximale Belegungseinheiten werden an ihrem jeweiligen Erscheinungsort (= Sitz des Verlages bzw. der Anzeigengemeinschaft) in ihrer Gesamtstruktur dargestellt. Alle zugehörigen Titel, Gesamtbelegungen und Einzelbelegungen werden hier aufgeführt. Vollständige Auflagenangaben erfolgen an dieser Stelle für diejenigen Belegungseinheiten, deren Erscheinungs- bzw. Ausgabeort mit dem der maximalen Belegungseinheit identisch ist. Die übrigen Belegungseinheiten werden mit Querverweisen auf den jeweiligen Ausweisungsort gekennzeichnet und zusätzlich mit der Angabe ihrer verbreiteten und verkauften Auflage versehen. Stimmen Ausweisungsort und Sitz des Verlages nicht überein, benennt der Verlag der IVW denjenigen Ort, an dem die Ausweisung erfolgen soll. Eine Eintragung an weiteren Orten entfällt.

Die Belegungseinheiten, die unter abweichenden Orten mit ihren Auflagen ausgewiesen werden, erhalten einen Querverweis auf die entsprechenden Titel/Gesamtbelegungen und maximalen Belegungseinheiten.

Sind einzelne Belegungseinheiten gleichzeitig Bestandteil mehrerer maximaler Belegungseinheiten, werden an den entsprechenden Stellen Verweise in Form von Fußnoten vorgenommen.

b) Wochenzeitungen

c) Supplements

d) Publikumszeitschriften und *Fachzeitschriften* werden titelalphabetisch innerhalb der Sachgruppensystematik veröffentlicht, die in der als Anlage beigefügten Gliederung festgelegt ist. Über Änderungen und Ergänzungen der Sachgruppensystematik entscheidet der Organisationauschuss Presse. Über die Gruppenzugehörigkeit entscheidet der Verlag nach Abstimmung mit der IVW.

e) Empfängerdatei-Analysen Fachzeitschriften

f) Kundenzeitschriften werden titelalphabetisch innerhalb der Sachgruppensystematik veröffentlicht, die in der als Anlage beigefügten Gliederung festgelegt ist. Über Änderungen und Ergänzungen der Sachgruppensystematik entscheidet der Organisationsausschuss Presse. Über die Gruppenzugehörigkeit entscheidet der Verlag nach Abstimmung mit der IVW.

g) Offertenblätter

h) Kalender und *Handbücher* werden titelalphabetisch veröffentlicht.

i) Wirtschaftsnachschlagewerke werden titelalphabetisch einschließlich der gemeldeten Verbreitungs- und/oder Empfängeranalysen veröffentlicht.

j) Telekommunikationsverzeichnisse

Prüfung der Auflagenzahlen

37. Verschwiegenheitspflicht

Alle den Prüfern zur Kenntnis kommenden Geschäftsvorgänge werden streng vertraulich behandelt und unterliegen der beruflichen Verschwiegenheitspflicht jedes IVW-Prüfers. Die Prüfer dürfen für die Dauer ihrer IVW-Bestellung nicht für Verlage, gleichgültig in welcher Form, tätig sein.

38. Prüfungsort und Prüfungsumfang

Die von der IVW beauftragten Prüfer sind berechtigt, alle erforderlichen Unterlagen einzusehen und die notwendigen Auskünfte einzuholen, soweit dies für die Beurteilung der gemeldeten Auflagenzahlen von Bedeutung ist. Die Prüfung erfolgt in den Geschäftsräumen des Verlages. Zu den Geschäftsräumen des Verlages zählen auch Zweigstellen, Niederlassungen, verlagseigene Druckereien und Vertriebsagenturen.

Die Prüfung kann auch ausgedehnt werden auf Fremddruckereien, Transportunternehmen, Vertriebs- und sonstige Dienstleister, Wiederverkäufer und LZ-Unternehmen. In diesen Fällen ist seitens des Verlages dafür Sorge zu tragen, dass die dort vorzulegenden Unterlagen qualitativ jenen gleichstehen, die bei der Prüfung einer Auflagenmeldung in einem Verlag vorzulegen sind.

39. Prüfungshäufigkeit

Die Auflagenmeldungen werden grundsätzlich zweimal jährlich überprüft. Bei Verlagsobjekten, die weniger als sechsmal jährlich erscheinen, findet jährlich eine Prüfung statt. Das Gleiche gilt bei Verlagsobjekten bis zu einer Druckauflage von 5.000 Exemplaren, es sei denn, dass die IVW eine zweimalige Prüfung im Jahr anordnet.

40. Prüfungszeitraum

Die Prüfung umfasst den seit dem zuletzt geprüften Quartal vergangenen Zeitraum. Als Grundlage dienen die für diesen Zeitraum erstatteten Auflagenmeldungen. Die Prüfung erstreckt sich nach Entscheidung des Prüfers oder gemäß Weisung der IVW mindestens auf ein vollständiges Kalendervierteljahr. Gegebenenfalls kann eine fällige Auflagenmeldung im Rahmen einer Prüfung aufgestellt werden. Die Meldung gilt damit als geprüft.

41. Verschiebung des Prüfungstermins

Lediglich in begründeten Ausnahmefällen kann ein Verlag für einen bereits von der IVW festgesetzten Prüfungstermin einen schriftlichen Antrag auf Verschiebung stellen, der mindestens eine Woche vor dem Prüfungstermin in der IVW-Geschäftsstelle vorliegen muss. Über den Antrag entscheidet die IVW-Geschäftsführung im Benehmen mit dem zuständigen Prüfer.

42. Prüfung bei neu angeschlossenen Verlagsobjekten
Bei einem neu angeschlossenen Verlagsobjekt erstreckt sich die Prüfung in der
Regel auf das abgelaufene Kalendervierteljahr.

43. Vollständigkeit der Unterlagen
Damit jeder Prüfer seine Aufgaben erfüllen kann, müssen alle für die Erstellung
der Auflagenmeldung verwendeten und zum Nachweis der Richtigkeit erforderlichen Unterlagen am Ort der Prüfung und zu dem festgesetzten Prüfungstermin
vollständig vorliegen. Insbesondere müssen zur Auflagenprüfung lückenlose
Originalunterlagen und Quelldaten zur Einsichtnahme bereitgestellt werden. Sie
müssen so geführt sein, dass der Prüfer die erforderlichen Feststellungen treffen
kann. Der Prüfer muss den verlagsindividuellen Gegebenheiten Rechnung tragen.

44. Auflagendokumentation
Jeder Verlag muss für jedes der IVW-Prüfung unterstellte Objekt eine Auflagendo-
kumentation (z. B. Auflagenbuch) führen, welche die der IVW gemeldeten Zahlen
ausreichend und plausibel erklärt.

45. Änderungen im Prüfungsablauf
Vor wesentlichen Veränderungen im Verlag mit Auswirkung auf die Auflagenprü-
fungen sollte der Verlag mit der IVW beziehungsweise dem zuständigen IVW-
Prüfer Rücksprache halten, um die Berücksichtigung aller IVW-Belange zu
gewährleisten.

46. Aufbewahrungsfrist
Alle für die IVW-Prüfung relevanten Unterlagen sind mindestens fünf Jahre
aufzubewahren. Dieses gilt für Verlage und die unter Ziffer 38 genannten Unternehmen gleichermaßen.

47. Herstellung in einer Fremddruckerei
Bei Fremddruck ist die Rechnung der Druckerei mit Angabe der Höhe der Druck-
und Bindeauflage vorzulegen, ferner Buchungs- und Zahlungsbelege.

48. Herstellung in der eigenen Druckerei
Alle im Zusammenhang mit der Produktion der Druckschriften relevanten Unterlagen sind vorzulegen; insbesondere Druckanweisungen, Druckberichte (Maschinen-
protokolle), Auftragstaschen, innerbetriebliche Druckrechnungen, Papierver-
brauchsnachweise.

49. Nachweis der Verkauften Auflage
Die verkaufte Auflage ist in Vertrieb und Buchhaltung durch geeignete Unterlagen
nachzuweisen. Dies sind insbesondere Liefernachweise, Rechnungsduplikate
beziehungsweise Rechnungsausgangslisten, Versandkostenabrechnungen,
Erlöskonten der Finanzbuchhaltung, Debitorenkonten, Preisgruppenmengenstatis-

tiken; ferner Abonnentendateien, Posteinlieferungslisten, Versandkostenabrechnungen (z. B. Presse Distribution; AZD); Selbstbeanschriftungsunterlagen, objektbezogene Nachweise für Personalstücke, Abrechnungen mit den Zustellern/Zustellorganisationen, Abholerdateien, bei bis zu 25 % rabattierten Mehrfachlieferungen von Zeitschriften entsprechende Mengenpreisstaffeln, bei Mitgliederstücken Mitglieder- bestandslisten und Bestätigungen des Verbands/Vereins über zahlende Mitglieder neben der vertraglichen Vereinbarung, Eigenschaftsnachweise für preisvergünstigte Mitgliederstücke, Eigenschaftsnachweise für Schüler, Studenten, Auszubildende, Wehrpflichtige und Zivildienstleistende, ISPC-/EDI-Press-Daten, Nachweise über Direktverkauf zum Copypreis ab Verlag, Nachweise der Verkäufe über Straßenhändler und Verkaufsautomaten.

50. Erlösabstimmung

Der Nachweis der Verkaufserlöse in der Finanzbuchhaltung muss so erfolgen, dass sich durch Umrechnung (Erlösabstimmung) die verkaufte Auflage des Berichtszeitraums ermitteln lässt. Für die Erlösabstimmung gelten folgende Grundsätze:
- Mehrere Verlagsobjekte oder mehrere Teilbelegungseinheiten sind in den Prüfungs- und Abrechnungsunterlagen so auszuweisen, dass ihre getrennte Auflagenprüfung möglich ist;
- für eine objekt- und zeitraumbezogene Abgrenzung der Erlöse in der Finanzbuchhaltung ist zu sorgen;
- soweit für ein Verlagsobjekt beziehungsweise eine Ausgabe unterschiedliche Abgabepreise berechnet werden, sind die den einzelnen Preisgruppen zugeordneten Stückzahlen anzugeben;
- die Remittenden sind so zu erfassen, dass ihre Höhe und die dafür verrechneten Gutschriftsbeträge jederzeit nachgeprüft werden können. Für die Remittendenerfassung ist ein gesondertes Remissionskonto pro Objekt beziehungsweise Ausgabe zweckmäßig, aus dem sich die Stückzahlen nach Sparten oder Preisgruppen und Gutschriftsbeträgen ergeben;
- die Abstimmung der Remittenden anhand von Remissionszetteln/Gutschriftsbelegen mit den als Erlösschmälerungen verbuchten Beträgen muss gewährleistet sein; bei Anwendung des Verfahrens der Körperlosen Remission (KR-Verfahren) gelten die Remittenden-Aufstellungen der Grossisten und Bahnhofsbuchhandlungen, die EDV-Gutschriftsjournale mit Summen der Stückzahlen sowie der Gutschriftsbeträge.

51. Freistücke

Freistücke sind detailliert nachzuweisen. Als Verbreitungsnachweise dienen insbesondere Freistückdateien, Versandkostenabrechnungen nebst Buchungs- und Zahlungsbelegen, Posteinlieferungslisten, Versandnachweise, Lieferscheine, verlags- interne Protokolle mit Verwendungszweck, Portonachweise, Abrechnung beauftragter Dienstleister über die Verbreitung.

Durch Auslegen verbreitete Freistücke sind darüber hinaus durch Empfangsbescheinigungen der Auslegestellen mit Stempel und Unterschrift, Ausgabennummer und Exemplarmenge nachzuweisen. Die Empfangsbescheinigungen sind so zu führen, dass sich aus ihnen auch die Zahl der Auslegestellen ergibt.

Durch Hausverteilung verbreitete Zeitschriftenexemplare sind insbesondere zu belegen durch Abrechnungsunterlagen über die Entlohnung der Träger, Trägerlisten mit Routen unter Angabe der Anzahl zu beliefernder Haushalte, Bestätigung der Träger über tatsächlich verteilte Exemplare. Zusätzlich ist die Anzahl der Haushalte im Verbreitungsgebiet durch amtliche oder gleichwertige statistische Unterlagen nachzuweisen.

52. Unterbrechung der Prüfung
Soweit über Art und Umfang der Prüfungstätigkeit Zweifel auftauchen beziehungsweise eine ordnungsgemäße Prüfung nicht möglich ist, kann die Prüfung unterbrochen werden. Die IVW-Geschäftsführung ist in diesen Fällen unverzüglich zu informieren.

53. Prüfungsbericht
Über jede Prüfung erstattet der IVW-Prüfer einen schriftlichen Bericht, in dem auch eventuelle Abweichungen zwischen Meldung und festgestellten Zahlen eingetragen und eventuelle Anforderungen für künftige Prüfungen vermerkt werden. Die Abweichungen sind zu erläutern und alle herangezogenen Prüfungsunterlagen im Einzelnen zu benennen. Dem Verlag ist die für ihn vorgesehene Ausfertigung des Prüfungsberichts auszuhändigen.

Der Verlag sendet den vollständig ausgefüllten Prüfungsbericht, mit Stempel und Unterschrift versehen, unverzüglich an die IVW-Geschäftsstelle.

GESETZ ÜBER DIE PREISBINDUNG FÜR BÜCHER
(Buchpreisbindungsgesetz – BuchPrG)

§ 1 Zweck des Gesetzes
Das Gesetz dient dem Schutz des Kulturgutes Buch. Die Festsetzung verbindlicher Preise beim Verkauf an Letztabnehmer sichert den Erhalt eines breiten Buchangebots. Das Gesetz gewährleistet zugleich, dass dieses Angebot für eine breite Öffentlichkeit zugänglich ist, indem es die Existenz einer großen Zahl von Verkaufsstellen fördert.

§ 2 Anwendungsbereich
(1) Bücher im Sinne dieses Gesetzes sind auch
1. Musiknoten,
2. kartografische Produkte,
3. Produkte, die Bücher, Musiknoten oder kartografische Produkte reproduzieren oder substituieren und bei Würdigung der Gesamtumstände als

überwiegend verlags- oder buchhandelstypisch anzusehen sind sowie

4. kombinierte Objekte, bei denen eines der genannten Erzeugnisse die Hauptsache bildet.

(2) Fremdsprachige Bücher fallen nur dann unter dieses Gesetz, wenn sie überwiegend für den Absatz in Deutschland bestimmt sind.

(3) Letztabnehmer im Sinne dieses Gesetzes ist, wer Bücher zu anderen Zwecken als dem Weiterverkauf erwirbt.

§ 3 Preisbindung

Wer gewerbs- oder geschäftsmäßig Bücher an Letztabnehmer verkauft, muss den nach § 5 festgesetzten Preis einhalten. Dies gilt nicht für den Verkauf gebrauchter Bücher.

§ 4 Grenzüberschreitende Verkäufe

(1) Die Preisbindung gilt nicht für grenzüberschreitende Verkäufe innerhalb des Europäischen Wirtschaftsraumes.

(2) Der nach § 5 festgesetzte Endpreis ist auf grenzüberschreitende Verkäufe von Büchern innerhalb des Europäischen Wirtschaftsraumes anzuwenden, wenn sich aus objektiven Umständen ergibt, dass die betreffenden Bücher allein zum Zwecke ihrer Wiedereinfuhr ausgeführt worden sind, um dieses Gesetz zu umgehen.

§ 5 Preisfestsetzung

(1) Wer Bücher verlegt oder importiert, ist verpflichtet, einen Preis einschließlich Umsatzsteuer (Endpreis) für die Ausgabe eines Buches für den Verkauf an Letztabnehmer festzusetzen und in geeigneter Weise zu veröffentlichen. Entsprechendes gilt für Änderungen des Endpreises.

(2) Wer Bücher importiert, darf zur Festsetzung des Endpreises den vom Verleger des Verlagsstaates für Deutschland empfohlenen Letztabnehmerpreis einschließlich der in Deutschland jeweils geltenden Mehrwertsteuer nicht unterschreiten. Hat der Verleger keinen Preis für Deutschland empfohlen, so darf der Importeur zur Festsetzung des Endpreises den für den Verlagsstaat festgesetzten oder empfohlenen Nettopreis des Verlegers für Endabnehmer zuzüglich der in Deutschland jeweils geltenden Mehrwertsteuer nicht unterschreiten.

(3) Wer als Importeur Bücher in einem Vertragsstaat des Abkommens über den Europäischen Wirtschaftsraum zu einem von den üblichen Einkaufspreisen im Einkaufsstaat abweichenden niedrigeren Einkaufspreis kauft, kann den gemäß Absatz 2 festzulegenden Endpreis in dem Verhältnis herabsetzen, wie es dem Verhältnis des erzielten Handelsvorteils zu den üblichen Einkaufspreisen im Einkaufsstaat entspricht; dabei gelten branchentypische Mengennachlässe und entsprechende Verkaufskonditionen als Bestandteile der üblichen Einkaufspreise.

(4) Verleger oder Importeure können folgende Endpreise festsetzen:

1. Serienpreise,
2. Mengenpreise,
3. Subskriptionspreise,
4. Sonderpreise für Institutionen, die bei der Herausgabe einzelner bestimmter Verlagswerke vertraglich in einer für das Zustandekommen des Werkes ausschlaggebenden Weise mitgewirkt haben,
5. Sonderpreise für Abonnenten einer Zeitschrift beim Bezug eines Buches, das die Redaktion dieser Zeitschrift verfasst oder herausgegeben hat und
6. Teilzahlungszuschläge.

(5)   Die Festsetzung unterschiedlicher Endpreise für einen bestimmten Titel durch einen Verleger oder Importeur oder deren Lizenznehmer ist zulässig, wenn dies sachlich gerechtfertigt ist.

§ 6 Vertrieb

(1)   Verlage müssen bei der Festsetzung ihrer Verkaufspreise und sonstigen Verkaufskonditionen gegenüber Händlern den von kleineren Buchhandlungen erbrachten Beitrag zur flächendeckenden Versorgung mit Büchern sowie ihren buchhändlerischen Service angemessen berücksichtigen. Sie dürfen ihre Rabatte nicht allein an dem mit einem Händler erzielten Umsatz ausrichten.

(2)   Verlage dürfen branchenfremde Händler nicht zu niedrigeren Preisen oder günstigeren Konditionen beliefern als den Buchhandel.

(3)   Verlage dürfen für Zwischenbuchhändler keine höheren Preise oder schlechteren Konditionen festsetzen als für Letztverkäufer, die sie direkt beliefern.

§ 7 Ausnahmen

(1)   § 3 gilt nicht beim Verkauf von Büchern:
   1. an Verleger oder Importeure von Büchern, Buchhändler oder deren Angestellte und feste Mitarbeiter für deren Eigenbedarf,
   2. an Autoren selbstständiger Publikationen eines Verlages für deren Eigenbedarf,
   3. an Lehrer zum Zwecke der Prüfung und Verwendung im Unterricht,
   4. als Mängelexemplare, die verschmutzt oder beschädigt sind oder einen sonstigen Fehler aufweisen.

(2)   Beim Verkauf von Büchern können wissenschaftlichen Bibliotheken, die jedem auf ihrem Gebiet wissenschaftlich Arbeitenden zugänglich sind, bis zu 5 Prozent, jedermann zugänglichen kommunalen Büchereien, Landesbüchereien und Schülerbüchereien sowie konfessionellen Büchereien und Truppenbüchereien der Bundeswehr und des Bundesgrenzschutzes bis zu 10 Prozent Nachlass gewährt werden.

(3)   Sammelbestellungen von Büchern für den Schulunterricht, die überwiegend von der öffentlichen Hand finanziert werden, gewähren die Verkäufer folgende Nachlässe:
   1. bei einem Auftrag im Gesamtwert bis zu 25.000 Euro für Titel mit

mehr als	10 Stück	8 Prozent Nachlass
mehr als	25 Stück	10 Prozent Nachlass
mehr als	100 Stück	12 Prozent Nachlass
mehr als	500 Stück	13 Prozent Nachlass

2. bei einem Auftrag im Gesamtwert von mehr als

25.000 Euro	13 Prozent Nachlass
38.000 Euro	14 Prozent Nachlass
50.000 Euro	15 Prozent Nachlass

Soweit Schulbücher von den Schulen im Rahmen eigener Budgets angeschafft werden, ist stattdessen ein genereller Nachlass von 12 Prozent für alle Sammelbestellungen zu gewähren.

(4)   Der Letztverkäufer verletzt seine Pflicht nach § 3 nicht, wenn er anlässlich des Verkaufs eines Buches

1. Waren von geringem Wert oder Waren, die im Hinblick auf den Wert des gekauften Buches wirtschaftlich nicht ins Gewicht fallen, abgibt,

2. geringwertige Kosten der Letztabnehmer für den Besuch der Verkaufsstelle übernimmt,

3. Versand- oder besondere Beschaffungskosten übernimmt oder

4. handelsübliche Nebenleistungen erbringt.

§ 8   Dauer der Preisbindung

(1)   Verleger und Importeure sind berechtigt, durch Veröffentlichung in geeigneter Weise die Preisbindung für Bücher zu beenden, die zu einer vor mindestens achtzehn Monaten hergestellten Druckauflage gehören.

(2)   Bei Büchern, die in einem Abstand von weniger als achtzehn Monaten wiederkehrend erscheinen oder deren Inhalt mit dem Erreichen eines bestimmten Datums oder Ereignisses erheblich an Wert verlieren, ist eine Beendigung der Preisbindung durch den Verleger oder Importeur ohne Beachtung der Frist gemäß Absatz 1 nach Ablauf eines angemessenen Zeitraums seit Erscheinen möglich.

§ 9   Schadensersatz- und Unterlassungsansprüche

(1)   Wer den Vorschriften dieses Gesetzes zuwiderhandelt, kann auf Unterlassung in Anspruch genommen werden. Wer vorsätzlich oder fahrlässig handelt, ist zum Ersatz des durch die Zuwiderhandlung entstandenen Schadens verpflichtet.

(2)   Der Anspruch auf Unterlassung kann nur geltend gemacht werden

1. von Gewerbetreibenden, die Bücher vertreiben,

2. von rechtsfähigen Verbänden zur Förderung gewerblicher Interessen, soweit ihnen eine erhebliche Zahl von Gewerbetreibenden angehört, die Waren oder gewerbliche Leistungen gleicher oder verwandter Art auf demselben Markt vertreiben, soweit sie insbesondere nach ihrer personellen, sachlichen und finanziellen Ausstattung imstande sind, ihre satzungsgemäßen Aufgaben der Verfolgung gewerblicher Interessen tatsächlich

wahrnehmen, und die Handlung geeignet ist, den Wettbewerb auf dem relevanten Markt wesentlich zu beeinträchtigen,

3. von einem Rechtsanwalt, der von Verlegern, Importeuren oder Unternehmen, die Verkäufe an Letztabnehmer tätigen, gemeinsam als Treuhänder damit beauftragt worden ist, ihre Preisbindung zu betreuen (Preisbindungstreuhänder),

4. von qualifizierten Einrichtungen, die nachweisen, dass sie in die Liste qualifizierter Einrichtungen nach § 4 des Unterlassungsklagengesetzes oder in dem Verzeichnis der Kommission der Europäischen Gemeinschaften nach Artikel 4 der Richtlinie 98/27/EG des Europäischen Parlaments und des Rates vom 19. Mai 1998 über Unterlassungsklagen zum Schutz der Verbraucherinteressen (ABl. EG Nr. L 166 S. 51) in der jeweils geltenden Fassung eingetragen sind.

Die Einrichtungen nach Satz 1 Nr. 4 können den Anspruch auf Unterlassung nur geltend machen, soweit der Anspruch eine Handlung betrifft, durch die wesentliche Belange der Letztabnehmer berührt werden.

(3) Für das Verfahren gelten bei den Anspruchsberechtigten nach Absatz 2 Nr. 1 bis 3 die Vorschriften des Gesetzes gegen den unlauteren Wettbewerb und bei Einrichtungen nach Absatz 2 Nr. 4 die Vorschriften des Unterlassungsklagengesetzes.

§ 10 Bucheinsicht

(1) Sofern der begründete Verdacht vorliegt, dass ein Unternehmen gegen § 3 verstoßen hat, kann ein Gewerbetreibender, der ebenfalls Bücher vertreibt, verlangen, dass dieses Unternehmen einem von Berufs wegen zur Verschwiegenheit verpflichteten Angehörigen der wirtschafts- oder steuerberatenden Berufe Einblick in seine Bücher und Geschäftsunterlagen gewährt. Der Bericht des Buchprüfers darf sich ausschließlich auf die ihm bekannt gewordenen Verstöße gegen die Vorschriften dieses Gesetztes beziehen.

(2) Liegt eine Zuwiderhandlung vor, kann der Gewerbetreibende von dem zuwiderhandelnden Unternehmen die Erstattung der notwendigen Kosten der Buchprüfung verlangen.

§ 11 Übergangsvorschrift

Von Verlegern oder Importeuren vertraglich festgesetzte Endpreise für Bücher, die zum 1. Oktober 2002 in Verkehr gebracht waren, gelten als Preise im Sinne von § 5 Abs. 1.

Individualpreisbindung: Verlag zum Großhandel (Reverstext)

1 Bindung der Großhändler

1.1 Die Abgabepreise an den Einzelhandel und die Endverkaufspreise unserer Verlagsobjekte sind gebunden. Die geltenden Preise ergeben sich aus diesem Revers* bzw. aus der jeweils gültigen Preisliste. Etwaige Änderungen der Preise werden in einer Preisliste bzw. Preisinformation gesondert mitgeteilt.

1.2 Die Preisbindung bedingt, dass der Großhändler keine Sonderentgelte auf preisgebundene Erzeugnisse erheben oder Rabatte gewähren darf.

2 Bindung der Einzelhändler

2.1 Der Großhändler hat dafür Sorge zu tragen, dass die von ihm belieferten Einzelhändler folgende Verpflichtungen eingehen (§§ 15, 16 GWB): Der Einzelhändler darf

– die Verlagsobjekte nur an Endabnehmer verkaufen und sie weder verleihen noch vermieten, noch ihren Verkauf behindern;

– dem Endabnehmer weder Nachlässe gewähren noch Zuschläge berechnen.

2.2 Der Großhändler muss

– die Einzelhändler darauf hinweisen, dass ein Verstoß gegen die Verpflichtungen zu einer Liefersperre führen kann;

– auf Verlangen des Verlages die Bindung der Einzelhändler nachweisen.

* Derzeit gelten folgende Abgabe- und Endverkaufspreise für unsere Titel:

TITEL	AGP (netto) (Abgabepreis Grosso an EH)	EVP/Copypreis
a)	€ x,xx	€ y,yy
b)	€ x,xx	€ y,yy
c)	€ x,xx	€ y,yy

Datum: _____   Datum: _____

_____   _____
Stempel/Unterschrift   Stempel/Unterschrift
– Verlag –   – Presse-Grosso –

Vertragsstrafenvereinbarung und Fachzeitschriften-Sammelrevers („Sammelrevers 2002")

Allgemeiner Teil

1. Mir ist bekannt, dass ab 1. Oktober 2002 die Preisbindung des Buchhandels in Deutschland durch das Preisbindungsgesetz vom 02.09.2002 geregelt ist. Die bislang vertraglichen Verpflichtungen zur Einhaltung der Preisbindung werden durch die gesetzliche Verpflichtung gemäß § 3 des Buchpreisbindungs-Gesetzes ersetzt. Diese Verpflichtung erstreckt sich auf alle in § 2 des Gesetzes aufgeführten Verlagserzeugnisse, mithin

   – Bücher,

   – Musiknoten,

   – kartographische Produkte,

   – Produkte, die Bücher, Musiknoten oder kartographische Produkte reproduzieren oder substituieren und bei Würdigung der Gesamtumstände als überwiegend verlags- oder buchhandelstypisch anzusehen sind sowie

   – kombinierte Produkte, bei denen eines der genannten Erzeugnisse die Hauptsache bildet.

   Fremdsprachige Bücher fallen nur dann unter das Preisbindungsgesetz, wenn sie überwiegend für den Absatz in Deutschland bestimmt sind.

   Die nachfolgende Vereinbarung bezweckt zweierlei:

   Zum einen enthält Teil A. die Vereinbarung einer Vertragsstrafe, um eine schnelle und effektive Verfolgung von Preisbindungsverstößen zu gewährleisten.

   Zum anderen lässt § 15 Abs. 1 GWB den Verlegern von Fachzeitschriften die Wahl, ob sie diese Zeitschriften im Preis binden wollen oder nicht. Diejenigen Verlage, die in der Verleger-Liste genannt sind, haben von der Möglichkeit zur Preisbindung ihrer Fachzeitschriften Gebrauch gemacht. Die hierzu erforderlichen vertraglichen Regelungen finden sich unter B. (Fachzeitschriften-Sammelrevers).

   Die in der Verlegerliste aufgeführten Verlage haben Rechtsanwalt Dieter Wallenfels, Wiesbaden, gem. § 9 Abs. 2 Ziff. 3 Preisbindungs-Gesetz beauftragt, ihre Preisbindung zu betreuen.

2. Dieser Vertrag tritt mit Unterzeichnung in Kraft. Er wird auf unbestimmte Zeit abgeschlossen. Der Vertrag kann von beiden Seiten mit einer Frist von vier Wochen jeweils zum Monatsende durch eingeschriebenen Brief, der an den Preisbindungstreuhänder zu richten ist, gekündigt werden. Für die bei Wirksamwerden der Kündigung bereits gelieferten Bücher bleibt er bestehen.

3. Für alle aus diesem Preisbindungsvertrag sich ergebende Streitigkeiten werden wahlweise als Gerichtsstände vereinbart: Wiesbaden oder die Hauptstadt des Bundeslandes, in dem der Verlag seine Niederlassung hat, oder die Hauptstadt des Bundeslandes, in dem der gebundene Händler seine Niederlassung hat, oder der Ort der Niederlassung des Verlages.

4. Weitere, insbesondere neue Verlage werden Buchhändler ebenfalls zur Einhaltung einer Vertragsstrafe verpflichten oder ihre Fachzeitschriften im Preis binden wollen. Die Einholung neuer Reverse (von ihren Kunden und denen des Zwischenbuchhandels) würde für sie allein einen untragbaren Kostenaufwand verursachen. Um zu ermöglichen, dass sie dieser Vertragsstrafenvereinbarung und dem Fachzeitschriften-Sammelrevers beitreten, erteile ich Frau Rechtsanwältin Ira Troa-Korbion, Düsseldorf, Vollmacht, für mich dabei zu unterzeichnen. Außerdem bevollmächtige ich sie, in meinem Namen mitzuwirken, wenn Sie in Vollmacht der an dieser Vereinbarung beteiligten Verlage den Sammelrevers veränderten tatsächlichen und rechtlichen Verhältnissen anpassen müssen. Frau Troa-Korbion kann die Vollmacht, insbesondere auch für den Fall ihres Ablebens, weiter erteilen.

5. Erklärungen des Bevollmächtigten in meinem Namen – gleich welcher Art – werden erst wirksam, wenn sie der Bevollmächtigte in zwei aufeinanderfolgenden Nummern des Börsenblattes an auffälliger Stelle bekannt gemacht hat und ich die Vollmacht nicht inzwischen allgemein oder aber für den Einzelfall binnen Monatsfrist nach der zweiten Bekanntmachung schriftlich widerrufen habe.

   Neu hinzukommende Verlage müssen in ihren Preislisten, Preismitteilungen und Geschäftsbedingungen deutlich auf den Beitritt zu diesem Vertrag hinweisen.

A. Vertragsstrafenverpflichtung

Ich verpflichte mich durch die Unterzeichnung dieser Vereinbarung gegenüber den in der Verlegerliste aufgeführten Verlagen zur Zahlung einer Konventionalstrafe für jeden Fall des vorsätzlichen oder fahrlässigen Anbietens oder Gewährens unzulässiger Nachlässe. Die Vertragsstrafe hat die Höhe des Rechnungsbetrages des angestrebten oder vollzogenen Geschäftes. Sie beträgt bei Verstößen von durchschnittlicher Schwere mindestens € 1.500,00 für den ersten Verstoß, € 2.500,00 für jeden weiteren Verstoß und € 5.000,00 für unzulässige Nachlassangebote an eine Mehrzahl von Abnehmern. Gleiches gilt bei Überschreitung des Ladenpreises. Die Vertragsstrafe ist unter Berücksichtigung der Umstände des jeweiligen Falles unter Wahrung des Grundsatzes der Verhältnismäßigkeit in Absprache mit den betroffenen Verlagen geltend zu machen. Der Betrag ist, sofern die Verlage nicht ausnahmsweise Zahlung an sich wünschen, an das Sozialwerk des Deutschen Buchhandels oder eine andere von Ihnen (dem Preisbindungstreuhänder) zu bestimmende soziale gemeinnützige Einrichtung des deutschen Buchhandels zu zahlen.

Der Verlag ist berechtigt, neben oder anstelle der Vertragsstrafe seine sonstigen Rechte geltend zu machen (Schadensersatzansprüche alternativ zur Vertragsstrafe).

Der Verlag verpflichtet sich, die Preisbindung zu überwachen. Er verpflichtet sich ferner mir gegenüber zur Zahlung einer Konventionalstrafe für den Fall, daß er seine gebundenen Preise (einschließlich der Sonderpreise) selbst unterbietet oder schuldhaft die Unterbietung durch Dritte veranlaßt. Absatz 1 gilt entsprechend. Die Konventionalstrafe kann für alle Betroffenen als Gesamtgläubiger (§ 428 BGB) nur einmal und nur von der Preisbindungsbevollmächtigten des Sortiments, Frau Rechtsanwältin Ira Troa-Korbion, Düsseldorf, zur Zahlung an das Sozialwerk des Deutschen Buchhandels geltend gemacht werden.

B. Preisbindung für Fachzeitschriften

Mir ist bekannt, dass die Preisbindung für Fachzeitschriften nicht vom Buchpreisbindungs-Gesetz geregelt ist, sondern weiterhin gemäß § 15 GWB durch Preisbindungsverträge zu regeln ist. Zur Gewährleistung einer lückenlosen und effektiven Preisbindung der in der Verleger-Liste genannten Verlage verpflichte ich mich gegenüber den Verlagen wie folgt:

1. Ich werde die Endabnehmerpreise allen Kunden in Deutschland in Euro berechnen. Sie werden von den einzelnen Verlagen durch ihre jeweils gültigen (gegenwärtigen und künftigen) Preislisten oder Preismitteilungen für ihre Zeitschriften festgesetzt. Sie enthalten die Mehrwertsteuer.

   Ich werde die Preisbindung auch nicht indirekt verletzen, etwa durch Zugaben, Freiexemplare und Boni, auch nicht durch sonstige Umgehungsformen, wie z.B. Umsatzprämien oder Gewinnbeteiligungen, soweit diese von den von mir mit dem Kunden getätigten Umsätzen für preisgebundene Zeitschriften abhängen. Dies gilt auch im Rahmen gesellschaftsrechtlicher Vertragsverhältnisse, wenn deren Zweck darauf gerichtet ist, Endabnehmern preisgebundene Zeitschriften im Ergebnis billiger zukommen zu lassen. Auch werde ich Abzüge seitens der Käufer nicht dulden.

   Ich werde die Preise auch nicht überschreiten, darf aber außergewöhnliche Auslagen, z.B. bei Eilbestellungen oder Versand an den Kunden, berechnen.

2. Sofern der Verlag „Sonderpreise" festsetzt, bin ich auch an diese gebunden. Ihre Auftraggeber werden insbesondere die folgenden herkömmlichen Begriffe verwenden:

   a) Ermäßigte Preise für Zeitschriften, die zur Ausbildung oder zur Ausübung der beruflichen oder gewerblichen Tätigkeit benötigt werden, und zwar, wenn der Bezieher sich in der Ausbildung befindet oder noch kein volles Gehalt bezieht oder Mitglied eines Fachvereins ist. Der Nachlass und der Kreis der Berechtigten werden in der Zeitschrift bekannt gegeben.

   b) Vorzugspreise für ausdrücklich so bezeichnete „Sonderveröffentlichungen" einer Zeitschrift (Sonderhefte, Ergänzungshefte) für deren Abonnenten.

   c) Sonderpreise für Körperschaften (Behörden, Organisationen oder Unternehmungen anderer Art), die bei der Herausgabe der betreffenden Fachzeitschrift in ausschlaggebender Weise mitgewirkt haben.

3. Von der Preisbindung ausgenommen ist die Lieferung zum Eigenbedarf an:

   a) Selbständige herstellende und verbreitende Buchhändler.

   b) Angestellte und feste Mitarbeiter von buchhändlerischen Betrieben.

   c) Angestellte von buchhändlerischen Abteilungen gemischter Betriebe.

   Zu a), sofern sie reversgebunden sind, zu b) bis c), sofern der Abnehmer schriftlich oder durch Betriebsordnung verpflichtet wird, diese Verlagserzeugnisse nicht (auch nicht gefälligkeitshalber) weiterzuveräußern.

4. Die Verpflichtungen dieses Vertrages gelten auch dann, wenn ich die Zeitschriften von dritter Seite, z.B. vom Zwischenbuchhandel, oder von einem anderen Händler beziehe. Davon ausgenommen sind Lieferungen aus Mitgliedsstaaten der EU. Aus einem Mitgliedsstaat der EU reimportierte deutsche Fachzeitschriften sind von der Preisbindung nur dann erfasst, wenn sich aus objektiven Umständen ergibt, dass diese Fachzeitschriften allein zum Zweck ihrer Wiederausfuhr ausgeführt worden sind, um die Preisbindung nach diesem Sammelrevers zu umgehen. Sinn dieser Regelung ist es, eine Beeinträchtigung des Handels zwischen Mitgliedsstaaten i.S.d. Art. 81 EGV durch den Sammelrevers auszuschließen. Sie ist entsprechend diesem Zweck auszulegen.

Sofern ich meinerseits, z.B. als Zwischenbuchhändler, preisgebundene Fachzeitschriften an inländische Wiederverkäufer veräußere, bin ich verpflichtet, zuvor zu prüfen, ob der betreffende Händler bereits gebunden ist. Ist er nicht gebunden, muss ich ihn meinerseits entsprechend diesem Vertrag durch Revers binden.

Wiederverkäufer, die ich außerhalb von Deutschland beliefere, habe ich entsprechend der vorstehenden Absätzen 1 und 2 zur Verhinderung der Umgehung einer lückenlosen Preisbindung schriftlich für den Fall zu binden, dass sie nach Deutschland reimportieren (ich habe sie außerdem zu verpflichten, beim Weiterverkauf an Händler diese ebenfalls zu binden).

Grenzüberschreitende Verkäufe von Fachzeitschriften an Endabnehmer in anderen Mitgliedsstaaten der EU unterliegen nicht der Preisbindung nach diesem Sammelrevers.

Bei Gewährung von Vermittlungsprovisionen werde ich sicherstellen, dass diese nicht, auch nicht teilweise, an Endabnehmer weitergegeben werden. Nicht gewerbsmäßige Vermittler dürfen keine Vermittlungsprovision erhalten.

Bei einer Veräußerung meines Betriebes werde ich den Rechtsnachfolger schriftlich verpflichten, die von mir übernommenen Verpflichtungen aus diesem Revers ebenfalls einzuhalten.

5. Ich verpflichte mich durch die Unterzeichnung dieser Vereinbarung gegenüber den in der Verlegerliste aufgeführten Verlagen zur Zahlung einer Konventionalstrafe für jeden Fall des vorsätzlichen oder fahrlässigen Anbietens oder Gewährens unzulässiger Nachlässe. Die Vertragsstrafe hat die Höhe des Rechnungsbetrages des angestrebten oder vollzogenen Geschäftes. Sie beträgt bei Verstößen von durchschnittlicher Schwere mindestens € 1.500,00 für den ersten Verstoß, € 2.500,00 für jeden weiteren Verstoß und € 5.000,00 für unzulässige Nachlassangebote an eine Mehrzahl von Abnehmern. Gleiches gilt bei Überschreitung des Ladenpreises. Die Vertragsstrafe ist unter Berücksichtigung der Umstände des jeweiligen Falles unter Wahrung des Grundsatzes der Verhältnismäßigkeit in Absprache mit den betroffenen Verlagen geltend zu machen. Der Betrag ist, sofern die Verlage nicht ausnahmsweise Zahlung an sich wünschen, an das Sozialwerk des Deutschen Buchhandels oder eine andere von Ihnen (dem Preisbindungstreuhänder) zu bestimmende soziale gemeinnützige Einrichtung des deutschen Buchhandels zu zahlen.

Der Verlag ist berechtigt, neben oder anstelle der Vertragsstrafe seine sonstigen Rechte geltend zu machen (Schadensersatzansprüche alternativ zur Vertragsstrafe), insbesondere Lieferungen – auch aus laufenden Bestellungen – einzustellen; dies auch dann, wenn ich meine Verpflichtungen gemäß Ziff. 6 verletze.

Der Verlag verpflichtet sich, die Preisbindung zu überwachen. Er verpflichtet sich ferner mir gegenüber zur Zahlung einer Konventionalstrafe für den Fall, dass er seine gebundenen Preise (einschließ-lich der Sonderpreise) selbst unterbietet oder schuldhaft die Unterbietung durch Dritte veranlasst. Absatz 1 gilt entsprechend. Die Konventionalstrafe kann für alle Betroffenen als Gesamtgläubiger (§ 428 BGB) nur einmal und nur von dem Preisbindungsbevollmächtigten des Sortiments, Herrn Rechtsanwalt Dr. Giessen, Kassel, zur Zahlung an das Sozialwerk des Deutschen Buchhandels geltend gemacht werden.

6. Ich verpflichte mich, einem von Ihnen zu bestimmenden vereidigten Buchprüfer Einblick in meine Bücher einschließlich Geschäftsunterlagen zu geben, wenn die begründete Vermutung besteht, dass ich gegen die Preisbindung verstoße. Als Zwischenbuchhändler bin ich auch ohne Anlass bereit, einem Buchprüfer offenzulegen, dass ich nur reversgebundene Firmen mit Händlerrabatt beliefere. Der Buchprüfer hat sich mir in diesem Fall bei Beginn der Prüfung zu verpflichten, über alle ihm durch die Prüfung bekannt werdenden Vorgänge, die nicht Preisbindungsverstöße betreffen, Stillschweigen zu bewahren.

Ich trage die Kosten einer Bucheinsicht, wenn die Zweifel an meiner Preisbindungstreue von mir verschuldet oder schuldhaft nicht ausgeräumt worden sind oder wenn Verstöße festgestellt werden.

Habe ich die Prüfung von Preisbindungsverstößen (etwa durch nicht ordnungsgemäße Buchführung) ganz oder teilweise vereitelt, verpflichte ich mich, über die Verpflichtung gem. B.5 Abs. 1 hinaus zur Zahlung einer Vertragsstrafe in Höhe von € 5.000,00.

Neue Fassung, gültig ab1.4.1999

NORMVERTRAG FÜR DEN ABSCHLUSS VON VERLAGSVERTRÄGEN

Rahmenvertrag

(vom 19. Oktober 1978 in der ab 1. April 1999 gültigen Fassung)

Zwischen dem Verband deutscher Schriftsteller (VS) in der IG Medien und dem Börsenverein des Deutschen Buchhandels e.V. – Verleger-Ausschuß – ist folgendes vereinbart:

1. Die Vertragschließenden haben den diesem Rahmenvertrag beiliegenden **Normvertrag für den Abschluß von Verlagsverträgen** vereinbart. Die Vertragschließenden verpflichten sich, darauf hinzuwirken, daß ihre Mitglieder nicht ohne sachlich gerechtfertigten Grund zu Lasten des Autors von diesem Normvertrag abweichen.

2. Die Vertragschließenden sind sich darüber einig, daß einige Probleme sich einer generellen Regelung im Sinne eines Normvertrags entziehen. Dies gilt insbesondere für Options- und Konkurrenzausschlußklauseln einschließlich etwaiger Vergütungsregelungen, bei deren individueller Vereinbarung die schwierigen rechtlichen Zulässigkeitsvoraussetzungen besonders sorgfältig zu prüfen sind.

3. Dieser Vertrag wird in der Regel für folgende Werke und Bücher nicht gelten:

a) Fach- und wissenschaftliche Werke im engeren Sinn einschließlich Schulbücher, wohl aber für Sachbücher;

b) Werke, deren Charakter wesentlich durch Illustrationen bestimmt wird; Briefausgaben und Buchausgaben nicht original für das Buch geschriebener Werke;

c) Werke mit mehreren Rechtsinhabern wie z.B. Anthologien, Bearbeitungen;

d) Werke, bei denen der Autor nur Herausgeber ist;

e) Werke im Sinne des § 47 Verlagsgesetz, für welche eine Publikationspflicht des Verlages nicht besteht.

4. Soweit es sich um Werke nach Ziffer 3 b) bis e) handelt, sollen die Verträge unter Berücksichtigung der besonderen Gegebenheiten des Einzelfalles so gestaltet werden, daß sie den Intentionen des Normvertrags entsprechen.

5. Die Vertragschließenden haben eine >>Schlichtungs- und Schiedsstelle Buch<< eingerichtet, die im Rahmen der vereinbarten Statuten über die vertragschließenden Verbände von jedem ihrer Mitglieder angerufen werden kann.

6. Die Vertragschließenden nehmen nunmehr Verhandlungen über die Vereinbarung von Regelhonoraren auf. [1]

7. Dieser Vertrag tritt am 1.4.1999 in Kraft. Er ist auf unbestimmte Zeit geschlossen und kann – mit einer Frist von sechs Monaten zum Jahresende – erstmals zum 31.12.2001 gekündigt werden. Die Vertragschließenden erklären sich bereit, auch ohne Kündigung auf Verlangen einer Seite in Verhandlungen über Änderungen des Vertrages einzutreten.

Stuttgart und Frankfurt am Main,
den 19. Februar 1999

Industriegewerkschaft Medien
– Verband deutscher Schriftsteller –

Börsenverein
des Deutschen Buchhandels e.V
– Verleger-Ausschuß –

[1] Der Verleger-Ausschuß hat den VS darauf hingewiesen, daß er für eine Vereinbarung von Regelhonoraren nach wie vor kein Mandat hat. Der VS legt jedoch Wert darauf, diese bei der Änderung des Rahmenvertrags vom 1.1.1984 aufgenommene Bestimmung in die Neufassung zu übernehmen.

Verlagsvertrag

zwischen

....

(nachstehend: Autor)
und

....

(nachstehend: Verlag)

§ 1
Vertragsgegenstand

1.

Gegenstand dieses Vertrages ist das vorliegende/noch zu verfassende Werk des Autors unter dem Titel/Arbeitstitel:

....

....

....

....

(gegebenfalls einsetzen: vereinbarter Umfang des Werks, Spezifikation des Themas usw.)

2.

Der endgültige Titel wird in Abstimmung zwischen Autor und Verlag festgelegt, wobei der Autor dem Stichentscheid des Verlages zu widersprechen berechtigt ist, soweit sein Persönlichkeitsrecht verletzt würde.

3.

Der Autor versichert, daß er allein berechtigt ist, über die urheberrechtlichen Nutzungsrechte an seinem Werk zu verfügen, und daß er, soweit sich aus § 14 Absatz 3 nichts anderes ergibt, bisher keine den Rechtseinräumungen dieses Vertrages entgegenstehende Verfügung getroffen hat. Das gilt auch für die vom Autor gelieferten Text- oder Bildvorlagen, deren Nutzungsrechte er ihm bezüglich. Bietet er dem Verlag Text- oder Bildvorlagen an, für die dies nicht zutrifft oder nicht sicher ist, so hat er den Verlag darüber und über alle ihm bekannten oder erkennbaren rechtlich relevanten Fakten zu informieren. Soweit der Verlag den Autor mit der Beschaffung fremder Text- oder Bildvorlagen beauftragt, bedarf es einer besonderen Vereinbarung.

4.

Der Autor ist verpflichtet, den Verlag schriftlich auf im Werk enthaltene Darstellungen von Personen oder Ereignissen hinzuweisen, mit denen das Risiko einer Persönlichkeitsrechtsverletzung verbunden ist. Nur wenn der Autor dieser Vertragspflicht in vollem Umfang nach bestem Wissen und Gewissen genügt hat, trägt der Verlag alle Kosten einer eventuell erforderlichen Rechtsverteidigung. Wird der Autor wegen solcher Verletzungen in Anspruch genommen, sichert ihm der Verlag seine Unterstützung zu, wie auch der Autor bei der Abwehr solcher Ansprüche gegen den Verlag mitwirkt.

§ 2
Rechtseinräumungen

1.

Der Autor überträgt dem Verlag räumlich unbeschränkt für die Dauer des gesetzlichen Urheberrechts das ausschließliche Recht zur Vervielfältigung und Verbreitung (Verlagsrecht) des Werkes für die Druck- und körperlichen elektronischen Ausgaben*) sowie für alle Auflagen ohne Stückzahlbegrenzung für die deutsche Sprache.

*) Sobald sich die Rahmenbedingen für elektronische Werknutzung in Datenbanken und Online-Diensten geklärt haben, werden sich VS in der IG Medien und Börsenverein über eine entsprechende Ergänzung des Normvertrages verständigen. Bis dahin sollten entsprechende Rechtseinräumungen einzelvertraglich geregelt werden.

2.

Der Autor räumt dem Verlag für die Dauer des Hauptrechts gemäß Absatz 1 und § 5 Absatz 2 außerdem folgende ausschließliche Nebenrechte – insgesamt oder einzeln – ein:

a) Das Recht des ganzen oder teilweisen Vorabdrucks und Nachdrucks, auch in Zeitungen und Zeitschriften;

b) das Recht der Übersetzung in eine andere Sprache oder Mundart;

c) das Recht zur Vergabe von Lizenzen für deutschsprachige Ausgaben in anderen Ländern sowie für Taschenbuch-, Volks-, Sonder-, Reprint-, Schul- oder Buchgemeinschaftsausgaben oder andere Druck- und körperlichen elektronischen Ausgaben;

d) das Recht der Herausgabe von Mikrokopieausgaben;

e) das Recht zu sonstiger Vervielfältigung, insbesondere durch fotomechanische oder ähnliche Verfahren (z.B. Fotokopie);

f) das Recht zur Aufnahme auf Vorrichtungen zur wiederholbaren Wiedergabe mittels Bild- oder Tonträger (z.B. Hörbuch), sowie das Recht zu deren Vervielfältigung, Verbreitung und Wiedergabe;

g) das Recht zum Vortrag des Werks durch Dritte;

h) die am Werk oder seiner Bild- oder Tonträgerfixierung oder durch Lautsprecherübertragung oder Sendung entstehenden Wiedergabe- und Überspielungsrechte;

i) das Recht zur Vergabe von deutsch- oder fremdsprachigen Lizenzen in das In- und Ausland zur Ausübung der Nebenrechte a) bis h).

3.

Darüber hinaus räumt der Autor dem Verlag für die Dauer des Hauptrechts gemäß Absatz 1 weitere ausschließliche Nebenrechte – insgesamt oder einzeln – ein:

a) Das Recht zur Bearbeitung als Bühnenstück sowie das Recht der Aufführung des so bearbeiteten Werkes;

b) das Recht zur Verfilmung einschließlich der Rechte zur Bearbeitung als Drehbuch und zur Vorführung des so hergestellten Films;

c) das Recht zur Bearbeitung und Verwertung des Werks im Fernsehfunk einschließlich Wiedergaberecht;

d) das Recht zur Bearbeitung und Verwertung des Werks im Hörfunk, z.B. als Hörspiel einschließlich Wiedergaberecht;

e) das Recht zur Vertonung des Werks;

f) das Recht zur Vergabe von Lizenzen zur Ausübung der Nebenrechte a) bis e).

4.

Der Autor räumt dem Verlag schließlich für die Dauer des Hauptrechts gemäß Absatz 1 alle durch die Verwertungsgesellschaft Wort wahrgenommenen Rechte nach deren Satzung, Wahrnehmungsvertrag und Verteilungsplan zur gemeinsamen Einbringung ein. Bereits abgeschlossene Wahrnehmungsverträge bleiben davon unberührt.

5.

Für die Rechtseinräumungen nach Absatz 2 bis 4 gelten folgende Beschränkungen:

a) Soweit der Verlag selbst die Nebenrechte gemäß Absatz 2 und 3 ausübt, gelten für die Ermittlung des Honorars die Bestimmungen über das Absatzhonorar nach § 4 anstelle der Bestimmungen für die Verwertung von Nebenrechten. Enthält § 4 für das jeweilige Nebenrecht keine Vergütungsregelung, so ist eine solche nachträglich zu vereinbaren.

b) Der Verlag darf das ihm nach Absatz 2 bis 4 eingeräumte Vergaberecht nicht ohne Zustimmung des Autors abtreten. Dies gilt nicht gegenüber ausländischen Lizenznehmern für die Einräumung von Sublizenzen in ihrem Sprachgebiet sowie für die branchenübliche Sicherungsabtretung von Verfilmungsrechten zur Produktionsfinanzierung.

c) Das Recht zur Vergabe von Nebenrechten nach Absatz 2 bis 4 endet mit der Beendigung des Hauptrechts gemäß Absatz 1; der Bestand bereits abgeschlossener Lizenzverträge bleibt hiervon unberührt.

d) Ist der Verlag berechtigt, das Werk zu bearbeiten oder bearbeiten zu lassen, so hat er Beeinträchtigungen des Werkes zu unterlassen, die geistige und persönliche Rechte des Autors am Werk zu gefährden geeignet sind. Im Falle einer Vergabe von Lizenzen zur Ausübung der Nebenrechte gemäß Absatz 2 und Absatz 3 wird der Verlag darauf hinwirken, daß der Autor vor Beginn einer entsprechenden Bearbeitung des Werkes vom Lizenznehmer gehört wird. Möchte der Verlag einzelne Nebenrechte selbst ausüben, so hat er den Autor anzuhören und ihm bei persönlicher und fachlicher Eignung die entsprechende Bearbeitung des Werkes anzubieten, bevor damit Dritte beauftragt werden.

§ 3
Verlagspflicht

1.

Das Werk wird zunächst als ....-Ausgabe (z.B. Hardcover, Paperback, Taschenbuch, CD-ROM) erscheinen; nachträgliche Änderungen der Form der Erstausgabe bedürfen des Einvernehmens mit dem Autor.

2.

Der Verlag ist verpflichtet, das Werk in der in Absatz 1 genannten Form zu vervielfältigen, zu verbreiten und dafür angemessen zu werben.

3.

Ausstattung, Buchumschlag, Auflagenhöhe, Auslieferungstermin, Ladenpreis und Werbemaßnahmen werden vom Verlag nach pflichtgemäßem Ermessen unter Berücksichtigung des Vertragszwecks sowie der im Verlagsbuchhandel für Ausgaben dieser Art herrschenden Übung bestimmt.

4.

Das Recht des Verlags zur Bestimmung des Ladenpreises nach pflichtgemäßem Ermessen schließt auch dessen spätere Herauf- oder Herabsetzung ein. Vor Herabsetzung des Ladenpreises wird der Autor benachrichtigt.

5.

Als Erscheinungstermin ist vorgesehen: .... Eine Änderung des Erscheinungstermins erfolgt in Absprache mit dem Autor.

§ 4
Absatzhonorar für Verlagsausgaben

1.

Der Autor erhält für jedes verkaufte und bezahlte Exemplar ein Honorar auf der Basis des um die darin enthaltene Mehrwertsteuer verminderten Ladenverkaufspreises (Nettoladenverkaufspreis).

oder:

Der Autor erhält für jedes verkaufte und bezahlte Exemplar ein Honorar auf der Basis des um die darin enthaltene Mehrwertsteuer verminderten Verlagsabgabepreises (Nettoverlagsabgabepreis). In diesem Falle ist bei der Vereinbarung des Honorarsatzes im Vergleich zum Nettoladenverkaufspreis geringere Bemessungsgrundlage zu berücksichtigen.

oder:

Der Autor erhält ein Honorar auf der Basis des mit der Verlagsausgabe des Werkes erzielten, um die Mehrwertsteuer verminderten Umsatzes (Nettoumsatzbeteiligung). Dabei hat der Autor Anspruch auf Ausweis der verkauften Exemplare einschließlich der im Vergleich zum Nettoladenverkaufspreis geringere Bemessungsgrundlage zu berücksichtigen. Im Falle ist bei der Vereinbarung des Honorarsatzes die im Vergleich zum Nettoladenverkaufspreis geringere Bemessungsgrundlage zu berücksichtigen.

2.

Das Honorar für die verschiedenen Arten von Ausgaben (z.B. Hardcover, Taschenbuch usw.) beträgt für

a) ....-Ausgaben ......% vom Preis gemäß Absatz 1.
Es erhöht sich nach dem Absatz des Werkes
von .... bis .... Exemplaren auf ......%;
von .... bis .... Exemplaren auf ......%;
ab .... Exemplaren auf ......%.

b) ....-Ausgaben ......% vom Preis gemäß Absatz 1.
Es erhöht sich nach dem Absatz des Werkes
von .... bis .... Exemplaren auf ......%;
von .... bis .... Exemplaren auf ......%;
ab ....Exemplaren auf ......%.

c) ....-Ausgaben ......% vom Preis gemäß Absatz 1.
Es erhöht sich nach dem Absatz des Werkes
von .... bis .... Exemplaren auf ......%;
von .... bis .... Exemplaren auf ......%;
ab .... Exemplaren auf ......%.

d) Für Verlagserzeugnisse, die nicht der Preisbindung unterliegen (z.B. Hörbücher), erhält der Autor für jedes verkaufte und bezahlte Exemplar ein Honorar auf der Basis des um die darin enthaltene Mehrwertsteuer verminderten Verlagsabgabepreises (Nettoverlagsabgabepreis), und zwar für

..................................-Ausgaben ......% vom Nettoverlagsabgabepreis.
Es erhöht sich nach dem Absatz des Werkes
von .... bis .... Exemplaren auf ......%;
von .... bis .... Exemplaren auf ......%;
ab .... Exemplaren auf ......%.

e) Beim Verkauf von Rohbogen der Originalausgabe außerhalb von Nebenrechtseinräumungen gilt ein Honorarsatz von ......% vom Verlagsabgabepreis.

3.

Auf seine Honoraransprüche – einschließlich der Ansprüche aus § 5 – erhält der Autor einen Vorschuß in Höhe von DM / EURO ....
Dieser Vorschuß ist fällig
zu ...... % bei Abschluß des Vertrages,
zu ...... % bei Ablieferung des Manuskripts gemäß § 1 Absatz 1 und § 6 Absatz 1,
zu ...... % bei Erscheinen des Werkes, spätestens am ....

4.

Der Vorschuß gemäß Absatz 3 stellt ein garantiertes Mindesthonorar für dieses Werk dar. Er ist nicht rückzahlbar, jedoch mit allen Ansprüchen des Autors aus diesem Vertrag verrechenbar.

5.

Pflicht-, Prüf-, Werbe- und Besprechungsexemplare sind honorarfrei; darunter fallen nicht Partie- und Portoersatzstücke sowie solche Exemplare, die für Werbezwecke des Verlages, nicht aber des Buches abgegeben werden.

6.

Ist der Autor mehrwertsteuerpflichtig, zahlt der Verlag die auf die Honorarbeträge anfallende gesetzliche Mehrwertsteuer zusätzlich.

7.

Honorarabrechnung und Zahlung erfolgen halbjährlich zum 30. Juni und zum 31. Dezember innerhalb der auf den Stichtag folgenden 3 Monate.
oder:
Honorarabrechnung und Zahlung erfolgen zum 31. Dezember jedes Jahres innerhalb der auf den Stichtag folgenden drei Monate.
Der Verlag leistet dem Autor entsprechende Abschlagszahlungen, sobald er Guthaben von mehr als DM / EURO .... feststellt. Honorare auf im Abrechnungszeitraum remittierte Exemplare werden vom Guthaben abgezogen.

8.

Der Verlag ist verpflichtet, einem vom Autor beauftragten Wirtschaftsprüfer, Steuerberater oder vereidigten Buchsachverständigen zur Überprüfung der Honorarabrechnungen Einsicht in die Bücher und Unterlagen zu gewähren. Die hierdurch anfallenden Kosten trägt der Verlag, wenn sich die Abrechnungen als fehlerhaft erweisen.

9.

Nach dem Tode des Autors bestehen die Verpflichtungen des Verlags nach Absatz 1 bis 8 gegenüber den durch Erbschein ausgewiesenen Erben, die bei einer Mehrzahl von Erben einen gemeinsamen Bevollmächtigten zu benennen haben.

§ 5
Nebenrechtsverwertung

1.

Der Verlag ist verpflichtet, sich intensiv um die Verwertung der ihm eingeräumten Nebenrechte innerhalb der für das jeweilige Nebenrecht unter Berücksichtigung von Art und Absatz der Originalausgabe angemessenen Frist zu bemühen und den Autor auf Verlangen zu informieren. Bei mehreren sich untereinander ausschließenden Verwertungsmöglichkeiten wird er die für den Autor materiell und ideell möglichst günstige wählen, auch wenn er selbst bei dieser Nebenrechtsverwertung konkurriert. Der Verlag unterrichtet den Autor unaufgefordert über erfolgte Verwertungen und deren Bedingungen.

2.

Verletzt der Verlag seine Verpflichtungen gemäß Absatz 1, so kann der Autor die hiervon betroffenen Nebenrechte – auch einzeln – nach den Regeln des § 41 UrhG zurückrufen; der Bestand des Vertrages im übrigen wird hiervon nicht berührt.

3.

Der aus der Verwertung der Nebenrechte erzielte Erlös wird zwischen Autor und Verlag geteilt, und zwar erhält der Autor
.......% bei den Nebenrechten des § 2 Absatz 2;
.......% bei den Nebenrechten des § 2 Absatz 3;
(Bei der Berechnung des Erlöses wird davon ausgegangen, daß in der

Regel etwaige aus der Inlandsverwertung anfallende Agenturprovisionen und ähnliche Nebenkosten allein auf den Verlagsanteil zu verrechnen, für Auslandsverwertung anfallende Nebenkosten vom Gesamterlös vor Aufteilung abzuziehen sind.) Soweit Nebenrechte durch Verwertungsgesellschaften wahrgenommen werden, richten sich die Anteile von Verlag und Autor nach deren satzungsgemäßen Bestimmungen.

4.

Für Abrechnung und Fälligkeit gelten die Bestimmungen von § 4 Absatz 7, 8 und 9 entsprechend.

5

Die Vergabe von Lizenzen an gemeinnützige Blindenselbsthilfeorganisationen für Ausgaben, die ausschließlich für Blinde und Sehbehinderte bestimmt sind (Druckausgaben in Punktschrift, Tonträgerausgaben mit akustischen Benutzungsanweisungen und entsprechende Ausgaben auf Datenträgern), darf vergütungsfrei erfolgen.

§ 6
Manuskriptablieferung

1.

Der Autor verpflichtet sich, dem Verlag bis spätestens .... /binnen .... das vollständige und vervielfältigungsfähige Manuskript gemäß § 1 Absatz 1 (einschließlich etwa vorgesehener und vom Autor zu beschaffender Bildvorlagen) mit Maschine geschrieben oder in folgender Form zu übergeben: ....*) Wird diese(r) Termin/Frist nicht eingehalten, gilt als angemessene Nachfrist im Sinne des § 30 Verlagsgesetz ein Zeitraum von .... Monaten.

2.

Der Autor behält eine Kopie des Manuskripts bei sich.

3.

Das Manuskript bleibt Eigentum des Autors und ist ihm vom Verlag nach Erscheinen des Werkes auf Verlangen zurückzugeben.

§ 7
Freiexemplare

1.

Der Autor erhält für seinen eigenen Bedarf .... Freiexemplare. Bei der Herstellung von mehr als .... Exemplaren erhält der Autor .... weitere Freiexemplare und bei der Herstellung von mehr als .... Exemplaren ...... weitere Freiexemplare.

2.

Darüberhinaus kann der Autor Exemplare seines Werkes zu einem Höchstrabatt von .....% vom Ladenpreis vom Verlag beziehen.

3.

Sämtliche gemäß Absatz 1 oder 2 übernommenen Exemplare dürfen nicht weiterverkauft werden.

§ 8
Satz, Korrektur

1.

Die erste Korrektur des Satzes wird vom Verlag oder von der Druckerei vorgenommen. Der Verlag ist sodann verpflichtet, dem Autor in allen Teilen gut lesbare Abzüge zu übersenden, die der Autor unverzüglich honorarfrei korrigiert und mit dem Vermerk >>druckfertig<< versieht; durch diesen Vermerk werden auch etwaige Abweichungen vom Manuskript genehmigt. Abzüge gelten auch dann als >>druckfertig<<, wenn sich der Autor nicht innerhalb angemessener Frist nach Erhalt zu ihnen erklärt hat.

*) Erfolgt die Manuskriptabgabe in elektronischer Form, so ist ein entsprechender Papierausdruck beizufügen.

2.

Nimmt der Autor Änderungen im fertigen Satz vor, so hat er die dadurch entstehenden Mehrkosten – berechnet nach dem Selbstkostenpreis des Verlages – insoweit zu tragen, als sie 10 % der Satzkosten übersteigen. Dies gilt nicht für Änderungen bei Sachbüchern, die durch Entwicklungen der Fakten nach Ablieferung des Manuskripts erforderlich geworden sind.

§ 9
Lieferbarkeit, veränderte Neuauflagen

1.

Wenn die Verlagsausgabe des Werkes vergriffen ist und nicht mehr angeboten und ausgeliefert wird, ist der Autor zu benachrichtigen. Der Autor ist dann berechtigt, den Verlag schriftlich aufzufordern, sich spätestens innerhalb von 3 Monaten nach Eingang der Aufforderung zu verpflichten, innerhalb einer Frist von .... Monat(en)/Jahr(en) nach Ablauf der Dreimonatsfrist eine ausreichende Anzahl weiterer Exemplare des Werkes herzustellen und zu verbreiten. Geht der Verlag eine solche Verpflichtung nicht fristgerecht ein oder wird die Neuherstellungsfrist nicht gewahrt, ist der Autor berechtigt, durch schriftliche Erklärung von diesem Verlagsvertrag zurückzutreten. Bei Verschulden des Verlages kann er statt dessen Schadenersatz wegen Nichterfüllung verlangen. Der Verlag bleibt im Falle des Rückrufs zum Verkauf der ihm danach (z.B. aus Remissionen) noch zufließenden Restexemplare innerhalb einer Frist von .... berechtigt; er ist verpflichtet, dem Autor die Anzahl dieser Exemplare anzugeben und ihm die Übernahme anzubieten.

2.

Der Autor ist berechtigt und, wenn es der Charakter des Werkes (z.B. eines Sachbuchs) erfordert, auch verpflichtet, das Werk für weitere Auflagen zu überarbeiten; wesentliche Veränderungen von Art und Umfang des Werkes bedürfen der Zustimmung des Verlages. Ist der Autor zu der Bearbeitung nicht bereit oder nicht in der Lage und liefert er die Überarbeitung nicht innerhalb einer angemessenen Frist nach Aufforderung durch den Verlag ab, so ist der Verlag zur Bestellung eines anderen Bearbeiters berechtigt. Wesentliche Änderungen des Charakters des Werkes bedürfen dann der Zustimmung des Autors.

§ 10
Verramschung, Makulierung

1.

Der Verlag kann das Werk verramschen, wenn der Verkauf in zwei aufeinanderfolgenden Kalenderjahren unter .... Exemplaren pro Jahr gelegen hat. Am Erlös ist der Autor in Höhe seines sich aus § 4 Absatz 2 ergebenden Grundhonorarprozentsatzes beteiligt.

2.

Erweist sich auch ein Absatz zum Ramschpreis als nicht durchführbar, kann der Verlag die Restauflage makulieren.

3.

Der Verlag ist verpflichtet, den Autor vor einer beabsichtigten Verramschung bzw. Makulierung zu informieren. Der Autor hat das Recht, durch einseitige Erklärung die noch vorhandene Restauflage bei beabsichtigter Verramschung zum Ramschpreis abzüglich des Prozentsatzes seiner Beteiligung und bei beabsichtigter Makulierung unentgeltlich – ganz oder teilweise – ab Lager zu übernehmen. Bei beabsichtigter Verramschung kann das Übernahmerecht nur bezüglich der gesamten noch vorhandenen Restauflage ausgeübt werden.

4.

Das Recht des Autors, im Falle der Verramschung oder Makulierung vom Vertrag zurückzutreten, richtet sich nach den §§ 32, 30 Verlagsgesetz.

§ 11
Rezensionen

Der Verlag wird bei ihm eingehende Rezensionen des Werkes innerhalb des ersten Jahres nach Ersterscheinen umgehend, danach in angemessenen Zeitabständen dem Autor zur Kenntnis bringen.

§ 12
Urheberbenennung, Copyright-Vermerk

1.

Der Verlag ist verpflichtet, den Autor in angemessener Weise als Urheber des Werkes auszuweisen.

2.

Der Verlag ist verpflichtet, bei der Veröffentlichung des Werkes den Copyright-Vermerk im Sinne des Welturheberrechtsabkommens anzubringen.

§ 13
Änderungen der Eigentums- und Programmstrukturen
des Verlags

1.

Der Verlag ist verpflichtet, dem Autor anzuzeigen, wenn sich in seinen Eigentums- oder Beteiligungsverhältnissen eine wesentliche Veränderung ergibt. Eine Veränderung ist wesentlich, wenn
a) der Verlag oder Verlagsteile veräußert werden;
b) sich in den Beteiligungsverhältnissen einer den Verlag betreibenden Gesellschaft gegenüber denen zum Zeitpunkt dieses Vertragsabschlusses Veränderungen um mindestens 25 % der Kapital- oder Stimmrechtsanteile ergeben.
Wird eine Beteiligung an der den Verlag betreibenden Gesellschaft von einer anderen Gesellschaft gehalten, gelten Veränderungen in deren Kapital- oder Stimmrechtsverhältnissen als solche des Verlages. Der Prozentsatz der Veränderungen ist entsprechend der Beteiligung dieser Gesellschaft an der Verlagsgesellschaft umzurechnen.

2.

Der Autor ist berechtigt, durch schriftliche Erklärung gegenüber dem Verlag von etwa bestehenden Optionen oder von Verlagsverträgen über Werke, deren Herstellung der Verlag noch nicht begonnen hat, zurückzutreten, wenn sich durch eine Veränderung gemäß Absatz 1 oder durch Änderung der über das Verlagsprogramm entscheidenden Verlagsleitung eine so grundsätzliche Veränderung des Verlagsprogramms in seiner Struktur und Tendenz ergibt, daß dem Autor nach der Art seines Werkes und unter Berücksichtigung des bei Abschluß dieses Vertrages bestehenden Verlagsprogramms ein Festhalten am Vertrag nicht zugemutet werden kann.

3.

Das Rücktrittsrecht kann nur innerhalb eines Jahres nach Zugang der Anzeige des Verlages gemäß Absatz 1 ausgeübt werden.

§ 14
Schlußbestimmungen

1.

Soweit dieser Vertrag keine Regelungen enthält, gelten die allgemeinen gesetzlichen Bestimmungen des Rechts der Bundesrepublik Deutschland und der Europäischen Union. Die Nichtigkeit oder Unwirksamkeit einzelner Bestimmungen dieses Vertrages berührt die Gültigkeit der übrigen Bestimmungen nicht. Die Parteien sind alsdann verpflichtet, die mangelhafte Bestimmung durch eine solche zu ersetzen, deren wirtschaftlicher und juristischer Sinn dem der mangelhaften Bestimmung möglichst nahekommt.

2.

Die Parteien erklären, Mitglieder bzw. Wahrnehmungsberechtigte folgender Verwertungsgesellschaften zu sein:

Der Autor: ....

Der Verlag: ....

3.

Im Rahmen von Mandatsverträgen hat der Autor bereits folgende Rechte an Verwertungsgesellschaften übertragen:

.... an die VG: ....

.... an die VG: ....

.... an die VG: ....

..................................., den...........
(Autor)

..................................., den...........
(Verlag)

Verzeichnis weiterführender Literatur

Auf der Suche nach dem Publikum. Medienforschung für die Praxis. Hrsg. von Karin Böhme-Dürr und Gerhard Graf. Konstanz, UVK Medien, 1995

Bez, Thomas: **ABC des Zwischenbuchhandels.** 4., veränderte und erweiterte Auflage. Norderstedt, BoD, 2002
Biermann, Bernd und Broderius, Iris u. a.: **Marketing und Vertrieb im Verlag.** Hamburg, Input, 1996
Bramann, Klaus-Wilhelm und C. Daniel Hoffmann: **Wirtschaftsunternehmen Sortiment.** 2. Auflage, Frankfurt, Bramann, 2004
Breid, Volker; Special-Interest-Zeitschriftenverlage. In: **Controlling-Praxis in Medien-Unternehmen.** Hrsg von Beate Schneider und Silvia Knobloch. Neuwied, Luchterhand, 1999
Breyer, Thomas: **Alternative Zustelldienste und Transportkonzepte im Pressesektor.** Bonn, ZV Zeitungs-Verlag Service, 1999
Breyer-Mayländer, Thomas und Werner, Andreas: **Handbuch der Medienbetriebslehre.** München, Oldenbourg, 2003
Breyer-Mayländer, Thomas: **Einführung in das Medienmanagement.** München, Oldenbourg, 2004
Breyer-Mayländer, Thomas: **Online-Marketing für Buchprofis.** Frankfurt, Bramann, 2004
Breyer-Mayländer, Thomas und Seeger, Christof: **Verlage vor neuen Herausforderungen.** Krisenmanagement in der Pressebranche. Berlin, ZV Verlag, 2004
Breyer-Mayländer, Thomas (Hrsg.): **Handbuch des Anzeigengeschäfts.** Berlin, ZV Verlag, 2005
Brummund, Peter: **Der deutsche Zeitungs- und Zeitschriftengroßhandel.** (= Struktur und Organisation des Pressevertriebs. Teil 1) München – New York – Paris, K. G. Saur, 1985
Buch und Buchhandel in Zahlen. Frankfurt, Buchhändler-Vereinigung (erscheint jährlich)
Büchermacher der Zukunft. Marketing und Management im Verlag. 2. Auflage, Darmstadt, Primus Verlag, 1999

Controlling-Praxis in Medien-Unternehmen. Hrsg. von Beate Schneider und Silvia Knobloch. Neuwied, Luchterhand, 1999

Delp, Ludwig: **Kleines Praktikum für Urheber- und Verlagsrecht.** 5. Auflage, München, C. H. Beck, 2005
Die deutschen Zeitungen in Zahlen und Daten. Auszug aus dem Jahrbuch ›Zeitungen '99‹. Hrsg. vom Bundesverband Deutscher Zeitungsverleger e. V. Berlin, ZV Zeitungs-Verlag Service, 1999

Dovifat, Emil: **Zeitungslehre.** 6. Auflage, Berlin, de Gruyter, 1976

Erlemann, Hans-Peter: **Verlagsmarketing auf neuen Wegen.** In: *MediaSpektum* 5/97

Filipp, Ulf-Dieter: **Focus im Spiegel der Marktforschung.** In: Böhme-Dürr/Graf (Hrsg.): Auf der Suche nach dem Publikum. Medienforschung für die Praxis. Konstanz, UVK Medien, 1995

Franzen, Hans/Wallenfels, Dieter/Russ, Christian: **Die Preisbindung im Buchhandel.** 4. Auflage, München, C. H. Beck, 2002

Frühschütz, Jürgen: **Lexikon der Medienökonomie.** Frankfurt, Deutscher Fachverlag, 2000

Gollhardt, Martina: **Pressearbeit im Verlag.** In: Kulturjournalismus. Ein Handbuch für Ausbildung und Praxis. Hrsg. von Dieter Heß. München, Paul List, 1992

Handbuch des Anzeigengeschäfts. Hrsg. von Thomas Breyer-Mayländer. Berlin, ZV Verlag, 2005

Harke, Dietrich: **Urheberrecht.** Fragen und Antworten. Köln – Berlin – Bonn – München, Carl Heymanns Verlag, 1997

Heinrich, Jürgen: **Medienökonomie.** Band 1: Zeitung, Zeitschrift, Anzeigenblatt. Wiesbaden, Westdeutscher Verlag, 1994

Hoebel, Hansjoachim: **Neue Anzeigenpraxis.** Bonn, ZV Zeitungs-Verlag Service, 1996

Koordiniertes Vertriebsmarketing. Hrsg. von VDZ, Presse-Grosso, BDZV. Bonn, ohne Verlagsangabe, 1993

Kotler, Philip und Bliemel, Friedhelm: **Marketing-Management.** Analyse, Planung, Umsetzung und Steuerung. 9. Auflage. Stuttgart, Schäffer-Poeschel, 1999

Kulturjournalismus. Ein Handbuch für Ausbildung und Praxis. Hrsg. von Dieter Heß. München, Paul List, 1992

Mann, Christoph: **Vertrieb im Buchverlag.** Frankfurt, Bramann, 2005

Marketing-Strategien. Konzepte zur Strategienbildung im Marketing. 2. Auflage, Ludwigsburg, Verlag Wissenschaft und Praxis, 1993

Meckel, Miriam: **Redaktionsmanagement**. Ansätze aus Theorie und Praxis. Wiesbaden, Westdeutscher Verlag, 1999

Media Perspektiven. Frankfurt, Arbeitsgemeinschaft der ARD-Werbegesellschaft (erscheint monatlich)

Meffert, Heribert: **Marketing.** Grundlagen marktorientierter Unternehmensführung. 8. Auflage, Wiesbaden, Betriebswirtschaftlicher Verlag Gabler, 1997

Menche, Birgit: **Das neue Buchpreisbindungsgesetz.** Leitfaden für Verlage und den verbreitenden Buchhandel. Hrsg. vom Börsenverein des Deutschen Buchhandels. o. J.

Mundhenke, Reinhard und Teuber, Marita: **Der Verlagskaufmann.** 9. Auflage, Frankfurt, Societäts-Verlag, 2002

Neuber, Wolfgang: **Online: Ein Medium wie alle anderen?** In: Intermediale Perspektiven. Drittes Symposium Online und Print. Hrsg. vom Burda Advertising Center. Offenburg, 2001

Der Neue Vertrieb (dnv). Handbuch für den Pressevertrieb. Teil II. Fakten und Abläufe. Hamburg, Presse Fachverlag o. J.

Online-Umfrage. Hrsg. von der Deutschen Fachpresse. Wiesbaden, 1999

Paid Content – Der Markt für Online-Inhalte. Hrsg. vom Verband Deutscher Zeitschriftenverleger. 2003

Planung in Zeitungsverlagen. Hrsg. vom BDZV. Bonn, ZV Zeitungs-Verlag Service, 1995

Porten, Uwe: **General-Interest-Zeitschriftnverlag.** In: Controlling-Praxis in Medien-Unternehmen. Hrsg. von Beate Schneider und Silvia Knobloch. Neuwied, Luchterhand, 1999

Professionell Schreiben . Praktische Tipps für alle, die Texte verfassen. 2. Auflage. Erlangen und München, Publicis MCD Verlag, 1999

Pürer, Heinz und Rabe, Johannes: **Presse.** Medien in Deutschland. Band 1: Presse. München, Ölschläger, 1994

Rath-Glawatz, Michael: **Das Recht der Anzeige.** 2. Auflage, Stuttgart, Schäffer Verlag für Wirtschaft und Steuern, 1995

Reclams Sachlexikon des Buches. Hrsg. von Ursula Rautenberg. 2. Auflage, Stuttgart, Reclam, 2003

Reichle, Gregor; **Produktmanagement von Fachmedien.** Frankfurt, Bramann, 2003

Reiter, Wolfgang Michael: **Werbeträger.** Handbuch für den Werbeträger-Einsatz, Frankfurt, Verlag Medien-Dienste, 1994

Rehbinder, Manfred: **Juristische Kurzlehrbücher.** Urheberrecht. 10. Auflage, München, C. H. Beck, 1998

Risse, Achim: **Der Zeitungsvertrieb.** Berlin, ZV Zeitungs-Verlag Service, 2000

Röhring, Hans-Helmut: **Wie ein Buch entsteht.** Einführung in den modernen Buchverlag. Vollständig überarbeitet und aktualisiert von Klaus-W. Bramann. Darmstadt, Primus, 2003

Schickerling, Michael und Menche, Birgit u. a.: **Bücher machen – ein Handbuch für Lektoren und Redakteure.** Frankfurt, Bramann, 2004

Schneider, Beate/Knobloch, Silvia (Hrsg.): **Controlling-Praxis in Medien-Unternehmen.** Neuwied, Luchterhand, 1999

Schönstedt, Eduard: **Der Buchverlag.** 2. Auflage, Stuttgart, Metzler, 1999

Schulz, Herbert: **Der Vertrieb regionaler Tageszeitungen.** Verkaufen, Verteilen, Verwalten – ein Funktionsprofil. Bonn, ZV Zeitungs-Verlag Service, 1994

Schulze, Gernot: **Meine Rechte als Urheber.** Urheber- und Verlagsrecht. 5. aktualisierte Auflage, München, Beck Texte im dtv, 2004

Schulze, Ulrich: **Chef vom Dienst.** In: IFRA (Hrsg.): Zeitungstechnik. Darmstadt, März 1999

Schwindt, Peter: **Zeitungen und Zeitschriften im Einzelhandel.** (= Struktur und Organisation des Pressevertriebs. Teil 2) München – New York– Paris, K. G. Saur, 1985

Seeger, Christof: **Die kundenorientierte Anzeigenabteilung.** In: Breyer-Mayländer, Thomas (Hrsg.): Handbuch des Anzeigengeschäfts. Berlin, ZV Verlag, 2005

Unger, Fritz: **Marktforschung.** Grundlagen, Methoden und praktische Anwendungen. Heidelberg, Sauer, 1997

Urheber- und Verlagsrecht. 10. Auflage, München, Beck Texte im dtv, 2003

Verlagshandbuch premium. Leitfaden für die Verlagspraxis mit vierfarbigen Themenheften. 4., vollständig überarbeitete Auflage. Hrsg. von Ralf Plenz. Hamburg, Input, 2003

Verlagslexikon. 1511 Stichwörter - praxisnahe Definitionen - Literaturtipps. Hrsg. von Ralf Plenz und Klaus-W. Bramann. Hamburg, Input-Verlag, und Frankfurt, Bramann, 2002

Verlags-PR. Ein Praxisleitfaden. Hrsg. von Ralf Laumer. Bielefeld, Transcript, 2003

Vollmuth, Hilmar J.: **Controlling Instrumente von A-Z.** München, Verlag Wirtschaft, Recht und Steuern, 1994

Wallenfels, Dieter: **Das Büchlein der Bücher oder Warum ich preisgebunden bin.** Frankfurt, Eichborn, 1982

Wallinger, Albin: **Verlagsmanagement by Matrix.** Strategien für erfolgreiches Medien-Marketing in den 90er Jahren. Harrislee, K.-u.-K. Verlag, 1994

Wandtke, Artur und Bullinger, Winfried: **Fallsammlung zum Urheberrecht.** Mit Mustertexten für die Praxis. Wiley-VCH, Weinheim, 1999

Wantzen, Stefan: **Betriebswirtschaft für Verlagspraktiker.** Frankfurt, Bramann, 2002

Werner, Andreas: **Site-Promotion.** Heidelberg, dPunkt Verlag, 1998

Zeitungen: Erfolg mit Kundenbindung. Hrsg. von Susanne Schaefer-Dieterle. Bonn, ZV Zeitungs-Verlag Service, 1998

Zeitungen in den Neunzigern: Faktoren ihres Erfolgs. Hrsg. von Klaus Schönbach. Bonn, ZV Zeitungs-Verlag Service, 1997

Zeitungen: Markenartikel mit Zukunft. Hrsg. von Susanne Schaefer-Dieterle. Bonn, ZV Zeitungs-Verlag Service, 1997

Zeitungsqualitäten. Hrsg. von der ZMG. Frankfurt

Sachregister